U0947044

本书是中德技术合作——“中国高原地区减贫战略和政策规划体系研究——以玉树地震灾后恢复重建与可持续发展为例”项目成果。本项目由国务院扶贫办灾后重建办、中国国际扶贫中心和德国技术合作公司合作完成。

项目指导：

王国良（国务院扶贫办副主任）

罗松达哇（青海省扶贫开发局局长）

项目主持人：

黄承伟（国务院扶贫办灾后重建办副主任、中国国际扶贫中心副主任）

Thomas Bonschab（德国技术合作公司项目经理）。

国内专家：

张　琦（北京师范大学经济与资源研究院教授）

陆汉文（华中师范大学减贫与乡村治理研究中心主任，教授）

胡　勇（国家发改委宏观研究院区域规划研究所研究员）

刘　源（中央民族大学少数民族研究中心研究员）

吕世海（环保部中国环境科学研究院研究员）

吴建海（青海省高原研究所所长、研究员）

苏海红（青海省社会科学院经济研究副院长、研究员）

国际专家：

Graham Meadows（欧盟政策总司原司长、特别顾问）

Mick Dunford（英国苏塞克斯大学教授）

连片特困地区扶贫战略研究丛书

高原地区减贫战略规划研究

——青海省玉树州的灾后重建与可持续发展

黄承伟　张琦　Graham Meadows　等著

经济日报出版社

开展连片特困地区扶贫战略系列研究的几点考虑

（代序言）

开展连片特困地区扶贫战略研究是扶贫新实践的需要

改革开放以来，在高速经济增长和大规模扶贫开发的共同作用下，我国的减贫事业取得了举世瞩目的成就，贫困人口规模大幅减少，贫困群体的人均收入水平显著提高，贫困区域的基础设施建设和公共服务体系得到明显改善。但是，我国是世界上最大发展中国家，发展的不平衡性还没有得到根本好转，贫困面广、贫困程度深、贫困问题解决难度大的局面仍然没有得到根本改变。贫困地区发展和贫困人口脱贫致富成为全面建成小康社会的短板。2011 年年底，中共中央、国务院颁布《中国农村扶贫开发纲要（2011—2020 年）》，明确把连片特困地区作为未来扶贫攻坚的主战场，强调通过特殊手段、特殊政策实施连片特困地区扶贫攻坚，确保新十年扶贫开发目标如期实现。新扶贫纲要确定的连片特困地区包括西藏、四省（青海、甘肃、云南和四川省）藏区和南疆三地州（喀什地区、和田地区和克孜勒苏柯尔克孜自治州）、六盘山、秦巴山、武陵山、乌蒙山、滇黔桂石漠化片区、滇西边境、大兴安岭南麓、燕山—太行山、吕梁山、大别山、罗霄山等连片特困地区。

由此，连片特困地区扶贫攻坚是未来国家层面的区域发展与扶贫开发战略。连片特困地区扶贫攻坚的基本宗旨是“区域发展带动扶贫攻坚，扶贫攻坚促进区域发展”。从全国而言，这种战略关系着中国区域协调平衡发展，关系到全面建成小康社会目标的实现，关系到中国特色社会主义事业的顺利推进，关系到“中国梦”的实现。于贫困地区而言，这种战略事关贫困区域的城乡统筹发展，事关边疆地区、少数民族地区的和谐稳定和贫困人群生活质量的提高。

作为一种新的扶贫理念指导下的减贫战略，连片特困地区扶贫攻坚是一种有别于传统扶贫方式的综合性扶贫方案。该方案的实施需要政府自上而下的统一部署，需要各相关部门的统筹协调。另一方面，14 个连片特困地区的致贫机理和减贫条件各不相同，政府主导的减贫战略需要根据各片区的实际需求进行灵活调整。因此，如何更好地制定规划、执行战略，如何更好地整合资源、调整社会政策等方面的时间问题亟需理论指导。这就需要各有关方面根据片区的实际情况，加大连片特困地区扶贫攻坚的研究力度，以便形成共识性的扶贫理念，用于指导扶贫实践，以提高减贫工作的科学性。

开展连片特困地区扶贫战略研究需要坚持的原则

“连片特困地区扶贫战略系列研究”由背景研究、基线调查研究、战略研究、规划研究、片区扶贫相关问题研究、不同片区扶贫战略研究等内容组成，这些内容相互关联、互为一体。

本系列研究需要体现出以下五个方面的特点：

1. 整体性。以连片特困地区扶贫战略规划为主题，首先，从贫困特征、减贫需求调查开始；以此为基础，从不同视角，开展片区扶贫战略研究。其次，以基线调查、战略研究成果为指导，开展县、村级扶贫规划编制研究。第三，以一个片区县为例，就片区扶贫攻坚相关问题开展研究。第四，选择高原地区、石漠化地区这两个连片特困地区的扶贫战略规划及实践进行研究。这六个分项研究，相互独立，但又相互形成一个整体。

2. 综合性。贫困是多维的，贫困的成因也是多元的，由此决定连片特困地区的减贫战略必然是综合性的。因此，本系列研究按照区域发展带动扶贫开发，扶贫开发带动区域发展的思路，组织经济学、社会学、环境生态学、发展学、人类学等多学科、跨领域的专家组，从多个视角开展研究。其成果更充分反映了连片特困地区扶贫开发的根本规律，提高了研究成果指导实践的针对性。

3. 理论性。本系列研究着力于对已有实践的总结。但是由于连片特困地区区域发展与扶贫攻坚是国家今年才提出的战略概念，急需理论指导。因此，本系列研究既注重对相关理论的梳理，更重视从实践中总结、提炼相关理论及方法，以其用于指导新的实践。

4. 应用性。本系列研究是在国家扶贫主管部门——国务院扶贫办的指导下开展的，其中一项是国家民委的民族问题研究项目的年度课题、一项是应广西自治区扶贫办提出的研究需求。这就决定了研究必须与实际紧密结合，也决定了其成果必须应用于指导实践。

5. 国际性。由于连片特困地区扶贫攻坚是国家新的扶贫战略，缺乏现成的经验，因此，本系列研究注重国际经验的研究、借鉴。为此，其中的 4 个专题研究邀请了国际专家的参与。国际专家从国际经验的角度，提供了很好的研究报告，丰富了研究内容，提高了成果的先进性和实用性。

开展连片特困地区扶贫战略研究具有多重意义

总体上看，该系列研究的价值及其重要性主要体现在以下三个层面：

第一，在实践层面。该系列研究基于几个片区扶贫攻坚实践的实地调研而展开，这种研究对于指导片区扶贫攻坚战略的具体执行、落实扶贫规划、评估扶贫成效具有极大的实践意义。本系列研究分别基于青海玉树州的灾后重建实践讨论高原地区的扶贫攻坚战略规划、基于武陵山片区的贫困调查讨论该片区的贫困特征、贫困需求及扶贫战略规划、基于广西基础设施大规模建设讨论大扶贫战略。这些研究对于扶贫系统及相关政府部门了解新阶段扶贫攻坚的背景和基础，认识不同片区扶贫攻坚的重点难点，落实新阶段的扶贫攻坚战略及其规划具有重要的指导意义。同时，该系列研究对于有关方面根据当地的实际基础和需求评估新阶段的扶贫攻坚成效也具有不可或缺的参考价值。

第二，在社会政策层面。该系列研究的实践指向性将促使政府有针对性地调整相关的社会政策，创新社会政策设置，从而确保连片特困地区扶贫攻坚具有长期稳定的减贫效益。连片特困地区扶贫攻坚既需要切合实际需求的实施计划和方案，也需要确保扶贫攻坚益贫性的社会政策。前者主要作用于战略执行期间，后者是确保战略减贫效应的长期性和稳定性。本系列研究由于具有强烈的实践导向，因此，在研究过程中，研究人员将始终保持与减贫相关的社会政策的敏感性，关注现有社会政策对贫困人群的包容性，并尝试进行理论结合实际的政策整合与政策创新。从这个意义上说，该项目具有极大的社会政策价值。

第三，在减贫理论层面。本系列研究以连片特困地区为调查单位、以扶贫战略为着眼点、理论结合实际的研究方法将有助于形成关于中国贫困研究的中层理论，丰富和拓展现有贫困研究的研究视野。“连片特困地区扶贫攻坚”是最近几年兴起的减贫概念，以此为主题的研究尚处于建构之中。近几年围绕此主题的研究正在从理论、概念层面走向实践、政策层面。本系列研究作为以此为主题的研究课题之一，以连片特困地区为调查单位，坚持理论联系实际的研究方法，研究成果很好回应了当前阶段减贫实践的实际需要，对于丰富中国减贫研究的中层理论、拓展贫困研究的视野具有十分重要的意义。

开展连片特困地区扶贫战略研究预期产生的社会影响

本系列研究以连片特困地区为研究对象，通过对有代表性的连片特困地区的实地调查研究，分别从贫困特征、减贫需求、战略构建、规划编制、政策建议等方面对连片特困地区减贫问题进行研究，是对连片特困地区扶贫战略的经验总结、政策研究与学术思考。本系列研究的成果形成了以下著作：《连片特困地区贫困特征与减贫需求分析——基于武陵山片区8县149个村的调查》，《连片特困地区扶贫战略研究——以武陵山片区为例》，《连片特困地区区域发展与扶贫攻坚县/村级实施规划的编制方法》，《连片特困地区区域发展与扶贫攻坚若干问题——基于建始县的调查与思考》，《高原地区减贫战略规划研究——青海省玉树州的灾后重建与可持续发展》，《石漠化地区大扶贫攻坚——广西特困地区基础设施建设大会战的实践》。

上述研究成果的预期社会效益将体现在以下三个方面：

一是构建连片特困地区扶贫理论与方法体系，帮助贫困领域的研究者和实践者深化对连片特困地区扶贫攻坚的科学、理性认识，为进一步深入研究打下基础。

二是研究成果将直接推动相应片区的扶贫攻坚战略规划的实施，推进片区扶贫开发科学性、规范性、有效性的不断提高。具体而言，系列研究产出的武陵山片区的贫困特征与减贫需求研究、武陵山片区扶贫战略研究、武陵山片区县村级扶贫规划编制方法研究、武陵山片区区域发展和扶贫攻坚相关问题研究、高原地区减贫战略规划研究、广西特困地区基础设施建设大会战研究等六个方面的研究成果，对于全国扶贫系统、参与片区区域发展和扶贫攻坚的有关部门、社会组织等理解、执行片区的扶贫攻坚战略具有重要参考价值。同时，本系列研究对于全国的区域扶贫开发研究将发挥积极促进作用，并为其他相关研究提供富有价值的对比性研究成果，进而推动中国的贫困研究。

三是在个专题研究的基础上，尝试形成从整体上理解和分析连片特困地区扶贫攻坚的一般性研究框架，构建中国连片特困地区区域发展和扶贫攻坚理论、战略、规划体系，支持中国扶贫经验的国际交流与分享。

基于上述考虑和共识，从2010年开始，历时数年时间，在国务院扶贫办的支持、指导下，中国国际扶贫中心和德国发展机构等国际组织合作，根据不同主题，邀请国内、国际知名专家，组成相关专家队伍，围绕“连片特困地区扶贫战略”这一主题开展了一系列研究，取得了系列研究成果。这些成果集中体现在“连片特困地区扶贫战略研究丛书”的6本著作中。相信本套丛书的出版发行，在推进我国区域减贫理论战略规划研究、提高连片特困地区扶贫攻坚战略规划的编制与实施效果、开展国际减贫相关交流等方面都会做出积极贡献。

2015.7

目　录

第一章　导　论

黄承伟　张　琦

第一节　研究背景

一、背　景

我国新的十年农村扶贫开发纲要正在研究、制定进程中。新纲要的一个突出特征，就是将更加关注区域差异，体现扶贫与发展政策的针对性。政府明确指出，要把集中连片特殊类型贫困区域作为未来扶贫开发的重点。从目前贫困分布情况看，集中连片特殊贫困区域至少应符合四个方面的标准：偏僻程度高、少数民族人口多、生态情况重要和属于跨省边界聚居区。

2010 年 4 月 14 日位于青海省的玉树州发生地震，玉树正符合上述四个标准。除此之外，玉树还是青藏高原的一部分。因此，玉树为面临类似困难的农村地区减贫和高原地区经济发展的研究项目提供了一个合适的着眼点。

在玉树震后恢复重建大规模展开之际，开展该地区的恢复重建、持续减贫战略研究具有重要的理论和现实意义。中国的高原地区远不止玉树，尽管在这样的高原地区人口分布分散，数量却仍旧相当大。此外，中国高原地区的生态平衡对亚洲很多大河都至关重要。除中国以外，还有几个国家有相似的高原地区，他们也可能会受益于该研究成果。

二、高原减贫的特殊性

1978 年之后，我国才正式开始扶贫开发，80 年代中期开始专项扶贫。过去的扶贫成果得到了国际公认，但是过去的扶贫政策都是全国一致的，没有反映出不同地区、不同民族的不同需求，所以未来十年与过去扶贫有所不同之处，可能应该体现在全国划出十多个集中连片特殊类型贫困地区。作为国家政策，这类政策肯定还需要多方讨论，但这种方式符合国家区域发展的总体趋势。这也体现出国家政策制定指导思想有所转变，更关注要能够体现出差异性。我们需要对这个地区与国内其他地区的差异性或者说这个地区的特殊性有充分的认识。

（一）贫困内涵的特殊性

从贫困内涵看，这个地区的贫困是多维贫困，不是收入达到一定水平就脱贫了。即使按照青海省1500多元算脱贫政策看，但也很难说他就没贫困了。在生态移民小区，如果不能解决垃圾等问题，能认为这些群体脱贫吗？单纯按照收入标准，很容易会达到贫困标准线，但这个地区不是这个单纯贫困问题。

这里的贫困是动态的。2008年标准1196元，比2007年底提高了100多元，贫困人口增加三千万。如果从多维内涵看，贫困人口肯定要大大增加。所以，在这个地区需要用多维贫困内涵来考虑扶贫政策的设计和调整。

（二）贫困人口的特殊性

从整个藏区看，1420万人中40%以上是藏族。玉树地区90%以上是藏族。所以在这个地区谈减贫，必须要考虑民族性。如果在政策制定中没有看到如何发挥宗教、信仰等积极一面，没有考虑到如何减少其消极一面，那么这种政策肯定难以收到良好效果。我们在此之前的政策较少考虑到民族特殊性，以及这类地区对国家差异性政策的期待和需求。我们这个研究项目要充分考虑到这些差异。

（三）贫困区域的特殊性

以村为单位，以国家贫困县为单位，该地区都位于国家三江源核心区，这个地区很特殊。从国家发展的宏观格局中来解决特殊地区的特殊发展问题。虽然这已经超出了扶贫范围，但我们在研究减贫时也需要更宽的视野。

（四）玉树是灾后重建地区

根据汶川震后重建经验，国家大规模重建注重早期恢复，也就是头2～3年的恢复。但从国际经验看，一个地区的恢复需要8～10年。3年恢复一个结古镇肯定没问题，但是它的社会系统、生计恢复等，都需要一个长期过程。这些都给我们减贫目标的实现带来挑战。汶川重建的五个挑战中，第一个就是返贫。在国家大政策下，我们能做的是尽可能让有可能落在后面的群体和区域能够得到支持。在研究区域减贫时，需要将灾害风险管理纳入未来减贫体系。否则会陷入翻来覆去不断承受灾害带来的贫困冲击和资源投入浪费中。

（五）集中连片特殊类型贫困地区的减贫和发展的长期性

在以上定位上研究减贫战略，就要明确一些需要坚持的原则。

1. 研究思路和战略定位必须要有战略性。以往的政策大多有头痛医头、脚痛医脚的状况，但是这个研究至少放在40～50年的范围内去思考，否则很难突破现有框架。

2. 政策的设计和评价一定要围绕其有效性。要充分研究现有政策的有效、无效和负效。评价其有效性的一个标准是能体现出不同目标群体的需求。如联户经营的政策，880户都做肯定是个总的大趋势，但如果全部都做，面临的风险也很大。如果失败，后面就很难推进。既然我们做的是特殊类型减贫研究，那么一定要仔细考虑政策是否充分体现了对特殊性的回应。

3. 我们提出的各类政策措施必须要有针对性。在思考政策如何具体化时，要关注到某个具体群体的需求，如果泛泛而谈则意义不大。

4. 在设计中，要体现出各类资源、政策的整合。对一个区域来讲，能否解决贫困问题，实际上体现出区域领导的水平和能力。当然不应当将三江源牧民都养起来，那么就需要将他们的发展融进整个区域经济社会发展体系中。扶贫部门需要协调推进，但如果各部门都有这个共识，自然会将其纳入区域社会发展的设计中。

第二节　相关研究文献综述

对反贫困的研究是发展经济学研究的重要领域。对于高原地区减贫问题，国内外学者运用多种方法，通过多个角度进行了相应研究，并取得了一定成果。

一、国内研究综述

本书从高原地区贫困分布特征、高原贫困地区可持续发展、高原贫困地区发展的国际经验及实践探索等角度对国内高原减贫研究进行综述。

（一）高原地区贫困分布特征及贫困特殊性研究综述

高原地区致贫因素很多，以下几点尤为突出：一是历史因素。高原地区自古以来即环境恶劣、人烟稀少，发展非常落后。加之20世纪50年代以来的大规模开荒及滥砍滥伐等人为因素，导致高原地区尤其是黄土高原水土流失严重，植被恢复困难，水资源严重缺乏。二是地理因素。地理条件差，加之农田水利设施建设不到位，导致高原地区农民抵御自然灾害的能力非常弱。三是交通因素。交通落后，导致高原地区生产成本加大，生产效率低下。四是成本因素。高原地区自然地理条件恶劣，基础设施改造难度大、成本高。有关学者从这些因素出发，对高原地区贫困分布特征及贫困特殊性进行了研究。

已有的研究表明，高原地区贫困分布与高原地区的地理环境特征分布相关度非常高，高原地区贫困与恶劣的地理、自然环境相吻合。周毅、李旋旗等（2008）研究了包括高原在内的我国典型生态脆弱带与贫困的关系，通过统计分析和比较，得到生态脆弱带与贫困县分布、土地面积和人口三个因子的关系式，揭示了高原地区等生态脆弱带与贫困之间的定量规律，主要包括：变动率大的界面性气候与季节性约束强的种植业的矛盾；易变化的生态环境受到高人口增长率冲击和市场发育对生态脆弱带有重大影响等。他们根据有关数据分析得到：中国典型生态脆弱带地区内约92%的县为贫困县；约86%的耕地属于贫困地区耕地；约83%的人口属于贫困人口[①]。龙世华、许改玲（2006）通过研究地理环境与贫困之间的关系，发现四川高原地区贫困呈现出五个特点：贫困地区分布与山地、高原地理环境吻合；贫困程度深，脱贫难而返贫易；贫困地区中贫富差距较为明显；贫困地区人均GDP与农民人均纯收入无相关；经济贫困与素质贫困并存[②]。而李正禄（2007）通过分析黄土高原地区贫困的表现形式及致贫的主客观因素，进一步指出：随着社会经济的发展，黄土高原部分地区的贫困问题不但没有缓解，贫困程度反而逐年加剧[③]。可见，高原地区减贫任务依然艰巨。

---

① 周毅，李旋旗，赵景柱．中国典型生态脆弱带与贫困相关性分析［J］．北京理工大学学报，2008.3，260－262

② 龙世华，许改玲．四川省少数民族山区国家扶贫开发重点县贫困特点分析［J］．广西社会科学，2006，8.40－44

③ 李正禄．黄土高原地区农村经济发展现状和制约因素分析［J］．东南传播，2006，5.143－144

（二）高原贫困地区可持续发展理论研究综述

1. 关于生态环境建设与高原地区的反贫困。

高原贫困地区生态环境较为恶劣，生态环境问题与高原贫困密切相关，因为生态环境变化影响高原贫困地区的脱贫进程，而贫困往往又会加剧对生态环境的依赖和过度利用。翟岁显（2005）研究了青藏高原生态特殊性对地区开发、致贫、脱贫等方面的影响。他的研究表明，青藏高原生态环境具有特殊性。一是青藏高原生态环境具有高寒性；二是青藏高原生态环境具有易于破坏性；三是青藏高原生态环境破坏的难以恢复性；四是青藏高原生态环境影响具有广泛性。青藏高原生态环境的特殊性加剧了该地区的贫困性。青藏高原的农牧区大都处于生态环境比较恶劣的地区，生态恶化和贫困性呈因果相连，贫困既是生态恶化的重要结果，也是生态恶化的结果。环境恶化和经济落后之间形成了恶性循环的怪圈。恶性、掠夺性经济资源开发的结果既造成了生态环境的恶化，也无益于经济的发展。他认为“青藏高原的扶贫开发、经济发展必须树立可持续发展的大生态观”①。赵君丽（2002）通过分析黄土高原地区地理分布与生态环境特点，认为长期的生态环境不合理开发和利用造成生态环境脆弱是黄土高原地区致贫的重要特殊原因，提出进行生态环境的综合治理和提高资源利用的可持续性是黄土高原脱贫的必要手段，并做出了相关的政策建议。② 张万寿、尹全洲（2001）通过对黄土高原生态环境变迁的整体研究，探讨了黄土高原生态环境变化的历史过程及机理，指出黄土高原生态环境恶化是其经济发展由盛转衰的主要因素。他们提出了应该通过大力发展替代经济，减轻经济发展对资源环境的压力，实现黄土高原生态建设与反贫困战略的双赢。③

正是考虑到生态环境建设和高原减贫的重要联系，许多学者均认为，进行生态环境综合治理是高原地区反贫困的重要途径，高原贫困地区脱贫应该和当地生态环境治理结合起来。但目前高原贫困地区进行生态环境建设的阻力相当大，主要体现在以下几个方面：一是生态环境脆弱，治理任务艰巨。二是经济系统低效，环境冲突严重。三是社会系统封闭，科技水平落后。四是生态建设效益滞

① 翟岁显．论青藏高原生态特殊性对地区开发的影响［J］．攀登．2005，3. 77－80

② 赵君丽．黄土高原地区生态环境综合治理分析［J］．工作研究．36－38

③ 张万寿，尹全洲．退耕还林与增收并举：黄土高原实施生态建设与反贫困双赢战略所面临的历史使命［J］．宁夏社会科学．2001，5. 59－68

后，所需投资巨大。这些问题都需要从理论和实践的角度认真研究并加以解决。

李胜利、赵景波等（2002）分析了黄土高原贫困地区生态环境建设的主要阻力：生态系统脆弱；经济系统贫困；科技文化水平落后；生态建设效益滞后、投资巨大等。针对以上问题，他们提出了相应的解决措施：完善高原贫困地区多元化的生态建设投资体系；建立公平合理的资源开发政策体系；加强生态环境建设的科技支撑作用等。[①] 屈波、邹红等（2004）认为："生态贫困"是指由于环境先天脆弱和资源的不合理利用、环境污染、人为破坏导致生态环境恶化引起的贫困。他们的研究分析了环境先天脆弱对生态贫困区域的形成、分布及特征等带来的影响，提出了在青藏高原生态贫困区要重点优化资源开发模式、控制人口增长、加快生态恢复重建等政策建议[②]。王永莉（2008）从生态建设四大主体功能区的角度出发，研究了青藏高原生态脆弱区的功能定位及所面临的生态保护与发展经济的双重压力。认为青藏高原地区面临着进行生态功能建设和加快脱贫、发展经济的双重任务，并据此提出了相关政策建议，包括：建立生态保护与重建的财政支持体制和生态补偿机制；大力发展资源优势产业；适度进行生态移民；创设土地发展权等。[③]

事实上，通过推进生态环境建设加快高原地区减贫进程已经在实践中取得了一定成果，相关学者也对此进行了研究。王海英、刘桂环等（2004）的研究以1997—2000年间实施的甘肃定西县黄土高原九华沟流域生态环境综合治理模式为基础，研究了该流域生态环境综合治理开发模式、布局模式及其经济社会效益，提出高原干旱贫困地区进行生态建设是该地区加快脱贫进程的战略选择。该研究也为同类型贫困地区生态环境建设方案的制定及实现脱贫、可持续发展提供了借鉴。[④] 董锁成、吴玉萍等（2003）也做了类似的研究，认为发展生态型经济是实现生态脆弱的高原贫困地区脱贫的有效途径。他们通过对甘肃定西地区生态脆弱与贫困双重矛盾的分析，依据生态环境脆弱性、贫困性的内涵，构建了反映生态环境脆弱性与贫困性耦合关系的指标体系，选取时间序列数据对该地区生态

---

① 李胜利，赵景波，庞奖励．黄土高原地区的生态建设与政策创新［J］．干旱区资源与环境．2002，9．12－15

② 屈波，邹红，谢世友．中国西部地区生态贫困问题与生态重建［J］．国土与自然资源研究．2004，4．74－76

③ 王永莉．主体功能区划背景下青藏高原生态脆弱区的保护与重建［J］．西南民族大学学报（人文社科版）．2008，4．42－45

④ 王海英，刘桂环，董锁成．黄土高原丘陵沟壑区小流域生态环境综合治理开发模式研究——以甘肃省定西地区九华沟流域为例［J］．自然资源学报．2004，3．207－215

环境脆弱性和经济贫困性的驱动因子进行定量分析，揭示了经济与环境的互动机理与驱动力。①

2. 关于高原地区反贫困与可持续开发建设。

高原地区减贫与发展必须与当地的生态环境保护建设结合起来，走可持续发展的道路。对于这一点，相关学者也进行了研究。

第一，有的学者提出了在高原地区发展循环经济的战略思路。盛国滨、祁花（2007）的研究认为：青藏高原地区历史上高消耗、低产出、高污染、低效益的粗放式生产方式造成环境的不断恶化，也使该地区的生态环境陷入“越穷越垦，越垦越穷”的恶性循环。应该在青藏高原大力发展循环经济，提高资源和能源的利用效率，从而实现青藏高原地区社会经济发展和生态环境建设的双赢。他们分析了青藏高原生态环境现状及面临的问题，并提出了该地区发展循环经济的构想。② 鲍文（2008）的研究指出：四川的高原山区仍以贫困、生态脆弱、丘陵区发展受限和少数民族众多为特征，同时该地区作为我国主要江河的上游，生态安全地位突出，高原山地资源也是该地区摆脱发展困境、建设生态文明的重要资源。他在研究中提出了新山区的概念，即生态环境质量与人口分布高度重合，形成人口 - 生态 - 资源 - 发展之间良性循环的格局，与平原区互补和互利的高地区域。③

第二，有的学者从组织制度保障方面对高原减贫与可持续开发进行了研究。张福生、刘占雄（2001）提出在高原贫困地区的持续开发中，扶贫资源的组织传递应该从按行政区划、条块组织配置为主转向按经济区域、综合协调与市场引导并重的配置机制。他们的研究表明，高原贫困地区的持续开发仍然面临着严峻形势。一是高原贫困地区农业综合开发治理具有长期性和艰巨性；二是高原地区实现解决温饱和持续开发，转变生产经营方式，任务艰巨；三是高原地区生产力要素的改造需要相当长的时间。④ 于兴军、王晓平（2009）从黄土高原生态治理项目的实践出发，研究了小流域生态治理与高原贫困地区持续开发建设的关系，并得出结论：在设定高原贫困地区生态治理目标时应该注意和当地社会经济发展的进程相结合，体现人与自然和谐的理念；政府对高原贫困地区生态治理项目的支

① 董锁成，吴玉萍，王海英．黄土高原生态脆弱贫困区生态经济发展模式研究—以甘肃省定西地区为例［J］．地理研究．2003，9. 591 - 599

② 盛国滨，祁花．循环经济是青藏高原生态环境重建的关键［J］．青海师专学报．2007，2. 42 - 45

③ 鲍文．四川草地资源与新山区发展战略［J］．世界科技研究与发展．2008，10. 624 - 626

④ 张福生，刘占雄．浅论黄土高原贫困地区的持续开发［J］．经济问题．2001，6. 59 - 61

持和引导是项目成功的关键；高原贫困地区生态治理项目的进展需要有调动各方积极性的激励机制。[①] 周德翼、杨海娟（2001）运用制度经济学理论，针对黄土高原的贫困和水土流失问题，从正负两个方面设计了调控高原贫困地区农民行为的激励机制，包括稳定土地产权制度、建立和强化水土保持中的市场激励机制、以经济手段刺激水土保持团队激励、转变黄土高原贫困地区水土保持治理模式等。[②] 更阳（2007）通过对青海高原贫困地区农村劳动力培训转移的调查分析，归纳了青海省贫困地区农村劳动力培训转移的基本情况及特点，分析了劳动力培训转移对青海高原贫困地区脱贫的重要意义及当前面临的主要问题。[③]

第三，还有的学者从产业发展角度对此进行了研究。刘魏文、邓艾（2008）提出了青藏高原应该通过走生态工业化的道路发展经济、摆脱贫困。他们研究了青藏高原生态工业的概念内涵及特征，所谓青藏高原生态工业是指进一步挖掘青藏高原生态畜牧业、稀有物种等自然资源潜力的集约型产业。同时，分析了青藏高原发展生态工业的可行性，提出了从政策法规、经济手段、信息系统、能力建设等四个方面加快青藏高原生态工业建设。[④] 韩奋发，宋保忠等（2005）从农业科学和扶贫开发的视角出发，结合钙果种植在高原贫困地区的实践，认为发展与高原贫困地区地理条件相适应的种植业对于该生态建设及扶贫开发均具有重要意义。[⑤]

（三）高原贫困地区发展的国际经验借鉴研究综述

国外特别是发展中国家的反贫困实践与经验，对于制定我国高原地区的反贫困政策、措施具有十分重要的启示价值。通过认识和了解发展中国家扶贫开发的具体情况，我们可以发现一些有借鉴意义的经验和做法。综合来看，可供高原地区减贫的国际经验主要体现在以下几项：

第一，是重视社会组织和社区力量在减贫中的作用。王名（2001）通过若干实例说明 NGO 组织是国际社会反贫困的重要力量，通过实地考察中国 NGO 组织在扶贫开发中的重要活动，归纳总结了中国 NGO 组织在扶贫开发活动中的重要

① 于兴军，王晓平．贯彻落实科学发展观，努力探索以扶贫为重点的小流域可持续管理模式［J］．水土保持．2009，4．39－40

② 周德翼，杨海娟．论黄土高原治理的激励机制［J］．生态经济．2001，12．23－26

③ 更阳．对青海省贫困地区农村劳动力培训转移的调查分析［J］．老区建设．2007，10．7－9

④ 刘魏，邓艾．青藏高原发展生态工业研究［J］．经济研究导刊．2008，8．146－148．

⑤ 韩奋发，宋保忠，王治富等．钙果种植与贫困地区扶贫开发和黄土高原生态建设［J］．陕西农业科学．2005，6．79－81

作用和面临的问题，其结论也适用于高原贫困地区发展。[①] 黄承伟、蔡葵（2004）通过研究国际 NGO 组织发展的经验及启示，系统总结了十多年来国际 NGO 组织扶贫实践中培育基层组织参与社区发展的经验教训。并以此为基础，分析了培育贫困村基层组织参与扶贫开发的困难、条件及目标定位，提出了政策建议：要转变新阶段扶贫开发工作方式与运行机制；要有意识地推动贫困地区社区组织的建立和发展。[②] 冉光荣（2006）通过研究西藏反贫困的实践，认为在国际经济一体化的趋势下，在藏区反贫困中必须加强国际交流合作，并研究了藏区反贫困借鉴国际经验、争取国际机构支持的具体途径。[③]

第二，是重视发挥专项扶贫计划的作用。陶晓辉、熊坤新（2003）通过对发展中国家印度和巴西、发达国家美国和日本反贫困经验的研究，指出当前国外反贫困项目面临的主要问题：贫困人口的项目参与水平低；过多依赖于救助和补贴，不能激发贫困人口的积极性和创造性；极少关注穷人参与政策制定及协商能力的培养；多数反贫困项目都是针对单一目标而不能针对贫困群体的多重需要，因而往往不能满足贫困群体的切实需要。[④]

第三，是重视资金支持在反贫困中的作用。闫新华（2009）研究了国外小额信贷在扶贫开发中的重要作用和成功经验，认为国际小额信贷扶贫的成功经验主要是政府的支持、高利差、选择合适的模式及商业化运作。基于国际经验，他的研究认为发展中国小额信贷扶贫应从建立与完善激励约束机制入手，给予民间小额信贷机构更多的政策空间；利率的市场化要与实现其他条件协调进行，转变政府支持方式，保持可持续发展。[⑤] 张季（2001）研究了国外扶贫资金管理的主要模式：孟加拉国"乡村银行"模式、印度的扶贫资金项目带动模式、泰国政府主导型的网络扶贫模式等，分析了国外扶贫资金使用的特点及对我国扶贫资金管理的借鉴意义。[⑥]

第四，是重视政府在扶贫开发中的主导推动作用。焦国栋（2006）总结了国际反贫困的主要经验和措施，提出了我国在市场经济条件下反贫困的政策建议，包括：加快经济发展是消除贫困问题的根本途径；政府的大力扶持是消除贫困的

---

① 王名．NGO 及其在扶贫开发中的作用［J］．清华大学学报（哲学社会科学版）．2001，12.75－79

② 黄承伟，蔡葵．贫困村基层组织参与扶贫开发［J］．贵州农业科学．2004，32（4）．74－76

③ 冉光荣．促进对藏区反贫困的新认识［J］．社会科学研究．2007，2.105－109

④ 陶晓辉，熊坤新．西部大开发中需要借鉴的外国经验［J］．中国发展．2003，4.60－69

⑤ 闫新华．基于国际经验发展中国小额信贷的政策取向［J］．企业经济．2009，4.158－160

⑥ 张季．中外扶贫资金管理研究［J］．重庆大学学报（社会科学版）．2001，7（2）25－32；7（3）46－51

关键。[①] 国外不少国家都注重通过国家计划这种强有力的形式推动解决本国贫困问题。如印度乡村综合开发计划和就业计划；泰国乡村发展计划、小农发展规划和乡村就业工程；印度尼西亚农业综合开发计划、社区自主自动能力建设、移民计划等。上述计划均由国家制定实施，从而有效地消除或缓解了贫困。

（四）中国高原贫困地区减贫的实践经验及存在问题研究综述

高原贫困地区在减贫实践的探索中取得了一定成就，这对于继续推动高原地区减贫战略具有重要的参考意义。我们对通过机制、政策创新、生态环境建设、产业发展等途径减贫的实践经验及存在问题也进行简要综述。

第一，推动体制机制及政策创新，加快高原贫困地区减贫进程。已有的研究表明，体制机制及政策创新在高原贫困地区减贫中发挥着关键作用。贾荣敏（2009）研究了青藏高原三江源地区通过生态移民反贫困的重要意义和政策措施，认为：三江源地区最主要的贫困问题是受生态环境约束的基础性贫困，实现生态移民是该地区反贫困的重要举措。通过生态移民，改变贫困人口的生存空间，突破制约生存发展的环境约束，从而达到改变贫困人口生存状态并最终脱贫的目的。[②] 黄黔（2009）将592个国家扶贫开发重点县分为黄土高原、岩溶山区、中部山区等八个贫困片区，通过扶贫开发的案例分析，提出了科学试验、扶贫试点、连片开发的三阶段扶贫开发模式。他的研究还指出，中国现阶段扶贫开发具有以下特征：应从贫困农村入手破解中国农村的科学发展问题；按照贫困片区实施扶贫开发；扶贫开发与生态修复结合等。[③]

李松志（2006）以处于云贵高原的凤庆县为例，研究了我国高原贫困地区不同类型小城镇成长机制与相应的脱贫调整对策，强调了功能定位、功能开发在高原贫困山区小城镇脱贫发展中的重要作用。[④] 周伟、麻泽龙（2005）通过对西藏山南地区贫困问题的研究，分析了该地区的贫困表现：生活与生产水平低，生态环境恶化，经济发展与自然资源环境的矛盾加剧，人口素质低等。究其原因，是由于高寒的自然环境，市场经济的缺失，地广人稀的分散效应，区位优势无法转换成区位经济优势加之落后的知识体系。他们的研究提出了该地区减贫的主要措

---

① 焦国栋．国外反贫困的经验及对我国的启示［J］．理论前沿．2006，11. 20－23

② 贾荣敏．三江源生态移民对于反贫困问题的意义［J］．青海民族学院学报（社会科学版）．2009，4. 87－90

③ 黄黔．按贫困片区扶贫开发和中国扶贫产业的新特点［J］．2009，10. 12－16

④ 李松志．高原贫困山区不同类型小城镇成长机制与调控对策——以云南高原凤庆县为例［J］．82－85

施：通过以工代赈完善基础设施；通过中心城镇和旅游景区的“增长极”作用来营造市场，通过培育当地的知识体系、建设当地的生态环境，打造高原生态品牌来发展地方经济。[①] 朱自堂、杨秀槐（2007）通过贵州省镇远县的实践，考察了云贵高原地区通过林业产业发展针对性扶贫的做法。[②] 刘艳华、宋乃平等（2007）通过对黄土高原地区退耕还林模式的案例研究，对黄土高原退耕还林脱贫的模式制约因素、发展现状进行了分析，提出必须以充分认识高原地区区域自然、社会特点为基础，合理选择退耕还林配置模式，加快脱贫进程。[③]

第二，关于生态环境建设与高原地区反贫困的实践。高原贫困地区减贫必须与生态环境保护协调推进。尤飞、董锁成（2003）等以甘肃定西为例，分析了黄土高原地区生态经济系统演化过程中的内外部有利因素和制约因素，提出了制约该地区脱贫发展的关键因素：干旱缺水、垦殖砍伐、人口增长、产业结构单一、现代化水平低等。并提出了区域重点创新对策和外部推动战略，具体包括：“教育移民”战略、节水型生态农业战略、优势第三产业发展战略、人力资源战略、环境友好型资源配置战略等。[④] 周述实（2001）通过对甘肃 18 个贫困县脱贫实践的考察，提出了高原地区反贫困必须加强生态环境建设、大力推进市场化建设等政策思路。[⑤] 吴普特、汪有科等（2008）以榆林市米脂县孟岔村的实践为研究标本，分析了在黄土高原地区现代生态型农业发展模式及其对脱贫的意义。[⑥]

第三，产业发展与高原地区反贫困的实践。产业扶贫是高原贫困地区反贫困的重要途径。高原贫困地区的产业模式基本仍以传统产业为主，效率低下，危及生态环境，因此迫切需要改造传统产业，使环境资源产业成为高原贫困地区的主导产业和发展重点。贡保草（2010）通过分析甘肃甘南藏族自治州发展资源环境产业的优势和成功模式，探讨了高原贫困地区环境资源产业开发式扶贫的途径和关键环节。他认为，必须做好高原贫困地区的产业结构调整、优化与区域战略产业的选择；必须从市场结构、市场行为、市场绩效、产业组织政策等方面营造环

---

① 周伟，麻泽龙，曾云英．西藏山南农牧区贫困的根源及脱贫出路［J］．农业经济问题．2005，8．15－19

② 朱自堂，杨秀槐．镇远林业扶贫 20 年［J］．中国林业．2007，12．56－57

③ 刘艳华，宋乃平，王磊．黄土高原地区退耕还林还草模式案例研究［J］．中国沙漠．2007，5．419－422

④ 尤飞，董锁成，王传胜．黄土高原贫困地区生态经济系统良性演化条件和对策——以甘肃定西地区为例［J］．资源科学．2003，11．52－57

⑤ 周述实．简议甘肃贫困县的脱贫与发展［J］．甘肃省经济管理干部学院学报．2001，6．16－18

⑥ 吴普特，汪有科，韩宇平，赵西宁．孟岔生态型现代农业发展模式创建与启示［J］．中国发展观察．2008，11．53－55

境资源产业发展的市场氛围。[①] 马丽（2001）通过回顾黄土高原 1985—1996 年间贫困地区范围的变化，根据区域产业发展不平衡理论对此进行了分析，并从经济扩散的角度，提出了相应的扶贫战略。她的研究表明：黄土高原地区贫困分布具有不均衡性，该区域已经脱贫的地区可以通过协作扩散、跳跃扩散、等级扩散等三种方式带动区域内落后地区脱贫。[②]

任晓丽（2009）通过对陕西省永寿县的个案分析，提出通过旅游产业发展高原贫困地区经济的思路和具体政策建议。她提出应该打造高原贫困地区绿色生态文化旅游品牌，同时，要运用市场化手段，打造高原贫困地区文化旅游产业文化发展平台。[③] 赵世磊（2009）提出通过增强生态农业科技支撑能力带动高原贫困地区脱贫致富。他在研究中提出，高原贫困地区生态农业科技支撑能力有所提高，但科技贡献率仍然偏低。应该加强对关键技术的研究，提高科技对生态农业发展的贡献率。同时，加强对农业科技成果的转化、应用与推广，提高科技成果转化率。[④]

二、国外研究简述

目前，国际学术界针对中国减贫问题从经济学、政治学、社会学、人口学等多个角度均有许多研究[⑤]，但专门针对高原地区减贫问题研究则见之不多，我们对与之相关的研究做一简单综述。Schutz（1965）《美国经济评论》第 40 卷发表了具有里程碑意义的文章《贫困经济学：一位经济学家关于对穷人投资的看法》，首次提出贫困经济学这一概念，随后一大批发展经济学家投入到贫困经济学的理论研究当中。缪尔达尔（Myrdal）和阿玛蒂亚·森（Sen）因在贫困研究上的突出贡献而荣获诺贝尔经济学奖。[⑥] 缪尔达尔在减贫战略的理论框架方面进行了深入研究。他所构建的一套系统的从经济、政治、文化等层面上的反贫困战略，今天看来仍然不失其应有的理论价值和实践价值。他认为，贫困国家的不平等包括社会与经济两个方面。社会不平等与经济不平等密切相

---

① 贡保草．论西部民族地区资源环境型产业扶贫模式的创建［J］．西北民族大学学报（哲学社会科学版）．2010，3．109－114

② 马丽．黄土高原地区贫困范围变化与脱贫机制分析［J］．经济地理，2001．1，23－27

③ 任秀丽．加快渭北高原文化旅游产业发展的几点思考［J］．中国商贸．2009，9．119－120

④ 赵世磊．云贵高原生态农业科技支撑能力现状与战略思路［J］．理论与当代．2009，8．10－13

⑤ 杨颖．中国农村反贫困研究的新视野——基于文献视角的评述和展望［J］．经济问题研究．2010，2．27－30

⑥ 叶普万．贫困经济学研究——一个文献综述［J］．世界经济．2005，9．70－73

关，社会不平等是经济不平等的主要原因，经济不平等又加剧了社会不平等。而脱贫恰好是以求得更大的平等为前提的。他认为，消除不平等的关键在于进行土地改革。缪尔达尔基于十余年对南亚贫困国家的具体考察所得出的结论，对于发展中国家的减贫，在今天看来不失其巨大的参考价值。第一，单一的反贫困战略不可能消除贫困。只有从经济、政治和文化等多重层次构建一套综合的反贫困战略才能消除贫困；第二，发展中国家如果不从根本上解决事实上普遍存在的三农问题，贫困也不可能消除。① 阿玛蒂亚·森深刻分析了隐藏在贫困背后的生产方式的作用以及贫困的实质。他认为贫困的实质是能力的缺乏，突破了传统流行的将贫困等同于低收入的狭隘观点界限，提出用能力和收入来衡量贫困的新思维，拓宽了对贫困理解的视野。他的贫困理论的落脚点在于：通过重建个人能力来避免和消除贫困。②

Jalan 和 Ravallion（1997）采用中国农村家庭的统计数据，明确提出了“空间贫困陷阱”的概念，即相对贫困的地区，其相应的基础公共设施也较少，由于该原因，这些地区的家庭在其投入上的生产率也相对较低。③ Yao 和 Fan（2006）从财政视角分析了中国农村地区收入和财政不平等的演进，认为如果财政均等化政策不能满足地方实现责任的需要，就不能完成帮助穷人的目标。财政均等化政策更多对内陆地区公共服务均等化有效，但对该地区的收入均等化不显著，鉴于内陆地区内部收入差距大于沿海地区的现状，对财政均等化政策减少贫困的作用提出质疑。④

C. Peter. Timmer（2005）研究了发展农业对于减贫的重要作用。他认为，就扶贫战略而言，目前农业发挥的作用还相当有限，主要原因是没有充分认识到农业发展、食物的可获得性、穷人的热量摄入和减贫战略直接联系的重要性。事实上，提高穷人的热量摄入量对提供他们的福利、劳动生产率和人力资本投资确实有积极作用。Paul Schultz（1993）和 Fogel（1991）通过经验数据已经证明了这一重要性。C. Peter. Timmer 将分析建立在三个经验关系之上，即：农业增长和减

---

① Myrdal. Gunnar Asian Drama：An inquiry into the poverty of nations，VOL1 – 3，New York：Pantheon Books，1970

② 阿玛蒂亚·森．贫困与饥荒［M］．商务印书馆．2001，12 – 13

③ Jyotasa Jalan and Martin Ravallion. Is Transient Poverty Different ? Evidence for Rural China. ［J］．Economic Mobility and Poverty in development Countries，2002，（03）：82 – 100.

④ Yi Yao and Shenggen Fan. Evolution of Income and Fiscal Disparity in Rural China ［R］. This paper is prepared for presentation at the International Association of Agricultural Economists Conference，Gold Coast，Australia，August12 – 18，2006.

贫之间，国内食物产量增加和营养摄入量增加之间以及农业生产力和其他部门生产力提高之间。重点论述了在相对贫困的国家和地区如何正确认识农业发展的作用，如何将农业发展与减贫战略结合等问题。①

三、高原地区减贫与发展基本理论及观点

结合国内外学者的研究成果，可以大致归纳出当前高原地区减贫与发展的几种基本理论及观点：

（一）经济增长型减贫理论及观点

这种观点认为，高原地区贫困与其他贫困类型一样，贫困率的绝大部分变化都能够用经济增长来解释，经济增长是贫困减少的最重要因素。② 该理论认为，通过资本积累实现的经济增长利益将对穷人起“涓滴”作用：即使在没有任何推进和确保减少贫困这一目标的特定手段和措施的情况下，经济增长也会推动国内经济活动，增加财政税收。前者会为贫困者创造更多的就业机会，后者为增加政府支出包括针对穷人的转移支付提供足够资金，这两个方面都会对减少贫困起到重要作用。当然，也有反对经济增长减贫理论观点。

（二）政府主导推动型减贫理论及其观点

这种观点认为，政府的大力扶持推动，是推动高原贫困地区减贫的基础性环节。这既包括政府采用的救济式扶贫，也包括政府强有力推动的各种专项扶贫计划；既包括政府通过各种渠道，以多种方式增加对贫困地区的基础设施投资和生产性投资，同时也包括对贫困地区在财政、金融等方面实行优惠政策，为其减贫和经济发展搭建宽松的政策环境。

（三）产业集聚发展型减贫理论及其观点

这种观点认为，产业集群具有群体竞争优势和集聚发展的规模效应，是区域经济实现跨越发展的重要动力。高原贫困地区应该立足区域要素禀赋实际，改变地区产业分散发展的现状，代之以与该地区特色优势资源相结合的产业集群式

---

① C. Peter Timmer. 农业和扶贫：国际经验和教训［J］. 农业经济问题. 2005，10. 24 – 29

② Rozelle，Seott，LinxiuZhang，and Jikun Huang. China’s War on Povetry. Working PaPer，No. 60，Center for Eeonomic Researeh on Eeonomic Development and Policy Reform，Stanford Institute for Eeonomic Poliey researeh，Stanford University，2000

发展，集中人力、物力、财力重点打造资源优势产业，发展特色产业集群。再以集群产业的发展，实现对区域内其他产业及地区的带动，从而加速减贫进程。

（四）以生态环境建设为核心的综合减贫理论及其观点

这种观点认为，高原地区的生态环境建设在促进高原地区减贫和经济发展中具有特殊重要的意义。在高原减贫过程中，应该把生态环境建设放在突出位置，采取生态移民、政策引导、产业发展、环境保护、结构调整等多项综合措施，构建高原地区减贫与生态环境保护的和谐共生机制，实现高原地区生态环境保护与减贫进程的协调推进。

（五）以包容性增长为引领的新型减贫战略

所谓包容性增长，其基本内涵就是公平合理地分享经济增长，是包容更多的人群和地区的增长，其中最重要的表现就是缩小收入分配差距。在包容性增长的指导下，经济增长所惠及的就不仅仅是一部分人、少数人，改革的成果也就不会仅仅为少数人、个别人所分享；包容性增长将使经济发展的实惠更多地为广大的普通老百姓所享受，是更多的普通人群的生活得到实质性的提高和改善。对于减贫战略而言，包容性增长就是要消除贫困地区和人群要素禀赋的缺陷，改善其生产就业的方式、条件和环境，增强其生产和生活的保障，赋予其基本的发展能力与机会，从而与非贫困地区和非贫困人群一道实现持久均衡的增长。

第三节 研究的目标与要求

一、研究目标

分析新形势下玉树地区贫困的新特征、新挑战和新机遇，总结该区域三十年来减贫与发展的成就与经验，提出新形势下高原地区减贫的战略和政策规划体系。

本研究项目将提出新形势下玉树地区减贫战略和政策规划体系的建议。该建议以2010年玉树地震为起始，分为三个时间段，每一个时间段都对应玉树经济社会发展的一个阶段：

- 2010—2015年　早期经济恢复和减贫；
- 2015—2020年　持续减贫并开始由农牧业向农牧业、贸易、旅游并重的经济转型；
- 2020—2030年　假设人口已较大范围城镇化并且地区经济主要以贸易、旅游为主导，以此假设为基础制定该地区的发展规划。

本研究的成果将主要应用于：

1. 为《中国农村扶贫开发纲要（2011—2020年）》提供参考和支持；

2. 为玉树及其他受巨大灾害影响的类似地区灾后减贫与发展提供借鉴；

3. 为汇总整合中国西藏自治区和其他省份九个藏族自治州关于减贫与经济发展的观点提供参考。

二、研究特点

据有关资料，关于藏区的研究有两个阶段较多。90年代以前较多，90年代缓了一段，最近10年又多了。我们现在的研究必须充分基于已有研究。报告写作有几点要求或者说目标。

1. 力求整体上有所创新。即充分体现出这个地区贫困的特殊性。不同专题都要考虑如何体现这个问题——要充分体现出在减贫过程中的特殊性。这样，各个专题才会形成一个体系，这个体系才会对高原减贫战略有个新的认识。否则就只是对现有材料的简单整合。

2. 力求在局部总结、提炼上产出亮点。比如劳动力培训支持的代际设计等，减贫实际上很重要的就是实现代际减贫。再比如重视评估，虽然现在有评估，但现有评估从国家安排资金支持看依然不足。再比如民族宗教问题，要考虑到宗教对于这个地区发展有积极也有消极作用，如何变消极为积极？历史上怎样？未来可能怎样变迁？这些问题都应该在报告中有所思考和总结。

3. 提出的政策建议要对现有问题有所改进，以提高现有政策的可操作性。要始终问自己：从国家层面讲，我们提出的建议对于国家同类政策有没有意义？比如集中连片特殊类型贫困，如果我们提出的政策对这类国家政策有借鉴意义，那就很好很有价值。再有从政策执行性上讲，十二五规划、灾后重建整体规划等，我们如何围绕减贫主题提出操作性建议？在具体政策操作方面，一定要针对具体的人群提出政策建议。

三、技术路线

本项目由国务院扶贫办灾后重建办、中国国际扶贫中心和德国技术合作公司合作开展。

国内专家由项目主持人聘请，国际专家由德国技术合作公司指派。国内外专家将来自地理、生态保护、山区农业、社区发展和劳动力流动、政策制定等研究领域。

该研究将按照“汶川地震灾后恢复和重建总体规划社会影响评估研究”的模式提出一份研究报告。研究报告将出版中英两个版本并在中国以及其他亚洲国家进行推介。

第四节　研究框架和组织

一、研究框架

总报告：高原地区减贫战略与政策规划体系研究总报告

背景报告：玉树州经济社会发展与扶贫开发状况与趋势

专题报告：

1. 转变发展方式与减贫战略创新研究
2. 减贫与发展政策评估和创新建议
3. 可持续生计与产业发展战略研究
4. 生态移民、生态补偿与人口流动研究
5. 民族文化与减贫及特殊类型贫困问题研究
6. “大扶贫”格局的推进与专项扶贫模式创新研究
7. 高原地区减贫与可持续发展的国际经验

二、专家及其任务分工

姓名	领域	单位/职称	任务
陆汉文	社会发展、乡村治理	华中师范大学减贫与乡村治理研究中心教授，博士	总报告、专题6和协助联络、协调
张　琦	经济、扶贫	北京师范大学经济与资源研究院教授，博士	专题1和资料收集、文献综述
胡　勇	区域发展、区域规划	国家发展改革委国土开发与地区经济研究所区域规划研究室副主任，副研究员，博士	专题2
刘　源	少数民族发展、社会性别	中央民族大学少数民族研究中心研究员，博士	专题5
吕世海	高原生态	环保部中国环境科学研究院研究员	专题4
吴建海	扶贫规划、项目可行性研究	青海省高原研究所所长、研究员	专题3
苏海红	高原地区发展	青海省社会科学院经济研究所所长、副研究员	专题3
国际专家		由GTZ聘请，2~3人	专题7

三、研究管理

1. 黄承伟、Thomas Bonschab负责研究框架确定、国内外专家协调；

2. 黄承伟负责研究框架总体设计和中文版研究总报告、背景报告、分报告修改、审定；Thomas Bonschab负责研究成果英文版的审定、出版；

3. 背景报告由GTZ资助青海省高原研究所组织完成。

第二章　高原地区发展方式转变与减贫战略创新

张　琦

第一节　研究框架和方法

一、研究的必要性和意义

第一，转变发展方式，是积极应对全球气候变化，推动低碳经济绿色经济发展的迫切需要。当今世界，气候变化问题成为国际政治经济领域的重要问题，各国都在积极探索协调经济发展和应对气候变化的关系，寻求更加有效的经济发展模式。促进发展方式转型是世界各国协调应对气候变化和经济发展的必然选择，也是实现可持续发展、提高国际经济竞争力的必由之路。突破资源瓶颈与环境约束，转变发展方式，走绿色、低碳发展道路，既是贯彻落实科学发展观，实现经济社会协调可持续发展的内在要求，也有利于促进我国经济竞争力的不断提高。

第二，转变发展方式，是做好三江源生态环境保护、维护国家生态安全和区域战略发展的重要保障。玉树在整个三江源生态环境保护与建设中处于主体地位，对青海全省乃至全国的生态环境保护与生态安全的影响与日俱增。加快玉树地区发展方式转变，促进该地区生态环境保护与社会经济建设的和谐、统一发展，不仅有利于保护好三江源地区的生态系统，维护国家生态安全，也必将有力促进青海乃至全国的民族团结稳定与经济社会发展。

第三，转变发展方式，是加快高原地区减贫进程的有效选择。高原地区贫困始终与其落后的生产方式相关。继续高原地区原有的经济发展模式，必然难以摆脱持续贫困的阴影。而且伴随着发展步伐的加快，高原贫困地区传统发展方式蕴含的危机日益严重。高原贫困地区要加快减贫进程，唯有更加积极地转变发展方式，将高原贫困地区的减贫进程与加强生态环境保护特别是三江源生态环境保护相结合，与促进民族地区经济社会发展相结合，与保持民族特色和地域风貌相结合，形成自己独特的区域发展核心竞争力，才能实现减贫和经济发展的新跨越。

理论和现实意义主要表现在：

第一，理论上的新探索与创新。从高原的特殊区域视角来研究发展方式转型与减贫战略创新，以前的研究并不多，过去的研究往往是单向研究，或者是对发展方式研究，或者是减贫战略研究，而本研究将二者相结合，又以玉树为研究对象，更加有特殊性意义，玉树属藏区、地震灾区，还是属于三江源保护区，将这些因素都综合融合考虑进去，显然，就是一种综合性的、典型意义上的创新性探索和研究。力求在理论上有所创新，是本研究目标之一。

第二，实践上的指导参考价值。首先，本研究力求有助于提升玉树灾后恢复重建的能力和水平。一是有利于做到恢复重建与减贫规划相互衔接，共同推进；二是有利于构建玉树全方位、多层次的灾后减贫机制，从而为恢复重建提供制度保障。其次，力求有助于加快青藏高原地区的发展方式转变与减贫进程。通过此项研究，有助于分析新形势下青藏高原地区减贫的新特征、新挑战和新机遇，总结该区域减贫与发展的成就与经验，提出该地区减贫战略规划体系和政策建议。其三，力求为我国《新的农村扶贫开发纲要（2011—2020 年）》提供基础研究参考。其四，力求对国内外类似区域的减贫与发展提供借鉴。开展此项研究，不仅可以为受巨灾影响的类似地区的灾后减贫与发展提供借鉴，而且中国其他高原贫困地区，乃至其他国家相类似的高原地区都将受益。

二、研究内涵、框架、方法和技术路线

本研究从内容上讲主要集中在发展方式和减贫战略这一主线，从研究区域范围来看主要是集中在代表高原地区的玉树和青海。在这一个总体的范围内，来研究内涵、框架、方法和技术主要如下几个方面。

（一）转变发展方式的内涵

转变发展方式主要包括经济发展方式转变、社会发展方式转变、生活发展方式转变、政府管理方转变四个方面的转变。在这里主要是指经济发展方式转变。

经济发展方式转变从以前的单纯的依靠经济增长方式向经济发展方式转变。包括：第一，从完全依靠工业化经济增长主导方式向自然经济社会和资源的可持续发展方向转变，从外延扩张式的粗放型增长向主要依靠提高生产技术水平实现

的内涵提高式的集约型增长转变。这意味着经济发展不仅包括单纯的经济增长，而且包括产业结构的优化和升级、经济运行质量和效益的提高；第二，从高投入、高耗能、高污染的传统路径，节能减排，走资源节约型和环境友好型的低碳经济、绿色经济发展道路。第三，完全依靠发达地区的非均衡发展方式向区域均衡发展方式转化。第四，从技术上模仿跟进向有效推进自主创新的转变，科技创新和创新性社会建设。

（二）减贫战略分类与形式

由于对发展问题的复杂性认识不断深化，减贫战略的分类和形式也随之不断调整和完善。按照不同的分类标准，我们可以将减贫战略划分为以下五类：

救济式扶贫和开发式扶贫。根据对贫困群体的不同帮扶形式，可以分为救济式扶贫和开发式扶贫。所谓救济式扶贫，就是给予生活救济的扶贫形式，即通过政府或个人结对帮扶给予资金和实物，来解决贫困人口的基本温饱问题，这种救济式扶贫可以在瞬间实现人均增收，但容易再次陷入贫困。所谓开发式扶贫，是指在国家必要支持下，利用贫困地区的自然资源的扶贫形式，进行开发性生产建设，逐步形成贫困地区和贫困户的自我积累和发展能力，主要依靠自身力量解决温饱、脱贫致富。

专项扶贫和社会扶贫。根据扶贫资金来源方式的不同，可以分为专项扶贫与社会式扶贫。所谓专项扶贫，是指政府或社会组织（主要是政府）通过设置专项扶贫资金和项目，对特定对象进行扶贫。所谓社会式扶贫是指通过动员包括政府在内的各种社会组织，包括非盈利组织、基金会及个人，采取多种渠道和形式开展扶贫。

整村推进型扶贫与连片开发型扶贫。根据推进区域扶贫中的不同模式，可以划分为整村推进型扶贫与连片开发型扶贫。整村推进型扶贫就是以扶贫开发工作重点村为对象，以增加贫困群众收入为核心，以完善基础设施建设、发展社会公益事业、改善群众生产生活条件为重点，集中投入、规范运作、分批实施、逐村验收的扶贫开发工作方式。连片开发型扶贫是指在整村推进型扶贫的基础上，对于涉及面广，规模较大的扶贫开发项目，集中解决一村一乡难以解决的问题，提高扶贫整体效益，切实改善贫困群众的生产生活条件，增强贫困村的可持续发展能力。

单维扶贫与多维扶贫战略 。根据推进扶贫的不同维度，可以划分为单一提高收入型扶贫与多维扶贫战略。所谓单一提高收入型扶贫，是指以收入分配为主导的扶贫模式。即通过各种途径提高贫困群体的收入增长水平，从而带动其脱贫。所谓多维扶贫战略，是指通过各种制度安排和政策体系，通过各种方式和渠道提升贫困群体的健康水平、知识水平、能力素质和信息覆盖，增强其创收能力和专业素质，有效缓解收入贫困、知识贫困和人类贫困，加快减贫进程。

经济增长型扶贫战略和可持续发展扶贫战略。根据减贫及发展的指导理念不同，可以划分为经济增长型扶贫战略和可持续发展的扶贫战略。所谓经济增长型扶贫战略，即以全面经济增长为主导的涓滴受益战略。这种战略指通过经济的全面增长来缓解贫困，被有的学者认为是新古典经济学的一个重要思想，也是二战后许多发展中国家的扶贫战略选择。所谓可持续发展的扶贫战略，是指在扶贫开发过程中实现经济社会发展与自然资源环境的和谐共处。通过制度创新，建立能够保持贫困地区健康快速发展的政策制度，做到贫困地区减贫与经济发展、社会发展、生态建设等相互适应与协调，最终使贫困地区稳定脱贫与经济社会发展成果，踏入健康有序的发展道路之中。

（三）发展方式转变与减贫的关系

加快转变经济发展方式是我国经济社会领域的一场深刻变革，随着党的十七届五中全会在“十二五”规划建议中用“五个坚持”对加快经济发展方式转变做出具体的部署，发展方式转变的思路逐渐明确，路径日趋清晰，并渗透到我国经济社会的每个领域。这也势必将重构我国减贫的动力机制，并通过改变减贫的路径和方式影响减贫的效率。

1. 发展方式转变重构了减贫的动力机制。

转变发展方式要以科学发展观为指导，实现经济增长由主要依靠增加物质资源消耗向主要依靠科技进步、劳动者素质提高、管理创新转变，促进经济社会又好又快的发展。在这个过程中，经济社会发展的方方面面都发生了巨大变化，产业结构亟待升级、增长理念不断创新、人的自身发展更受重视，这些转变从根本上影响着减贫，重构了减贫的动力机制。

（1）产业动力转换：建立以环境保护为核心的生态绿色产业的动力体系。作为区域发展的引擎，产业发展是减贫的主要动力之一。我国过去长期以来主要是依赖外延“高投入、高消耗、高污染”主导模式，从而，在短时间实现了工业快速发展带动区域经济的发展。贫困的产业选择，同样也是依赖于工业化的外延式的、规模化扩大发展模式。但随着国家要求的发展方式的全面转变，过去完全依靠单纯的经济增长带动经济发展并提高收入增长的产业方式将会向依靠经济、社会和自然统一协调发展的可持续发展的综合性减贫发展道路转化。产业选择上将会实现较大转化：完全依靠工业化发展主导方式向新兴战略性产业转变；完全依赖外延和规模扩大方式向内涵式的高质量和高附加值的产业转化；完全依靠大量资源消耗的产业向低碳、绿色环保资源节约环境友好型的产业转化；向依靠科技创新为发展动力的高科技产业转化，而这一产业的一个最集中地表现就是建立以环境保护为核心的生态绿色产业的新型动力体系，实现产业动力大转换，重新构建新型产业动力源。这些产业主要包括：绿色的环保产业、林业、生态畜牧业和现代有机农业以及新能源产业、新型的战略性产业，以及以此为核心的新型生产性服务产业。诸如：新型的生态金融产业、生态旅游、传统文化创意产业，等等。新型的以环境保护为核心的生态产业、绿色产业与传统产业的融合与转化的过程，实际上就是扶贫战略方式转化的过程。因此，绿色产业动力将不断巩固加强，成为减贫的新引擎。

（2）增长动力转型：构建以包容性增长为核心的新型增长模式。长期以来，我国的经济增长主要以盲目追求 GDP 总量的单一增长模式为主，并寄希望于经济增长的涓滴效应来带动减贫，这种模式曾在改革开放初期对减贫产生了积极的影响。但是随着经济的进一步发展，由于忽略了社会公平，经济环境、自然条件、文化风俗习惯、制度安排等因素对穷人的负向影响不断加深，它们堵塞了涓滴作用发生的渠道，从而使得经济发展的涓滴效应无法达到穷人那里，贫困特别是相对贫困将会提高。与此同时，这种增长动力虽然能够缓解单一的收入性贫困，但是对人口、健康、社会福利等多元性贫困却影响有限。因此，扶贫投入的边际效益递减，近几年来经济增长的减贫带动效应逐步弱化。

发展方式的转变将更加注重社会公平，通过构建以包容性增长为核心的新型增长模式来促进减贫。包容性增长即为倡导机会平等的增长，其最基本含义即合理公平地分享经济增长，主要包含以下要素：让更多的人享受全球化成果；让弱势群体得到保护；加强中小企业和个人能力建设；在经济增长过程中保持平衡；强调投资和贸易自由化，反对投资和贸易保护主义；重视社会稳定等。其中最重要的表现是缩小收入分配差距。包容性增长为减贫提供了体系基点，使经济社会进步能够平等地带动贫困人口的发展。包容性增长对减贫的动力具体可以反映在基本公共服务均等化上，即为贫困人口提供相对平等的基础设施建设、义务教育、医疗保险、养老保险、住房保障、最低收入保障等。目前致贫的五个重要原因即因病、因残、年老体弱、缺乏劳动力或劳动能力低下、生存条件恶劣均与公共产品短缺有关。因此，实现基本公共服务均等化不仅能够通过财政支付转移调整收入分配，直接减缓收入、教育、健康、社会福利等多元性贫困，而且能够扩展涓滴效应发生的渠道，使得经济发展长期稳定地带动减贫，实现减贫机制的长效化：①通过基础设施建设改善贫困地区的生产生活条件，有利于区域经济的发展和生产效率的提高，并降低灾害对返贫造成的风险。②通过义务教育及其他培训摆脱教育贫困，提高贫困地区人口的素质，增强其发展能力，转变落后的观念并能获得更多的就业机会，从而从根本上脱贫。③通过农村最低收入保障能够保证贫困人口的基本生活水平，解决收入贫困问题。④通过医疗保险、养老保险等可以有效巩固减贫效果，最大限度地减少脱贫后的返贫问题。

（3）内生动力转变：新型以培育贫困人口自主发展能力为核心的内源发展机制。贫困人口大多数素质不高，生存技能较低，主要以传统的农牧业或者政府救济维生，也就是传统意义的靠天吃饭，缺乏自身发展的主观意识，减贫内生动力不足，在扶贫开发过程中，主要是通过培养扶植贫困村社区的内在组织活力以及贫困村精英、企业带头人和社区内农民自身素、生计能力的提升，从而提升其内在发展动力。发展方式转变后，一方面是国家扶持增加后的内在动力的支持度提升，诸如国家在新型产业发展、新的就业扶持后的内在刺激和诱发动力的形成。另一方面是国家加大了对贫困村农户能力培养，其内在动力能量增强，与此同时，内在动力还受到自身在发展方式转化后的自身接受能力、适应能力、掌握应用能力和综合能力以及竞争能力等因素的影响。例如青海三江源地区退牧还草以及生态移民政策逐步实施后，很多贫困人口离开赖以生存的牧场，这就迫使他们寻找新的出路，并有了发展自身能力的诉求，这样，牧民家庭的内在动力就会发生新的变化，此时，扶贫开发战略也就进行转变。除了自身的努力外，政府对于加强能力建设，强化生产性组织建设，增强贫困村民自主发展的意识，提高自主发展的能力等方式和方法，也适时地进行调整和完善，形成新时期的以培育贫困人口自主发展能力为核心的新型内源发展机制，增强和激发减贫的内生新动力。发展方式转变中，新的内生动力培育是根本，是保证减贫持续性的关键因素。

2. 发展方式转变使减贫的路径和方式发生了新变化。

发展方式的转变不仅重构了减贫的动力机制，也改变了减贫的路径和方式，使得贫困人口的收入来源、生活方式、就业方式都发生了新变化，并将影响着减贫的效率和效果。

（1）收入来源变化。由于发展方式转变，过去所依靠的收入来源结构就会随之发生变化，例如玉树地区农牧民的收入来源主要以传统畜牧业、挖矿和采集虫草为主。但由于这些产业对自然环境依赖大且对生态破坏严重，加上灾害频发，本就极其不稳定的农牧民收入每况愈下。随着发展方式的转变，生态建设逐步改变了农牧民传统的游牧生产方式，通过实施生态移民工程，配合退牧还草、建设养畜等措施，提高草地生产性能，逐步实现集约化畜牧生产，农牧民的收入来源就会发生新的变化，增加了国家生态移民的补助、增加了生态补偿收入项目、增加了国家在生态畜牧业建设的资助，再有就是增加了新型的产业收入、打工收入等。

（2）生活方式转变后，扶贫减贫的重点也要转变和调整。长期以来，农牧民主要以散居为主，游牧是他们的主要生活生产方式。草场退化、基础设施建设落后、交通闭塞、教育落后、看病困难、水电缺乏等使他们陷入了收入、健康、教育、生态等多元贫困，并相互加深。随着发展方式的转变，生态移民的定居工程逐步引导农牧民从游牧散居向集中定居转变，并通过基础设施的建设推进这些地区的城镇化进程，不断影响农牧民的生活方式。此时，如何在城镇化定居后，解决他们就医难、上学难等问题，如何不断接受新的思想观念，并激发他们自主发展的积极性，在生活方式转变的同时缓解并最终解决多元性贫困成为扶贫减贫的新重点。与此同时，贫困人口生活方式的转变将改变他们自给自足的消费习惯，增加消费性支出，适应新的生活方式，同样也是减贫的重要方面。

（3）就业方式逐步多样化。由于农牧民长期以传统农牧业的生产方式为主，其就业渠道单一且不稳定，返贫风险大，减贫效率低。发展方式的转变限制了传统畜牧业的发展，积极倡导生态农牧业，通过农畜产品深加工提高农牧产品附加值。随着农牧业的分工不断细化，就业渠道不断扩宽，其他类似产业化扶贫项目亦结合贫困人口的基本情况提供了就业机会。与此同时，发展方式的转变促进了第三产业的发展，第三产业分布范围广，就业门槛低，吸纳劳动力强，能为贫困人口创造大量的就业机会。综上所述，发展方式的转变将通过细化农牧业分工、促进第三产业发展、引导农牧民进城来实现贫困人口就业方式的多样化，增加其就业机会，从而提高减贫效率。

3. 发展方式转变的快慢决定着减贫效率的提升。

从长期来看，发展方式的转变能够通过对减贫动力机制的重新构建以及改变减贫的路径和方式从根本上解决贫困问题，其逻辑框架图如下：

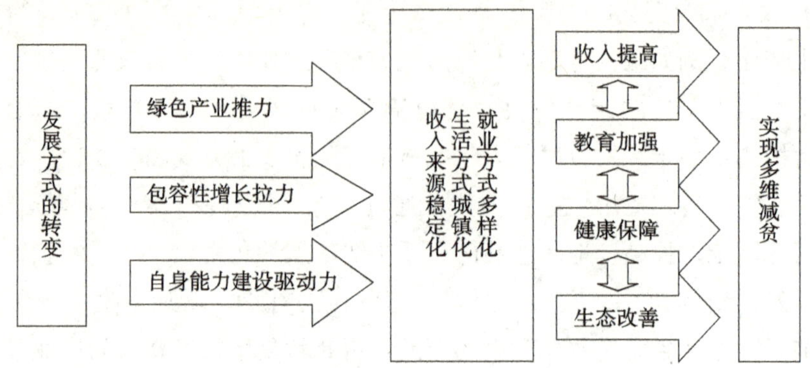

图1－1 发展方式的转变与减贫动力机制图

但是从短期来看，发展方式转变的快慢却影响着减贫效率的提升。由于发展方式的转变是一个系统的重构过程，因此很难实现每部分的协调发展，局部发展过慢将可能导致整个系统的失衡，并成为减贫的阻力，降低减贫效率。因此在转变发展方式的过程中以下因素及其重要。

（1）发展新型后续产业，避免贫困人口失业是扶贫减贫的关键。生态移民使大部分农牧民放弃了传统的农牧业，并迁入城镇。如果城镇没有足够的产业吸引这部分劳动力的话将导致这些贫困人口失去生活来源，贫困问题不但没有解决反而会加深。因此要积极落实后续产业，发挥产业对减贫的动力作用。

（2）加大生态补偿力度，保障贫困人口收入决定着发展方式转变的决定性。由于发展方式的转变对减贫的影响有一个传导过程，因此其积极的变化并不能马上带动减贫。具体来说，生态建设并不能在短期内带来收益，农牧民收入可能因此而降低；生态移民的生产生活方式转变需要一个较长的过程，在新环境下重新就业要经过一定时间的思想观念转变和劳动技能培训。所以在发展方式的转变带动贫困人口增收之前，国家应该加大生态补偿的力度，保障贫困人口在这段真空期的基本生活，这也符合包容性增长的要求。

（3）迅速提高内生动力，激发贫困人口积极性，是影响发展方式转变推进速度和衡量其是否成功的重要因素。发展方式的转变必然带来产业的升级和转换，大批劳动密集型企业由于要素成本和环境成本上升而陷入困境甚至倒闭，而大量低端劳动者更容易失去就业机会，短期内产业的升级便挤出了一部分低端劳动者，就业机会的丧失使得他们极易陷入贫困境地，这就意味着就业的竞争更加激烈。农牧民通过生态移民来到城镇，就业门槛过高往往使他们缺乏就业的主动性，因此应该迅速通过教育培训提高其内生动力，增加自身发展能力，避免他们在城镇坐吃山空或返回草原，陷入更深的贫困。

（四）研究框架

研究框架高原地区发展方式转变与减贫战略创新按照以下进行：

第一，高原地区发展方式演变与减贫战略实践探索及评价。

第二，分析高原地区发展方式转变与减贫战略的新问题、新矛盾 。

第三，转变发展方式与新时期高原减贫战略协调的政策建议。

第四，对特殊性高原地区减贫政策体系优化与完善作出政策建议。

（五）研究方法及技术路线

1. 研究方法

本研究主要采用理论研究和实践研究相结合的方式，实地调研了解高原地区贫困村的社会经济发展实际以及扶贫减贫经验问题和矛盾，掌握第一手资料，增强了研究的可靠性和针对性。通过文献收集和分析，总结归纳已有研究成果，通过专家会议研讨等多种方式，吸收有益的意见和建议，提升研究水平和质量。具体的研究方法如下：

（1）文献回顾法。在导论中，通过文献回顾法全面系统的回顾国内外已有研究，了解高原发展方式与减贫的全貌，得到所需材料和比较资料，并为本研究提供理论基础和思维范式。

（2）跨学科研究法。本文从发展方式转变的理论基础出发，以经济学研究方法为主导，综合运用了社会学、管理学、生态学、民族学等学科知识体系，对高原地区减贫战略创新进行交叉研究。

（3）实地调研法。本文通过对样本村的实地调查访谈，对高原地区减贫战略的制定和实施进行评估。

（4）经验总结法。本文通过对高原地区历史减贫战略的分析和国外其他类似地区的减贫经验总结，从时空的角度创新高原地区减贫战略。

（5）定性分析法与定理分析法相结合。本文通过定性分析法对研究对象进行深入透析，力图揭示内在规律；同时又通过数据、图表等手段对研究对象的认识进一步深化

2. 技术路线

根据基本思路和框架，研究的技术路线如下图所示：

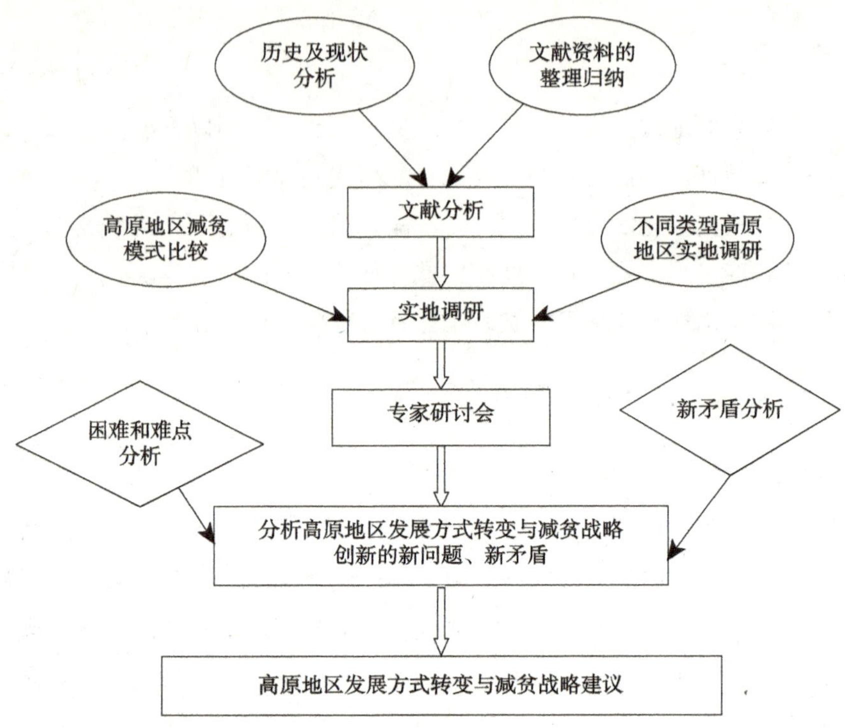

第二节　高原地区发展方式转变与减贫战略调整的实践及评价

为了全面深入研究中国高原地区发展方式转变与减贫战略创新，很有必要对我国尤其是高原地区的发展方式转变历程与减贫战略调整的实践进行全面回顾总结和评价，从而，为新时期高原地区（青海玉树）发展方式转变和减贫战略调整与创新提供历史性逻辑基础和必然性缘由。

一、高原地区发展方式转变与减贫战略调整的动因与历程

本节的第一部分，我们将首先回顾青海高原地区经济发展历程，分析经济发展方式历次转变，研究促成这种转变的原因。

（一）发展方式转变的阶段及其原因

第一阶段（1949—1978 年）：不断探索“立国利民”的制度体系建设。纵观这一阶段的发展方式，可以概括为不断探索“立国利民”的制度体系阶段。建国初期为改变多年战争劫难，开展社会主义改造，先是农村土地农民所有制，而后又经历了初级社、高级社等，最后又到人民公社和 60 年代后的三级所有、队为基础的社会主义公有制的不断探索。青海省玉树的发展轨迹也同样如此。1949 年 10 月，青海省人民解放军军政委员会驻玉树特派员办公处成立，标志着玉树地区进入了历史新纪元。20 世纪 50 年代末开始，经济上，中央在对青海和西藏的藏区推行土地改革，废除寺院经济和部落－土司等腐朽经济、政治制度，废除农奴等人身依附关系；进行生产资料所有制的变革，将土地、牛羊等牲畜分给农牧民。所谓“农奴翻身得解放”，由于经济体制的改革彻底推翻了统治青海藏区千百年的农奴制度，农牧民的生产积极性得到很大提高。政治上，在新中国少数民族区域自治体制的框架下，50 年代开始玉树建立藏族自治区域，国家赋予玉树藏区充分的自治权力，使当地藏族同胞根据自身特点，选择符合实际情况的发展方式。经济和政治上的翻天覆地的双重变革，使建国后农牧民生产资料逐渐丰富，生活水平得到很大提高。之后，也同全国一样，玉树自治州也经历了人民公社化以及三级所有、队为基础的阶段，直到 1978 年开始的农村改革。

第二阶段（1978—1993 年）：依靠改革带来农村经济快速增长和城市经济启动。这一阶段主要特点就是以农村联产承包责任制为核心的农村土地制度改革为发端，进而开始了城市经济体制和企业制度改革。从改革领域来看包括计划体制、价格体制、企业承包制等全面改革，从区域来看，首先是东南沿海的对外开放和城市土地使用制度放开等，尽管青海高原地区包括玉树的改革开放没有东南沿海快，但是一个普遍性的农村改革与全国的步伐是一致的，可以说，这一阶段也是青海玉树建国后经济开始加速发展和全面恢复的重要阶段。其特点是：农业经济增长速度最快，收入水平大大提高。工业开始恢复，乡镇企业发展迅速。呈现出农业带动工业发展、农业改革向工业、农村向城市改革迅速扩展的新阶段。如果要总结这一时期的青海经济发展方式，可以概括为农村经济全面恢复和城市经济开始启动。当然，从全国区域经济来看，国家采取的依靠发达地区的非均衡发展方式。作为西部地区，青藏高原不是国家工业化的重点实施区域。在这样的背景下青海藏区的发展必然处于劣势。

第三阶段（1994—2000年）：市场经济体制改革整体推进背景下工业经济快速增长期。这一阶段，我国市场经济体制改革进展迅速。1992年邓小平同志南方谈话，使我们在计划和市场的认识上取得重大突破。1993年，十四届三中全会通过的《中共中央关于建立社会主义市场经济体制若干问题的决定》，成为90年代我国经济体制改革的纲领性文件，这时候起，我国的市场经济改革进入了全局性整体性的新阶段。青海高原区在经济制度上，也开始顺应时势，大力推进市场经济。原有的计划经济和公有体制势力被进一步削弱，这极大地激发了当地经济的活力。使得青海高原地区的经济发展在改革开放十几年后得到延续，农牧区经济的发展动力得以保持。这一时期的特点可以概括为：城市经济迅速增长超过农村，工业大大超过农业，企业改革和发展进入到了新的阶段，收入分配机制的市场化进程加快，工业化和市场化带动区域经济发展的作用大大加强。但是，这一阶段，由于除了广东之外，上海浦东的开发引领势头猛烈，而西部往往还处于改革和经济发展的较冷期。从全国来看，区域间的不平衡问题又重现开始突出地表现出来，东部和中西部的差距不断扩大。

第四阶段（2001—至今年）：全面建设小康社会背景下的经济发展方式重大转变期。这一阶段的明显标志就是两次重大转变。第一次是1999年国家提出了西部大开发战略性区域政策，这是青海包括玉树社会经济发展进入全面启动的阶段。1999—2001年是西部经济蓄势待发的能量积累阶段、改革发展全面规划的筹划蓄势阶段。相对于全国来说，青海及其玉树经济发展方式可以分为两个时期，2001年到2005年，是西部地区包括青海及玉树借助西部大开发全面快速增长期。这一时期的发展方式可概括为：第一，依靠工业化发展主导方式快速扩展。第二，基础设施建设成为带动和拉动区域经济发展的最明显要素。第三，依赖外延和规模扩大方式作用凸现。中央及其青海地区的投资也大量用于工业发展并且以规模扩大带动经济增长成为主要取向。2005年以来，青海经济发展方式思路全面调整和转变阶段。第二次是2005年国家十一五规划确定的四大区域主体功能区划分思路开始实施，青海及其玉树的经济发展方式开始出现新的重大转变。青海玉树包括三江源地区划属到国家禁止和限制开发区，从而使青海和玉树成为国家全面实施自然经济资源社会和谐发展、区域均衡发展和发展方式转变的直接冲击和实验试点区域。这一时期的特点就是：第一，重新制定青海区域发展规划。第二，三江源地区全面禁止污染型工业，节能减排措施及其管理。第三，实施生态移民和退耕还牧、退耕还草。第四，研究和制定实施生态补偿的标准和政策试点。第五，制定了生态畜牧业建设规划。

（二）与发展方式转变相适应的减贫战略调整

青海高原地区的减贫走过了不平凡的60年，党和国家历来重视青海高原地区的特殊发展特点，在各个阶段都尽可能的制定相应的政策。当然，在新中国的前期，由于国家财力物力有限，1978年前的国家对青海高原地区的减贫无力投入更多。但在改革开放之后，国家在每一时期，都采取了应时而动的减贫战略调整。

第一阶段：依靠国家社会制度改革变迁的减贫发展战略（1949—1978年）。建国初，经历了长年的战乱，经济处于崩溃边缘的新中国，百废待兴。这一时期玉树藏区和全国大多数地区一样，生活水平普遍低下。我国为了迅速恢复经济发展，为新生脆弱的人民政权建立可靠保障，开始实行计划经济体制，将人、财、物统一调配管理。社会主义改造之后，形成以人民公社为代表的集体经济，分配制度上平均化和均等化，贫困在这样的历史情境下虽然普遍但贫富差距并不明显。在计划经济时期，因为经济发展水平落后，收入水平普遍较低，中央和地方各级政府对包括玉树州在内的贫困既无能力也没有减贫扶贫的意识，即使要说贫困，也是一种普及性贫困，相对无差异性的“整体性贫困”。对青海藏区的扶贫济困措施，在这一时期主要表现为紧急救援，即所谓的“输血式”扶贫。这样的政策在当时特殊的历史条件下保障了大多数人基本的生存需要，能够暂时缓解贫困人口的生产困难，却远不能促使贫困人口摆脱贫困、实现自我发展。然而这一套民政救济体系能够实施已属不易，在当时的条件下也的确发挥了重要作用。

第二阶段：依靠经济增长带动区域经济发展和提高收入的减贫战略（1978—1993年）中央和青海省政府对玉树州经济增长高度重视，通过密集的优惠政策带动区域经济发展和收入提高。1978年全国进入改革试点，城乡居民尤其是农民温饱问题开始减缓并到1984年解决了普遍性温饱问题。80年代初期以前，中央对藏区的管理虽然有了制度上的“统一”，也给予了一定的优惠政策，但玉树藏区的整体经济社会状况还远远落后于汉族地区，藏民的生活水平与中东部也有较大差距。中央因此加大了扶持藏区经济发展的力度，制定新的经济发展政策，加快玉树藏区的现代化进程。在农区，实施“土地归户使用，自主经营，长期不变”；在牧区，也实行类似制度，开始推行家庭联产承包责任制。

1984年5月，中共青海省委在西宁召开玉树、果洛工作座谈会，研究玉树、果洛地区的建设方针和当前生产工作重大问题。[①] 会议提出了开创玉树州工作新局面的指导思想、目标任务，制定了放宽搞活、专项补贴、开发资源、减免税收等 8 条政策措施。同年，中共中央、国务院决定，取消青海省牲畜和牛羊皮的上调任务，若干年内，免征玉树州的农业税。11 月，青海省委发出通知，对牧区试行“牲畜作价归户、私有私养、自主经营、长期不变”的经营形式。1990 年 9 月青海省委在西宁召开第二次玉树、果洛工作座谈会，玉树州要集中主要精力抓好以畜牧业为主的经济工作，因地制宜地调整经济结构，积极稳妥地走综合发展路子，会议决定对两州实施一些优惠扶持措施。在工业和城镇化方面，国家加大了对这一区域的财政支持力度，加快公路基础设施建设，改善投资环境，带动旅游业和资源开发及服务业等相关产业的发展。在社会福利方面，国家对教育、社会福利、公共事业建设等予以支持；对农牧区等贫困地区给予国家扶贫资金的支持和补助。这些政策的实施进一步鼓励了农牧民的生产积极性。

第三阶段：特定目标的专项扶贫计划（国家八七扶贫计划）（1994—2000 年）。扶贫攻坚阶段。玉树州由于自身自然发展条件恶劣，难以得到国家的普惠性的扶贫政策辐射。从全国范围来讲，前一阶段以县为单位的扶贫开发方式也显现出了各种问题，面向县域经济的扶贫瞄准机制辐射作用难以充分渗透。这就迫使扶贫政策必须做出突破性的转变。即扶贫的瞄准对象必须从县的范围缩小到村、到户。1994 年，以《国家八七扶贫攻坚计划》的公布实施为标志，中国农村扶贫开发进入到了攻坚阶段。该计划明确提出，要动员全社会各界的力量，力争在七年左右的时间内，到 2000 年底基本解决农村贫困人口的温饱问题。在这个新中国历史上第一个有明确目标、明确对象、明确措施和明确期限的扶贫开发行动的纲领性文件中，扶贫到户的扶贫开发战略真正被重视起来。国家除了对玉树州区的扶贫开发，在这一时期除了继续增加扶贫投入，继续推进以工代赈之外，还采取科技扶贫、机关定点扶贫、对口支援、国际合作等多样化的扶贫开发方式。

第四阶段：探索有利于社会经济全面均衡发展的多维减贫战略（2001—2010 年）。2000 年“国家八七扶贫攻坚计划”的结束，标志着中国基本解决了贫困人口的温饱问题。收入贫困已经不是中国扶贫面临的主要问题，以收入

---

① 新华网，青海——大事记 http：//www. qh. xinhuanet. com/old/qinghai/htm/09040952417. htm，2010 年 10 月 2 日

差距、城乡差距、工农差距以及农村内部分化为主要特点的差异格局，逐渐成为这一阶段扶贫开发的主要挑战。第一，玉树和中东部的收入差距有扩大趋势，玉树内部城乡之间、工农之间分化更加明显。绝对的贫困虽然减少了，但相对贫困的程度加深了。第二，收入性贫困转变为人口、健康、社会福利等多元性贫困。这些对玉树州区的扶贫开发工作提出了新的更高要求。此时，国家的扶贫政策，也做出了相应的调整。从单维度走向多维度，逐渐涵盖教育、医疗卫生等多个层面。这一阶段，国家经济总量达到了前所未有的数额，经济发展的全面性、均衡性和可持续性被逐渐重视起来。玉树州区的减贫战略也体现了这种多维的特点。国家对玉树的贫困采取了多种途径、多种机制的安排。在国家层面，政府对绝对贫困分开和低收入贫困人口继续实施开发式扶贫战略，代表性的措施是《中国农村扶贫开发纲要（2001—2010）》的颁布实施。其次，对玉树州区，实施符合区域发展的环境恢复和保护等支持政策。

从工作机制上，玉树州确立了以贫困村为单元，以贫困户为对象，以增加贫困户收入为核心，以改善贫困村基础设施和生产生活条件为重点，集中投入，分期分批实施整村推进的工作思路。编制并实施《2003—2010年玉树州扶贫开发规划》。从管理机制上，借助赋权机制，是贫困户享有知情权和扶贫开发规划制定权。在政策推进项目建设地点、内容、资金数量、扶持户数的公示机制，使贫困工作得到贫困户和社会的监督。借助项目资金专户管理、专项下达、提高扶贫开发项目的管理水平。从制度安排上，通过组建各类行业协会，落实“民办、民管、民受益”的原则，提高贫困群体的组织化程度，增强民主管理、决策和自我服务意识。通过贯彻落实县、乡、村三级扶贫规划，分阶段、分步骤完成各项扶贫开发任务。

二、高原地区发展方式转变与减贫战略调整的评价

高原地区发展方式的转变以及与之相适应的减贫战略调整使得玉树州的减贫工作在每个阶段呈现出相异的特点，减贫效果也因为阶段性目标的侧重点不同而有所差异。总体来讲，随着经济社会的全面发展、扶贫思想从救济式到开发式的转变以及扶贫政策从单维度迈向多维度，减贫成绩较为显著，贫困人口逐步减少，贫困农牧民收入持续增加，减贫效益明显，但与此同时也暴露出减贫公平性和持久性的问题，贫富差距有进一步拉大的趋势，返贫风险一直居高不下。本节根据相关数据和文献报告从效益性、公平性以及持久性三个方面对玉树州的减贫战略调整进行分析评价。

（一）综合性评价：青海绿色发展指数位居全国前列，彰显发展方式转变获得明显成效，但在经济增长绿化度方面却排名30，反映了经济增长方面的缺陷

用GDP来衡量比较和评价社会经济发展指标的弊端已经为大家所公认。正是片面追求GDP增长，带来了很多自然和社会经济的重大危机和后患。然而，是否要代替GDP并被人们所公认的其他指标目前正在探索和争论中，在此，本研究借助于北京师范大学经济与资源管理研究院已经研究的成果，即绿色发展指数来衡量自然社会经济发展，实际上在一定程度上就可以反映发展方式状态。

当前，国际上的绿色发展指数可分类四类，一是侧重宏观经济的绿色指数。如绿色GDP核算、净经济福利指标、扩展的财富等指标；二是侧重生态环境的绿色指数，如评价环境质量的"绿色指数"、环境可持续性指标、生态需求指标等；三是侧重资源能源的绿色指数，比如全球替代能源指数等；四是侧重生活质量的绿色指数，比如，关于消费者环境相关消费行为的"绿色指数"等。此外，与绿色发展相关的指标还有可持续发展指标或指数。

借鉴国际上研究成果，结合我国实际，我们将绿色发展指数的指标分为三大类，即经济增长绿化度、资源环境承载潜力和政府政策支持度。其中，经济增长绿化度反映的是生产对资源消耗以及对环境的影响程度；资源环境承载潜力体现的是自然资源与环境所能承载的潜力；政府政策支持度反映的是社会组织者处理解决资源、环境与经济发展矛盾的水平与力度。三分法体现"一体双力"功效，即经济绿色增长是主体，资源环境是基础推力，政府政策是引导拉力，三者结合，为经济绿色发展保证了基础性保证。这三大类指标又分别包含次级指标。其中，经济增长绿化度包括绿色增长效率指标、第一产业指标、第二产业指标和第三产业指标四个次级指标；资源环境承载潜力包括资源与生态保护指标和环境与气候变化指标两个次级指标；政府政策支持度包括绿色投资指标、基础设施和城市管理指标和环境治理指标三个次级指标。

通过以上这一指标体系，我们对全国32个省市自治区的绿色发展指数进行了测算，从测算的结果如下表所示。

表2－1　中国绿色发展指数指标体系

一级指标	权重	二级指标	权重	总序号	分序号	三级指标	权重	指向	单位
经济增长绿化度	30%	绿色增长效率指标	40%	1	1	人均地区生产总值	1.50%	正	元/人
				2	2	单位地区生产总值能耗	3.38%	逆	吨标准煤/万元
				3	3	非化石能源消费量占能源消费量的比重	1.13%	正	暂无数据
				4	4	单位地区生产总值二氧化碳排放量	1.00%	逆	暂无数据
				5	5	单位地区生产总值二氧化硫排放量	1.00%	逆	吨/亿元
				6	6	单位地区生产总值化学需氧量排放量	1.00%	逆	吨/亿元
				7	7	单位地区生产总值氮氧化物排放量	1.00%	逆	吨/亿元
				8	8	单位地区生产总值氨氮排放量	1.00%	逆	吨/亿元
				9	9	单位地区生产总值工业固体废物排放量	1.00%	逆	克/万元
		第一产业指标	10%	10	10	第一产业劳动生产率	1.50%	正	万元/人
				11	11	土地产出率	1.50%	正	万元/公顷
				12	12	第二产业劳动生产率	1.50%	正	万元/人
		第二产业指标	35%	13	13	单位工业增加值水耗	1.50%	逆	立方米/万元
				14	14	规模以上工业增加值能耗	1.50%	逆	吨标准煤/万元
				15	15	工业固体废物综合利用率	1.50%	正	%
				16	16	工业用水重复利用率	1.50%	正	%
				17	17	高载能工业产品产值占工业总产值比重	1.50%	逆	%
				18	18	火电供电煤耗	1.50%	逆	克/千瓦时
		第三产业指标	15%	19	19	第三产业劳动生产率	1.50%	正	万元/人
				20	20	第三产业增加值比重	1.50%	正	%
				21	21	第三产业从业人员比重	1.50%	正	%

续表

一级指标	权重	二级指标	权重	总序号	分序号	三级指标	权重	指向	单位
资源环境承载度	45%	资源生态指标	20%	22	1	人均当地水资源量	2.25%	正	立方米/人
				23	2	人均森林面积	2.25%	正	公顷/人
				24	3	森林覆盖率	2.25%	正	%
				25	4	自然保护区面积占辖区面积比重	2.25%	正	%
		环境与气候变化指标	80%	26	5	单位土地面积二氧化碳排放量	3.00%	逆	暂无数据
				27	6	人均二氧化碳排放量	3.00%	逆	暂无数据
				28	7	单位土地面积二氧化硫排放量	2.50%	逆	千克/公顷
				29	8	人均二氧化硫排放量	2.50%	逆	千克/人
				30	9	单位土地面积化学需氧量排放量	2.50%	逆	千克/公顷
				31	10	人均化学需氧量排放量	2.50%	逆	千克/人
				32	11	单位土地面积氮氧化物排放量	2.50%	逆	千克/公顷
				33	12	人均氮氧化物排放量	2.50%	逆	千克/人
				34	13	单位土地面积氨氮排放量	2.50%	逆	千克/公顷
				35	14	人均氨氮排放量	2.50%	逆	千克/人
				36	15	单位土地面积工业固体废物排放量	2.50%	逆	千克/公顷
				37	16	人均工业固体废物排放量	2.50%	逆	千克/人
				38	17	单位耕地面积化肥施用量	2.50%	逆	千克/公顷
				39	18	单位耕地面积农药使用量	2.50%	逆	千克/公顷
政府政策支持度	25%	绿色投资指标	40%	40	1	环境保护支出占财政支出比重	2.00%	正	%
				41	2	环境污染治理投资占地区生产总值比重	2.00%	正	%
				42	3	农村人均改水、改厕的政府投资	2.00%	正	元/人
				43	4	单位耕地面积退耕还林投资完成额	2.00%	正	元/公顷
				44	5	科教文卫支出占财政支出比重	2.00%	正	%
		基础设施和城市管理指标	30%	45	6	城市人均绿地面积	1.50%	正	平方米
				46	7	城市用水普及率	1.50%	正	%
				47	8	城市污水处理率	1.50%	正	%
				48	9	城市生活垃圾无害化处理率	1.50%	正	%
				49	10	城市每万人拥有公交车辆	1.50%	正	标台

续表

一级指标	权重	二级指标	权重	总序号	分序号	三级指标	权重	指向	单位
政府政策支持度	25%	环境治理指标	30%	50	11	矿区生态环境恢复治理率	1.25%	正	%
				51	12	人均造林面积	1.25%	正	公顷/万人
				52	13	工业二氧化硫去除率	1.25%	正	%
				53	14	工业化学需氧量去除率	1.25%	正	%
				54	15	工业氮氧化物去除率	1.25%	正	%
				55	16	工业氨氮去除率	1.25%	正	%

资料来源：2010 年北京师范大学科学发展观与经济可持续发展研究基地、西南财经大学绿色经济与经济可持续发展研究基地、国家统计局中国经济景气监测中心著：2010 中国绿色发展指数年度报告——北京师范大学出版社，2010 年 10 月

表 2-1 续　中国各省市区绿色发展指数结果（2008）

地　区	绿色发展指数		经济增长绿化度		资源环境承载度		政府政策支持度	
	100%		30%		45%		25%	
	指数	排　名	分指数	排　名	分指数	排　名	分指数	排名
北　京	0.796	1	0.564	1	0.001	11	0.231	1
青　海	0.450	2	-0.252	30	0.664	1	0.039	8
浙　江	0.284	3	0.203	5	-0.078	18	0.159	2
上　海	0.280	4	0.417	2	-0.204	29	0.067	7
海　南	0.206	5	0.081	9	0.184	4	-0.059	23
天　津	0.164	6	0.325	3	-0.149	26	-0.012	16
后 5 名								
河　北	-0.196	26	-0.075	17	-0.139	25	0.019	11
湖　南	-0.237	27	-0.097	21	-0.055	17	-0.085	27
宁　夏	-0.241	28	-0.198	27	-0.113	23	0.070	6
河　南	-0.248	29	-0.083	18	-0.090	20	-0.075	26
山　西	-0.464	30	-0.155	24	-0.316	30	0.007	12

资料来源：2010 年北京师范大学科学发展观与经济可持续发展研究基地、西南财经大学绿色经济与经济可持续发展研究基地、国家统计局中国经济景气监测中心著：2010 中国绿色发展指数年度报告——北京师范大学出版社，2010 年 10 月

从上表显示可以看出（表中仅摘取前 6 名和后 5 名省份），青海绿色发展指数为 0.45%，排名第二，仅次于第一的北京市，是绿色发展指数排在前十位省份中的唯一西部省份，其他均为东部省份。北京、青海、浙江、上海、海南、天津、

福建、江苏、广东、山东。说明青海在绿色发展方面卓有成效。但是，我们也看到，青海在经济增长绿色度方面，排名第30位，排序倒数第一。这也充分说明，青海尽管资源环境承载度指数有优势，但经济增长还需要挖掘更大潜力，还必须在发展方式转化过程中，尽快地实现通过绿色增长产业推进可持续发展。

（二）效益性评价：瞄准程度渐次提升，减贫效率明显提高，但未来危机和脆弱性越来越大

对玉树州减贫战略调整的效益性评价主要从每个阶段的扶贫瞄准和减贫效率两个方面进行分析。其中扶贫瞄准是指扶贫选择的对象以及之后实施的资源和资金投入过程，是决定减贫效率的关键环节。减贫效率在一定程度上反映在贫困人口的减少数量和人均收入的提高上。在玉树州的减贫过程中，其瞄准程度是在渐次提升的，减贫效率也随之不断提高，但未来面临危机和脆弱性越来越大，依然主要是资金投入不足、投资项目难觅和产业发展持续性脆弱等问题。

1. 计划经济时期，资金十分有限，减贫效率较低。

在这个阶段，全国经济发展缓慢，人民收入普遍偏低，没有多余资金用于扶贫开发，对玉树州的支援主要表现为临时性的紧急救援，救急不救穷方式对于减贫意义不大。

2. 改革开放初期，没有特定的扶贫计划和瞄准，玉树州和全国其他地方一样都是通过一般性的经济增长来减少贫困。

依靠农村经济的增长使大批长期得不到温饱的农民摆脱了贫困，其中最根本的是农村改革和土地制度改革以及联产承包责任制的实施。此阶段由于改变了农村的根本体制，政策瞄准了广大人群，经济增长惠及广大的贫苦大众，减贫效果明显，益贫效率高。1986年至1996年期间，扶贫区域瞄准主要到县，这在一方面集中力量保证了资金供给，另一方面由于瞄准目标较大，瞄准程度较浅，不能充分渗透，减贫效率不高。从1986年开始，我国建立了专门的扶贫机构，通过区域瞄准来确定扶贫对象，并制定相应的投资计划（主要有贴息贷款计划、以工代赈计划和财政发展资金计划）。在1986年和1994年国家分两次确定了国家级贫困县331个和592个。其中在玉树州确定了4个县属国家级扶贫工作重点县，分别是玉树、囊谦、杂多、治多。据世界银行及一些学者研究发现瞄准到县使近一半的人口被排除在扶贫瞄准范围外，而且贫困县因其财政困难和银行盈利性的需要挪用扶贫资金，从而导致贫困人口享有的资金比例低下。作为深度贫困地

区，瞄准到县的问题在玉树州暴露得更明显，扶贫资金投入不足和贫困人口众多、分散使得减贫效率较低。

3. 扶贫攻坚阶段，扶贫的瞄准对象逐渐从县转移到村、户，大量资金投入有针对性的扶贫项目里，减贫效率提高。

在“九五”期间，玉树地区共安排了各类扶贫项目近200项，到户扶贫资金约1.8亿元，用于购买牲畜、小四轮、“四配套”建设，覆盖贫困户3.4万余户，基本解决了8.1万人的温饱。4个国定贫困县的贫困人口由1996年的112261人，减少到1999年的31293人。玉树、囊谦、杂多、治多4个国定贫困县的农牧民纯收入逐年增长，由1996年的613.73元，增长到1999年的991.09元，增长了377.36元。其中玉树县在辽宁和省内扶贫单位的大力帮扶下，于1999年基本解决温饱。在这段时期，“四配套”（围栏、棚圈、饲草料、定居点）作为防灾减灾的扶贫项目取得了显著的成绩。截止到2000年，累计完成国家投资735万元，牧民个人筹资2532万元。其中1998年的定居点建设最为明显，一年内完成定居户4992户，占应定居户的16.3%，反映了减贫的高效率。1999年，玉树地区从省民政厅争取1050户、每户5000元的“温饱工程”定居点补助款，项目重心向西部6乡和其他地区的贫困户倾斜，资金瞄准已更具有针对性。

4. 多维减贫阶段，“整村推进”的逐步展开使得扶贫的瞄准程度从对象到资金投入管理都不断加深，减贫效率进一步提高。

《中国农村扶贫开发纲要（2001—2010）》和《2003—2010年玉树州扶贫开发规划》的相继颁布实施使玉树地区扶贫开发战略逐步迈入“整村推进”的新阶段。整村推进项目的鲜明特点之一就是目标明确，瞄准贫困人口，以村为单位逐步减少贫困人口。在这个阶段，玉树州的贫困人口从2000年的12.6万人减少到2009年的9.6万人，9年间减少贫困人口3万人，年均减少贫困人口0.33万人（见表2-2）。

表2-2　青海玉树州贫困人口变化表　　单位：人

年份	2000	2004	2006	2008	2009
玉树州	126103	99803	84222	104914	96389

资料来源：《玉树州社会经济发展与扶贫开发状况与趋势背景报告》

玉树州的整村推进工作是从2004年开始的，从过去单一的财政救济式工程扶贫，转向了以日光节能温室、牲畜暖棚建设和牛、羊、猪等生产性牲畜到村入户为主的造血型扶贫。从表2－3可以看出，整村推进的投资金额逐年递增，覆盖范围不断扩大，受益人数加速上升。截止到2009年，国家和青海省共计投入财政扶贫资金近2亿元，在玉树州234个贫困村中的182个实施了整村推进项目。通过采取综合治理措施，累计解决了8.66万贫困人口的温饱问题，受益贫困户2.4万户、9.6万人。项目村基本实现了“村有基础产业、户有增收项目”，“水、电、路三通”和“学校、卫生、广播电视的覆盖”三有目标。

表2－3　玉树州整村推进情况表

年份	总投资	覆盖范围	受益人数
2006	2130万元	19个乡24个村	15402人
2007	2170万元	19个乡28个村	
2008	3070万元	21个乡32个村	
2009	4455万元	37个村6815户	32603人

资料来源：根据《玉树州2006、2007、2008、2009年国民经济和社会发展报告》整理获得

整村推进的展开使得全州贫困村农牧民人均纯收入逐年增加，从2004年底的980.9元增加到2009年底的1224元，年均增长7.8%，增长率为24.8%。（见表2－4）。与此同时，结合整村推进项目的实施，玉树州紧紧围绕农牧业结构调整，重点扶持了扶贫龙头企业和特色产业基础，带动和辐射2.4万农牧民，户均年增长1000元以上，减贫效率显著。

表2－4　青海玉树州贫困农牧民人均纯收入变化表　　单位：元

年份	2004	2005	2006	2007	2008	2009	增长率
玉树州	980.9	1011.3	1068.8	1148.3	1165.6	1224.0	24.8%

资料来源：《玉树州社会经济发展与扶贫开发状况与趋势背景报告》

但这一阶段的缺点主要是：第一，资金投入明显不足。按照玉树州的扶贫开发规划，平均每年的投资为1.22亿元，扣除扶贫信贷资金，平均每年需投入6300万元扶贫，玉树州整村推进投入资金过少，2006—2009年的资金投入分别只有2130万元、2170万元、3070万元、4455万元（见表2－3），在这样一个贫困程度深、经济基础差、扶贫开发成本高的地区显然是很不现实的。

第二，项目选择范围较窄，经济增长较慢，减贫效率难以持续提高。玉树州是以牧业为主的地区，由于市场发育不健全，社会发育程度低，经济基础薄弱，商品经济不发达，加之“三江源”自然保护区禁止或限制开发的政策，导致玉树州长期以第一产业为主，项目选择范围较窄。由于第一产业对区域发展的辐射

较弱，经济发展受到限制，人均 GDP 增速相对较慢，玉树州 2000—2008 年的人均 GDP 增长落后青海省 0.58 个百分比（见表 2 - 5）。地方实力有限，从而影响减贫效率。

表 2 - 5　2000—2008 年玉树州地区 GDP 与人均 GDP 变化情况表

年份＼地区	青海省		玉树州	
	GDP（亿元）	人均 GDP（元/人）	GDP（亿元）	人均 GDP（元/人）
2000	263.59	5087	6.69	2602
2002	341.11	6426	8.94	3402
2005	543.32	10045	12.94	4872
2007	783.61	14257	17.82	5734
2008	961.52	17389	24.51	7391
增长率	2.65%	2.42%	2.66%	1.84%

资料来源：《玉树州社会经济发展与扶贫开发状况与趋势背景报告》

（三）公平性评价：益贫性仍然不足，针对性有待加强

对玉树州减贫战略调整的公平性评价主要反映在政策的制定和实施过程中是否透明和有针对性，实施结果是否具有益贫性（即更加贫困的人口是否受益更多，贫富差距是否拉大）。分析发现玉树州的贫富差距有逐步拉大的趋势，扶贫政策的益贫性不足，政策制定和实施的透明度有所提高，但是针对性依然有待加强。

1. 计划经济时期普遍贫困，分配制度上实行平均主义，无效率但公平性很强。

在这个阶段，玉树州和全国一样以集体经济为主，效率较低，公平性强。但是由于国民经济发展缓慢，政策的公平性并没有任何益贫效果，反而导致了普遍贫困。

2. 改革开放以后，以经济增长效用差异，引致贫富差距不断拉大。

这段时期，开始并没有针对性的扶贫计划，因此玉树州的人均收入虽有所增加，但是由于区域的不平衡发展导致了与其他地区以及区内城乡的贫富差距迅速拉大，公平性问题初现。虽然 1986 年建立了专门的扶贫机构，但是在“效率优先、兼顾公平”的思想影响下，一味地追求经济增长反而进一步加大了贫富差距，有限的扶贫资金很难解决公平性问题，特别是在玉树州这种环境恶劣的地区

更难获得资金的青睐。

3. 扶贫攻坚阶段，针对性增强，益贫性提高。

大量有针对性的扶贫项目在一定程度上缩小了经济增长带来的贫富差距，特别是基础设施建设使得农牧民的生活水平大幅提高，对玉树州有很强的益贫性。但是人力资本投入不足也使得机会不公平逐步显现，区内贫富差距有所拉大。

4. 多维减贫阶段，政策制定和实施的透明度有所提高。

2004 年随着整村推进项目的开始实施，工作程序逐步透明化。在扶贫工作中，整村推进项目以农户参与和干群结合的方式确定。凡是农户能够确定的项目都采用农户参与的方式；有些难以独立确定的项目采用管理干部、技术人员、市场营销人员与农户互动的方式进行预选，最终需要农户认同。扶贫开发项目在确定后必须公示，整村推进的村都有实施项目名称、规模、资金投入、劳动投入和预期目标等内容的公告牌，以信息公开保障扶贫资金使用的公平。农户最关心的资金分配、使用内容都写在明白卡上，发放给每个农户，确保资金到户率达到 100%。扶贫开发项目所需物资必须采用招标方式，防止了暗箱操作的发生，增加了资金使用的透明性。项目实施前还对农民进行相关技术培训，使每村有一名技术骨干，每户有一名明白人，使得每户贫困户都对项目实施过程有所了解，确保项目公开公正地进行。①

益贫性不足，贫富差距有扩大趋势，针对性有待加强。2009 年，玉树州城镇居民人均可支配收入为 13031. 71 元/年，而农村人均纯收入仅为 2335. 27 元/年，其城乡差距要大于全国平均水平。而在农村内部由于针对不同的人群采取相同的政策使得受益户往往都是些条件较好的农户，加大了不公平性。以治多县农牧民定居工程建设为例，由于牧民自筹高达 457 万元，加之实际到位资金低于计划资金（见表 2 -6），相当一部分群众存在自筹困难的问题，一些贫困牧户甚至主动放弃建房，这就导致了项目受益户实际上是相对较富的人。在生态移民中存在相似的问题，由于文化、技能以及财富的差异，同样的补贴和政策却拉大了贫富之间的差距。因此，在整村推进工程中需要更加具有针对性，更多地注重贫困户个体的差异，在整村推进的过程中因户制宜，根据贫困户不同的贫困程度，实行差别式扶持政策，以确保每个贫困户建得起项目，真正让贫困农户从国家扶贫政策中得到实惠，逐步实现脱贫致富。

---

① 资料来源：《玉树州社会经济发展与扶贫开发状况与趋势背景报告》。

表 2-6　2009 年治多县游牧定居工程建设资金情况　（单位：万元）

	总资金	国家专项建设资金	省级配套资金	州县配套资金	牧民自筹资金
计划投资	4387.20	2285.00	1462.40	182.70	457.00
实际到位资金	4107.17	2285.00	1182.23	182.70	457.00

资料来源：根据《游牧定居工程建设汇报材料》整理获得

（三）持久性评价：脱贫能力有所增强，返贫风险依然较大

对玉树州减贫战略调整的持久性评价主要集中在其扶贫政策是否能使贫困人口长期稳定地摆脱贫困以及返贫风险的大小上。根据分析发现，随着扶贫思想从救济式转变为开发式，产业式扶贫和贫困劳动力转移培训逐渐开展，玉树州贫困人口的脱贫能力有所增强，但是由于自然环境恶劣、生态移民等原因造成的返贫率依然居高不下。

1. 计划经济时期，减贫效率极低，更没有持久性可言。

在这个时期，玉树州人民和全国人民一样长期处于贫困状态，没有资金和意识进行扶贫，贫困程度却会因受灾和过度放牧进一步加深，减贫的持久性难以保障。

2. 改革开放以后，以救济式扶贫为主，持久性不强。

这个阶段开始以经济发展带动扶贫。由于玉树州以畜牧业为主，长期的过度放牧导致生态恶化，因此经济发展持续性不强，减贫效果稳定性偏低。1986 年以后扶贫机构的成立和贫困县的确定虽然使玉树州有了一定的扶贫资金支持，但是由于这个时期主要以救济式扶贫为主，扶贫资金的投入并不能带动农牧民的长效增收，因此持久性不强。

3. 扶贫攻坚阶段，项目扶贫加强了基础实施建设，加大了减贫的可行性。

在这个阶段，扶贫资金大量投入到基础设施建设中，"四配套"等项目的建设降低了农牧民因灾返贫的风险，交通、通信、教育和医院等的投入也大大改变了贫困人口的生活环境和生产方式，为从救济式扶贫向开发式扶贫、增强减贫的持久性提供了保障。

4. 多维减贫阶段，"一体两翼"（即以参与式整村推进为主体，以贫困劳动力转移培训和产业化扶贫为两翼）的开发式扶贫战略使得减贫效果更加稳定。

2004 年玉树州实行整村推进以来，输血式的救济扶贫越来越少，通过贫困

劳动力转移培训和产业化扶贫拓宽了就业渠道和收入来源。从2006—2010年，稳定脱贫人口保持在10000人左右（见表2－7），减贫具有一定的持续性。

表2－7　玉树州贫困人口变化状况表

年	贫困人口	稳定脱贫人口	因灾返贫人口
2006	93558		757
2007	77706	10297	3781
2008	104914	12353	39561
2009	96389	9677	1152

资料来源：根据《玉树州2006、2007、2008、2009年国民经济和社会发展报告》整理获得

因灾返贫率高，减贫反复性问题极为突出。由于玉树州自然环境恶劣，灾害频发，每三五年就有一次雪灾等自然灾害，导致受灾区大量群众返贫，常年返贫率为13%左右，灾年达25%，重灾年高达50%～60%。由于自然灾害的规律性小，因灾返贫人口的数目波动较大（见表2－5），其中2008年因为雪灾的影响返贫人口达到了39561人，是相邻年份的十多倍甚至几十倍。特别是2010年的玉树大地震使得贫困面急剧扩大，因灾返贫率大幅度提高，贫困发生率由灾前的34%上升到65%以上。全州新增贫困人口6万，达到20万，占全州农牧民人数的65%左右，其中玉树县几乎全县返贫。贫困程度也进一步加深，公共服务能力大幅降低，贫困群众的生产生活遭到严重破坏，经济社会发展水平严重倒退。①

生态补偿机制尚不健全，牧民返贫风险高。玉树州的大部分地区处于三江源自然保护区，三江源自然保护区建立以来，相继实施了退耕还林、休牧育草、停止砂金开采和限制中草药采挖等一系列生态保护工程和措施，地方财政大幅减收，其中仅禁止开采砂金一项每年减收2000万元。实行草场休牧后，牧民的收入水平出现下降，加之每天仅有5.5斤饲料粮的补助，使得牧民的生产生活很难维持，返贫风险大增。而对于生态移民来说，部分牧民的后续产业未能得到落实，随着进入成长后移民的生活成本升高，有限的补助和粮食并不能解决部分牧民的生计问题，特别是那些除了放牧没有一技之长的牧民，很容易出现返贫的情况，减贫效果很难持久。

综上所述，在玉树州的减贫战略调整过程中，效益性、公平性和持久性虽然不断加强，但是暴露出来的问题依然很多，特别是在玉树地震后返贫问题极其突

① 资料来源：《玉树州社会经济发展与扶贫开发状况与趋势背景报告》

出，仅靠以前的政策是远远不够的，需要不断改进发展方式、完善减贫战略从根本上实现减贫。

第三节　高原地区发展方式转变与减贫战略创新面临的新问题新矛盾

青藏高原地区是世界上海拔最高、江河湿地面积最大、生物多样性最为集中的地区，同时也是灾害频繁，生态系统极其脆弱的地区，贫困程度深、贫困人口分布广，因灾致贫和因灾返贫在该地区尤为突出。2010 年 4・14 玉树地震后，整个玉树州几乎全部返贫。本部分以玉树为例，具体分析我国高原地区发展方式转变与减贫战略完善面临的诸多新问题和新矛盾。

一、高原地区发展方式转变面临的困难和问题

玉树州地处青藏高原的中部，位于青海省西南部，是一个自然条件恶劣、生态环境脆弱的农牧业地区。长期以来，生态环境恶劣、水土流失严重造成该地区人民生活极端困难，使其成为高原生态脆弱贫困地区的典型代表，也是全国扶贫攻坚和西部大开发的重点及难点地区。玉树地区的经济增长方式基本以粗放型农牧业为主，农业基础设施落后，当地基本仍处于“靠天吃饭”的初级阶段，经济基础薄弱，加之当地教育水平和科技条件落后，农牧民科学素质较差，极大制约了增产增收和生活水平改善。玉树作为特殊类型的高原贫困地区，在经济增长和生产生活方式转变的过程中面临一系列急需解决的困难和问题。

（一）经济发展方式转变困难

转变经济增长方式是一项复杂的系统工程，涉及诸多方面和诸多环节，既有经济体制和政策方面的问题，又有科技体制和政策方面的问题。由于受高原地区特殊资源结构、自然区位条件、传统产业基础以及人们的思想观念、文化素质、劳动技能等多方面因素的限制，高原地区转变经济发展方式仍存在诸多问题。

首先，生态补偿水平低，农牧民生活困难、收入增长缓慢，影响了经济发展方式转变速度和规模。在高原地区发展方式转变过程中，随着生态环境保护工作

日渐深入，减畜禁牧、生态移民的力度逐步加大，以传统畜牧业为主要生产生活方式的农牧民开始向城镇集中，但此过程中生态补偿严重不足已成为制约该地区生态经济建设的瓶颈。按照主体功能区划的要求，从2005年开始，青海省委、省政府取消了玉树州的GDP考核，取而代之的是将生态保护建设及社会事业发展作为考核标准。然而，曾为保护生态做出巨大贡献，但被划定为限制、禁止开发区域的玉树及其他生态地位类似的地区，却没有获得合理的生态补偿。例如，玉树地区实行草场休牧后，牧民的收入水平出现下降。牧民日常生活燃料由自产变为购买后，国家对每户牧民仅给予5.5斤饲料粮补助，折合现金2.48元，补助标准极低。[①] 从目前整个青藏高原地区的发展来看，生态补偿水平过低是一个普遍的问题，急需加大生态资金投入。由于客观原因，玉树州大部分地区实现草原禁牧必须减畜。目前减畜后按每禁牧667平方米草场补助2.75千克饲料粮的标准难以满足牧民实际需要。[②] 而且由于缺乏足够的劳动技能，退牧还草后劳动力闲置现象较为严重。这在客观上也增加了牧民对虫草挖掘的依赖，目前虫草收入占全州农牧民年人均收入的50% ~60%以上。但挖掘虫草又会对草原产生严重破坏，近两年玉树地区的环境变化，对虫草产量已经产生了一定的影响。其次，畜牧业发展缓慢，产品附加值低，经济发展方式转变遭遇瓶颈。由于高原地区多属民族贫困地区，区域经济布局不合理，传统农牧业发展缓慢，制约着玉树地区经济发展方式转变。

当前，玉树经济发展模式仍以传统的农牧业生产方式为主，牧区牧民生产以一家一户为主，畜牧生产成本高，生产效率低下，且由于缺乏饲草基地和受草地生产水平的制约，一旦遭遇自然灾害，将带来惨重损失。另一方面，高原地区交通不便，信息闭塞，畜牧产品生产基地远离消费品市场，粗放的农牧业产品无法进一步提升附加值，限制了农牧业的进一步扩展。再次，远离经济发展中心，导致经济增长慢、经济规模小、要素成本高、社会经济设施落后、产业发展的环境脆弱。从区域经济发展角度来讲，由于玉树距离西宁800多公里，远离青海的经济文化政治中心，受到的经济辐射和聚集效应较弱。加上高原地区自然条件较差，导致公共服务设施供给成本高昂，同样的公路和铁路，玉树的成本大大高于西宁等，加上三江源的生态保护建设要求，工业发展受到限制，从而，导致了玉

---

① 陈媛媛．让生态补偿助推玉树发展．中国环境报第3版，http：//www.cenews.com.cn/xwzx/fz/qt/201005/t20100512_ 659344.html

② 多杰龙智等．青海省实施退牧还草工程效益分析、存在问题及对策．草业与畜牧．2008，155，29 -31

树的商品少，大多数生产品价格和消费品价格都很高，尤其是用于建材的水泥、钢材等建材价格很高，例如玉树州每吨钢材的成本要比西宁高出近100%，每吨水泥成本高60%以上。

（二）社会发展方式转变困难

近几年来，玉树州的社会事业发展迅速，社会发展水平有所提升，但玉树在社会发展方式转变中仍面临一系列问题。即从自给自足的传统游牧方式向市场经济转变过程中的思想观念、文化传统、思维方式等难以适应。玉树州实施生态移民工程后，移民搬迁后后续发展问题日益突出。首先，搬迁后的农牧民失去了原有稳定的收入来源。搬迁后的移民由于生活和生产环境发生较大变化，原有草场实行退牧还草，牧民失去了放牧、养殖、农副产品采摘等基本生活来源，目前仅依靠国家给予的退牧还草补助维持生计。从长期来看，一旦退牧还草政策的有效期结束，这部分农牧民的长期生计将缺乏保障。其次，搬迁后的移民就业压力增大。玉树州的牧民主要以游牧为主，移民搬迁后，他们不得不从游牧向定居转化，但由于移民中很大一部分藏民无法用汉语与外界进行交流，加之缺乏必要的劳动技能，因此很难在新的定居点找到合适的工作，这也将加大迁入地的就业压力。若此部分移民的就业和基本生计问题没有得不到妥善安置和解决，则可能存在移民回流的威胁。①

（三）生活方式转变困难

玉树地区广大人民生活方式转变困难主要体现在游牧民迁徙后对生产生活方式的转变需要一定的适应过程。定居工程引导游牧民从游牧散居向集中定居转变，旨在改善牧民的生产生活条件，这对牧民的传统生活习惯必然会形成一定程度的冲击。历史形成的诸多民族习俗，游牧民的生活方式的改变是一个漫长的、循序渐进的过程。由于暖季放牧、冷季舍饲的生产方式会使牧区暖季时在定居点出现相当比重的留守儿童和老人，直接影响到子女的教育成长以及对老人的赡养关照。② 其次，在生态移民过程中，原城镇基础设施尚不能满足现有居民的生产生活需求，移民迁居后这种供求矛盾将更加突出。例如曲麻莱县县城约改镇，共

---

① 国家发展改革委国土开发与地区经济研究所课题组．青海三江源地区生态补偿的现状、问题及建议．宏观经济研究．2008年，(1)

② 国家发展改革委国土开发与地区经济研究所课题组．青海三江源地区生态补偿的现状、问题及建议．宏观经济研究．2008年，(1)

安置了来自曲麻河乡、叶格乡和东风乡的移民149户总计805人，在配套设施建设中，原供水设施尚不能满足原有居民基本的生活用水需要，即使投资建设了移民社区的自来水入户工程，仍不能解决移民的生活用水困难的问题，反而更加重了供需不平衡的矛盾。玉树县隆宝镇也是三江源生态移民安置的23个城镇之一，到目前为止，该镇镇区尚未解决通电、通水，未达到安置移民的条件。[①]

二、高原地区减贫实现的难点

青海省是一个自然条件严酷、生态环境脆弱、自然灾害频发、物资资源稀缺的地区，由于少数民族人口众多，劳动力和科技文化水平较低，经济社会发展极为滞后。作为特殊类型贫困地区之一，该省扶贫开发进程具有特殊性、复杂性、艰巨性和长期性。

（一）贫困程度深、贫困人口分布广，实现减贫和增收目标难度大

玉树全州6个县中，有4个国家级贫困县和2个省定扶贫县。4·14地震前全州贫困村234个，占行政村总数的90.7%。按照新的贫困标准，现有贫困村252个，占行政村总数的97.7%；震前全州贫困人口9.6万人，占全州人口的28.8%；震后全州贫困人口约20万，占全州人口总数的60%。2009年全州贫困农牧民人均纯收入1224元/年，仅占青海省贫困地区农牧民人均纯收入的39.7%。按照青海省十二五规划，2015年末要使全州80%贫困人口脱贫，应年均减少贫困人口2.82万人，五年累计减少11.28万人，扶贫任务极其艰巨。如果按照2009年调整后的贫困新标准，在252个贫困村中，将新增贫困村18个、新增贫困人口4.5万，使全州贫困人口比重上升13.5个百分点。实现减贫和增收目标难度增大不少。

表3－1　2009年玉树州各县贫困状况表

指标	单位	玉树县	杂多县	称多县	治多县	囊谦县	曲麻莱县
贫困村数	个	62	31	53	20	69	17
低收入人口数	人	35012	22352	23821	11715	36277	11823
饮水困难村数	个	30	26	19	20	47	17
饮水困难人数	人	25897	2890	10174	5080	29525	5781

① 张贺全，逯庆章．青海三江源地区实施生态移民的分析与思考．青海草业．2007年12月，16（4）

续表

指标	单位	玉树县	杂多县	称多县	治多县	囊谦县	曲麻莱县
未解决用电村数	个	48	31	25	20	57	19
不通公路村数	个	10	8		4	38	2
不通广播村数	个	35	31	31	20	69	19
不通电话村数	个	29	31	43	18	68	19

资料来源：数据摘自《玉树社会经济发展与扶贫开发状况与趋势》

（二）区域特殊差异性大，受传统文化和宗教信仰影响明显

按照贫困发生的同源性和相似性，青海省划分了干旱山区贫困型、高寒牧区贫困型和沙漠化贫困型三种类型。其中玉树藏族自治州属于高寒牧区贫困型，虽然全州整体地处高寒、生态脆弱、自然灾害不断，州内居民以藏族为主、宗教信仰差异不大，但是州内各县乡之间的差异仍然较大、区域性减贫问题比较复杂，全州减贫工作难度大。这些差异主要表现在：（1）地理区位差异。玉树州平均海拔4000米以上，最低3510米、最高6621米，落差达3121米，全州境内自然气候、生长作物、居民生活习性都产生较大差异。（2）资源禀赋差异。州内各县除高原植物、野生动物和部分矿产资源外，南北部各县资源类型存在差异，其中南部囊谦、杂多水力资源储量丰富；称多藏文化浓郁、藏传佛教相对发达；曲麻莱县和治多县分属三江源、可可西里自然保护区，旅游资源丰富；玉树县为全州政治、经济、文化中心，其发展另有特点。（3）社会经济发展差异。由于自然禀赋和经济发展程度不同，州内各县之间人均纯收入差异很大，2009年玉树、曲麻莱、杂多、囊谦、治多、称多人均纯收入分别为2630元、2743元、2520元、1823元、1796元、1026元，贫富悬殊十分突出。（4）农牧区差异。玉树州是一个半农半牧地区，州内牧业乡镇37个、牧业村139个；牧业人口24.9万人，占全州人口总数的74.5%。农区和牧区居民生产生活方式存在明显差异，也就要求针对农牧民采取不同的扶贫措施。（5）人口分布差异。玉树州地区人口密度较小，但农牧区之间、各县之间人口密度均存在差异，农区约为2人/平方千米、牧区约为1人/平方千米；玉树、囊迁约为4.8人/平方千米，而曲麻莱、治多地区仅分别为0.54人/平方千米、0.28人/平方千米，人口密度差异大、治多地区人烟稀少等因素都增加了全州减贫扶贫工作的复杂性。此外，玉树州35万人口中，藏族群众占97%，是我国少数民族自治州中

主体民族比例最高的地区，加之玉树州基本属于全民信奉藏传佛教的地区，减贫工作的开展受传统文化和宗教信仰影响明显。

（三）高原地区的教育文化落后非常严重，成为制约和影响高原地区可持续发展和减贫的最重要因素之一

资料显示[①]，玉树州居民小学程度占比为21.79%，高中和中专文化程度占农牧民总人口的4.47%，大专以上近占0.98%，文盲约占70%。

我们在众多的调研中发现，玉树地区农村的教育相当落后，尽管非文盲比例有所提高，但平均受教育年限也只有3年，可见其教育文化落后状态。目前教育中存在的问题主要是，师资力量薄弱、教学设备落后、教育投资少。高原地区的教育文化落后非常严重，成为制约和影响高原地区可持续发展和减贫的最重要因素之一。

三、高原地区发展方式转变与减贫创新面临的新矛盾

除了上述各方面问题及难点外，随着当前玉树地区经济发展与减贫工作的逐步推进，一些新的矛盾不断暴露出来。玉树地处高原地区，如何处理好这些矛盾和问题，无疑将为我国高原地区经济社会整体发展方式转变和扶贫战略制定提供良好的依据。

（一）经济发展与环境生态保护之间的矛盾

首先，经济发展与环境保护之间的矛盾是当前减贫工作中面临的主要问题之一。青藏高原东北缘民族地区以及黄土高原地区都是典型的生态脆弱带。[②] 玉树州地处三江源地区，其生态环境通过黄河、长江等水系同全国生态环境紧密联系，对我国生态环境和社会经济发展有重大影响。近年来，过度放牧，采金矿、挖虫草等经济行为使得三江源地区生态环境不断恶化[③④]，形成恶性循环。因此，国家《“十一五”规划纲要》将“青海三江源草原草甸湿地生态功能区”列为限制开发区。但三江源地区本身经济落后，贫困人口分布较广，在成为限制开发区

---

① 玉树州社会经济发展与扶贫开发战况与趋势背景报告

② 周毅等．中国典型生态脆弱带与贫困相关性分析．北京理工大学学报．2008，28（3），260－262

③ 王启基等．三江源区资源与生态环境现状及可持续发展．兰州大学学报（自然科学版）．2005，41（4），50－55

④ 景晖等．三江源区草场生态恶化原因新解．生态环境．2006，15（5），1042－1045

后，经济发展在客观上受到抑制，目前玉树地区的资源开发项目已经基本停止，主要依赖畜牧业。然而国家为应对生态环境恶化而启动的退牧还草和生态移民工程对当地畜牧业又产生了抑制作用。早期的研究曾一度认为玉树全州的理论载畜量能够达到为1273万个羊单位①，按当地的牲畜结构大约可折算为约500万头只匹。2009年，玉树畜牧业共出栏90.41万头只匹，年末存栏为259.87万头只匹②，距离理论极限有一定距离。但如果严格按照目前实施的退牧还草和生态移民工程所依据的以草定畜理论，那么全州的理论载畜量将只能有不到100万个羊单位。

（二）公平与效益之间的矛盾

伴随着经济发展与减贫的层层推进，公平和效益之间的矛盾也逐渐在玉树州的工作中凸显出来。一方面，政府财政中的工资性支出与扶贫支出不匹配。2009年玉树州总财力的85%以上被用于工资性支出，而扶贫开发支出只占总财政支出的1.8%。通常地方财政的工资性支出难以惠及广大农牧民。2009年玉树州城镇居民人均可支配收入为13031.71元/年，而农村人均纯收入仅为2335.27元/年，其差距大于青海平均水平，远超全国平均水平。另一方面，退牧还草一致性补偿标准与实际情况不匹配。该工程在实施过程中没有区分天然草地的类型和生产能力状况，也没有规定单位面积退牧草地应该减少的家畜数量，而只约定了牧户退牧草地面积和补偿金额。尽管这种简单的操作效率上较高，但会产生局部补偿不足或者补偿过量。③ 例如，玉树州的草场资源实际分布并不均匀，草场情况差距很大。根据海拔的高度分东部、中部、西部三个地段，东部草地上牲畜基本饱和；西部草地面积大，牲畜数量少；中部草地面积小，牲畜数量特别多。2005年，马宏义曾针对中部地区部分乡镇的草地载畜量进行了研究④（表3－2），即使在草场情况相似的中部地区，不同乡的载畜量也有明显差别。12个乡中既有超载的，也有未超载的。在这种情况下如果补偿只考虑草场，不考虑实际载畜量，必然会导致不公平。

---

① 陈全功．青海省玉树藏族自治州的雪灾及其防御对策．草业科学．1996，13（4），60－63

② 玉树州2009年国民经济和社会发展统计公报．中国统计信息网

③ 白洁等．西北牧区退牧还草工程生态补偿依据与标准．西南林学院学报．2008，28（4），129－132

④ 马宏义．玉树州中部天然草地载畜量调查与草食畜发展探讨．青海草业．2005，14（2），48－50

表3－2　2005年玉树州中部12个乡草地载畜量情况（单位：万只羊单位）

乡名	理论载畜量	实际载畜量	发展潜力
巴塘	13.36	13.87	－0.51
下拉秀	20.49	23.83	－3.34
珍秦	21.07	13.96	7.11
朵扎	22.06	22.88	－0.82
着晓	20.65	27.61	－6.96
东坝	7.69	11.01	－3.32
昂赛	8.62	9.38	－0.76
苏鲁	10.19	7.48	2.71
立心	3.69	6.03	－2.34
治曲	6.40	15.11	－8.71
巴干	7.47	8.13	－0.66
东风	7.12	9.05	－1.93

资料来源：马宏义．玉树州中部天然草地载畜量调查与草食畜发展探讨．青海草业．2005，14（2），48－50

（三）恢复重建与可持续发展之间的矛盾

4·14青海玉树7.1级特大地震灾害使得原本较为脆弱的玉树生态环境更加恶化，当地的恢复重建与可持续发展问题也因此浮出水面。一方面，从短期来看，要尽快恢复生产和生活秩序，尤其是必须对地震灾后产生的大量建筑垃圾、废弃物品、动物尸体等污染源尽快处理。但另一方面，从长期来看，恢复重建是一项长期任务，不可能在短时期内完成，与此同时，恢复重建实现上也是一次很好的跨越式发展的契机和机遇，因此，必须高起点、高标准和高质量，这样就可以实现可持续发展。国际经验表明，地震灾害的恢复重建至少需要5－10年以上时间。然而，我国在恢复重建中政府主导的特殊性作用和功效，恢复重建的周期大大缩短，例如，四川汶川恢复重建三年规划，两年完成。玉树恢复重建提出计划三年完成主要任务，再用两年时间建成高原生态型商贸旅游城市、三江源地区的中心城市和青藏高原城乡一体发展的先行地区。[①]其实，这样就出现了恢复重建与可持续发展之间在规划目标、标准、产业发展定位等矛盾和两难的选择。

① 杨勇．玉树重建生态优先．世界环境．2010，3，38－41

（四）发展带来的区域间利益矛盾

玉树在转变发展方式过程中面临的一个重要矛盾就是区域间和区域内的双重矛盾，其一是青海省内区域之间的利益矛盾。也就是三江源上游、中游和下游之间在投资项目分配利益差异、保护和开发上的利益差异、以及生态补偿在区域间的分配标准等都会产生不同和矛盾。例如，青海省目前已经将东部地区定位为工业化和城镇化重点推进地区，而三江源地区则被认为没有城镇化的条件。[①] 根据规划，青海省还计划用东部地区来吸纳玉树、果洛等三江源生态保护区的大量农牧民，这在客观上会加剧玉树地区人口流失。省政府工作重心转移在一定程度上对玉树的经济和社会发展带来了挑战，从长期来看，也将使玉树在与其他相对发达地区之间的互动中处于不利地位。与此同时，就是三江源的青海与黄河长江澜沧江中游和下游的省际间的利益矛盾，即青海省进行生态保护、限制工业发展包括退耕还林还草，生态环境得以保护和改善，但是获利的是中下游省份，损失的是三江源地区的青海省县，造成了区域之间利益的矛盾。

第四节　新时期高原地区发展方式转变与减贫战略创新的政策建议

转变高原地区发展方式是大势所趋，但是，应该确定一个什么样的发展方式呢？我们认为，高原地区发展方式的转变必须在十二五规划建议和其他政策的支撑下促进区域的发展，在区域发展的过程中实现减贫，并在聚焦贫困区域的同时关注贫困人群，通过发展方式转变创造有利于减贫推进的社会发展环境，形成有利于减贫持续性的政策体系。

一、高原地区发展方式转变与减贫的政策支撑

党的十七届五中全会的召开进一步了强调了加快转变经济发展方式是我国经济社会领域的一场深刻变革，必须贯穿经济社会发展全过程和各领域，并提出了“五个坚持”，为加快转变经济发展方式确定了明确的路径，国家层面对加快发

① 王一鸣等．青海省区域协调发展规划研究．青海人民出版社．2009

展方式转变的明确部署使得高原地区发展方式的转变有据可循。会上还审议通过了“十二五”规划建议，该建议更加聚焦贫困区域，注重区域的协调发展，有利于落后地区发展方式的转变；在改善和保障民生、缩小收入差距方面寻求积极地改变，努力实现我国经济社会从“国强”到“民富”的战略性转变，“更加注重保障和改善民生”、“城乡居民收入普遍较快增加”、“人民物质文化生活明显改善”等构成了“十二五”规划的主旋律，对低收入群体的着重关注对实现减贫具有重要的意义。因此，高原地区发展方式的转变与减贫的趋势应该与国家的“十二五”规划的目标相衔接，相关的政策建议也应该与之更好地融合起来。

（一）促进发展方式转变，加速区域发展

转变发展方式对区域发展的影响极大，党的十五届五中全会提出了“五个坚持”，在宏观上为高原地区发展方式的转变明确了方向，即高原地区在政策的制定上应该主要针对“经济结构战略性调整”，支持“科技进步和创新”，注重“保障和改善民生”，努力构建“资源节约型、环境友好型社会”，继续“深化改革、扩大开放”，实现资源开发和生态保护的有机结合，经济发展与改善民生的有机统一。

青海玉树地区属于西部地区、藏区、特殊类型贫困地区、生态功能区、灾区，在“十二五”规划建议中这部分地区均被提及并将得到更加有力的政策支持，因此在未来的发展中，要创新扶贫规划，有效地将各种政策融合起来，青海玉树地区必然会成为政策高地，获得极大的发展。具体来说，作为西部地区，青海玉树“将继续享受西部大开发的特殊政策支持，发挥资源优势和生态安全屏障作用”，并应着重“加强基础设施建设和生态环境保护，大力发展科技教育，支持特色优势产业发展”。作为民族地区，青海玉树“将加大发展力度”，“实行地区互助政策，开展多种形式的对口支援”。作为特殊类型贫困地区，青海玉树应该“深入推进开发式扶贫，逐步提高扶贫标准”。并“加大扶贫投入”，继续“有序开展移民扶贫”，“实现农村低保制度与扶贫开发政策有效衔接”。作为生态功能区，青海玉树要限制或禁止大规模大规模、高强度的工业化城镇化开发，“实施重大生态修复工程，巩固天然林保护、退耕还林还草、退牧还草等成果，推进荒漠化、石漠化综合治理，保护好草原和湿地”，逐步形成与之相适应的法律法规、政策和规划体系，“完善绩效考核办法和利益补偿机制”，从而引导其严格向功能区推进发展。作为灾区，青海玉树要逐步建立起防灾减灾体系，“加快建立地质灾害易发区调查评价体系、监测预警体系、防治体系、应急体系。推

行自然灾害风险评估，科学安排危险区域生产和生活设施的合理避让。”

综上所述，在“十二五”期间，青海玉树地区将得到更多的资金和政策支持，并通过基础设施建设、科学技术发展、经济结构转型以及其他政策机制等引导其向生态功能区逐步过渡，实现发展方式的转变和区域的可持续发展。

（二）聚焦贫困人群，保障改善民生

“十二五”规划建议不仅在发展方式转型、促进区域发展方面为高原地区的发展提供了政策支撑，同时更加聚焦贫困人群、注重保障和改善民生，对减贫具有直接的现实意义。该建议对保障和改善民生提供了一套明确的思路，总的原则是“逐步完善符合国情、比较完整、覆盖城乡、可持续的基本公共服务体系”。具体措施主要体现在：扩大就业保民生、增加收入富民生、完善社保安民生。

增加就业岗位有利于吸收更多的贫困人口，促进稳定脱贫。十二届五中全会提出“促进就业和构建和谐劳动关系”，并将其列在保障和改善民生的第一位，必将在随后出台一系列政策扩大就业。青海玉树地区应该抓住此契机，做好政策衔接，让贫困人口通过就业从根本上实现脱贫。

十二届五中全会第一次提出“城乡居民普遍收入较快增加”，强调了要逐步形成有效的分配机制，使得收入在城乡之间、区域之间均得到普遍增加，这将更加有利于青海玉树地区的减贫。青海玉树地区由于受区域发展的限制，农民增收的方式有限，随着收入分配在全国范围内的日趋公平，贫困人口将从二次分配中获得更多的收入，因此，地方政府也应该出台相应的政策，提高低保水平，保障增收的公平性。

十二届五中全会强调“要加强社会建设，建立健全基本公共服务体系”，“健全覆盖城乡居民的社会保障体系”。这就规定了国家财政和地方财政要将更多的财政投入到社会保障中去，基础设施的完善、教育和医疗费用的减少、低保的增加将使更多的贫困人口摆脱贫困，降低返贫风险，同时提高了贫困人口的素质，有利于实现多维的减贫目标。

十二届五中全会及“十二五”规划建议为我国经济社会的发展构建了美好的蓝图，同时也为高原地区发展方式与减贫提供了有力的政策支撑，地方政府应该抓住契机，积极判断高原地区发展方式转变与减贫的基本趋势，制定相应的政策措施。

二、高原地区发展方式转变与减贫的基本趋势判断

综合各种自然社会经济和未来中国区域发展政策以及玉树实际和恢复重建的预期目标，我们认为，未来青海玉树高原贫困地区的发展方式转变的基本趋势将主要体现在以下几个方面；

第一，高原地区的发展转变是一个长期的渐进过程，推进演变的路径将会呈现三阶段梯度递进特点。第一阶段，2005—2010 年，经济发展方式从完全依赖原有的经济增长模式逐步向三江源资源保护政策实施准备阶段。这一阶段的特点是，一方面，原有的经济模式和产业结构开始逐步转化，高污染、高消耗的产业包括工业等开始减少、限制并逐步禁止。另一方面，保护三江源的政策开始研究制定并开始逐步进入试点阶段，如生态移民、退耕还草、退耕还林等开始试点实施，生态畜牧业开始示范并逐步推进阶段。可以说，这一阶段是经济增长模式与生态保护发展模式混合阶段。第二阶段，2010—2015 年，原有经济增长模式迅速减弱，有利于高原生态保护的以生态畜牧业为核心的产业体系和发展模式迅速扩大，这一阶段的特点就是纯粹的工业化增长模式被现代高原的新型生态产业体系迅速替代，较为完整地的国家生态补偿政策、标准体系等建立并迅速实施。第三阶段就是完全的高原产业体系建立和运行，生态畜牧业发展实力很强大，科学完整的国家地方、社会的生态补偿体系完全建立，政策体系更加完善、生态补偿的技术标准体系更加科学。

第二，青海玉树高原地区的政策体系将会实现五项政策集成与创新，从而使得政策体系更加有利于减贫的效应得到体现。即扶贫开发政策与西部大开发政策、藏区民族政策、灾后重建政策、三江源生态保护政策、现代新农村建设政策等紧密结合，为青海玉树高原地区发展方式转变构建新型政策体系框架，这是青海高原地区所特有的政策优势。因此，充分发挥政策的关联与溢出效应，着眼于少数民族政策、藏区政策、西部大开发战略、玉树地震灾后恢复重建政策和三江源自然生态保护等五项政策的融合与互补。西部大开发是一项区域增长战略，而扶贫开发是一项居民收入增长战略。前者注重经济增长，后者注重居民福利水平的改善；前者强调效率，后者强调公平；前者是手段，后者是结果。要将区域扶贫开发与藏区政策、民族政策相结合。藏区的优惠政策，是协调处理好民族关系，充分尊重少数民族的文化传统，发挥少数民族传统文化优势，将为高原地区经济战和减贫工作发挥特殊作用。而灾后重建政策则是玉树经济发展和扶贫开发工作的重要契机，将二者相结合同样会发挥特殊性功效。“十二五”规划建议对

这些政策做了宏观阐述，在实施过程中要结合实际将其细化，并形成可操作性的政策建议。

第三，要依靠总体上的经济发展、周边地区基础条件的完善和改善，要依赖社会经济的全面提升，来实现高原地区经济发展方式转变，外部的社会发展环境更有利于减贫事业的快速推进。实践证明，远离经济发展中的玉树，其资源社会经济可持续发展要靠周边地区基础条件的完善和改善，要依赖于社会经济的全面提升，要依靠总体上的经济发展，不可能只靠自身就能够完全实现。

第四，高原地区的可持续发展任重而道远，扶贫开发更是艰难的循序渐进过程。综合以上关于发展方式转变困难以及扶贫减贫的难点以及面临的新矛盾新问题分析，以及前面对高原地区发展方式转变的基本趋势判断就可以分析、就可以看出，青海玉树高原地区的可持续发展任重而道远，不能急于求成，片面的追求短期效益而忽视长期利益做法是不可取的。

三、转变发展方式背景下的高原地区减贫战略创新建议

青藏高原地区在地理环境、自然资源、民族宗教、历史文化和经济发展等方面与全国其他地区都存在较大差异，具有特殊的贫困特征，这就需要在开展扶贫开发工作中实施与高原地区相适应的扶贫战略。在全面建设小康社会、转变发展方式、保障民生、扶贫工作重点转向集中连片特殊类型贫困地区的历史特殊阶段，从玉树地区在全国生态环境中重要地位、国家生态保障规划、青海省十二五发展规划的要求和地区扶贫开发的经验来看，玉树地区的扶贫工作应该紧紧围绕以资源保护为核心的可持续扶贫战略思想，以新兴生态畜牧业作为全州经济支撑，以高原特色生态旅游业作为农牧民增收的新途径，以区域和流域的生态对口补偿为试点，积极启动和开展以碳汇交易为核心（林业碳汇、牧场信托、畜牧发展基金）的生态金融创新试点为动力，因地制宜、放开思路，努力探索新的区域扶贫策略，开展扶贫模式创新，实现“生态保护、扶贫开发、持续发展”的多重目标。

（一）宏观层面政策建议

1. 建立以资源保护为核心的可持续减贫的战略思想，并将其纳入青海省“十二五”发展规划中，通过发展方式的转变促进区域的迅速发展，引导建立生态功能区。

我们认为，以资源保护为核心的可持续减贫的战略思想是玉树的必然选择。

一方面是国家区域发展战略的必然要求，玉树州地处三江源、可可西里和龙宝滩三个国家级自然保护区内，被誉为“中华水塔”和“亚洲水塔”。全省18个核心保护区有10个在玉树州境内，因此，保护该地区的水源涵养功能、保护以高寒植被为主的生态系统的稳定和多样性以及特殊的高原湿地，并被列为生态功能区，其发展方向在“十二五”规划中做了明确规定，是国家无法变更的战略要求，玉树别无选择。与此同时，从玉树自身资源禀赋和优势来看，同样是一种最有效最佳的选择。因为玉树的工业相当落后，工业体系相当薄弱，无任何优势和竞争力可言。因此，玉树扶贫开发必须坚持以加强生态保护为核心的可持续发展战略，将扶贫开发与退牧还草、生态移民相结合，资源开发与环境保护并重，大力发展生态畜牧业，使扶贫开发与生态保护相互协调、相互促进，探索出一条以生态保护为核心的可持续的扶贫减贫道路。建议：第一，国家要尽快支持落实《青海三江源国家级自然保护区总体规划》。第二，尽快制定出台和实施生态补偿性政策。第三，将青海玉树列入国家低碳和循环经济试点城市。

2. 在新的一轮国家扶贫开发规划中，将青海玉树为试点，调整扶贫开发的目标瞄准与定位，将普惠性与特殊性相结合，专项扶贫与行业扶贫、社会扶贫相结合，构建“大扶贫”实验区。

特殊性高原地区的民族、宗教、社会、文化等方面通常具有独特性，由于各民族之间的利益分殊程度也在逐渐提高，利益差异渐趋明显①，作为减贫政策的支持，需要在这些地区制定针对性的社会保护政策。一方面给予环境及部分生产生活方式的保护，另一方面给予当地居民权利的保护，切实降低政府工作与当地民众的摩擦，使减贫工作平稳推进。当前我国开发式扶贫的目标瞄准政策逐渐从贫困县转移到贫困乡、贫困村，但特殊性高原地区以牧业为主，地广人稀，游牧民定居的问题尚没有很好解决。如果将开发扶贫工作重点只放到村，那么其扶贫识别性较低，进而带来扶贫资源的配置问题。因此这些地区的扶贫工作目标应定位到牧民小组一级，有效的识别扶贫目标，实现扶贫工作普惠性与瞄准性的有机结合。扶贫瞄准精度的提高必将对扶贫的组织协调提出更高的要求，因此需要最大限度地调动各方面力量、汇集各方资源来推进新一轮的扶贫开发工作。扶贫主体需要不断扩大，除了专项扶贫以外，还应发挥行业扶贫和社会扶贫的优势，大力推进集团帮扶，有效组织并支持民间组织的扶贫力量，加大金融机构对扶贫的

---

① 汤法远等. 民族自治地方政策制定过程中的突出问题分析. 黑龙江民族丛刊. 2010，115，41－46

帮扶力度，利用国家财政和地方财政逐步建立起覆盖城乡的社保网，在整合各方面资源的基础上形成扶贫攻坚平台，积极构建“大扶贫”实验区。

3. 树立玉树意识，推进“三个开展”，大力探索区域减贫的模式和机制创新，积极开展保护式扶贫，实现经济生态齐头并进的可持续发展目标。

保护式扶贫是在生态保护的基础上发展经济、促进增收，即通过有效的政策化解经济发展和生态保护之间的矛盾，并形成经济发展与生态保护互相促进的合理机制。由于生态保护、发展规划和扶贫策略决定了玉树地区扶贫开发的总体方向，因此在扶贫开发中应该树立玉树意识，结合玉树的实际情况推进“三个开展”，并通过加大科技支持和投入倾斜，不断创新领域，积极实践并推广保护式扶贫。开展生产模式的创新，包括新的生产模式的探索和对原有生产模式的改进，提高生产的效率，如引进“公司＋农户”等新型农村经济发展模式、牧民专业合作社模式以及以产业化龙头企业带动减贫的模式等。开展流通模式创新，根据地区交通建设状况和产品特点探索新的销售模式，使农牧民产品“走出去”，实现地区农牧业的可持续发展；开展金融创新，根据区域的扶贫开发模式和投融资需求状况、多向先进地区学习，探索出既适宜地区生态保护和经济发展又有利于扶贫开发的资金借贷模式，通过微型金融、微型保险、绿色信贷等方式搞活贫困地区的资金融通市场，将资本市场引入草原，优化资源配置和资金使用效率。同时，要继续大力实施生态移民，开展教育和劳动力培训，完善生态服务与补偿，不断创新扶贫机制，形成立体化的扶贫模式，实现保护式扶贫。

（二）微观层面政策建议

1. 以生态畜牧业为主轴，打造高原地区绿色产业新体系，创新扶贫动力。

草原生态畜牧业已经确立为青海省重点战略产业，并制定了详细的规划，我们认为这是非常正确的选择，因为与其他产业相比较，显然，生态畜牧业是最有特色、也最有潜力和优势产业，是综合效益最高，最合算的选择。由于发展畜牧业除了自身受益外，还可以获得国家的长期性持久性的资金、技术、投资等多方面支持。因此，无论从短期看还是从长期看，无论是从经济效益出发，还是从社会效益和生态效益考虑，发展生态畜牧业都是最明智的选择。玉树完全可以成为青海甚至全国草原生态畜牧业发展先导，引领整个青海省和全国生态畜牧业产业体系发展方向，高原地区绿色产业体系的构建是一个长期的过程，因此我们需要分以下几步来走：第一步，应尽快制定玉树州以生态畜牧业为主轴打造高原地区绿色经济发展新支柱的中长期发展规划。第二步，通过生态科技创新为核心，引进先进技术和管理方式强力推动生态畜牧业的科技革命，因地制宜、组装、调整和管理草原畜牧业生产，提高生态畜牧业发展的附加值。第三步，逐步延伸产业链、实现产业的不断增值，最终构建良性循环的可持续畜牧业生产经营状态的系统工程。结合国际经验，我们在制定产业政策和规划的时候应该尊重高原地区的文化习俗，在相关机构对土地管理、消灭和控制鼠害等研究的基础上提供相应的培训和商业咨询服务，帮助农牧民进行技术创新、能力建设、普及动物知识并鼓励记录牧业数据等。

与此同时，由于生态畜牧业受自然环境影响较大，而玉树地区容易遭受自然灾害，因此要逐步形成支持绿色产业发展的避灾防灾产业体系。根据“十二五”规划建议，一方面玉树地区应加快建立地质灾害易发区调查评价体系、监测预警体系、防治体系、应急体系，加大相关基础设施的建设和维护，并以此带动就业。另一方面逐步完善小额保险运行机制，鼓励农牧民通过小额保险来降低返贫风险。

2. 以高原特色资源环境禀赋和传统民族文化为依托，打造生态旅游业创新。

玉树地处青海省“三江源”地区，旅游资源丰富，长江、黄河和澜沧江的源头汇水区总面积达30.25万平方千米，占全青海总面积的43%，拥有三江源、可可西里和龙宝滩三个自然保护区，是世界上海拔最高、面积最大、湿地类型最丰富的地区之一，也是世界上生物多样性、物种多样性、基因多样性、遗传多样性和自然景观多样性最丰富的地区之一；此外还拥有丰富的历史人文景观，以藏传佛教为代表的民族文化灿烂丰富，例如，结古镇的结古寺，文成公主庙，新寨玛尼石堆，称多县的竹节寺、当卡寺、多干寺，囊谦县的尕尔寺等，具有独特的民族文化魅力。在这样的独特区位优势和文化优势下，发展高原特色生态旅游是当地的现实选择。针对藏族这个特殊群体，生态旅游不仅可以促进当地农牧民的增收，而且能够有效保护和发扬藏族的传统文化和宗教信仰，满足他们生活方式和文化上的差异化需求，能够在消除物质贫困的同时防止精神层面贫困的发生。

3. 开展以草原碳汇为核心的碳汇交易试点，构建生态金融扶贫新模式，推动低碳和循环经济为特征的产业体系形成，助推减贫创新。

碳汇一般是指从空气中清除二氧化碳的过程、活动、机制。它主要是指森林、草原等吸收并储存二氧化碳的能力。草原碳汇主要是通过草原植物吸收大气中的二氧化碳并将其固定在植被或土壤中，从而减少该气体在大气中的浓度。因此，草原碳汇是不亚于森林碳汇的宝贵资源，具有重要的生态和经济价值。建设以低碳排放为特征的产业体系和消费模式，气候变化深刻影响着人类生存和发展，是世界各国共同面临的重大挑战。是我国积极应对气候变化的一项重大战略，也是加快经济发展方式转变和经济结构调整的重大机遇，实施碳汇交易将是未来我国发展方式转变重要举措。青海省拥有大面积的草原草场，发展国际以及省际间的草原碳汇具有得天独厚的优势，因此，建立草原生态保护长效机制，充分调动广大农牧民参与积极性既是增加当地农牧民收入的途径，也是将环保生态纳入经济发展的重要考虑。对农牧民来讲，多增绿的收益将弥补少养畜的损失，能够实现高原草场地区经济发展和生态建设的双赢，从而通过走低碳发展和循环发展的道路，实现扶贫发展多元化。

4. 根据藏族的特殊性，有针对性地发展教育和职业培训。

根据国际经验，教育和职业培训是所有地区持续开展扶贫工作的基础，特别是类似中国高原地区的区域显得尤为重要，因为高原地区外来投资创造了大量就业机会，为受教育者提供了更广阔的就业空间。由于藏族文化和语言的差异，为保证扶贫政策的有效性，教育和职业培训的执行者应该充分了解语言差异，并使他们无需离开高原地区就可以参加教育与培训。在义务教育阶段应实行双语教学，并开设与传承藏族文化相关的课程。在职业培训时，要对藏民进行汉语培训，使藏民能够有更多的就业机会；而在其他技能培训时，也应该以藏语为主，使藏民能够真正掌握相关知识。在短期的职业培训中，应该特别关注成年人，大力发展与藏民生活习惯与文化相关的职业培训，如生态旅游业和生态畜牧业，积极培育生态工人上岗。在长期过程中，应该以基础教育为主，全方位地提高个人的素质，为长期脱贫提供智力支持。在教育和培训过程中，应该形成有效激励，让农牧民自觉参与进来，例如免培训费、补助生活费、提供就业岗位等。

5. 完善生态补偿机制，以流域补偿为切入点探索多渠道补偿方式，通过财政横向转移支付来实现减贫。

根据国际经验，实现经济发展和环境保护的扶贫政策双重目标，积极探索保护式扶贫的重要保障就是建立环境支付系统，为农牧民改善生态环境所做的牺牲提供补偿，即建立并不断完善生态补偿机制。根据其他地区的成功经验，流域补偿具有较强的可操作性。其中一种机制是以城市工业和用水量，综合参考各地生态公益林数量及其对流域的贡献大小、地方经济发展水平，按这三类标准测算每年补偿额度。由于农业和农村用水不承担、下游地区发达地区多承担补偿资金，因此有利于资金从城镇向农村的转移，让农牧民获得更多的收益。玉树地区地处“三江源”，作为三条大江的源头，玉树地区的生态建设几乎使大半个中国都从其中受益，因此如果流域补偿能够在全国范围内实施的话，玉树地区将受益匪浅。但是由于行政区域的隔阂和测算的难度以及法律法规的不完善，现期在全国范围内实行对“三江源”的生态补偿不太现实，但是青海省可以首先在省内试点这种补偿机制，通过省内部的财政支付转移来缓解玉树地区的贫困问题，并在实践中不断完善该机制，为出台全国范围的《生态补偿法》提供参考。

6. 完善绩效考核办法，聚焦贫困人群，实现多维减贫目标。

青海玉树地区由于其发展定位，不能盲目追求 GDP，而应该更加注重生态保护和贫困人口的增收。但是传统的绩效考核办法是以 GDP 为标准，政府官员为了政绩，往往片面地追求 GDP，忽视了生态保护、城乡收入差距的扩大以及贫困人口的增加，这不仅违背了发展方式转变的初衷，也不利于减贫。为了改变“激励扭曲”，政府应该改变和完善绩效考核办法，重点考核生态建设、环境保护、城乡居民收入、公共服务等方面的指标，构建完善的指标体系，诸如已经在部分地区实施的由生态保护、固定资产投资、教育文化卫生、民生指标、维护社会稳定和国家安全等五大块构成的 20 多项具体指标。但是由于指标比较多，主动性比较强，不易测算，且不宜横向比较，因此指标体系在实践的过程中应该逐步完善，并且在较广的地区推广实施并最终形成统一的指标体系。

参考文献：

[1] Myrdal. Gunnar Asian Drama：An inquiry into the poverty of nations，VOL1 –3，New York：Pantheon Books，1970

[2] Jyotasa Jalan and Martin Ravallion. Is Transient Poverty Different ? Evidence for RuralChina. [J]. Economic Mobility and Poverty in development Countries2002 (3) 82

[3] Yi Yao and Shenggen Fan. Evolution of Income and Fiscal Disparity in Rural China [R]. This paper is prepared for presentation at the International Association of Agricultural Economists Conference，Gold Coast，Australia，August12 –18，2006.

[4] Rozelle，Seott，LinxiuZhang，and Jikun Huang. China' s War on Povetry. Working PaPer，No. 60，Center for Eeonomic Researeh on Eeonomic Development and Policy Reform，Stanford Institute for Eeonomic Poliey researeh，Stanford University，2000

[5] C. Peter Timmer. 农业和扶贫：国际经验和教训 [J]. 农业经济问题 . 2005，10. 24 –29

[6] 马丽 . 黄土高原地区贫困范围变化与脱贫机制分析 [J]. 经济地理，2001. 1，23 –27

[7] 周毅，李旋旗，赵景柱．中国典型生态脆弱带与贫困相关性分析［J］．北京理工大学学报，2008.3，260-262

[8] 龙世华，许改玲．四川省少数民族山区国家扶贫开发重点县贫困特点分析［J］．广西社会科学，2006，8.40-44

[9] 李正禄．黄土高原地区农村经济发展现状和制约因素分析［J］．东南传播，2006，5.143-144

[10] 翟岁显．论青藏高原生态特殊性对地区开发的影响［J］．攀登．2005，3.77-80

[11] 李胜利，赵景波，庞奖励．黄土高原地区的生态建设与政策创新［J］．干旱区资源与环境．2002，9.12-15

[12] 张万寿，尹全洲．退耕还林与增收并举：黄土高原实施生态建设与反贫困双赢战略所面临的历史使命［J］．宁夏社会科学．2001，5.59-68

[13] 屈波，邹红，谢世友．中国西部地区生态贫困问题与生态重建［J］．国土与自然资源研究．2004，4.74-76

[14] 王永莉．主体功能区划背景下青藏高原生态脆弱区的保护与重建［J］．西南民族大学学报（人文社科版）．2008，4.42-45

[15] 赵君丽．黄土高原地区生态环境综合治理分析［J］．工作研究．36-38

[16] 王海英，刘桂环，董锁成．黄土高原丘陵沟壑区小流域生态环境综合治理开发模式研究—以甘肃省定西地区九华沟流域为例［J］．自然资源学报．2004，3.207-215

[17] 董锁成，吴玉萍，王海英．黄土高原生态脆弱贫困区生态经济发展模式研究—以甘肃省定西地区为例［J］．地理研究．2003，9.591-599

[18] 盛国滨，祁花．循环经济是青藏高原生态环境重建的关键［J］．青海师专学报．2007，2.42-45

[19] 于兴军，王晓平．贯彻落实科学发展观，努力探索以扶贫为重点的小流域可持续管理模式［J］．水土保持．2009，4.39-40

[20] 张福生，刘占雄．浅论黄土高原贫困地区的持续开发［J］．经济问题．2001，6.59-61

[21] 刘巍，邓艾．青藏高原发展生态工业研究［J］．经济研究导刊．2008，8.146-148.

[22] 韩奋发，宋保忠，王治富等．钙果种植与贫困地区扶贫开发和黄土高原生态建设［J］．陕西农业科学．2005，6.79-81

[23] 周德翼，杨海娟．论黄土高原治理的激励机制［J］．生态经济．2001，12.23-26

[24] 鲍文．四川草地资源与新山区发展战略［J］．世界科技研究与发展．2008，10.624-626

[25] 更阳．对青海省贫困地区农村劳动力培训转移的调查分析［J］．老区建设．2007，10.7-9

[26] 王名．NGO及其在扶贫开发中的作用［J］．清华大学学报（哲学社会科学版）．2001，12.75-79

[27] 黄承伟，蔡葵．贫困村基层组织参与扶贫开发［J］．贵州农业科学．2004，32（4）．74-76

[28] 冉光荣．促进对藏区反贫困的新认识［J］．社会科学研究．2007，2.105-109

[29] 焦国栋．国外反贫困的经验及对我国的启示［J］．理论前沿．2006，11.20-23

[30] 闫新华．基于国际经验发展中国小额信贷的政策取向［J］．企业经济．2009，4.158-160

[31] 陶晓辉，熊坤新．西部大开发中需要借鉴的外国经验［J］．中国发展．2003，4.60-69

[32] 张季．中外扶贫资金管理研究［J］．重庆大学学报（社会科学版）．2001，7（2）25-32；7（3）46-51

[33] 贾荣敏．三江源生态移民对于反贫困问题的意义［J］．青海民族学院学报（社会科学版）．2009，4.87－90

[34] 黄黔．按贫困片区扶贫开发和中国扶贫产业的新特点［J］．2009，10.12－16

[35] 李松志．高原贫困山区不同类型小城镇成长机制与调控对策——以云南高原凤庆县为例［J］．82－85

[36] 周伟，麻泽龙，曾云英．西藏山南农牧区贫困的根源及脱贫出路［J］．农业经济问题．2005，8.15－19

[37] 朱自堂，杨秀槐．镇远林业扶贫20年［J］．中国林业．2007，12.56－57

[38] 刘艳华，宋乃平，王磊．黄土高原地区退耕还林还草模式案例研究［J］．中国沙漠．2007，5.419－422

[39] 尤飞，董锁成，王传胜．黄土高原贫困地区生态经济系统良性演化条件和对策——以甘肃定西地区为例［J］．资源科学．2003，11.52－57

[40] 周述实．简议甘肃贫困县的脱贫与发展［J］．甘肃省经济管理干部学院学报．2001，6.16－18

[41] 吴普特，汪有科，韩宇平，赵西宁．孟岔生态型现代农业发展模式创建与启示［J］．中国发展观察．2008，11.53－55

[42] 贡保草．论西部民族地区资源环境型产业扶贫模式的创建［J］．西北民族大学学报（哲学社会科学版）．2010，3.109－114

[43] 任秀丽．加快渭北高原文化旅游产业发展的几点思考［J］．中国商贸．2009，9.119－120

[44] 赵世磊．云贵高原生态农业科技支撑能力现状与战略思路［J］．理论与当代．2009，8.10－13

[45] 杨颖．中国农村反贫困研究的新视野——基于文献视角的评述和展望［J］．经济问题研究．2010，2.27－30

[46] 叶普万．贫困经济学研究——一个文献综述［J］．世界经济．2005，9.70－73

[47] 阿玛蒂亚．森．贫困与饥荒［M］．商务印书馆．2001，12－13

[48] 李省龙．转变经济发展方式的内涵和意义．中国经济时报．2007－11－15

[49] 刘俊文．超越贫困陷阱——国际反贫困问题研究的回顾与展望［J］．农业经济问题．2004，10. 23－27

[50] 匡远配．中国扶贫政策和机制的创新研究综述［J］．农业经济问题．2005，8.24－25

[51] 魏礼群．转变政府职能，为加快经济发展方式转变提供制度保障［J］．求是，2010，12.31

[52] 汪三贵．在发展中战胜贫困——对中国三十年大规模减贫的总结与评价［J］．管理世界，2008，11：78－87

[53] 许源源，江胜珍．扶贫瞄准问题研究综述［J］．生产力研究，2008，17：158－159

[54] 马红英．对玉树实施扶贫开发整村推进的调查［J］．青海金融，2007，9：43－44

[55] 更阳．“三最”地区扶贫开发调查与思考——以青海藏族玉树自治州为例［J］老区建设，2007，2：6－8

[56] 盛国滨．“论三江源地区”生态移民与可持续发展［J］．青海民族学院学报，2006，32（1）：109－112

[57] 张磊，黄承伟，李小云．中国扶贫开发政策演变［M］．中国财政经济出版社．2007

[58] 周毅等，中国典型生态脆弱带与贫困相关性分析，北京理工大学学报，2008，28（3），260－262

[59] 王启基等．三江源区资源与生态环境现状及可持续发展．兰州大学学报（自然科学版）．2005，41

(4), 50 - 55
[60] 景晖等. 三江源区草场生态恶化原因新解. 生态环境. 2006, 15 (5), 1042 - 1045
[61] 谢飙等. 三江源地区水土流失与贫困问题的思考. 中国水土保持SWCC. 11, 2007, 26 - 28
[62] 陈全功. 青海省玉树藏族自治州的雪灾及其防御对策. 草业科学. 1996, 13 (4), 60 - 63
[63] 玉树州2009年国民经济和社会发展统计公报. 中国统计信息网
[64] 多杰龙智等. 青海省实施退牧还草工程效益分析、存在问题及对策. 草业与畜牧. 2008, 155, 29 - 31
[65] 白洁等. 西北牧区退牧还草工程生态补偿依据与标准. 西南林学院学报. 2008, 28 (4), 129 - 132
[66] 马宏义. 玉树州中部天然草地载畜量调查与草食畜发展探讨. 青海草业. 2005, 14 (2), 48 - 50
[67] 杨勇. 玉树重建生态优先. 世界环境. 2010, 3, 38 - 41
[68] 王一鸣等. 青海省区域协调发展规划研究. 青海人民出版社. 2009
[69] 热杰. 退牧还草对称多县畜牧业影响的调查分析. 草业与畜牧. 2009, 162, 60 - 62
[70] 中国高原地区减贫战略和政策规划体系研究工作汇报材料. 治多县政府. 2010
[71] 汤法远等. 民族自治地方政策制定过程中的突出问题分析. 黑龙江民族丛刊. 2010, 115, 41 - 46
[72] 银锐. 关于我国开发式扶贫问题的思考. 成都大学学报 (社科版). 2007, 3, 24 - 26
[73] 国家展改革委国土开发与地区经济研究所课题组. 青海三江源地区生态补偿的现状、问题及建议 [J]. 宏观经济研究. 2008, (1)
[74] 黄克谦. 加快游牧民定居工程建设构建和谐青海新藏区 [J]. 青海金融. 2010, (1)
[75] 陈媛媛. 让生态补偿助推玉树发展. 中国环境报第3版. http: //www. cenews. com. cn/xwzx/fz/qt/201005/t20100512_ 659344. html
[76] 鲁顺元. 制约青藏高原牧区生态环保的社会因素管窥 [J]. 青海社会科学. 2004 (1)
[77] 张世花, 吴春宝. 青藏高原地区生态环境保护与经济和谐发展的路径选择 [J]. 学术纵横. 2007, (1)
[78] 张平. 恢复生态促进青藏高原地区社会经济发展 [J]. 新西部. 2007. (2)
[79] 孙发平, 张伟, 丁忠兵. 青海转变经济发展方式思路、任务及对策 [J]. 青海社会科学, 2010, (2)
[80] 孙发平. 青海转变经济发展方式探析 [J]. 青海社会科学. 2009. (1)
[81] 周成仓. 特色经济、生态经济、循环经济——青海经济发展的战略选择 [J]. 物流与采购研究 2009, (19)
[82] 青海草原生态畜牧业建设30问. 青海省农牧厅. 2010, 6 (11)
[83] 玉树治多县 (2009—2010年) 产业发展状况. 2010, 9 (9)
[84] 邢红. 走生态经济之路 - 青海经济发展的合理定位与有效选择 [J]. 青海林业经济. 2006, (2)
[85] 鲁顺元. 生态移民理论与青海的移民实践 [J]. 青海社会科学. 2008, 11 (6)
[86] 刘英, 闫慧珍. 生态移民——西部农村地区扶贫的可持续发展之路 [J]. 北方经济. 2006, (6)
[87] 吴亚梅. "发展中重建, 在重建中发展": 西部经济生态协调发展的新战略 [J]. 理论与改革. 2007, (4)

第三章　高原贫困地区发展政策减贫效应评估和益贫机制创新

胡　勇

第一节　研究框架与方法

一、研究背景分析

“十二五”时期是全面建设小康社会的关键时期，是深化改革开放、加快转变经济发展方式的攻坚阶段。国家将加大强农惠农力度，深入实施西部大开发战略和主体功能区战略，城镇化水平还将进一步提高，建立健全基本公共服务体系，推进基本公共服务均等化。仍处于贫困状态的高原地区，大都是自然环境严酷、区位条件不利、生态系统脆弱但生态功能重要的地区，脱贫攻坚难度很大，任务艰巨。以各项发展政策为主的多维扶贫关系到我国缓解贫困的进程，是我国反贫困战略中的一个重要内容，深入研究发展政策的减贫效应对于更好地完善现有政策和制定新的扶贫战略提供了切实的参考依据。

（一）“十二五”时期有关政策背景

1. 加大强农惠农政策力度。

“十二五”时期，国家将坚持工业反哺农业、城市支持农村和多予少取放活方针，进一步统筹城乡发展，加大强农惠农力度。按照推进城乡经济社会发展一体化的要求，建设社会主义新农村，加强农村基础设施建设加快改善农村生产生活条件，提高农村和公共服务水平，完善农村社会保障体系。

2. 深入实施西部大开发战略。

西部地区整体发展较为滞后，仍然是我国全面建设小康社会的难点和重点所在。“十二五”时期，国家将坚持把深入实施西部大开发战略放在区域发展总体战略优先位置，给予特殊政策支持，发挥资源优势和生态安全屏障作用，加强基础设施建设和生态环境保护，大力发展科技教育，支持特色优势产业发展。

3. 实施主体功能区战略。

“十二五”时期，国家将加强生态保护建设，对影响全局生态安全的重点生态功能区限制进行大规模、高强度的工业化城镇化开发，禁止开发依法设立的各级各类自然文化资源保护区和其他需要特殊保护的区域。坚持保护优先和自然恢复为主，从源头上扭转生态环境恶化趋势；实施重大生态修复工程，合理避让地质灾害；加快建立生态补偿机制，加强重点生态功能区保护和管理。

4. 进一步提高中小城市和小城镇承接人口转移能力。

“十二五”时期，国家将促进大中小城市和小城镇协调发展，强化中小城市产业功能，增强小城镇公共服务和居住功能，推进大中小城市交通、通信、供电、供排水等基础设施一体化建设和网络化发展。把符合落户条件的农业转移人口逐步转为城镇居民作为推进城镇化的重要任务，中小城市和小城镇将根据实际放宽外来人口落户条件，注重在制度上解决好农民工权益保护问题。

5. 基本公共服务体系建立健全。

“十二五”时期，国家将着力保障和改善民生，逐步完善符合国情、比较完整、覆盖城乡、可持续的基本公共服务体系，推进基本公共服务均等化。促进教育公平，巩固提高义务教育，加快普及高中阶段教育，大力发展职业教育。合理配置公共服务资源，重点向农村、边远贫困、民族地区倾斜，加快缩小差距。健全覆盖城乡居民的社会保障体系。坚持广覆盖、保基本、多层次、可持续方针，加快推进覆盖城乡居民的社会保障体系建设，实现新型农村社会养老保险制度和城乡社会救助全覆盖。

（二）机遇与挑战

一方面，贫困地区发展面临着前所未有的扶持政策。在统筹城乡发展、建设社会主义新农村等多项强农惠农政策支持下，贫困地区农村基础设施将得到进一步建设，生产生活条件得到加快改善；在改善民生、推进基本公共服务均等政策支持下，贫困地区在教育、医疗卫生等公共服务方面差距缩小，实现新型农村社会养老保险制度、社会救助制度等社会保障体系全覆盖，增强贫困农民自然发展和抵御各种风险的能力；资源税由从量征收改为从价征收、税收优惠、取消公益性建设项目地方配套资金和实施生态补偿等政策对增强地方综合实力都将发挥积极作用。

另一方面，深入实施西部大开发战略和主体功能区战略要求贫困地区转变发展方式，创新扶贫思路和方法。推进成渝、关中－天水和广西北部湾等重点地区发展成为西部地区的增长极，有可能进一步拉开西部重点城市和地区与贫困地区的发展差距，使贫困地区更加边缘化，加深贫困程度；加大西部地区生态建设和环境保护力度，加强重点生态功能区保护和管理，将会在一定程度上加剧贫困地区开发与保护的矛盾，增加贫困地区主要依靠当地资源开发实现脱贫致富的难度。

针对新时期贫困地区发展将面临的机遇和挑战，反贫困工作应调整思路、创新方式、突出重点、健全机制，努力实现社会公平公正。

二、研究范围和主要内容

（一）文献综述

1. 区域发展政策与减贫的文献综述

美国经济学家库兹涅茨1955年在一篇名为《经济增长与收入差距》的文章中提出“倒U型”假说的，即人均国民生产总值和收入分配的不平等程度，是以一个倒U型的形式发展的，也就是说，随着人均收入的增长，收入差距会拉开，这种不平等程度在收入达到中等水平时达到最高点，然后，随着收入水平的进一步提高而开始下降。这是他对经济发达国家美国、英国与经济落后国家印度、波多黎各的收入差距情况作了对比研究后发现的。速水优次郎等运用44个国家和地区1990—2000年期间的不同年份的基尼系数与同期人均GDP的关系进行分析，得到了支持倒U型假设的结果。[①] 增长极理论是在法国经济学家佩鲁（Perroux）的增长极概念基础上发展起来的。其基本思想是区域经济发展是不平衡的，把有限的稀缺资源集中投入到发展潜力大、规模经济和投资效益明显的少

① ［日］速水优次郎等．发展经济学——从贫困到富裕．李周译．社会科学文献出版社．2009

数部门或区位，使增长点的经济实力强化，成为区域增长极。一些重要城镇和工业集中区可选作增长极，其核心是有创新能力的企业。增长极在区域经济增长过程中发挥着极化作用和扩散作用。极化作用是指区域经济活动向极核聚集，从而使其经济实力、人口规模迅速扩大的过程。扩散作用是指增长极通过其产品、资金、人才、信息的流动，将其经济活动和创新成果传递到广大腹地，带动腹地经济增长。极化作用和扩散作用是相辅相成的，前者主要表现为生产要素向极核的集聚，后者主要表现为极点生产要素向外围的转移，二者均可从不同的侧面带动整个区域经济的发展。但是在不同的发展阶段，这两种作用的强度有所不同。一般来说，初期极化作用是主要的，一定阶段之后，扩散作用逐渐占主导作用。

从中国的情况来看，经济发展与减贫也存在类似倒U型假设关系。随着改革开放以后的经济快速发展，中国成功地将2.5亿极端贫困人口降至3500多万。但是，陈少华等（2001）、胡鞍钢等（2006）、陈立中等（2007）、张全红等（2007）、胡兵等（2007）的众多研究表明，经济增长并不一定带来减贫效应，收入分配不平等也越来越阻碍了经济增长的减贫效果。[①] 1981年，农村基尼系数为0.2406，1985年曾一度下降为0.2267；1986年农村基尼系数开始逐年上升，2005年达到0.3751，2008年达到0.378。90年代初农村贫困人口人均纯收入与全国农民人均纯收入的平均水平之比是1∶2.4，而到2008年扩大到1∶4.8，收入差距明显拉大。

出现上述情况的主要原因是区域经济增长很难惠及贫困人口。经济增长更多地集中在东部地区和城市地区，对缓解农村贫困的边际效益已经很小，经济发展越来越明显地脱离于农村经济，特别是贫困地区的经济活动；促进区域增长的各项政策多是普惠式，对贫困人口没有特别地瞄准和优惠，因此即便伴随持续的经济增长，缓贫速度反而日益减缓，往往是绝对贫困没有消除，相对贫困日益明显。

2. 有关青海玉树地区发展与减贫的文献综述

改革开放以来，特别是国家实施西部大开发战略以来，国家对青海三江源地区的经济社会发展和可持续发展越来越重视，有关研究成果也日益丰富，主要集中在生态移民、教育、医疗卫生、畜牧业等方面。

（1）关于三江源地区生态移民政策的研究

① ［日］速水优次郎等．发展经济学——从贫困到富裕．李周译．社会科学文献出版社．2009。

梅丹芬（2006）运用制度经济学方法研究分析了生态移民制度架构下的困境。研究指出，生态移民是人类的生存环境恶化到不可承受的程度，而做出的一种制度安排，是一项涉及自然、社会、政治因素的系统工程。但是这种制度安排下各利益群体的冲突使得生态移民工程陷入困境。作者试图通过引入激励机制解决生态移民过程中的利益冲突，以实现该制度安排的最终目的。①

徐君（2008）在大量实地调研基础上，结合国内外有关三江源以及生态移民研究现状，对三江源生态移民研究的可能发展趋向进行了分析，指出三江源生态移民研究应注重移民地区特定民族的社会历史形态以及人地关系中地方性知识的特殊价值，关注移民社会组织变迁、社群认同以及后续产业发展问题，打破目前三江源生态移民研究中重移民轻草场管护的现状。②

聂学敏等（2008）通过半结构式访谈、实地调查等方式对2004—2006年黄河源区退牧还草工程实施现状进行了分析。结果显示，该工程的实施有效地改善了草地生态环境状况，促进了当地经济产业结构的调整，但由于社会经济条件的限制，项目区没有形成具有市场规模的替代产业，牧民的生产、生活受到影响，同时也暴露出了一些政策上的不合理性。建议通过加强移民教育、发展特色替代产业、提高草地资源管理水平、完善补偿体系等方面对退牧还草政策加以改进，从而使退牧还草工程成为真正的长效工程。③

芦清水等（2009）从牧户角度，通过牧户调查、遥感数据、自然要素和社会经济要素综合分析，研究生态移民政策和牧户的响应情况及原因。作者认为草地退化是气候干暖化和草地载畜超载共同造成的；移民政策和牧户社会经济情况的对比利益差异，导致移出的牧户以老年牧户、无畜/少畜户为主，分别占移民户总数48.5%和68.3%，牲畜多的中青年牧户普遍不愿移民。而且，移民户中，一证多户中的部分户移民占所有移民户54.5%。移民牧户结构的上述特征导致通过移民实现草地载畜量明显减少的目标难以实现。④

邓本太（2009）认为，结合生态治理项目实施一些移民工程，希望通过转移牧民，使其根本性地摆脱草地制约，依靠移民改变生活方式从而转变生产方式，

---

① 梅丹芬．生态移民制度安排下的困境与出路．资源节约型、环境友好型社会建设与环境资源法的热点问题研究——2006年全国环境资源法学研讨会（年会）论文集．2006

② 徐君．三江源生态移民研究取向探索．西藏研究．2008，3

③ 聂学敏、赵成章、张国辉、杨路存．黄河源区退牧还草工程实施现状及绩效的调查研究．草原与草坪．2008，2

④ 芦清水，赵志平．应对草地退化的生态移民政策及牧户响应分析——基于黄河源区玛多县的牧户调查．地理研究．2009，1

达到生态保护和牧民增收的目的。通过实施的效果看，由于移民工程牵扯面积大，涉及人的生产和生活的方方面面，加之牧民综合素质低、政府资金投入有限、牧区城镇产业带动力弱、环境制约大等影响，后续产业发展十分困难。①

（2）关于教育发展政策的研究

孟宪范等（1998）主要采用问卷法、文献法、访谈法进行多方面分层次的资料搜集，对青海两藏区农牧民的教育需求进行的调查，考察了教育需求与诸种因素的关系。作者认为，在绝大多数群众信仰同一种宗教的民族地区，存在着宗教教育体系，对发展现代教育面临着不予认同的困难；如果教育不会给人们带来改变命运的利益，教育需求只能处于潜在状况，不能被激活；教育可以促使人们摆脱地域和封闭社会带来的狭隘性，更好地接受中华民族的主流文化；教育可以在民族地区引起社会结构上的良性变化，从而提高社会整合的水平。在我国这样的多民族国家中，教育在社会结构和意识形态、文化心理上都具有社会整合的作用，在民族地区发展教育事业就可以从根本上加强中华民族的凝聚力。②

李金海（2007）认为，玉树州劳动者受教育的机会少，素质技能普遍较低，乃是造成玉树州相对贫困和落后的重要因素之一。民族地区的经济社会发展，在很大程度上依赖于人才的数量和质量以及人口素质的提高；经济的滞后，必然导致教育的落后，教育的落后又必然制约经济的发展；玉树州要实现经济可持续发展，就必须要不断加强其民族教育，提高劳动者的环保意识和素质技能培养出高科技的人才。玉树州正处于由传统社会向现代社会转型的关键阶段，只有实现民族教育突破性的进展，才能有效促进玉树州经济社会发展走上一个新台阶。③

（3）关于医疗卫生发展政策的研究

赵鸥（2001）运用文献资料法、问卷调查法和数理统计法，对藏区牧民生活习俗进行调查，对影响健康的因素进行分析，为提高民族地区居民健康水平和生活质量提供理论上的科学依据。作者认为，由于特殊的地理环境、气候及独特的生活习俗决定着藏民族的生活方式，据人口抽样调查统计表明，青海藏族地区居民寿命低于同一地区汉族居民。影响寿命的主要威胁来自不健康的生活方式，当然这种生活方式是千百年来形成的，在研究民族健康问题时一定要注意少数民族生活环境的特点，多角度、多方面来探讨，保持其浓郁的民族特色。④

---

① 邓本太．青海加快转变生产经营方式，大力发展生态畜牧业．中国政府网．2009 年。

② 孟宪范，綦淑娟，侃本．青海藏族的教育需求——对两个藏族社区的调查．中国社会科学．1998，3

③ 李金海．加强教育是玉树州经济可持续发展的必由之路．商业文化（学术版）．2007，3

④ 赵鸥．青海玉树藏族居民生活习惯中影响健康的因素．青海师范大学学报（自然科学版）．2001，2

夏锋（2008）通过在甘肃、青海、宁夏、四川进行的有关调研，认为试行新型农村合作医疗制度（以下简称“新农合”）以来，农村公共医疗卫生服务出现了一些新变化，农民“看病难、看病贵”有所缓解，并在一定程度上降低了“因病致贫和因病返贫”的比例。在政府大力宣传和示范效应下，农民对新农合的态度发生了转变，逐渐从被动、观望甚至是抵抗，转变为积极主动参与。同时“新农合”也面临着诸多问题：“看病贵”问题仍然比较突出，医疗服务人才短缺和卫生基础设施薄弱问题非常突出，突发卫生事件的有效应急机制滞后问题依然突出。①

（4）关于畜牧业发展政策的研究

邓本太（2009）认为，继续沿袭传统的生产经营方式，必然会陷入超载过牧——草场退化——牲畜无草可食——牧民无法养畜的恶性循环，最终使牧民失去收入来源导致贫困成为“生态”难民。在青海省现在所处的发展阶段，畜牧业发展主要依靠草地养畜的产业结构在短时期内还无法改变，牧民生产资料和生活收入主要依靠畜牧业的收入渠道在短期内也无法改变，这是目前最大制约，也是最需解决的紧迫问题。实践表明，实施促进畜牧业发展的一系列政策举措，只有从转变落后生产经营方式这个关键环节入手，触及转变生产经营方式这一矛盾的根源，通过对承包户的草场资源实施有效整合，建立合作社、股份制、联户经营等多种形式和层次的模式发展生态畜牧业，才能走出恶性循环的困境。②

邵春益（2010）认为，生态畜牧业是将动物及其生存的环境和人类社会活动作为一个有机的整体，根据家畜生态学和生态经济学原理，遵循和利用生态学规律，应用现代科学技术和系统工程的方法，全面而又系统地进行畜牧业生产活动，使畜牧业生产向着高产、优质、高效和稳定协调的方向发展。加快推进青海生态畜牧业发展，将人类的生产、生活和消费对自然的不利影响降低到可控范围，恢复草地生态功能，维护好青藏高原调节水资源的作用，对于实现畜牧业生产与草地生态保护协调发展，确保我国生态安全具有十分重要的意义。③

（5）小结

从文献综述可以看出，已有学者对有关三江源的生态移民和新型农村合作医疗等政策进行了相应的研究和评估，认为移民工程和生态建设工程的系统性客观

---

① 夏锋．西部农村新型合作医疗制度供给与实践——以甘肃、青海、宁夏、四川为例．财会研究．2008，11

② 邓本太．青海加快转变生产经营方式，大力发展生态畜牧业．中国政府网．2009 年

③ 邵春益．青海发展生态畜牧业问题研究．青海环境．2010，1

上要求政治学、经济学、人类学、民族学、生态学等学科的联合参与、集体攻关，找出三江源生态工程实施中的问题及其根源，提出可行性对策和参考性方案。①

有关三江源地区教育方面的研究虽然对教育的功能和必要性有所涉及，但近期对普及九年制义务教育和“两基”（基本普及九年义务教育，基本扫除青壮年文盲）进行深入研究和评估成果并不多见。玉树州至今依然是青海省乃至全国教育面貌最为落后的地区之一，全国 13 个未实现“两基”的县中，玉树州就占 4 个。因此，完成“两基”攻坚任务是玉树州迫切需要大力解决的突出问题。

三江源地区作为生态保护功能区，发展畜牧业处于相对次要的位置。2008 年初，青海省委、省政府在 6 个民族自治州选择了 7 个牧业村，进行了生态畜牧业发展建设试点工作，相关的研究和评估成果并不多见。但是在生态移民后续产业发展困难的情况下，在三江源地区科学地发展畜牧业比以往提到更为重要的位置，迫切需要探索新的畜牧业发展道路，既能保护生态环境又能增加牧民收入。

综上所述，国家实施西部大开发战略以来，特别是 2008 年国家出台支持青海等省藏区政策以来，为支持包括玉树在内的青藏高原地区经济社会发展和生态环境保护，国家各有关部委和青海省等制订出台了一系列的发展政策。本研究试图对这些政策措施的减贫效果作一研究与评估，为完善相关政策措施提供参考依据。

（二）研究范围界定

本研究范围主要包括青海省玉树藏族自治州，地处青藏高原中部和青海省西南部，包括玉树、杂多、称多、治多、囊谦和曲麻莱 6 县。全州东西长 738 千米，南北宽 406 千米，土地总面积 19.79 万平方千米，约占青海省国土总面积的 37%。2009 年总人口 33.3 万人，约占全省总人口的 6%。玉树州地势较高，海拔多在 4000—5000 米之间，为青藏高原多年冻土的主体部分。玉树州贫困人口 14.1 万人，分别占全省贫困人口与全州总人口的 28.6% 和 42%，其中玉树、杂多、治多、囊谦是国家扶贫工作重点县，称多、曲麻莱是省扶贫工作重点县。由于玉树州位于青藏高原腹地，远离中心城市，交通不便，信息不灵，长期处于半封闭状态，经济社会发展水平明显滞后。

---

① 徐君．三江源生态移民研究取向探索．西藏研究．2008，3

（三）研究主要内容

由于时间和资料所限，本研究仅对新近出台的影响青藏高原地区的主要发展政策进行研究与评估，主要包括生态保护与生态移民政策、教育发展政策、医疗卫生发展政策、畜牧业发展政策、交通和能源发展政策等五个方面。在对上述五个方面发展政策的减贫效应进行研究与评估时，既肯定取得的明显效果，又找出存在的主要问题，为完善相关政策措施提出相应的政策建议。

三、研究路径和研究方法

（一）研究路径

本研究的研究路径如图 1

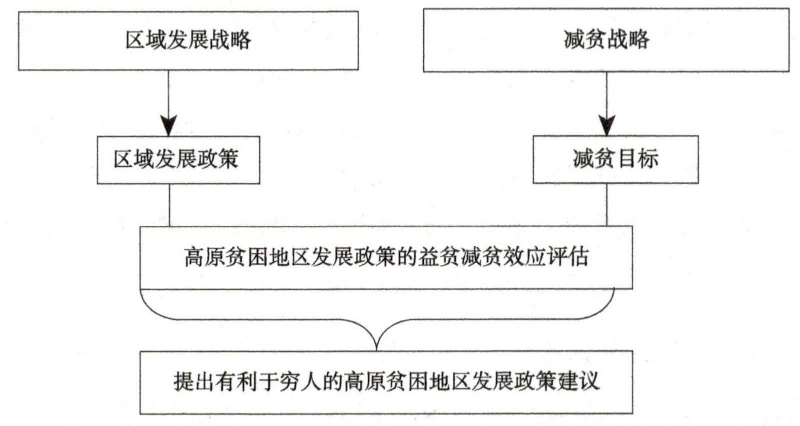

图 2　高原贫困地区发展政策减贫效应评估和益贫机制创新研究路径

（二）研究方法和依据

本研究采用文献法、访谈法、实地调查等方式进行多方面分层次的资料搜集，采用访谈法对青海省扶贫开发局、发改委、财政厅、环保厅、农牧厅等部门，玉树、杂多、称多、治多、囊谦和曲麻莱 6 县的县领导和相关部门负责人，研究范围内的牧户进行了调查，了解涉及青藏高原的生态保护与生态移民政策、教育发展政策、医疗卫生发展政策、畜牧业发展政策、交通和能源发展政策及实施情况；实地调查了解牧户对上述政策的认识、态度以及他们的收入状况、收入渠道、生活状况、对以后生活的思考。在对牧户调查访谈过程中，专门聘请了汉、藏、英三语翻译进行现场翻译。

由于玉树地区条件所限，在数据采集上存在很大困难，因此，本研究报告无法采用定量分析的方法对各项政策的减贫益贫效果做出比较精确的分析，只能主要采用定性的方法，辅之以数据说明的方法。数据一方面主要来自《背景报告》、中央政府和地方政府的政府文件和规划、汇报材料和访谈记录，另一方面来自媒体对相关部门的采访报道和相关研究成果。研究的其他依据主要包括《三江源自然保护区生态保护和建设总体规划》、《青海省“两基”攻坚（2004—2007年）实施规划》、《青海省人民政府关于贯彻〈国务院关于促进畜牧业持续健康发展的意见〉的实施意见》等政府文件。

第二节　高原地区发展政策减贫效应评估

本节根据文献资料，对现有的发展政策进行了梳理和回顾，并在实地调研的基础上，分析发展政策的减贫效应及其存在的主要问题。

一、玉树地区区域发展战略

玉树地区的提出是在国家和青海省区域发展战略指导下，根据当地自然、经济和社会条件，制定出符合科学发展观的区域发展战略，对玉树地区中长期发展和减贫工作具有深远的意义。

（一）国家主体功能区战略的提出

《中华人民共和国国民经济和社会发展第十一个五年规划纲要》提出，根据资源环境承载能力、现有开发密度和发展潜力，统筹考虑未来我国人口分布、经济布局、国土利用和城镇化格局，将国土空间划分为优化开发、重点开发、限制开发和禁止开发四类主体功能区，按照主体功能定位调整完善区域政策和绩效评价，规范空间开发秩序，形成合理的空间开发结构。

限制开发区域是指资源环境承载能力较弱、大规模集聚经济和人口条件不够好并关系到全国或较大区域范围生态安全的区域。要坚持保护优先、适度开发、点状发展，因地制宜发展资源环境可承载的特色产业，加强生态修复和环境保护，引导超载人口逐步有序转移，逐步成为全国或区域性的重要生态功能区。

禁止开发区域是指依法设立的各类自然保护区域。要依据法律法规规定和相关规划实行强制性保护，控制人为因素对自然生态的干扰，严禁不符合主体功能定位的开发活动。

为实施主体功能区战略，实行分类管理的区域政策，针对限制开发区域和禁止开发区域的主要政策有：

财政政策。要增加对限制开发区域、禁止开发区域用于公共服务和生态环境补偿的财政转移支付，逐步使当地居民享有均等化的基本公共服务。

投资政策。要重点支持限制开发区域、禁止开发区域公共服务设施建设和生态环境保护。

土地政策。对限制开发区域和禁止开发区域实行严格的土地用途管制，严禁生态用地改变用途。

人口管理政策。引导限制开发区域和禁止开发区域的人口逐步自愿平稳有序转移。

绩效评价和政绩考核。对限制开发区域，要突出生态环境保护等的评价，弱化经济增长、工业化和城镇化水平的评价；对禁止开发区域，主要评价生态环境保护。

专栏1　我国部分限制开发区域功能定位及发展方向

- 大小兴安岭森林生态功能区 ➤ 禁止非保护性采伐，植树造林，涵养水源，保护野生动物。
- 长白山森林生态功能区 ➤ 禁止林木采伐，植树造林，涵养水源，防止水土流失。
- 川滇森林生态及生物多样性功能区 ➤ 在已明确的保护区域保护生物多样性和多种珍稀动物基因库。
- 秦巴生物多样性功能区 ➤ 适度开发水能，减少林木采伐，保护野生物种。
- 藏东南高原边缘森林生态功能区 ➤ 保护自然生态系统。
- 新疆阿尔泰山地森林生态功能区 ➤ 禁止非保护性采伐，合理更新林地。
- 青海三江源草原草甸湿地生态功能区 ➤ 封育草地，减少载畜量，扩大湿地，涵养水源，防治草原退化，实行生态移民。
- 新疆塔里木河荒漠生态功能区 ➤ 合理利用地表水和地下水，调整农牧业结构，加强药材开发管理。
- 新疆阿尔金草原荒漠生态功能区 ➤ 控制放牧和旅游区域范围，防范盗猎，减少人类活动干扰。

摘自《中华人民共和国国民经济和社会发展第十一个五年规划纲要》（2006年3月14日第十届全国人民代表大会第四次会议批准）

（二）青海省对玉树地区发展的功能定位

玉树藏族自治州属于三江源自然保护区范围。2005年国务院通过的《青海省三江源自然保护区生态保护和建设总体规划》中明确提出到2010年国家投入75亿元用于三江源自然保护区的生态保护和建设，建设内容涉及退牧还草、退耕还林、沙化退化草场治理、草地鼠虫害防治、生态移民、小城镇建设等多方面。2006年，《青海省国民经济和社会发展第十一个五年规划纲要》提出，三江源地区重点组织实施好自然保护区建设规划，在保护生态环境和生物多样性的前提下，适度开发生物资源，大力发展生态畜牧业，积极发展民族传统手工业、自然风光和民族风情旅游业。加大财政转移支付和扶贫攻坚力度，帮助其加快发展。青海省委书记强卫提出，“三江源”地区，要把生态保护和建设作为首要任务，促进传统畜牧业向生态畜牧业转变，发展特色旅游业和民族手工业，实现保护生态与提高农牧民生活水平的双赢，进一步建设好全国的重要生态功能区。①

（三）国家落实支持藏区经济社会发展政策

国家将强化生态保护和建设，加强青海三江源地区等重要生态功能区的保护和建设，加快建立生态补偿机制，切实解决好转产转业农牧民的长远生计；加大扶贫开发力度，切实改善农牧区生产生活条件，增加农牧民收入；加快发展生态畜牧业和高原特色农业，加快解决农牧区饮水难、行路难、用电难、通讯难等突出问题；优先发展教育事业，完善州、县、乡三级公共卫生和基本医疗服务体系，逐步提高社会保障水平，提高公共服务能力；加强基础设施建设，提高区域发展支撑能力，支持青海等省藏区加强水利建设，完善公路路网结构，消除铁路瓶颈制约，完善航空网络布局，促进电力、煤炭、天然气、生物质能和太阳能综合利用体系建设；促进优势特色产业发展，发展特色旅游业和商贸服务业，扶持高原特色加工业发展，培育新的经济增长点。

二、玉树地区发展政策益贫减贫效应评估

（一）生态保护与生态移民政策

1. 政策概述

1999年，《国务院关于进一步做好退耕还林还草试点的若干意见》明确规定，实施国家无偿向退耕户提供粮食、现金、种苗的补助政策。2003年，国家发展改革委、国家粮食局等颁布《退牧还草和禁牧舍饲陈化粮供应监管暂行办

① 强卫. 以科学发展观为统领，为建设富裕文明和谐的新青海而奋斗——在中国共产党青海省第十一次代表大会上的报告. 2007，5（23）

法》（国粮调［2003］88 号），规定青藏高原东部江河源草原按全年禁牧每亩每年补助饲料粮 5.5 斤，季节性休牧按休牧 3 个月计算，每亩每年补助饲料粮 1.38 斤，补助期限为 5 年。

2005 年，国务院西部办等《关于进一步完善退牧还草政策措施》（国西办农［2005］15 号）要求，按照《草畜平衡管理办法》（农业部令第 48 号）的规定，实行以草定畜，严格控制载畜量。在工程实施过程中，对于休牧、轮牧的草地，要根据当前不同类型草原的载畜能力，合理确定载畜量，切实减轻草场压力，促进草原植被恢复。国家对退牧还草的农牧户给予必要的草场围栏建设资金、补播草种费和饲料粮资金补助，其中青藏高原地区具体补助标准是：①禁牧、休牧、划区轮牧围栏建设标准：每亩建设投资 25 元。其中，中央补助 70%，地方和个人承担 30%。②草场补播补助标准：对工程区内部分重度退化草场实行补播，加快草场植被的恢复，每亩补助草种费 10 元。重度退化草场的界定根据国家标准《天然草场退化、沙化、盐渍化分级指标》确定。草场围栏建设资金和补播草种费中央安排的部分，从中央固定资产投资中安排。③禁牧、休牧饲料粮补助标准：其中青藏高原地区，全年禁牧每亩每年补助饲料粮 5.5 斤，季节性休牧按休牧 3 个月计算，每亩每年补助 1.38 斤，补助年限按 10 年计算。④从 2004 年起，原则上将向退牧还草户补助的饲料粮改为现金补助，按每斤饲料粮 0.45 元计算。需要继续向退牧还草户提供饲料粮补助的，由省级人民政府仍按原办法组织饲料粮供应，饲料粮调运费仍由地方财政政策承担。

2007 年，《国务院关于完善退耕还林政策的通知》（国发［2007］25 号）决定，现行退耕还林（含草）粮食和生活费补助期满后，中央财政安排资金，继续对退耕农户给予适当的现金补助，解决退耕农户当前生活困难。补助标准为：长江流域及南方地区每亩退耕地每年补助现金 105 元；黄河流域及北方地区每亩退耕地每年补助现金 70 元。原每亩退耕地每年 20 元生活补助费，继续直接补助给退耕农户，并与管护任务挂钩。补助期为：还生态林补助 8 年，还经济林补助 5 年，还草补助 2 年。

青南牧区是青海省面积最大、海拔最高、生态环境最脆弱的地区。应当突出抓好生态保护工程建设，进一步建成作用突出的生态功能区。2005 年，经国务院批准，《三江源自然保护区生态保护和建设总体规划》正式实施。《总体规划》以生态环境与建设、农牧民生产生活设施建设和生态保护支撑项目为主要建设内容，生态环境与建设包括退牧还草、已垦草原还草、退耕还林、生态恶化土地治理、森林草原防火、草地鼠害治理、水土保持和保护管理：设施与能力建设等八项建设内容；农牧民生产生活设施建设包括生态移民工程、小城镇建设、草地保护配套工程和人畜饮水工程等四项建设内容；生态保护支撑项目包括人工增雨工程、生态监测与科技支撑等三项内容。总投资75亿元。《总体规划》的实施说明三江源地区重要的生态地位得到了国家和全社会的高度重视，三江源地区的生态环境保护已成为国家生态安全的重要组成部分。在囊谦县调研了解到，国家安排生态移民每户房建用地4分，加上公共设施用地每户是6分地，每亩征地款是1.6～1.8万元。2005—2007年，国家补助生态移民每户4万元，建设60平方米房屋；2010年，国家补助生态移民每户4.85万元，建设60平方米房屋。国家每年补偿生态移民每户6000元饲草粮补助，2000元燃料补助；从2009年开始，对16周岁以下和55周岁以上的农牧民每人新增三江源生态移民困难补助1600元。

表1　玉树州生态移民与减畜方案

地名	涉及村数（个）	安置总规模		草场面积（$\times 10^4 hm^2$）	理论载畜量（$\times 10^4$只羊单位）	实际载畜量（$\times 10^4$只羊单位）	减畜量（$\times 10^4$只羊单位）	1只羊单位占用草地面积（hm^2）
		户数	人数					
玉树州	161	6018	31084	91.26	68.62	94.71	26.09	1.33
玉树县	29	1036	4909	5.14	6.43	13.37	6.94	0.8
称多县	21	1295	6968	9.06	6.71	7.65	0.95	1.35
杂多县	31	911	4854	13.87	8.14	9.21	1.06	1.7
治多县	20	579	2491	12.96	7.48	9.63	2.15	1.73
囊谦县	43	1561	8751	13.66	10.25	20.76	10.52	1.33
曲麻莱县	17	636	3111	36.56	29.62	34.08	4.47	1.23

资料来源：《三江源自然保护区生态保护与建设》，编委会，青海人民出版社，2007年，第145页。

2. 现有生态移民政策减贫效应评估

政府采取两种方式对从草场搬离者进行安置，即自主安置和集中安置。所谓自主安置就是由自己决定投亲靠友，或另谋他路；集中安置则由政府组织，建设统一的住房，规划社区和后续产业。自主安置和集中安置享受国家同等标准的补贴。集中安置是政府下力最大的移民安置方式，问题也最多。政府需要为社区进行道路、水、电等基础设施的配套，需要进行医疗救治、学校教育、村社管理等方面的投入，同时，集中安置社区也是后续产业发展问题、社会治安问题、民族宗教问题的集中点。

玉树州囊谦县地处青海省最南端，境内有白扎林场、江西林场两个核心区，是青海三江源自然保护区的重点保护和建设对象。根据《青海三江源自然保护区生态保护和建设总体规划》，三江源生态保护和建设工程将对全县1561户8751人牧民实施移民规划建设。截至2008年底，省发改委给囊谦县累计下达生态移民项目928户5834人（集中安置471户2914人，自主安置457户2920人），截至目前，囊谦县香达镇移民安置社区共安置有生态移民471户2914人。生态移民中有约70%属于比较贫困的农牧民，他们放牧的牛羊不多，搬迁后还有稳定的生活来源。

表2　囊谦县生态移民安置情况

	合计	集中安置	自主安置	迁出地	迁入地
2005年	452户3218人	228户1623人	224户1595人	着晓乡	香达镇
2006年	123户642人	76户395人	47户247人	东坝乡	香达镇
2007年	153户856人	23户91人	130户765人	毛庄乡	香达镇
2008年	200户1118人	144户805人	56户313人	尕羊乡	香达镇
合计	928户5834人	471户2914人	457户2920人	着晓乡等	香达镇

资料来源：囊谦县发改局

（1）现有生态移民政策对减贫的正面效应

国家出于全国生态安全的考虑，对于一些具有生态功能的生态脆弱地区划定为生态功能区加以保护，限制或禁止破坏性活动甚至是一切人类活动，生活在这一区域的居民为提供生态功能服务而丧失了依赖这一区域内资源禀赋生存和发展的机会和权利。政府通过生态补偿方式为提供生态功能服务进行付费和补偿。具体到三江源地区，国家在牧民自愿和土地所有权使用权保持不变的基础上，对列入禁止开发区域的草场禁牧10年，实际上就是购买禁牧草场的10年生态服务功能，10年后草场牧民还可选择回到原有草场从事生产活动。在此背景下，国家主要通过提供生态补偿、实施生态移民为生态脆弱地区的贫困人口提供了一个摆脱环境制约的机会。在国家生态补偿资金的和政策的支持下，农牧民可以藉此改变生产生活方式、内容和空间，为脱贫致富奠定基础。从囊谦县的情况来看，生态移民政策对于减贫发挥着积极作用。通过多种渠道积极争取项目资金，加大对生态移民群众的政策和资金扶持力度，加强生态移民群众的生产技能培训，积极引导生态移民群众从事二、三产业的发展：一是由各部门根据实际情况，优先对生态移民群众进行生产技能的培训，使搬迁户尽快掌握一技之长，能够尽早地参与到畜产品贩运、加工、运输、餐饮、服装等行业中，提高谋生能力；二是引导生态移民群众积极参与经商活动，在经商过程中，积极与税务部门和工商部门协调，尽量在政策允许的范围内对移民户给予最大限度的政策扶持；三是积极引导生态移民群众的劳务输出，凡在囊谦县境内实施的项目，必须有20%的小工为本地牧户，其中对生态移民户优先雇用；四是根据县农场实际，优先安排生态移民群众在县农场从事蔬菜种植；五是通过兴办县藏毯厂，优先培训生态移民群众，拓宽移民群众增收渠道；六是2006年将移民区列入农业综合开发项目，扶持建设生态移民群众。项目建设从牛羊育肥和奶牛饲养入手，以草地配套设施建设和畜牧业技术推广服务体系建设为重点，主要开展两用暖棚、贮草棚、人工草地、围栏草场等建设内容；七是加强生态移民技能培训，截至目前，囊谦县结合三江源科技培训等项目累计培训生态移民群众800余人，使他们初步掌握了一技之长。目前囊谦县香达镇移民安置区已安置有生态移民共471户2914人，移民社区目前建成区面积为500亩。为满足生态移民正常生产生活及后续产业发展需要，2005—2008年间，囊谦县在移民安置社区规划建设了防洪、道路、排水、供水、供电、环卫及社区学校、卫生、藏毯车间、社区管理用房等配套项目，项目总投资2797万元。共完成移民社区防洪堤坝6000米，道路12207米，排水渠9344米，供水管道16361米，蓄水池250立方米，教育建筑面积3200平方米，卫生室100平方米，社区管理用房280平方米及供电和环卫设施等。

（2）现有生态移民政策对减贫的负面效应

移民就业压力较大，无持续的收入来源。近年来，三江源地区作为禁止开发区域，工矿企业发展受到很大限制。实施生态移民工程以后，草场10年内禁止放牧，农牧民从牧区搬迁到城镇，放弃了长期赖以生存的畜牧业，农牧民在非农产业中的就业机会和渠道十分有限，长期处于无活可干的状态，每年采挖一次虫草是大多数农牧民收入的主要来源。如果遇到雪灾，虫草资源锐减，收入就受到很大影响，造成返贫率高居不下。

搬迁后生活支出大幅上升，给贫困户造成新的生活负担。国家每年补偿生态移民每户6000元饲草粮补助，2000元燃料补助；从2009年开始，对16周岁以下和55周岁以上的农牧民每人新增三江源生态移民困难补助1600元。从平均来看，每户搬迁农牧民获得的补助大致在1万元左右。经过调查汇总，生态移民搬迁到县城后，每户平均年生活成本达到30000元，与实际消费支出有约2万元的缺口。除国家生活补助和虫草采集收入外，搬迁农牧民几乎没有第二、三产业收入。生态移民生活消费呈现出下特点：一是生态移民户均年生活支出中生活消费支出占99.9%，财产性支出占0.1%；二是生态移民户均年生活消费支出中服务性支出占11.75%；三是生态移民年生活消费支出主要以食品、衣着、居住、医疗、家庭设备等支出为主，分别占年总生活消费支出的43%、14%、14.6%、

7%、7%；四是生态移民全年几乎没有文化娱乐性消费支出。这表明生态移民群众生活依然困难，家庭年总收入仅能勉强维持该家庭一年的吃、穿、住、用及医疗等基本的生存支出，无力承担旅游休闲、文化娱乐、家政服务、健身保健等其他消费支出。除九年义务阶段的教育外，生态移民户中无高中及大学生，反映出生态移民群众无力承担子女的更高阶段的教育消费支出。

（二）教育发展政策

1. 政策概述

2003 年 12 月，国务院审议通过了《国家西部地区“两基”攻坚计划(2004—2007 年)》。该计划是从 2004 年开始，到 2007 年使西部地区基本普及九年义务教育，基本扫除青壮年文盲（简称“两基”），中央财政将为此投入 100 亿元。

2004—2007 年，国家实施农村寄宿制学校建设工程。中央投入 100 亿，用于实施“寄宿制学校建设工程”，新建、改扩建一批以农村初中为主的寄宿制学校，这个工程的实施，满足了 195.3 万新增学生的就学需求，满足了 207.3 万新增寄宿生的寄宿需求，有效解决了西部农村孩子“进得来”的问题。

2004 年起，中央财政即投入专项资金为西部家庭经济困难学生免除学杂费、免费提供教科书（两免），各级政府补助家庭经济困难寄宿生生活费（一补）。从 2006 年起，国家建立农村义务教育保障机制，决定对西部农村孩子全部免除学杂费。2007 年春季起，免除全国农村学生学杂费，秋季又着手免除全部农村学生的课本费，提高寄宿生生活补助标准，基本解决了“留得住”的问题。

从 2003 年开始，国家实施了农村中小学远程教育工程，中央和地方共投入 110 亿元。到 2007 年，工程覆盖了所有农村中小学校，初步形成农村教育信息化的环境，初步构建了惠及全国农村中小学的远程教育网络。同时，2006 年，国家启动了“农村义务教育阶段学校教师特设岗位计划”。中央财政设立专项资金，两年内共招聘特岗教师 3.3 万名，覆盖 13 个省区、395 个县、4074 所农村中小学，缓解了两基攻坚地区教师不足、素质不高的问题，实现优质教育资源共享，为广大农村孩子“学得好”提供优质教育资源。

2004 年，青海省有 27 个县尚未实现“两基”目标，这些县均为边远贫困的少数民族地区，攻坚任务十分艰巨。在中央政策的大力支持下，青海省高度重视“两基”攻坚工作，制订了《青海省“两基”攻坚（2004—2007 年）实施规划》

（青政办［2004］148号），安排了义务教育工程项目、中小学危房改造工程项目、寄宿制学校建设项目和远程教育工程试点项目，落实“两免一补”政策。从2006年春季起，按照《国务院农村义务教育经费保障机制改革的通知》精神，全部免除三江源区农牧区中小学生义务教育学杂费（小学生每年平均可减免113元，初中生可减免140元，省、县各按6∶4的比例分担）。三江源地区的义务教育阶段寄宿制学校的学生补助标准：青南牧区寄宿制学生（果洛6县、玉树6县、黄南的泽库县、河南县）在原补助标准的基础上增加到初中每生每年不低于1100元，小学每生每年不低于1000元）。

专栏2 《青海省“两基”攻坚（2004—2007年）实施规划》主要目标和任务

（一）主要目标

1. 2005年，海晏、祁连、同仁、尖扎、循化、化隆、共和、贵南、都兰9县实现两基，全省两基人口覆盖率达到86.8%，初中毛入学率达到88%，残疾儿童少年入学率达到75%；小学在校生年辍学率控制在1%以下，初中在校生年辍学率控制在3%以下；2004—2005年扫除青壮年文盲6万人，青壮年非文盲率达到93%；小学、初中教师学历达标率分别达到98%和93%。

2. 2006年，天峻、兴海2县实现两基，全省两基人口覆盖率达到88.3%，初中毛入学率达到89.5%，残疾儿童少年入学率达到80%；小学在校生年辍学率控制在1%以下，初中在校生年辍学率控制在3%以下；扫除青壮年文盲3万人，青壮年非文盲率达到94%；小学和初中教师学历合格率分别达到99%和94%。

3. 2007年，玉树、称多、玛沁、久治、玛多、刚察、河南7县实现两基，全省两基人口覆盖率达到93.5%，初中毛入学率达到92.5%，残疾儿童少年入学率达到83%；小学在校生年辍学率控制在1%以下，初中在校生年辍学率控制在3%以下；扫除青壮年文盲3万人，青壮年非文盲率达到95%以上；小学教师学历达标率接近100%，初中教师学历达标率达到95%。

4. 泽库、同德、班玛、甘德、达日、杂多、治多、囊谦、曲麻莱9个县到2007年普六，县城所在地普九，2010年实现两基，全省两基人口覆盖率达到95%以上。上述9县必须进一步加大投入力度和工作力度，为加快实现两基积极创造条件。

（二）主要任务

1. 以寄宿制学校建设为重点，加快义务教育阶段学校基础设施建设，基本满足适龄儿童少年的就学需求。2007年前，在27个县新建扩建校舍106.33万平方米（含短缺的45.7万平方米），消除现有危房9.82万平方米，使校舍总面积由目前的115.3万平方米增加到221.63万平方米，小学和初中生均校舍面积达到国家标准；增配图书296.7万册，使小学、初中生均图书分别达到15册和20册；增配课桌凳7.8万双人套，配齐率达到100%；增配仪器设备755套，配齐率达到85%以上。其中：

2004—2005年以改、扩建为主，新增校舍面积69.11万平方米，消除现有危房6.4万平方米。增配图书240.3万册，课桌凳3.89万双人套，仪器设备384套；

2006—2007年以改、扩建为主，新增校舍面积37.2万平方米，消除现有危房3.42万平方米。增配图书56.4万册，课桌凳3.91万双人套，仪器设备371套。

2. 加快教育信息化，促进优质教育资源城乡共享。紧紧抓住国家在青海省先期试点实施农村中小学现代远程教育工程的机遇，推进农牧区中小学现代远程教育，力争用2年左右时间，使教学光盘播放点、卫星教学收视点、计算机教室三种模式的信息化资源覆盖所有农牧区中小学，初步形成信息化教育网络，以信息化带动农牧区教育快速发展。其中：

2004—2005年在27个县建设32个卫星教学收视点、340个计算机多媒体教室；

2006—2007 年建设 48 个中小学计算机局域网、21 个校园网示范校，建成中小学教育资源库和卫星上行站。

3. 建立比较完善的义务教育阶段家庭贫困学生资助制度，切实保障农牧区家庭经济困难学生接受义务教育的权利。对贫困生按初中每生每年 160 元、小学每生每年 80 元免费提供教科书，并为寄宿制学校贫困生提供适当生活补助费。力争到 2007 年使义务教育阶段贫困生普遍享受到两免一补。

4. 做好教师培养、培训工作，提高师资素质。2007 年前，为 27 个县补充教师 5145 人，其中小学 1817 人，初中 3328 人；对现有 45 岁以下学历不合格教师进行学历提高培训，对专任教师进行全员岗位培训；给以民族语文授课为主的中小学每校培养配备 2～3 名优秀汉语教师。做到校长和专任教师持证上岗，师资队伍结构合理、学科基本配套。其中：

2004—2005 年补充教师 3172 人（小学 1325 人，初中 1847 人），完成 60% 以上学历提高培训和 66% 的岗位培训任务；

2006—2007 年补充教师 1973 人（小学 492 人，初中 1481 人），完成其余 40% 的学历提高培训和 34% 的岗位培训任务。

资料来源：《青海省“两基”攻坚（2004—2007 年）实施规划》。

在民族地区实行双语教学。采用随着年级的递升和学生语言基础的加强，逐年加大汉语文授课比重的“双语”教学模式。即以民族语文授课为主，同时开设汉语文课和以汉语文授课为主，同时开设民族语文课，小学一次分流，中学二次分流，随着年级的递升和学生语言基础的加强，逐年加大汉语文授课比重的教学模式。这种办学模式使学生既能够传承本民族的语言和文字，又懂汉语甚至英语，为他们今后的发展拓展了空间。

加强教育对口支援，增加高等院校民族考生数。一是省际之间的对口支援。从 2002 年起教育部组织实施了东西部地区校对校的支援和城乡对口支援的“两个工程”，加大了对民族地区教育的扶持力度。二是省内西宁和海东地区 93 所学校与民族地区学校结对帮扶。选派教师和行政管理人员赴三江源地区进行为期两年的支教工作。除安排好国家“农村义务教育阶段学校教师特设岗位计划”外，青海从 2009 年秋季起开展了本专科师范生赴农村牧区中小学“顶岗支教实习”工作，即组织已经完成主要课程的师范类高年级学生，经过系统培训，达到中小学教师的基本能力要求后，到农村基层学校进行为期一学期的“全职”教师岗位锻炼，主要安排在全省剩余的 9 个“两基”攻坚县，即黄南州泽库县，海南州同德县，果洛州甘德县、达日县、班玛县，玉树州囊谦县、杂多县、治多县、曲麻莱县。

2. 现有教育政策减贫效应评估

(1) 现有教育政策对减贫的正面效应

“两免一补”政策的推行，在很大程度上解决了牧区适龄儿童失学、辍学和外流的问题。由于牧区贫困学生得到资助，从而使牧区的大量适龄儿童进入学校接受九年义务教育，从根本上解决了由于牧民因经济困难而无法送子女上学这一问题，大大激发了广大农牧民群众送子女上学的积极性，一些地区特别是牧区的中小学校在校生人数猛增。据统计，截至 2008 年底，玉树藏族自治州在校生达到 61870 人，比 2003 年增加了约一万人。越来越多的牧民家庭的孩子返回学堂。玉树州教育事业得到快速和健康发展，全州适龄儿童入学率达到 98%，初中阶段入学率 71%，青壮年非文盲率达到 96%。职业教育、幼儿教育、成人教育和远程教育稳步推进。

牧区寄宿制学校建设在数量、规模上都取得了较大的成就，学校的基础建设和教学硬件配置较之以前有了很大的改善，许多现代化的教学设备例如信息技术教育设备、现代化教学仪器设备都在牧区学校中被配置起来，学生的住宿条件和饮食条件有了很大的改善。

（2）现有教育政策对减贫的负面效应

由于历史基础、自然环境、财力保障等方面的特殊原因，全国 13 个未实现“两基”目标的县中，青海省就有 9 个县，这 9 个县均地处“三江源”重点自然保护区，均为少数民族聚居地区。青海省 9 个“两基”未达标县，玉树就占 4 个，分别是地处三江源地区最偏远的曲麻莱、治多、杂多和囊谦县，玉树地区至今依然是青海省乃至全国教育面貌最为落后的地区之一。从调研来看，教育政策对于减贫存在以下的负面效应。

寄宿制学生现有生活补助标准仍不能弥补学生需求缺口，在一定程度上加重了学生家庭负担。寄宿制学校在“两基”攻坚项目结束后，对寄宿制学校的长效保障机制缺乏研究和政策安排；寄宿生的补助标准过低，导致许多寄宿制学校的实际状况不尽如人意。在杂多县调研了解到，寄宿制小学生每人每年补助 1300 元（县财政补助 350 元，县以上财政补助 950 元），初中生每人每年补助 1500 元（县财政补助 400 元，县以上财政补助 1100 元）。按在校 10 个月计算，一个学生每月生活补助只有 130 ~ 150 元，伙食标准每餐平均不到 2 元，这在当地物价水平较高的情况下，补助标准远远不能满足实际需求。

教师工资费用支出给贫困县财政造成很大压力，十分有限的财力导致教职工编制紧缺，师资力量薄弱。教师在贫困县财政供养人员比重和财政支出比重中占有很大份额，在财政支出远远大于财政收入的贫困县，教师编制严重不足，师资力量薄弱，普遍存在校舍紧缺、班额过大、学生拥挤的现象。杂多县现有 201 个教师编制，实际在编教师 197 人，按国家规定，“农村义务教育阶段学校教师特设岗位计划”教师实施 3 年后将逐步纳入编制，而杂多县 3 年之后没有教师编制。目前，在编教师月平均工资在 3800 ~ 4000 元。由于地方财政困难，承担不了新增人员的工资，教职工编制难以实行动态核定，教师缺编现象非常严重。杂多县第一完全小学现有学生 2000 多人，但在编教师 46 人，师生比远远高于青海省规定的 1∶13.5。随着藏区“普九”推进，学生进一步增加，这个问题还将越来越突出。教师队伍结构不合理，整体素质仍需提高。藏区教师文科（特别是藏语文）教师偏多，理科偏少，汉语、英语、信息技术和音体美等学科教师严重不足，培训机会少，知识技能得不到更新，制约了教育教学水平的提高。

“双语型”教学工作滞后，严重影响了藏族贫困学生与外界的沟通和交流。青海藏区 95% 以上的人口使用本民族的语言文字，65% 以上的学校用民族语言授课，推行“双语”教学需要对传统的教育教学方式、学习方式以及教材、师资、设施等进行相应的调整。最突出的问题是青海藏区缺乏合格的“双语型”教师队伍，约 65% 的教师没有接受过正规的汉语专业学习和培训。同时，青海省“双语”教学模式的选择权下放后，一些地方和学校“双语”教学指导思想不明确，教学模式和教材选择不合理，缺乏规范性和科学性。民族语言文字教材成本高，教辅材料和读物奇缺。上述问题严重地制约着“双语”教学的推广和质量的提高。

藏区的教学骨干和学科带头人纷纷流向省内外生存、生活条件相对好的地区和学校，造成了农牧区特别是乡以下教师队伍的紧缺。近年来，青海虽然解决了一些农牧区学校教师的周转房，但由于财政困难，这些地区教师的周转房还是非常紧缺，给教师生活带来不便，也影响了边远艰苦地区师资队伍的稳定。加之自然条件严酷，居住分散，交通不便，特殊的地理环境和办学形式增加了办学成本和办学难度。

职业教育重视程度不够，严重影响贫困学生的多元化就业。比较而言，对职业教育的重视程度远远不及义务教育。完成“两基”攻坚任务是目前玉树州迫切需要大力解决的突出问题。因此，职业教育尚未得到应有的重视。藏区中等职业学校基础薄弱、办学条件差、规模过小的问题普遍存在。实习实训条件差，教师不足，“双师型”教师严重缺乏，直接影响学生技能的培养。实验设备还大都是属于师范类、卫生类的设备，大部分已损坏或者老化，实践性教学环节形同虚设。藏区中等职业学校在校生中 90% 以上是贫困家庭的学生，尽管国家出台了中等职业学校家庭经济困难学生资助政策，但学生学费和生活费的压力还比较大，仍有相当部分藏区牧民子女因家庭贫困而不能入学。

（三）医疗卫生政策

1. 政策概述

（1）新型合作医疗和医疗救助政策

为了进一步提高参合农牧民受益水平，推进新型农村合作医疗制度建设，2003年，青海省启动了以大病统筹为主的农牧区新型合作医疗试点工作，人均筹资水平30元；2006年，青海省第一次提高参合农牧民政府补助标准，中央和地方财政各增加补助10元，达到人均筹资50元；2007年，人均标准又增加4.3元，人均筹资54.3元，并设立了大额度住院费用二次补助资金；2008年，青海省新农合实行第三次提标，中央财政对中西部地区参合农牧民的补助资金在原有人均20元的基础上增加20元；青海省地方财政补助资金在原有人均24.3元的基础上增加20元；农牧民筹资标准在原有10元的基础上增加10元，人均筹资总额提高到104.3元。2010年，新农合人均筹资标准提高到154.3元，其中中央财政补助由40元提高至60元，省级财政补助由40.3元提高至56.3元，州级财政由2元提高至4元，县级财政仍为4元，农牧民个人筹资标准由20元提高至30元。①

2010年慢性病补偿范围扩大至21种：风湿性关节炎、慢性胃炎、癫痫、重性精神疾病、慢性气管炎、慢性肺源性心脏病、冠心病、慢性乙型肝炎、类风湿性关节炎、高血压病、糖尿病、慢性宫颈炎、耐药性结核病、慢性胃炎、消化性溃疡、慢性风湿性心脏病、盆腔炎、慢性肾炎、慢性胰腺炎、中风后遗症、慢性胆囊炎、痛风，其中风湿性关节炎、慢性胃炎、癫痫、重性精神疾病是2010年新增补偿病种。

2010年调整后的医疗报销比例为：乡级75%、县级65%、州级55%，省级45%。住院费用报销封顶线为3万元，救助对象为3.5万元。特殊病种（恶性肿瘤手术、放疗、化疗、尿毒症器官移植、儿童先天性心脏病手术）为5万元。

（2）完善医疗卫生体系政策

青海省《关于建立健全村卫生室管理运转机制的意见》（青政办［2008］175号）提出建立健全村卫生室管理运转机制，主要包括：①提高乡村医生工作补助标准：民族自治州在原有每村卫生室每年补助1000元的基础上增加补助5000元，达到每村卫生室每年6000元，作为对乡村医生提供公共卫生服务的补

① 青海再次调整新农合补偿比例，新政凸显八大亮点．青海日报．2010，3（26）

助。对于考取执业助理医师和执业医师资格证书或具有中专及以上专业学历证书的乡村医生，每人每年增加个人补助1000元。②加强乡村医生业务培训：2009年至2011年，省财政每年安排乡村医生培训补助资金200万元，对全省乡村医生进行一次全面的医疗卫生新技术、新业务知识培训，提高乡村医生服务能力和水平。③建立青南地区乡卫生院流动卫生服务车运转经费补助制度：从2009年起，省财政对青南地区果洛州、玉树州12个县和黄南州河南、泽库2县的106个乡镇卫生院，每年补助流动卫生服务车运转经费1万元。

2. 现有医疗卫生政策减贫效应评估

（1）现有医疗卫生政策对减贫的正面效应

青海省自从2003年启动了以大病统筹为主的农牧区新型合作医疗试点工作以来，越来越多的农牧民受益，2010年全省农牧民参合人数达到340.75万人，参合率达到96.3%，总体受益率、受益面、住院费用人均补偿等都有增长，救助对象受益面明显提高，农牧区卫生服务能力进一步增强，因病致贫和返贫问题初步缓解。新农合覆盖面的扩大，对降低农民因病致贫和因病返贫的比例也起到一定作用。根据青海省卫生厅的一项统计，新农合试行前，青海有56%的贫困人口是因病致贫和因病返贫；新农合试行后，这一比例下降到43%左右。①

在国家和省有关政策的大力支持下，玉树州医疗卫生事业健康发展。全面落实预防接种等各项疾病防治措施，有效降低了地方性传染病发病率。积极稳妥地推行新型合作医疗制度，农牧民参合率达96.1%。2008年内建成称多、杂多两县住院楼、州县两级药检所以及9个乡镇卫生院、12个社区卫生服务站，群众看病难问题进一步得到缓解。完成25个村级卫生室和8个乡镇计生服务站以及9个乡镇卫生院的开工前期工作。

（2）现有医疗卫生政策对减贫的负面效应

政府投入严重不足，医疗卫生机构服务能力低，远远不能满足贫困农牧民对医疗卫生服务的需求。各级医疗机构基础设施薄弱，基本设备陈旧简陋，卫技人员素质普遍低下，医疗技术水平提高缓慢，有42%的县医院抢救急、危、重、难病人的能力十分有限，有54%的中心卫生院不能开展下腹部手术，46%的一般卫生院不能开展辅助诊断业务，43%的村卫生室不能处置常见伤病。概括起来，青海藏区基本卫生服务的可及性差、利用率低、就医费用高，所能提供的医疗卫

① 夏锋. 西部农村新型合作医疗制度供给与实践——以甘肃、青海、宁夏、四川为例. 财会研究. 2008, 11

生服务还远远不能满足人民群众公共卫生和基本医疗服务需求。

缺乏有效的激励和培训机制，鼓励医疗卫生人才为贫困农牧民提供高质量的医疗服务。由于自然环境和物质条件双重艰苦，卫生专业技术人员“下不去、留不住”的问题十分突出。据调查，青海藏区平均每所乡镇卫生院只有2.4名卫技人员，其中玉树、果洛两州平均每院仅有1.4名卫技人员。卫技人员中大专以上学历比例县级为36%，乡级为22%，村级不及3%，还有27.7%的乡村医生未经过正规专业技能培训，卫生服务提供能力不足。藏区6个自治州中除海西州外，其余5个州财政自给率仅为8.2%，对卫生事业的投入极其有限，加之历史欠账多，包袱重，形成自然环境差、人才缺乏、财政保障无力的不良循环之中。

高寒贫困地区医疗卫生服务半径大和成本高的难题难以缓解。青海藏区地广人稀，高寒缺氧，农牧民居住高度分散，交通十分不便，其中玉树、果洛两州人口密度每平方公里不到1人。地处核心藏区的玉树、果洛两州每名卫生工作者服务面积高达127平方公里，为全国平均水平的69倍，服务成本高于全国平均水平10倍以上。据全国第三次卫生服务调查，青海藏区城乡居民两周患病率为198.4‰，高于全省179.5‰的平均水平，有64%的患者应就诊而未就诊，56%的患者应住院而未住院，其中75%为经济原因。由于一年四季基本上没有蔬菜和水果，饮食主要以肉、奶、粘粑和茯茶为主，能量高，但缺少大量的维生素类，由于高原沸点低，肉不熟的情况下就开始食用，称“开锅肉”肉中大量的细菌没有完全消灭，造成易发肝包虫等疾病。同时缺少大量维生素类，造成身体养分的不平衡、高血脂、高血压患者较多。多少年来藏族居民大多居住在毡房内，生活环境差，卫生条件差，容易患风湿、关节等疾病。[①] 由于高寒缺氧，心脑血管疾病等慢非病患病率高于全省平均水平一倍以上，而且病情重、病程长、治疗成本高、医疗资源消耗多、群众就医经济负担沉重。因病致贫、因病返贫率仍然约为43%。

新农合“保大病”和报销比例“累退制”政策不利于防治疾病和减轻负担。新农合以保大病为主，其初衷是解决农村日益突出的看大病难问题而设计。但从现实情况看，影响农村人口健康素质的是常见病和多发病，医疗保障目标定位是保大病，加之农民收入低和传统观念等因素的影响，农民对日常小病常常采取的措施是自治或硬挺着。久而久之，小病拖成大病。当不得不住院治疗时候，有些

---

① 赵鸥．青海玉树藏族居民生活习惯中影响健康的因素．青海师范大学学报（自然科学版）．2001，2

疾病已经过了最佳治疗时机。新农合制度也对农民在不同医院看病的费用规定了不同的报销比例，越是在省市级大医院看病，报销比率越低。2010 年在青海省各级医院报销比例：乡级 75%、县级 65%、州级 55%，省级 45%。到大医院花钱多，而且来回还要自己掏路费住宿费，进一步降低了报销比例。政府之所以设计“累退制”报销比例，是鼓励农民就近治病，一方面可以减轻农民负担，另一方面也可以减轻大医院的压力。但政府忽视了基层医疗机构的医生水平和诊疗设备还远远不能满足农民对医疗服务的需求。乡镇卫生院主要以预防为主，稍大点的病只能去省市大医院看病。累退制的报销比例在一定程度上大大增加了农民看病费用。

（四）畜牧业发展政策

1. 政策概述

2007 年，青海认真落实《国务院关于促进畜牧业持续健康发展的意见》（国发［2007］4 号），印发了《青海省人民政府关于贯彻〈国务院关于促进畜牧业持续健康发展的意见〉的实施意见》（青政［2007］37 号），提出加快畜牧业增长方式转变，大力发展健康养殖，在继续抓好草原生态建设的同时，发展壮大饲草饲料和畜禽良种两个产业，实现畜牧业增效，农牧民增收。进一步优化畜禽品种区域布局，高寒牧区要加强牦牛复壮、藏羊本品种选育和季节性育肥出栏工作，建立以藏羊肉、牦牛肉、藏羊毛、牦牛绒为主的特色畜产品生产基地。推进生产方式和增长方式转变，抓好三江源地区等地退化草原的综合治理工作，有计划分步骤实施天然草原禁牧休牧轮牧制度，以提高牲畜生产性能和产品附加值为突破点，积极开展并扶持藏羊本品种选育、牦牛复壮和无公害、绿色及有机畜产品生产基地建设，走稳畜提质的生态养殖道路。建立和完善州（地、市）级和县（市）级动物疫病防控体系。加强省、州（地、市）、县（市）、乡（镇）畜牧兽医站建设，重点完善面向技术人员的省、州（地、市）、县（市）三级技术培训中心。重点加强省、州（地、市）、县（市）级草原站建设。

2008 年初，青海省委、省政府在深入调研的基础上进一步明确提出了发展生态畜牧业的构想，畜牧主管部门随后在省内 6 个民族自治州选择了 7 个牧业村，进行了生态畜牧业发展建设试点工作。发展生态畜牧业的科学内涵是：以保护生态环境为前提，以科学利用草地资源为基础，以转变生产经营方式为核心，以建立牧民合作经济组织、优化配置生产要素为重点，通过组织化生产、集约化经营、产业化发展，促进草畜平衡、提高畜牧业综合效益，实现人与自然和谐及畜牧业可持续发展。其根本途径在于，通过转变生产经营方式实现“两减两增”，即“减少农牧业人口、减少草原载畜数量，增加畜牧业产值、增加农牧民收入。其主要内容，一是以合作经济组织为载体，以市场引导生产，用成本核算效益，加快转变畜牧业生产方式和经营方式。二是以建立健全效益增长机制和收入分配机制为关键，依靠经济利益关系链接生产和经营，提高牧民生产组织化程度和经营集约化程度。三是以减人、减畜和科学放牧为要务，建立实现草畜平衡的长效工作机制，实现草场资源永续利用。四是以优化改良畜种、畜群结构为重点，加快畜产品周转率，提高畜牧业生产经济效益。五是加大畜牧业建设投入，结合各项生态治理工程实施，合力推进畜牧业基础设施建设，提高畜牧业综合生产能力。①

2008 年，《青海省人民政府办公厅关于利用重点项目支持生态畜牧业建设试点工作的意见》（青政办［2008］132 号），决定利用实施的退牧还草、三江源自然保护区生态保护和建设、青海湖流域生态环境保护与综合治理等重点项目支持全省 7 个牧业村生态畜牧业建设试点工作。一是利用生态保护工程项目，推进以草定畜，实现草畜平衡。按照《青海省退牧还草工程区草畜平衡管理办法》要求，由各县农牧局开展各试点村草场面积、草场退化状况、产草量、牲畜数量和结构等情况普查，以牧户承包草场面积为基础，核定出每户牧户现有草场可承载牲畜数量和减畜数量，制定出《以草定畜方案》。由草原监理部门派专人驻村，对减畜工作进行全过程监督，逐户建立档案并填写减畜登记卡，减畜登记卡作为兑现项目户年度粮食补助的唯一凭据，确保以草定畜效果，实现草畜平衡发展。二是利用相关项目工程，完善试点村畜牧业基础设施。其中结合三江源生态保护和建设工程，完善玉树州治多县治渠乡同卡村等试点村畜牧业基础设施。结合《三江源自然保护区生态保护与建设总体规划》建设养畜配套工程，在玉树州治多县治渠乡同卡村建设畜棚 10 栋 1200 平方米，围栏草场 50000 米，建设人工草地 225 亩，开展草原鼠害防治。每个试点村修建牲畜免疫注射栏 5 个，年推广大通牦牛种公牛 20 头和藏系种公羊 100 只。试点村人畜饮水工程建设均已纳入省水利厅相关规划中。试点村均在 2008 年农机补贴范围内，补贴范围为饲草料种植、收割、加工机具及剪毛机。将以试点村专业经济合作组织建设作为重点进行申报，优先安排，提高试点村牧民的组织化程度和生产经营水平。

---

① 邓本太．青海加快转变生产经营方式，大力发展生态畜牧业．中国政府网．2009

2. 畜牧业发展减贫效应评估

(1) 现有畜牧业发展政策对减贫的正面效应

2003年以来，在三江源地区大规模实施的退牧还草工程，已经取得了明显的生态、经济和社会效益。玉树州紧紧围绕“三江源”生态保护做文章，积极推进畜牧业生产等七大基地建设，努力打破延续千百年“靠草山吃饭”的粗放型畜牧业生产方式，现代畜牧业成了玉树州转变经济发展方式的基本方向。2008年初，青海省在6个民族自治州选择了7个牧业村进行的生态畜牧业发展建设试点工作，达到了牧业增效、牧民增收两大预期目的，基本实现草畜平衡，初步建立了不同类型的发展模式，为推广建设生态畜牧业积累了经验，创造了条件。

专栏3　当前青海省畜牧业三种主要经营模式

大户带动型，其特点在于以大户规模经营、集中饲养为基础，注重和草场流转、分流牧业人口、促进资源合理配置结合起来。

联户经营型，主要特征是联户经营、分群协作，有的以自然村、行政村为单位，有的以协会、合作社为平台，对草场和牲畜实行规模经营、集中管理，以优化产业结构、保护草原生态。联户经营的实质是一种股份合作制，也就是可以以牲畜、土地折价入股，实行草场随畜计价流转、劳动力专业分工、生产指标量化的管理办法，采取用工按劳取酬、利润按股分红的风险共担、利益共享的经营机制，是目前青海省发展最成熟、组织化程度最高、与市场联系最紧密的经营方式。

公司+基地+农户型，即通过龙头企业衔接畜牧业生产、加工、流通等环节，带动千家万户的牧户走进大市场，有利于合理配置资源、优化组合生产要素，形成最佳生产规模。

资料来源：强卫：“关于当前青海现代畜牧业发展的调查思考”，《青海日报,》2010年06月17日。

2008年，玉树州已建成规模不等的牛羊育肥基地16处，育肥牛羊5036头只，建成奶牛基地24处；建成日光节能温棚430栋，优质饲草料种植基地1.85万亩。初步做到了农牧业增效、农牧民增收、农牧区稳定的工作目标。

(2) 现有畜牧业发展政策对减贫的负面效应

由于生态畜牧业尚处于试点探索阶段，现有发展政策还存在以下主要问题：

畜牧业基础设施建设严重滞后，农牧业抵御自然灾害的能力不强，是农牧民致贫返贫的重要原因之一。青海省是一个欠发达省份，由于藏区长期以来投入不足，历史欠账较多，基础设施建设严重滞后，农牧业抵御自然灾害的能力不强，当地居民基本上是靠天吃饭。玉树尚有大量牧民没有冬春草场定居房屋，仍住在牛毛帐篷里；已建成标准畜用暖棚和已建冬春围栏分别占牧户总数和可利用草场面积比重都不高，牧区冬季饲草料储备不足是制约藏区发展的根本因素，牧民安居和牲畜温饱已成为藏区的“两大难”。

专栏4　玉树州治多县治渠乡同卡村生态畜牧业试点进展情况

玉树州治多县治渠乡同卡村是青海省2008年确定的全省7个生态畜牧业试点村之一，自试点工作实施以来，通过各方面的共同努力，进展顺利，成效明显。

一是加强组织领导，完善试点工作方案。州、县政府及时成立了治多县生态畜牧业建设试点工作领导小组和项目实施小组，研究确定了州、县、乡、村四级相关部门在试点工作中的职责和任务，精心编制了《玉树州生态畜牧业建设试点工作实施方案》，为试点工作的顺利实施提供了有力的组织保证。二是认真调查摸底，合理核定载畜量。完成了项目户的牲畜、草场、草原基础设施、人工种草等基础数据的调查核对工作，并对各类牲畜按年龄段进行了统计。同时对参与生态畜牧业建设试点的30个牧户的草场面积、围栏面积、产草量进行了进一步核实，并完成GPS定位上图和区域内合理载畜量的测算工作。三是优化畜群结构，提升效益畜比重。进一步加大种畜的鉴定、淘汰和引进工作力度。通过牲畜整合，有效减少了非生产畜，提高了母畜比例，适龄母牦牛比例从试点前的38.5%提高到49.3%。四是转变经营方式，提高组织化程度。试点村成立了同卡村生态畜牧业经济合作社，组建了6个牧业生产小组，实行划区轮牧、分群放牧、专群经营。生产资料整合后，24个剩余劳动力从畜牧业生产中分离出来，从事建筑、运输等产业，实现多渠道增收。通过联户经营，试点村户均纯收入17150.8元，年人均收入2946.78元，比试点前人均增加了686.78元，增长23.31%。五是加强设施建设，夯实畜牧业基础。试点村通过多渠道、多领域整合项目资金达231万元，省、州、县先后投资生态畜牧业试点专项资金达183万元。通过整合项目资金，完成牲畜免疫注射栏6处，草场围栏2.8万米，饲草料基地241亩，牧民定居房屋30户，牲畜暖棚30幢3600平方米，畜圈42处12600平方米，购置种草机械小四轮拖拉机3辆、收割机1台、牛奶分离机30台。

资料来源：玉树藏族自治州人民政府门户网，http：//www.qhys.gov.cn，2009年12月3日。

农牧业生产经营方式依然粗放，经济效益亟待提高。粗放型的畜牧业经营方式过度追求牲畜数量导致草原生态环境的持续恶化，草场长期超负荷透支，使牧草生长得不到休养生息，退化草场丧失修复功能，牧草资源将进一步枯竭，畜草矛盾将更为突出，草地畜牧业在发展和生态的双重压力下举步维艰。产业化经营水平低，生产的农畜产品大多用于自食，商品率低，形不成品牌，竞争能力不强。由于龙头企业少，农畜产品的加工转化率低，企业与农牧民的利益联结机制不健全，龙头企业与农牧户之间还没有真正建立起“风险共担、利益共享”的利益联结机制，生产、加工、流通相对脱节，带动农牧民增收能力有限。农牧民专业合作社发展缓慢，农牧民组织化程度低，小而全的分散式生产经营方式普遍存在。

草原生态恶化的趋势尚未得到根本遏制，生态保护和建设任务仍十分繁重。由于受自然、气候和人类不合理利用等因素的影响，目前青海省藏区90%的草地出现了不同程度的退化，其中中度以上退化草地面积约为2.45亿亩，占藏区可利用草地面积的54.29%。由于草地退化，草原平均产草量减少30% ~50%。部分草场已失去了支撑人类发展的基本条件。草原生态恶化的趋势还没有得到根本遏制，草场退化、沙化、鼠害、虫害、毒草害问题依旧严重，成为制约畜牧业发展和危害生态安全的首要因素，完全依赖草原资源的传统畜牧业发展面临极其严峻的挑战。

（五）交通、能源发展政策

1. 政策概述

《青海省交通发展“十一五”规划》，提出形成适应三江源生态环境保护与建设要求的公路网。全面提升省会至各州州府的公路等级，抓好农村公路建设，提高农村公路普及率和硬化路面的比例，省会至各州州府通二级以上公路，州府至县城通三级公路，乡乡通等级公路，村村通公路，其中90%的乡镇通油路，40%的行政村通油路或水泥路。民航方面，建成三江源（玉树）机场。《青海省能源“十一五”发展规划》积极争取国家支持，通过建设小水电站、太阳能光伏电站和风光互补电站，解决玉树、果洛等大电网延伸不到地区的通电问题。

《玉树州国民经济和社会发展“十一五”规划纲要》提出，交通建设要按照“州县快速、县乡便捷、乡村通达”的总体要求，加快公路建设和改造步伐，提高通达深度和技术等级，增强为经济服务能力，认真做好公路网建设的规划，做好项目的前提准备工作，力争实现县与县连网互通；加快玉树同相邻地区的公路通道建设，增加公路出口。谋划一批旅游专线公路和资源开发专线公路项目，逐步建设；集中精力提升县乡村公路等级，力争实现县乡村公路通畅，继续建设一批便民桥，方便群众出行。初步形成以结古为中心，以国道、省道为主骨架，县、乡、村公路和专线公路为支脉的公路网络。到2010年实现县县通油路，乡乡通等级公路（70%乡镇通油路），村村通公路，50 %的乡镇通班车的目标。做好三江源（巴塘）机场的建设工作，力争“十一五”中期建成并投入运营。能源建设重点发展水电，因地制宜地发展太阳能、风能等新能源，提高能源保障水平。加快电源电网建设，建成拉贡、龙青峡、聂恰河、坎达四座水电站和称多、玉树两县35千伏联网输电线路，治多、曲麻莱两县10千伏联网输电线路。发展太阳能、风能电站，逐步解决电网延伸不到地区的用电问题。

2. 现有交通、能源发展政策减贫效应评估

（1）现有交通、能源发展政策对减贫的正面效应

新中国成立前，玉树州基本没有公路运输，各族人民群众完全依靠人背畜驮的原始运输方式，长期处于与周边隔绝的状态中。新中国成立后，国家十分重视边远省区的公路交通建设，公路交通基础设施总量逐步提高，交通运输条件逐步改善，为藏区经济社会发展提供了保障。改革开放以来，特别是西部大开发以来实现了公路交通超常规跨越式发展。初步形成了以国道和省道为骨架，县乡道路为脉络的公路网络。整个藏区实现了县县通沥青（水泥）路、乡乡基本通公路的目标，公路通达深度和运输能力得到提高。玉树州境内现有农村公路包括县道 28 条 1420 千米、乡道 67 条 3103 千米、村道 208 条 5998 千米。国道 214 线（青康线）连接海南、果洛、玉树 3 个藏族自治州，进入西藏昌都，最终到达云南省景洪县，全长 3184 千米。玉树州目前几乎百分之百的工业品、70% 以上的粮食和生活用品需从外部调运，主要建材、水泥等完全从外地运入。这条公路大部分都穿越藏区，是藏区人民生产、生活、文化交流、物资运输的惟一通道，也是省会西宁通往边远地区玉树州的唯一一条干线公路，是玉树州的生命线，在玉树经济建设、西部繁荣稳定及国防中发挥着重要作用。

2009 年 8 月 1 日，玉树民用机场正式通航，改变了进出玉树州仅有公路一种运输方式的落后面貌，为进出三江源地区旅客及物资提供便捷、高效、快速的空中运输通道。玉树州地域辽阔，远离中心城市，距省会西宁 814 千米，距四川成都 1160 千米，距西藏拉萨 1250 千米，加之无铁路和水运等其他交通及运输形式，仅靠公路一种交通方式很难应付日益增长的需要。由于海拔高、公路路况差、山体滑坡和泥石流灾害多，玉树州公路运输能力受到很大限制，给进出游客带来很大困难，给货物运输带来不便，极大限制了玉树州对外交流和开放，严重制约地区经济的快速发展。三江源旅游区已成为青海省的新兴旅游热点之一，是玉树旅游发展的后劲和潜力所在。但因目前开发程度有限，资源优势尚未转化为经济发展优势。究其原因不外是受各种条件的制约，特别是受交通不便的制约。玉树机场正式开通后，以往从西宁去玉树只能乘坐十几个小时的汽车，飞机只需一小时的时间。因此，改善交通条件尤其是机场开通可以大大缩短玉树与周边城市的距离，节省路途耗时，将为玉树州乃至全省经济社会快速发展提供有力的交通支撑，对增进民族团结、促进社会稳定、加强国防建设，特别是对三江源建设具有十分重要的意义。

专栏5　玉树机场概况

玉树机场海拔约3905米，位于距离结古镇26千米的巴塘草原，是国内海拔高度居第四的机场，是青海省继西宁曹家堡机场之后第二个民用机场，是三江源地区首个民用机场。机场飞行区按C类飞机起降要求设计，跑道长3800米，候机厅4258平方米，可满足空客319等机型飞机起降，航站区按到2015年，满足旅客吞吐量8万人次的目标设计。机场已开通每周二、六西安－西宁－玉树的往返航班，计划开通玉树至拉萨、成都航线。机场的通航将对玉树的旅游产业发展起到巨大的推动作用，也为三江源地区经济社会又好又快发展发挥重要作用。

（2）现有交通、能源发展政策对减贫的负面效应

青海藏区交通能源虽然有了很大改善，但是，由于基础差，承受需求波动的弹性小，当前仍是国民经济与社会发展的薄弱环节。现有的交通、能源发展政策存在以下主要问题。

建设配套资金缺口大，限制了贫困地区的受益面，影响了扶贫资金的瞄准水平。近年来，为了推动藏区交通能源等基础设施建设，国家对藏区部分省道、国道等干线公路和电网建设方面给予了一定的资金支持，但由于配套资金总量较大，省级财政难以筹措，这部分配套资金主要通过银行贷款解决，资金配套压力较大。加之藏区交通能源等基础设施具有公益性，难以通过市场化融资方式吸收社会资金。随着青海藏区经济社会发展对交通基础能源设施建设需求增加，资金的短缺已成为制约藏区交通能源发展的主要因素。

贫困地区地方财力有限，无力承担交通道路的养护费用。各级政府财力有限，州、县二级财政主要靠财政转移支付来维持目前的人头经费和运转，难以从财政挤出资金用于公路养护。随着通县油路、通乡公路和通村公路建设项目的实施，藏区公路的路面等级逐步提高，公路里程不断增加，公路养护管理工作量增大，资金紧缺的问题日益突出。由于没有稳定的养护资金来源，使一些公路处于失养、弃养状态，道路损坏严重，路况下降，直接影响到公路正常服务功能的发挥，公路养护已成为一个关乎藏区社会经济可持续发展的突出问题。

电网可靠性不高，贫困农牧民的生活用能问题突出。玉树州所辖六县电网为独立供电电网，没有跟青海主网联网，其中玉树、称多为一个小电网，曲麻莱、治多为一个小电网，杂多、囊谦为一个小电网，靠当地小水电供电，最高电压等级35千伏。由于电源容量有限，供电质量差。青海藏区海拔高，光照时间充足，太阳能、风能资源十分丰富，但是资源利用不够充分，光伏电源、

太阳灶普及率低，藏区很多地方又不适宜推广农村沼气，农牧民的生活用能问题突出。

（六）小结

关于生态移民政策。从长远角度来讲，生态移民是解决生态退化和生态移民区贫困的最佳途径，但是对于被迁移群体而言，关注的不仅仅是生态环境的改善，他们更关注的是生存问题，关注移民前后的利益得失问题。因此，保障被迁移群体的利益是生态移民工程的关键。当前的生态移民工程往往只停留着简单的封育和搬迁，政府只关注生态移民初期的安置和国家规定的补偿。从实践来看，与生态移民项目配套的劳动技能培训效果欠佳、后续产业发展困难和生活补助资金不足等问题，很有可能在城镇造成新的贫困人群和贫困社区。

关于教育政策。现有“两基”攻坚政策在普及义务教育方面发挥着重要作用，寄宿制教育和“两免一补”政策让更多的贫困学生得到义务教育的机会，有助于打破贫困的代际传递。但寄宿制学生生活补助标准普遍偏低，既在一定程度上降低了学生的营养水平，又可能增加牧户家庭教育支出，从而造成实际消费上的贫困。此外，寄宿制教育对幼小学生远离家庭而带来的心理影响问题也应引起应有的重视。

关于医疗卫生政策。从青海省的情况来看，新型农村合作医疗制度减贫效果明显，但贫困发生率仍在高位。从实际情况来看，新型农村合作医疗制度“保大病”导向和报销比例“累退制”政策并不利于有效预防疾病，进一步减轻农牧民的医药费用负担。新型农村合作医疗制度应该更着眼于疾病防治，这样才能真正提高农村人口的健康素质。

关于畜牧业政策。玉树既是畜产品的重要主产区，也是生态与发展的矛盾最为集中的地区。长期以来传统生产方式下形成的粗放经营造成草原畜牧业资源衰竭、生态恶化、人畜、草畜矛盾突出的现状仍未得到根本转变。主要依靠草地养畜的生产生活方式是千百年来形成的，在后续产业发展困难的情况下短期内也无法改变。因此，玉树地区迫切需要探索符合科学发展观的畜牧业发展新政策，实现农牧民脱贫致富的目标。青海省 2008 年提出发展生态畜牧业政策在高寒牧区的适用性还有待进一步观察。

第三节　完善有利于穷人的高原贫困地区发展政策的建议

一、编制集中连片贫困地区发展规划，集中力量扶贫攻坚

包括玉树州在内的青海南部地区，与秦巴山及六盘山区、南疆地区、武陵山区、乌蒙山区和滇西边境地区等一道是我国集中连片特殊困难地区，贫困人口规模大，贫困发生率高，贫困程度深，生产生活条件差，自然灾害威胁严重，自我发展能力弱，返贫压力大。“十二五”时期，可以借鉴美国开发阿巴拉契亚地区等的经验，制定专门的区域发展规划，把受援贫困地区划分为一些规模较大的经济开发区域，每一个区域必须有一个发展水平较高并具有发展潜力，能够支持、带动周边地区经济发展的增长中心，绝大部分援助项目都投放到增长中心，以便能创造更多就业机会。同时，借鉴广西东巴凤大会战的经验，区域发展专项资金、各项扶贫资金和对口支援资金等由均在省级统一筹措，不要求州县财政配套。项目资金按照各负其责、各记其功、渠道不乱、专款专用的原则，在一定的时期内将各方面的资源整合投入到集中连片的贫困地区，达到在不长的时期内显著改变玉树州贫穷落后面貌的目标。

二、按照主体功能区的要求，稳步实现生态移民

按照《全国主体功能区规划》的要求，要依法实施强制性保护，严禁各类开发活动，引导这部分贫困人口逐步有序转移。在青海南部地区，统筹考虑生态畜牧业与游牧民定居、三江源生态移民工程，特别要把游牧民定居工程作为转变畜牧业生产经营方式、促进生态畜牧业发展的重要抓手。要坚持“整体推进、集中先建、先易后难、规模不限、典型引导、促进发展”的原则，提高建设档次，引导农牧民向城镇集中，向交通便利地集中。通过实施游牧民定居工程，在确保牧民与草场的利益关系不断、承包权不变、收入不减的前提下实现草场向联户集中，牲畜向联牧集中，人口向城镇集中。同时，减少畜牧业从业人口，使富余人员走出草场、定居城镇，从事非牧产业，有效增加牧民群众收入。

三、加大义务教育、医疗卫生等社会事业的投入力度

首先，加大省内外教育发达地区异地办学的政策支持力度。在落实好“州办高中、县办初中（含完全小学）、乡镇办小学”的教育发展基本思路的基础上，争取中央和对口支援省市的大力支持，在省内外教育发达地区建设适量的面向藏区招生的寄宿制民族普通高中和中等职业学校，或设立三江源班或一定数量的学生插班上学，实施异地办学；由中央财政设立专项奖学金，鼓励藏区学生到内地完成高中乃至大学本科阶段教育。使教育真正成为促进人口由落后牧区向发达地区合理流动的重要手段之一。其次，重点实施“双语”教师和中等职业学校教师培训工程，组织基层教师去发达地区学习交流，通过建立教师队伍培训基地，充分利用互联网、卫星电视、光盘等现代远程教育平台，为农村中小学教师提供高水平、专业性的培训。争取中央财政支持建立玉树州等高寒牧区教师编制动态管理机制，重点解决高海拔地区的教师编制紧缺问题。第三，青海省农牧民有效卫生服务需求和医疗费用支付能力不足，新农合筹资水平低、受益面小、保障能力弱，建议中央财政提高青海省农牧民新农合补助标准，由现行的每人每年30元提高到60元，取消农牧民个人缴费，并随着国家财力的增加而逐步提高补助标准。

四、加大职业教育和劳动技能培训投入，广辟就业渠道

在争取国家加强职业教育基础能力建设的同时，积极争取国家在资金和政策上对职业教育办学机制创新给予大力支持，大力推动“一年在省内或者农牧区职业学校学习、一年在东部或城市职业学校学习、一年在企业实习”的办学模式和“一年学基础知识、一年学职业技能、一年到企业顶岗实习”的培养模式，推动校际、校企合作办学机制，形成城乡互动、校企合作、资源共享的格局。建立健全促进牧区富余劳动力外出务工就业的各项制度，积极稳妥的转移农牧民、富裕农牧民。要加大投入力度，整合培训资源，建设培训基地，拓展培训内容，创新培训方式。根据牧民群众受教育程度和当地非农产业发展特点，面向农牧民、城镇在岗和转岗职工、失业人员、进城务工人员，开展多层次、多领域的实用技能培训，力争每户有1名科技明白人，每人掌握1至2项实用技术，提高牧区群众的知识水平和就业创业能力，确保农牧民培训顺利转移。

五、积极扶持后续产业发展，加大畜牧业发展基础条件建设

大力发展以生态畜牧业为主的后续产业，建设和实施好以冬春草场人工饲料基地建设、草原围栏、牲畜暖棚圈、免疫注射栏等为主要内容的草原基础建设和牧区县一级防灾基地配套建设等工程措施，实现标准暖棚舍饲养畜、人工饲草料种植储藏、围栏草场划区轮牧、水电路条件配套四位一体的基础设施建设。通过天然草地补播、施肥、毒杂草防除、鼠虫害防治、黑土滩治理、围栏封育等草场保护建设措施提高天然草原生产能力。根据高寒草原生态系统特点，选择科学的放牧方式和适宜的放牧强度，实行生活区与生产区适度分离，充分利用边缘草场放牧，减轻冬春草场压力，达到以草定畜、生态平衡，有效解决超载过牧问题。

六、大力推进参与式扶贫，创新生产和经营方式和发展合作经济组织

重视和发挥当地农牧民的乡土知识体系、主观能动性和发展决策权，大力发展参与式扶贫。一是推行联户牧场建设模式和股份责任制的生产模式，坚持自愿组合，适度集中的原则，积极促进承包草场规范有序流转，草地资源适度集中，生产要素逐步向养殖大户、经营能手、合作经济组织、龙头企业集聚，形成规模化生产、商品化经营，坚持走小群体大规模的发展路子，在生产要素配置方面为提高牧民组织化创造基础条件。二是积极扶持成立牧民合作组织和专业协会，以创办服务实体为主，完善专业合作经济组织运作机制，建立“农户+合作社+龙头企业+协会”的专业化畜牧业经营体制，在组织机构和经营机制上为提高牧民组织化提供实施载体。三是加大政府的扶持和投入力度，在税收、信贷、科技开发、配套设施建设等方面对专业经济组织给予更大倾斜，在招商引资、信贷担保、税收优惠等方面给予扶持，为提高牧民组织化创造良好发展环境。

七、识别和区分贫困人群类型，实现扶贫和农村最低生活保障制度对接

从功能定位上来说，农村低保主要是直接给缺乏“造血”能力的家庭直接发放生活补助；而政府扶贫计划依然要执行开发式扶贫的方针，主要通过各种项目开发，帮助有“造血”功能的贫困人口脱贫。把家庭年人均纯收入低于当地最低生活保障标准的农村居民作为农村低保对象，这部分农村居民主要是因病、因残、年老体弱、丧失劳动能力以及生存条件恶劣等原因造成生活常年困难的；把家庭年人均纯收入低于农村扶贫标准、有劳动能力或劳动意愿的农村居民作为

扶贫开发工作对象。在“十二五”时期，识别和区分享受农村低保和参与开发式扶贫的两类贫困人群，坚持动态跟踪，把通过开发式扶贫已经脱贫的人口从低保对象中分离出来，实现两项制度的衔接。

参考文献：

[1] 梅丹芬．生态移民制度安排下的困境与出路．资源节约型、环境友好型社会建设与环境资源法的热点问题研究——2006 年全国环境资源法学研讨会（年会）论文集．2006

[2] 徐君．三江源生态移民研究取向探索．西藏研究．2008，3

[3] 聂学敏、赵成章、张国辉、杨路存．黄河源区退牧还草工程实施现状及绩效的调查研究．草原与草坪．2008，2

[4] 芦清水，赵志平．应对草地退化的生态移民政策及牧户响应分析——基于黄河源区玛多县的牧户调查．地理研究．2009，1

[5] 邓本太．青海加快转变生产经营方式，大力发展生态畜牧业．中国政府网．2009

[6] 孟宪范，綦淑娟，侃本．青海藏族的教育需求——对两个藏族社区的调查．中国社会科学．1998，3

[7] 李金海．加强教育是玉树州经济可持续发展的必由之路．商业文化（学术版）．2007，3

[8] 赵鸥．青海玉树藏族居民生活习惯中影响健康的因素．青海师范大学学报（自然科学版）．2001，2

[9] 夏锋．西部农村新型合作医疗制度供给与实践——以甘肃、青海、宁夏、四川为例．财会研究．2008，11

[10] 邵春益．青海发展生态畜牧业问题研究．青海环境．2010，1

[11] 三江源自然保护区生态保护与建设．编委会．青海人民出版社．2007

[12] 李勇等．青藏高原三江源地区可持续发展公共政策研究．青海人民出版社．2009

[13] 陈绍华，王燕．中国经济的增长和贫困的减少．财经研究．2001，9

[14] 胡鞍钢等．中国经济增长与减贫．清华大学学报（哲学社会科学版式）．2006，5

[15] 陈立中等．经济增长收入分配与减贫进程间的动态联系．中国人口科学．2007，1

[16] 张全红，建华．中国经济增长的减贫效果评估．南方经济．2007，5

[17] 胡兵等．经济增长、收入分配与贫困缓解．数量经济技术经济研究．2007，5

第四章　高原地区贫困人口可持续生计与扶贫产业发展战略研究

吴建海　苏海红

第一节　研究框架与方法

一、研究背景

消除贫困是中国政府始终关心弱势群体，缩小贫富差距，实现共同富裕的重要举措，也是党和政府的重要责任和神圣使命。长期以来，特殊的地理位置、相对复杂的民族构成、多元的宗教文化特点、重要的政治地位和生态地位，使青海高原地区成为中国极其重要的区域。与此同时，由于自然条件恶劣，生态环境脆弱，劳动生产力、土地生产率以及文化科技素质较低，青海高原地区不仅贫困问题突出，还面临着人口、资源、环境和经济、社会发展失衡的严峻挑战，成为全国较为典型的贫困区域。中国未来十年的农村扶贫开发纲要中，将更加关注区域差异，体现扶贫与发展政策的针对性，尤其把集中连片特殊类型贫困区域作为未来扶贫开发的重点。2010 年 4 月 14 日发生地震灾害的青海省玉树州，偏僻程度高、少数民族人口多、生态情况重要和属于跨省边界聚居区，属于集中连片的特殊贫困区域，既有贫困地区的普遍性，也有高原地区的特殊性。其特殊性不仅表现在地处高原的自然地理环境上，更多表现在其独特而重要的生态地位上。玉树地处长江、黄河、澜沧江的源头，被誉为“中华水塔”，是中国重要的水源涵养和生态安全屏障区。特殊的地理位置、恶劣的生存环境、较单一的民族构成、浓重的宗教文化特点、重要的生态地位，使玉树成为中国地势海拔高，少数民族人口比例高，贫困人群比例高，返贫率高，而经济社会发展水平低的“四高一低”

地区，也是全国范围最广、程度最深、类型最典型、扶贫成本高、扶持难度最大的一个特殊贫困区域。长期以来在传统经济发展方式作用下，经济发展常常以破坏生态环境为代价，保护生态环境又不得不以牺牲发展为成本，存在着保护生态和经济发展间的较大矛盾，这些现状均为农村地区减贫和高原地区经济发展的研究项目，以及探索生态敏感脆弱区域扶贫开发新路径提供了较为合适的着眼点。研究新时期的扶贫对策，涉及人口、资源、环境、经济和社会的协调发展，涉及多层次的制度安排，涉及农牧民生活生产基础条件的改善，涉及经济发展方式的转变，是一项只有通过统筹、综合、多管齐下措施方能解决的重大难题，最为重要的是找到解决贫困人口可持续生计问题的路径。

由于多种因素，青海玉树地区经济社会发展相对滞后，特别是在近几十年里，过度放牧，生态环境严重退化，生态退化又导致新的贫困发生，可持续生计难题突出，经济发展与当地生态环境甚至陷入一种恶性循环。如何破解这一难题，实现玉树地区生态环境与经济发展的良性循环，就扶贫政策而言，加大中央转移支付力度和生态补偿力度，构筑一个综合性反贫困体系的重要性是毋庸置疑的，但随着特殊区域扶贫制度的调整和改进，必然会在类似区域的社会、经济生活中发挥更大作用。由于扶贫的最终目标不仅要使贫困人口摆脱贫困的困扰，并且逐步具备自我发展能力。所以，帮助高原地区贫困人口找寻一条可持续生计之路更为重要。高原地区贫困人口的可持续生计要求扶贫政策将短期生存质量与长期发展目标结合起来，使贫困人口不仅得到短期生活保障，还具有长期持续发展的能力。这种能力的获得，不仅可以防止贫困人口在生态保护与城镇化过程中陷于社会排斥或与社会“脱离”的境地，而且可以增强其再发展能力。青海高原地区生态移民、退牧还草移民或游牧民定居等的安置模式，从其制度设置到实践运行的效果看尽管取得了诸多成效，但同时也存在着不少问题，主要难题就是如何使牧民的生计可持续化。可持续生计问题是农民的根本生存问题，也是未来发展中产生的，如果没有解决好贫困人口的可持续生计，发展中积累的问题就越多，解决的难度就越大。只有解决他们的可持续生计问题，才能实现真正意义上的脱贫，才能保证社会的持续稳定与繁荣。当然，贫困人口的可持续生计问题的解决不是一蹴而就的，只有依托资源优势，大力培育特色优势产业，通过产业发展才能使贫困人口安居乐业。

玉树地区经济总量小，整体发展水平偏低，充分利用当地资源和文化优势，积极培育具有生态意义和区域特点的生态型扶贫产业和特色产业，是关系玉树地区贫困人口可持续生计的关键举措，对保护玉树地区生态环境，改善贫困人口生产生活条件，增强自我发展能力，降低高原返贫率和减少贫困发生率等都具有重要意义。

首先，在市场经济条件下，产业发展是一个地区资源优势、区位优势的集中体现，是增强地区经济竞争力的根本着力点。加快玉树地区生态型扶贫产业发展，是贯彻落实科学发展观，提高当地资源开发效率，实现人与自然、经济与社会协调发展的必然要求。发展生态型扶贫产业不仅有利于玉树经济的可持续发展，而且对全国乃至周边各国的生态安全、经济的发展产生深远的影响。只有加快生态型扶贫产业发展，不断增强经济综合实力，不断提高人民生活水平，减少贫困人口，才能增强各族群众发展的凝聚力，从而实现小康目标。

其次，发展生态型扶贫产业是根本上治理玉树地区生态环境退化、实现牧区经济与生态的协调发展，保证牧民收入持续增长的有效途径。发展生态型扶贫产业，能够有效缓解玉树地区人口增长、农牧民脱贫致富与有限的生态承载力之间的矛盾，释放传统粗放的经济发展模式给脆弱的草原生态环境造成的压力，有效根治导致草原生态环境退化的不良经济行为，提高人们的生态意识和环保意识。发展生态型扶贫产业有利于改变玉树地区传统农牧业为主的单一产业结构，进而形成包括生态畜牧业、生态旅游业、民族加工业以及中藏药材加工等产业在内的多层次、综合性、立体化的生态产业体系，通过调整与优化产业结构，发展生态产业和特色产业，壮大经济实力，通过增加就业渠道和就业机会，提高收入并加快牧民脱贫致富的步伐。

再次，发展生态型扶贫产业是不断拓宽牧民发展空间的最佳途径。生态产业的发展可以充分发挥玉树地区无污染的草原生态资源优势，通过引进先进科技成果、管理理念，以市场需求为导向，不断增加畜产品的科技含量、附加值，从根本上改变玉树地区数量增长型、粗放增长型的发展模式，有利于提高牧民群众的商品意识和经济意识，提升经济发展的市场基础，为牧民增收拓展空间。

第四，生态型扶贫产业是以不损害生态环境和资源可持续利用为基本准则的可持续生计路径。玉树地区发展生态产业，有利于建立和完善与此相适应的环境保护制度，通过有效的草地保护、建设和管理的制度体系，实现草畜平衡和草场的永续利用，与此同时，发展生态产业有利于提高和实现玉树地区生态环境巨大的经济价值，提高环境投资的回报率，使草原生态环境保护、治理、恢复由过去单纯的政府行为逐步转变为政府支持下的社会行为、个人行为，有利于增强玉树可再生自然资源的再生能力，使草原生态系统和经济系统协调运行，有利于实现人与自然和谐的可持续发展。

总之，生态型扶贫产业是产业发展的新型模式，追求人与自然和谐相处，经济、生态、社会三大效益有机统一，不仅有利于玉树地区迈入一个人与自然、人与人、人与社会和谐共生、良性循环、全面发展、持续繁荣的社会形态，也有利于玉树贫困人口可持续生计问题的解决，是玉树地区实施扶贫战略的根本路径。

二、研究内容

（一）内容

根据目标任务要求及课题的内在逻辑关系，本课题研究的主要内容包括：

1. 玉树地区经济社会发展现状与贫困人口可持续生计现状调查分析。通过实地考察和资料收集，准确掌握截至2009年底玉树地区的自然环境与经济社会发展现状。收集玉树地区贫困人口可持续生计方面的状况，总结取得的成绩，分析存在的问题。

2. 研究确定玉树地区生态型扶贫产业的内涵即选择路径。通过文献检索和理论分析，把握国内外关于贫困地区可持续生计和高原地区扶贫产业发展等问题的研究进展、主要成果及存在缺陷，为本课题研究奠定基础。

3. 应用可持续发展理论、方法及技术，确定玉树地区有关可持续生计的生态型扶贫产业的选择及其发展思路和定位，在此基础上，结合玉树实际，提出本课题的相关产业布局和发展重点。

4. 提出建立玉树地区加快培育生态型扶贫产业的政策体系以及相关建议提出玉树地区培育生态型扶贫产业的政策建议。

（二）思路及技术路线

本课题研究立足实践，坚持科学性与可操作性的统一，将生态型扶贫产业作为玉树贫困人口可持续生计问题解决，以及玉树地区实施扶贫战略的根本路径。以国内外有关贫困人口可持续生计的研究成果为基础，结合玉树地区实施的生态环境保护和建设实践，调查分析玉树地区贫困人口可持续生计的现状及存在的主要问题，明确生态型扶贫产业的选择定位和发展培育等核心问题，并从发展目标、重点、发展战略及政策体系等方面提出玉树地区生态型扶贫产业培育过程中的对策建议。

课题研究的技术路线为：第一步，理论综述。通过文献资料查阅，总结相关理论研究的进展、成果及存在的不足。第二步，贫困人口可持续生计以及生态型扶贫产业的相关理论阐释。第三步，现状调查。通过实地查看和资料收集，描述玉树地区自然、经济、社会基本状况，总结近年玉树地区贫困人口可持续发展生计的成效和存在的问题。第四步，建立玉树地区生态型扶贫产业发展战略的应用研究。第五步，促进玉树生态产业发展的政策体系。第六步，总结本研究报告提出的主要观点和得出的主要结论，分析课题研究的难点和存在的不足。

三、研究综述

贫困人口可持续生计与扶贫产业发展战略研究涉及两个核心概念，一个是可持续生计，一个是扶贫产业发展，扶贫产业是实现贫困人口可持续生计的最佳途径。关于这些问题，目前国内外都有大量研究成果，既为本课题研究提供了必要的理论支撑，也为本课题研究提供了有价值的参考。

（一）贫困人口可持续生计问题研究

自18世纪工业革命以来，由于受“人类中心”主义思想的支配以及技术的滥用，致使人类盲目追求经济高速增长，忽视了经济与资源、环境的协调发展，到20世纪70年代，人类面临食物匮乏、资源短缺、环境恶化、生态危机等一系列问题，使人们开始对工业文明进行反思。1972年，西方科学家组成的罗马俱乐部委托麦都斯发表了关于世界趋势的研究报告《增长的极限》。该报告在全世界引起了强热反响，各国的政治家、经济学家都纷纷关注起经济增长与环境、资源的关系问题。1980年，世界自然保护联盟发表了《世界自然保护战略》，首次提出了可持续发展的概念。而“可持续生计”是1992年联合国环境和发展大会引入行动议程的概念，主张把稳定的生计作为消除贫困的主要目标。1995年，哥本哈根社会发展世界峰会和北京第四届世界妇女大会进一步强调了可持续生计对于减贫政策和发展计划的重要意义，并在《哥本哈根宣言》中表述：“使所有男人和妇女通过自由选择的生产性就业和工作，获得可靠和稳定的生计。”纳列什·辛格和乔纳森·吉尔曼在《让生计可持续》一文中指出：“消除贫困的大目标在于发展个体、家庭和社区改善生计系统的能力。”[①] 可持续生计是世界各地

---

① 纳列什·辛格，乔纳森·吉尔曼．让生计可持续．北京：国际社会科学杂志．（中文版），第17卷第4期．2000. 11

NGO、发展工作者及学界总结多年经验后，在参与式工作理念的基础上开发出的系统理论，既是一种理论及思维框架，又是一个可以在操作层面指导工作的工具。可持续生计框架提出的初衷，是希望推动发展工作者多从对象人群（如农户）日常生产生活的角度来理解贫困问题，并寻找适合本地情况、用好本地资源、符合当地人意愿的解决方法，尤其是贫困问题和生态环境问题。进入21世纪以来，可持续生计问题引起了国内外学者和政府部门的高度关注，产生了诸多研究成果，代表性研究成果有①：

1. 关于可持续生计的分析框架。

Chambers和Conway（1992）将可持续生计（Sustainable Livelihoods）定义为：生计是由生活所需要的能力、资产，包括储备物、资源、要求权和享有权和活动组成。当人们能应对胁迫和冲击，并从中恢复、维持和增加资产，保持和提高能力，并且为下一代生存提供机会；在长期和短期内，在当地和全球范围内，为他人的生计带来净收益，那么，该生计具有持续性。这个定义没有直接回答什么是可持续生计，对于农村发展干预来说，可持续生计只是一种追求目标，而对农民来说只是一种生计结果。可持续生计概念为研究者提供了一种观察和研究农村扶贫、环境保护和自然资源可持续利用的视角。利用这个视角研究和解决上述问题，Scoones（1998）和Carney（1998）创建了可持续生计基本的分析框架，在此基础上Ellis提出的生计多样化分析框架，Bebbington（1999）的以资本和能力为核心用于分析农民脆弱性、农村生计和贫困的框架，非政府组织CARE的生计安全框架等多种形式的框架。

Ellis（2000）通过总结扶贫、脆弱性、可持续性和生计策略等相关研究认为，“资产—调节获得和使用资产的活动的程序—活动”框架结构是大家共同采用的生计分析框架结构。在这个制度和政策等因素造就的风险性环境中，在资产与政策和制度相互影响下，作为生计核心的资产的性质和状况，决定了采用生计策略的类型，从而导致某种生计结果又反作用于资产，影响资产的性质和状况。李斌等的《农村发展中的生计途径研究与实践》（农业技术经济，2004.4）中指出，许多国际发展机构和非政府组织在发展中国家实践各自的生计途径，处理和解决当地的农村发展问题，尤其是贫困问题和生态环境问题。这些机构和组织都采用资产为基础的生计途径，但是同一种资产在不同的途径中的重要性是不同

① 李斌等．农村发展中的生计途径研究与实践．农业技术经济，2004．4

的；强调理解微观和宏观政策层面之间的联系的重要性并加以促进二者之间的联系；认为向穷人赋权是生计途径的重要特征，是生计途径追求的目标。在认识和实践过程中，差异主要表现在对可持续性的理解、干预生计活动的起点以及分析过程等方面。国外发展研究机构和非政府组织认为生计途径是一种解决农村发展问题，尤其是针对农村贫困问题的有效途径，并在对发展中国家援助项目中致力采用此途径。他们的研究和实践经验，对我国农村发展领域的研究和实践有着借鉴意义。

在国内，学者通常将可持续生计理解为个人或家庭为改善长远的生活状况所拥有和获得的谋生的能力、资产和有收入的活动。在此框架内，资产的定义是广泛的，它不仅包括金融财产（如存款、土地经营权、生意或住房等），还包括个人的知识、技能、社交圈、社会关系和影响其生活相关的决策能力。土地是农民的谋生手段，是一种不可再生的资产，是持续获得收入的一种生产资料。可持续生计框架提出的初衷，是希望推动发展工作者多从对象人群（如农户）日常生产生活的角度来理解贫困问题，并寻找适合本地情况、用好本地资源、符合当地人意愿的解决方法，而不是一味依靠外来者通过带入大量资源来解决本地问题。20 世纪 70、80 年代的发展项目都提倡农户的参与（参与式扶贫），结果这些项目还是依靠外来资源，容易流于形式，同时可能因为没有激发本地人的积极性而提高了他们对外来者的依赖性。由此，有不少学者总结实际经验，提出应将可持续生计作为一种指导具体工作的思维工具，在前期设计项目、在中期执行项目、在中后期评估项目效果等方面发挥作用，并找到与地方政府及其他部门建立良好合作关系的切入点。如，利用可持续性生计方法，与当地农牧民一同了解农、牧、打工及其他主要生计活动之间的连接、资源的流动、主要生计活动中存在的困难、然后找到几个切入点，用符合当地情况、动用当地资源（包括当地人才）的方法解决主要困难，在这个过程中，淡化外来者角色，逐渐使当地人意识到无论是否有外来者，他们都必须依靠自己来解决问题。国际农业委员会从成功案例的研究中所得的证据表明，为了替减少贫困奠定基础，必须将良好的发展原则和可持续生计方法相结合。分析结果证明了必须将重点置于有益于解决社会包含性和环境可持续性的可持续生计原则，采用生计的观点并辅之以良好的各种发展手段以及制定良好的先后顺序，可以加强诸多方法的优势，从而改善农村贫困人口生活水平。杨国安在《基于脆弱性和可持续生计视角的黄土高原生态环境治理研究》中的结论是，黄土高原水土流失治理和生态环境建设首先要考虑的问题是人民群众的可持续生计问题，只有以此为出发点，并不断消除脆弱性，才能真正得到人民群众的拥护和支持，才能使黄河中下游的可持续发展得到保障。

进入21世纪以来，中国政府提出科学发展观，倡导以人为本，全面协调可持续发展，也强调城市与农村的协调发展、人与自然协调发展、国内发展与对外开放协调发展战略，使贫困人口的可持续生计问题得到进一步重视。尤其随着工业化和城市化进程不断加快，城市规模日趋扩张，失地农民问题日益凸现。一部分农民失去了赖以生存的土地后，成为既非农民也非市民的社会弱势群体。由此，关于失地农民长远生计问题的研究大量涌现，不少学者认为对被征地农民的补偿和安置，既要补偿当前的农民损失，更要着眼于被征地农民未来的生存保障。如《可持续生计视角下失地农民长远生计问题探究》（赵兴玲等，云南地理环境研究，2009年）、《城市化进程中的失地农民与政策排斥问题研究》（王慧博，农业经济，2008年）。

2. 关于可持续生计的途径。

随着扶贫思想不断演进发展，以往更多关注资源、基础设施和组织结构，而忽视人的存在；很少考虑环境的可持续性；各部门之间缺乏合作，导致跨部门的复杂发展项目无法实施和管理等，通过对各种扶贫方式的反思，以及不断加深对穷人的生活方式的理解，研究者们认识到社会结构和制度对扶贫的重要性，认为以人为中心、参与性、整体性、互动性、多层次性和可持续性是构成生计途径的核心特征。针对高原牧业区牧民的扶贫、环境保护与可持续生计，中国社会科学院社会学研究所王晓毅认为，牧民不能完全离开草原，他们依赖草原维持一个可持续的生计。首先，草原环境的保护和改善要以服务于地方人的可持续利用为目标，对于牧民来说，他们的生存与环境密切相关，因此保护环境就是保护他们可持续生存的空间；其次，环境恶化会导致当地人口的严重贫困化，但是解决贫困问题的目的不仅仅是简单地快速增加村民的收入，而是要在资源利用和维持生计中间达成一种平衡。因此，可持续地利用资源是扶贫第一要义，通过减少风险实现可持续性，使扶贫和环境保护达成一致。肖琼在《地震灾后四川民族旅游村寨农户可持续生计研究》一文中提出帮助民族旅游村寨农户找寻一条可持续生计路径，需要建立利益保障制度和农户激励机制，重视农户的主体地位，加强政府的主导地位，增强农户的资产运用能力。

（二）高原地区贫困人口生态型扶贫产业发展问题研究

《中国藏区反贫困战略研究》（苏海红等著，甘肃民族出版社，2008）首次以中国藏区这个特殊区域为研究对象，较早认识到中国藏区反贫困战略的重要性、复杂性和艰巨性，研究和探索藏区反贫困战略这个影响全国民族团结和繁荣，影响人与自然、经济社会与生态环境的协调可持续发展的事关全局的重大问题，提出把中国藏区作为一个整体贫困单元纳入国家的扶贫重点，进行区域性的整体扶贫，并取消贫困村、非贫困村的划分，以藏区实际贫困标准和贫困人口数，实行救助式扶贫与开发式扶贫相结合的扶贫方针，给予足额扶持和政策倾斜；同时，认为藏区反贫困战略必须是脱贫政策与生态环境保护政策进行联动推进，必须是人口与经济、社会、自然的协调发展，必须在建立健全生态补偿机制的基础上，大力发展生态型生计产业，推动藏区的可持续发展。随着高原生态脆弱区域生态保护和建设力度的加大，国内大量关于高原地区脱贫战略方面的研究成果主要集中在生态移民和生态产业发展方面。关于生态移民的问题，一方面不少学者充分肯定了生态脆弱地区，尤其是包括玉树在内的青海三江源地区实施生态移民的必要性、紧迫性和可行性，认为三江源地区是我国经济社会发展最为滞后的高原地区之一，其最主要的贫困问题是受生态环境约束的基础性贫困，科学的生态移民对于突破制约生存发展的环境约束，摆脱因环境压力造成的基础性贫困具有重要意义。① 另一方面，大量研究成果对生态脆弱地区生态移民实施过程中存在的问题进行了总结和反思，就如何更好地实施生态移民提出了政策建议。根据调查，尽管生活在三江源的牧民们愿意响应政府号召从草原上搬迁出去，变传统的游牧生活为定居生活。但是，由于传统生活方式的影响，移民们的生活生产技能差，自我发展能力远远不及在当地生活的居民，而地方又缺乏必要的产业支持和财政支持，造成三江源地区生态移民成本极高。② 青海生态移民在安置方式上多采取城镇化安置的模式，这种安置模式对移民享受到均等化的公共服务，提高他们认知事物和发展能力具有重要意义，但同时非牧安置也使得世代以牧为本的移民群体的社会适应异常艰难，需要积极加以引导。③ 青海省生态移民工程应充分考虑移民生活安置问题，坚持规划和法规先行，采取相对集中，“插花”为主的安置方式。④ 关于生态脆弱地区的产业发展问题及生态移民后续产业发展问题，也是近年学术研究的热点之一，有代表性的研究成果有：培育和发展生态移民后续产业是决定移民

---

① 贾荣敏．三江源生态移民对于反贫困的重要意义［J］．青海民族学院学报，2009，(02)

② 翟岁显，翟瑞雪．三江源生态移民高成本的原因分析［J］．生态经济（学术版），2007，(01)

③ 索端智．三江源生态移民的城镇化安置及其适应性研究［J］．青海民族学院学报，2009，(02)

④ 景晖，苏海红．三江源生态移民后续生产生活问题研究［J］．西部论丛，2006，(09)

成败与否的关键，根据安置区的自然环境、资源特征、社会条件和经济发展趋势，青海生态移民安置后重点选择发展的后续产业有藏毯及民族手工业、旅游业、商贸流通服务业、草地生态畜牧业、中藏药采集和种植业、舍饲半舍饲及草产品加工业等。[①] 解决生态移民的生产、生活的适应和后续产业发展问题，要重新调整和设置既符合当地产业优势，又符合牧民兴趣和劳动技能的培训项目，并通过政府的财力支持和政策引导，经营如帐篷旅游点、藏饰品生产、畜产品加工以及藏药开发等，先解决一部分生态移民的就业和增收问题。[②] 由于保护区内藏族牧民长期从事单一的游牧生活，大多数人只会放牧，不会从事其他产业，在生态移民后续产业的选择上，应立足于绿色、立足于生态环保，走以舍饲育肥方式的畜牧业为主的多元化道路，逐步引导他们转向畜产品加工、交通运输、商贸业和生态文化旅游业等第二、三产业。[③] 积极培育后续产业是安排好移民生活问题后的关键环节，要确定产业方向，变革生产方式和经营体制，加快城镇化进程。[④]

总的来看，近年来国内外学者对高原地区贫困人口可持续生计和扶贫产业发展战略问题进行了相关研究，并在具体政策措施等方面进行了充分讨论并取得了丰硕成果，比较认同的结论是，高原地区生态环境脆弱，生态地位重要，实施生态保护与建设工程、建立生态补偿机制、科学实施生态移民、着力发展生态型产业是长效解决贫困问题和保护该地区生态环境的必然选择。

四、研究方法

课题研究采用的主要方法有：实地调研、文献综述、数理统计等。选择青海玉树典型地区进行实证分析，运用区域经济学、发展经济学、产业经济学、资源与环境经济学等理论，以实地典型地区调研为基础，采用实证与规范、定性与定量等相结合的研究方法，准确把握和阐释玉树高原地区贫困人口可持续生计和扶贫产业发展面临的问题，力争探索出符合高原地区不同区域实际的扶贫新模式。

---

① 《三江源自然保护区生态保护与建设》编辑委员会．三江源自然保护区生态保护与建设［M］．西宁：青海人民出版社，2007

② 僧格．发展三江源生态移民后续产业的思考［J］．中国民族报，2008-05-16

③ 张涛等．三江源区生态移民的规模及其后续产业的选择［J］．中国人口科学，2005，(增刊)

④ 景晖，苏海红．三江源生态移民后续生产生活问题研究［J］．西部论丛，2006，(09)

第二节　玉树州贫困人口可持续生计与扶贫产业现状及评价

玉树藏族自治州地处青海省，是我国少有的地处大江大河源头，地势海拔高，少数民族人口和贫困人群比例高，经济社会发展水平低的重要高原生态屏障区域。特殊的生态、资源、能源和环境，加之经受地震灾害，使玉树地区成为既有重要生态地位，又面临着既要保护生态，消除贫困、发展经济等诸多问题。因此，探索玉树地区贫困人口的可持续生计和产业发展具有十分重要的典型意义。

一、发展现状

玉树藏族自治州包括玉树、杂多、称多、治多、囊谦、曲麻莱等6个县，46个乡镇，258个村（牧）委会。其中玉树、囊谦、杂多、治多4个县属于国家级扶贫工作重点县，称多、曲麻莱2个县属于省级扶贫工作重点县。全区域总人口33.3万人，其中人均收入1500元以下的贫困人口约有14.1万人，分别占全省贫困人口与该区域总人口的10.19%与42.3%。

（一）基本概况

1. 自然地理特征。

玉树藏族自治州地处青藏高原腹地，地域辽阔，山川瑰丽，物产丰富，自然资源富饶，且多处于尚未全面认识和开发的原始状态，地质和地理单元独特，不仅是研究全球变化的野外实验室，而且位于三江源自然保护区核心区域，长江、黄河、澜沧江、黑河发源于此，素有“江河源”、“中华水塔”之称，是世界上海拔最高，面积最大的高原湿地生态系统，世界上高海拔生物多样性最集中的区域，全球气候变化的敏感区，也是全国乃至全世界最重要的生态功能区之一，有着独特的地理环境和生态地位。

玉树地势高峻，地形复杂，高寒缺氧，灾害频发，自然条件严酷，生存环境恶劣，海拔多在4000—5000米之间，年极端最低气温达零下40摄氏度，取暖期长达九个月左右。境内气候干燥，降水量稀少且分布不均，大部分地区空气含氧量仅为内地的60%左右。草原畜牧业是玉树经济的基础，有天然草场总面积

18370.2万亩，可利用草场面积为12626.3万亩。由于海拔高，空气稀薄，气候寒冷、干旱，生态系统中物质循环和能量的转换过程缓慢，致使玉树生态环境十分脆弱，植被一旦破坏很难恢复。受全球气候干暖化以及人类活动的影响，近半个世纪以来，湖泊干涸、冰川萎缩、草场退化，生态环境呈现退化趋势。

2. 经济社会发展。

从2001年第四次西藏工作会议以来，青海省抓住国家实施西部大开发、支持青海藏区发展的各项决策部署，大力推进玉树州的全面协调可持续发展。一是不断加大资金投入，基础设施和城乡面貌明显改善。玉树交通条件大为改善，基本实现了省会到玉树地区州府二级公路，形成以结古为中心、以国道主干线为骨架、以县乡公路为辐射的公路交通网络，玉树机场投入运营，一批水利、通电、通讯以及小城镇建设加快推进，农牧业机械化发展水平逐步提高，生产条件日益改善，重点生态工程顺利实施。这些基础设施和生态建设项目的实施，有效缓解了玉树经济社会加快发展的瓶颈制约。二是培育壮大特色优势产业，发展步伐明显加快。2009年，全州地区生产总值达25.48亿元，比去年同期增长8.1%，其中：第一产业完成增加值15.83亿元，增长8.1%；第二产业3.88亿元，增长2.9%；第三产业5.78亿元，增长17.1%。全州通过生态农牧业的发展与建设，努力建设全国高原生态农畜产品生产基地；积极发展生态旅游业，民族文化产业，生态经济呈现良好发展势头。三是社会事业加快发展，民生水平有所改善。近年来青海省用于解决民生的资金占到财力支出的70%以上，坚持教育优先发展，中小学办学条件逐步改善，玉树“两基”人口覆盖率达到93%以上；实施卫生基础设施建设项目，卫生医疗普遍服务能力有所提升；完善了生活保障体系，提前三年实现了新型农村合作医疗全覆盖。2009年全州农村居民人均纯收入2335.27元，增长7.3%；城镇居民人均可支配收入13031.71元，增长8.5%。四是维护社会稳定，发展活力明显增强。开展民族团结进步创建活动，推进“平安寺院”建设，加强社会治安综合治理，在确保了大局稳定的基础上，扩大改革开放，玉树的知名度、影响力和对外开放水平不断提高。应该说，近几年玉树经济社会得到了前所未有的发展，为进一步开发与发展奠定了良好基础，积累了经验。2010年发生的地震使玉树人民群众生命财产遭受重大损失，国家力争用三年时间基本完成恢复重建任务，主要着眼于玉树经济社会发展的薄弱环节，围绕转变发展方式、夯实发展基础、增强发展能力等方面，谋划一批符合国家投资导向和产业政策的大项目、急项目、关键项目，努力将玉树建成商贸旅游城镇，为

“十二五”乃至更长时期的发展奠定基础。

（二）发展水平判断

1. 经济总量小，实力弱。

2009年，与中国其他9个高原藏族自治州相比，玉树州无论生产总值，还是全社会固定资产投资均处于较低水平（图1）。2009年玉树与其他高原藏族自治州相比主要发展指标位于最末端，发展差距越拉越大。2009年，玉树州人均地区生产总值仅为7131元，不到青海平均水平的1/2，全国平均水平的1/3。资金短缺，缺乏发展动力。全州地方财政一般预算收入和社会消费品零售总额仅为0.52亿元和3.95亿元，尚不足发达地区一个乡镇的水平，财政自给率仅有4%左右，经济发展仍处于社会主义初级阶段较低层次和传统经济阶段。

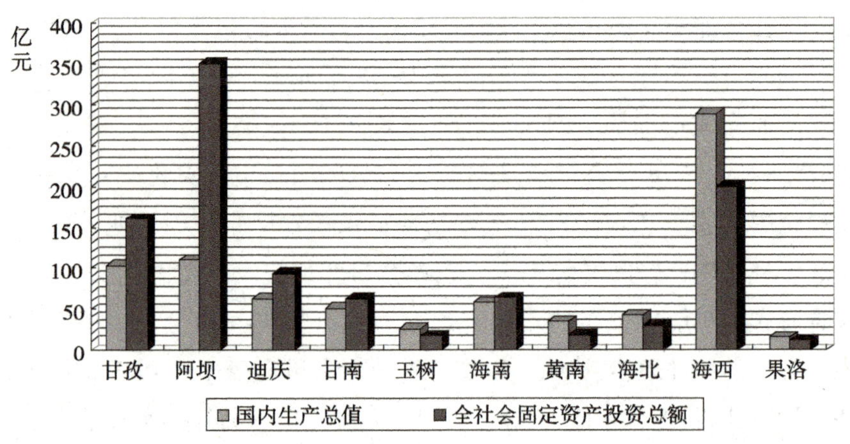

图1　2009年玉树州与全国藏族自治州经济发展比较

2. 产业结构层次低，结构单一。

玉树州主要以传统畜牧业为主导产业，三次产业结构由2000年的59.21:19.54:21.25调整为2008年的68.81:15.06:16.13。除少量畜产品加工企业外，工业基本空白，三产发展艰难，且机关、学校等非市场因素占比高，市场发育程度低，产业基础十分薄弱。尽管全国主要牧业区藏族自治州在产业结构方面有一定同质性且产业发展水平均偏低，但玉树州的工业发展尤为低下（图2），加之第三产业发展缓慢，城镇化率仅为20%左右，玉树州基本产业形态为典型的落后农牧业型。

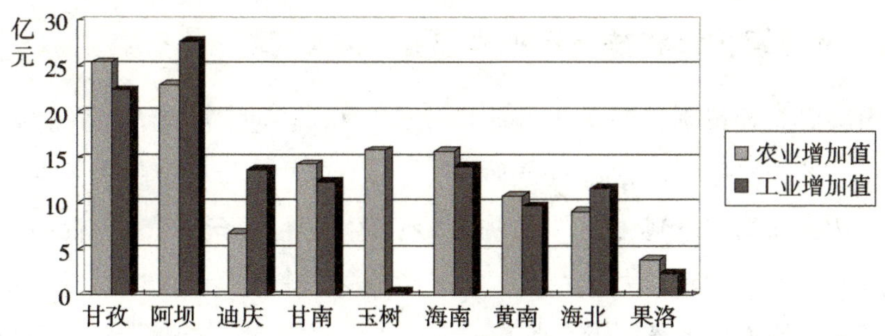

图 2　2009 年玉树州与全国主要牧业区藏族自治州农业、工业发展比较

3. 社会发育程度低，城乡居民收入增长缓慢。

由于农牧区和民生领域历史遗留问题众多，全州在教育、科技、文化、卫生等社会事业发展方面及享受国家改革开放成果上与青海省乃至全国存在明显差距，社会发育水平较低，城乡基础设施差，贫困面大且程度深，尤其发生地震灾害后，贫困面急剧扩大，贫困发生率由灾前的 34% 上升到 65% 以上，成为青海省乃至全国贫困比例高、脱贫难度最大的地区之一。

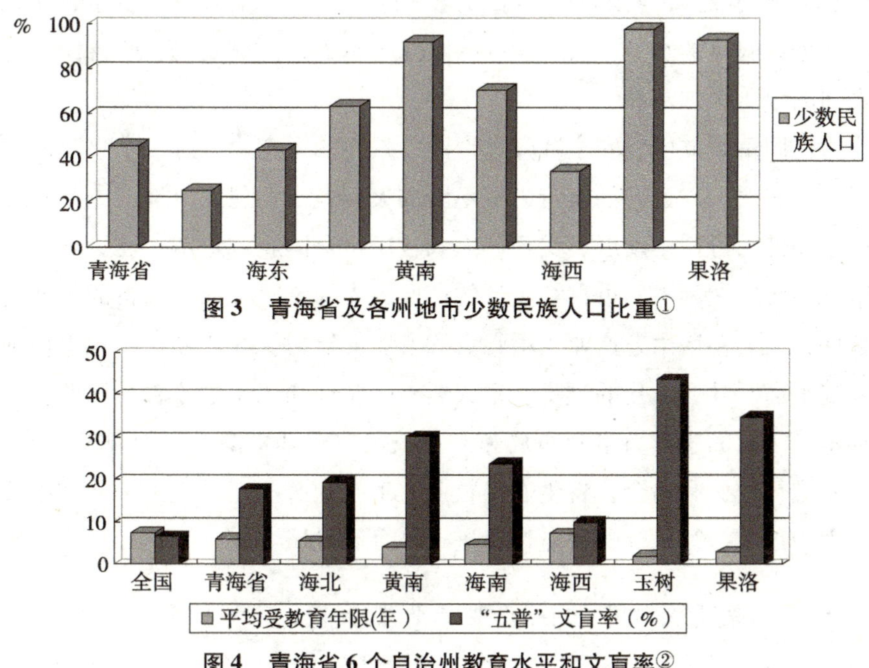

图 3　青海省及各州地市少数民族人口比重①

图 4　青海省 6 个自治州教育水平和文盲率②

---

① 苏宁主编．《青海省人口与发展》．北京：中国人口出版社，2005

② 本表系第五次人口普查数据

二、可持续生计和扶贫产业发展模式与经验

新中国成立后特别是西部大开发以来，玉树藏族自治州结合青海省扶贫思路，坚持开发式扶贫方针，瞄准贫困村和贫困人口，坚持稳定解决温饱与巩固温饱并重，从加强基础设施建设，改善贫困地区生产生活条件，着力提高贫困人口素质等方面入手，不断加大投入力度和工作力度，将特色产业作为可持续生计进行大力培育，努力增加贫困群众收入，走出了一条“政府引导、社会参与、自力更生、开发扶贫、全面发展”的扶贫开发道路，经济社会得到前所未有的发展。但受环境、资金、技术、人才等制约，玉树经济发展水平依然较低，自保护生态环境而停止开发矿产资源之后，仅以出售动植物资源和初级产品为主的资源性产业对其经济的拉动作用十分有限，尚处于社会主义初级阶段的较低层次和传统经济阶段。据有关部门统计，由于草场退化严重，据玉树所处的三江源地区草场承载力计算，目前仍然超载约 733 万个羊单位。由于经济发展缺乏内在持久的增长动力，加之为维持生态系统的良性发展，正在实施的减人减畜工程，使玉树地区农牧民收入急剧减少，当地城乡居民的收入水平以及享受教育、卫生、文化等公共产品、公共服务的水平，与全国的差距越拉越大，经济发展、改善民生与生态保护之间的矛盾更加凸显。

作为全国重要的生态安全屏障和青海省重要的生态功能区，中央政府和青海省对玉树生态保护与建设的支持力度不断加大，但要实现玉树地区人与自然、经济与社会和谐的可持续发展，实现广大农牧民群众的脱贫致富，还必须培育一批促进地方经济发展和人民可持续生计的产业为支撑，需要依托独特的自然资源和气候条件，大力发展生态产业，增强自我发展的能力，才能真正实现玉树地区的生态系统平衡、社会文化的进步、畜牧经济的发展和民生的改善。因此，玉树地区根据不同区域的生产力空间布局和产业政策，对其资源要素禀赋及现有产业、潜在产业进行挖掘和整合，将生态畜牧业、生态旅游业、民族手工业和中藏药材产业作为当地可持续生计的重点产业进行培育和发展。

（一）可持续生计中的生态型产业发展模式

1. 生态型畜牧业发展模式。

生态畜牧业是将动物及其生存的环境和人类的社会活动作为一个有机整体，根据生态学、经济学系统工程和清洁生产的思想、理论、方法，使畜牧业生产向

高产、优质、高效和稳定协调的方向发展。玉树地处相对封闭的青藏高原，并以草地生态系统为主，畜牧业是广大牧民赖以生存和发展的基础产业，更是当地经济发展的支柱产业。长期以来，受粗放低效、靠天养畜的生产方式，以及气候条件变化的影响，超载过牧和草场退化成为玉树畜牧业发展中的突出问题，不仅生态环境呈现出明显恶化趋势，牧民的生存也受到直接威胁。而大力发展以生态——生产——生活承载力为前提的生态型产业体系，发展生态畜牧业，不仅能有效发挥玉树地区纯天然、无公害、无污染的洁净高原畜产品优势，还能通过建立各类合作组织和加快草场流转，解决草畜矛盾和生态压力，从而解决长期以来难以解决的人、草、畜三者间的矛盾，是保护生态环境前提下既减轻草场压力又提高畜牧业效益的最佳发展路径。

玉树地区畜产品资源丰富，且特色鲜明、接近自然，符合市场消费水平升级和多样化的要求，具备开发和培育有机产品、绿色产品、有机产品的资源基础。为恢复草地生态动能和提高畜牧业效益，2005 年以来，青海省先后在玉树地区实施了天然草原植被恢复与建设、草场围栏、天然草地退牧还草等一批重大工程，并于 2008 年初在治多县开展了“以保护草原生态环境为前提、以科学合理利用草地资源为基础、以推进草畜平衡为核心、以转变生产经营方式为关键、以组建合作经济组织为切入点、以实现人与自然和谐为目标”的草地生态畜牧业建设试点，两年来的实践取得了一定成效。一是采取逐步减畜和种草舍饲等措施，初步实现了以草定畜、草畜平衡的发展目标。二是将提高牲畜个体生产性能和群体品质，加快畜群结构调整为重点，加大畜种改良和本品种选育工作力度，适龄母畜比例显著提高，牲畜品种和畜群结构得到优化。三是在减畜的同时，通过分类组群，将当年计划出栏的非生产畜（羯羊和淘汰母羊）和当年羔羊单独组群育肥，加快畜群周转速度，畜牧业生产效益显著提高。四是由合作经济组织牵头，对劳动力和生产资料进行了合理化整合分配，经济结构、产业结构以及就业结构得到优化，使牧民得到多元化的收入保障。五是成立了由牧民自愿参加的专业合作组织，并在畜牧业发展、牧民增收、生产经营方式转变方面发挥重要作用，牧民组织化程度显著提高。如曲麻莱县整合多方资金，培育发展特色村级集体经济实体，根据郭洋村等 8 个村的实际和群众意愿，多方筹资兴办了优良畜种繁育基地等 10 个各具特色的经济实体，2005—2009 年累计投资 677 万元，预计年纯收入达 60.6 万元，其中 50% 用于村级经济实体周转金和村级工作经费，50% 作为用于公积金扶持贫困牧户的生产生活。六是在牧民自愿的基础上，以合作社为平台，实行股份经营、集中经营、联户经营，从而有力地带动了以草场、牲畜、饲草料地等为主的畜牧业资源整合，加快了草原使用权流转，提高了牧民组织化程度，促进了适度规模经营的发展。2009 年，玉树地区畜牧业生产重点围绕结构调整，规划引导，趋向市场。继续实施奶牛、牛肉、饲草料生产推广工作，推进“西繁东育”和“自产自育”，年末存栏 259.87 万头只匹，尽管为保护生态进行了减畜，存栏数下降 3% 左右，但第一产业仍完成增加值 158271 万元，同比增长 8.1%，取得了经济效益和生态环境改善的双赢，初步探索了具有玉树特色的生态畜牧业建设模式。

2. 生态型旅游业发展模式。

生态旅游是当前国际旅游发展的一种新型旅游形式。世界生态旅游学会认为生态旅游就是在自然区域里进行的、保护环境同时维持当地人福利的负责任的旅游。可见，生态旅游是集观赏、感受、研究、洞悉大自然于一体，又不破坏大自然的旅游形式，是以普及生态知识、维护生态平衡为目的的旅游产品，是以保护生态环境和资源的可持续发展的旅游方式。玉树生态旅游以“三江之源”水源地生态与环境体验、“康巴安多”藏文化原生态体验、“青藏高原”人与自然关系体验与自驾车旅游为主体系列产品。以黄河源生态体验、长江源生态体验、澜沧江源生态体验、湖泊水生态、歌舞之乡采风、马背文化体验、宗教文化探秘、雪山冰川攀登探险等为主打系列产品，涵盖了游、住、行、食、购、娱六方面的内容。由于玉树地区生态、探险、文化、宗教、科考等专项或特种旅游资源具有较强的垄断性和独特性，使其成为国内旅游景观类型多样、资源组合良好、研究价值大、具有重大开发价值的旅游富矿区。在生态环境允许的范围之内适度地开发玉树地区具有强大市场吸引力的生态旅游资源，不仅能带动建筑、金融、通信、娱乐饮食等相关产业的发展，提供大量的就业机会，提高当地农牧民生活水平，还能随着旅游这种跨越空间的文化交流与嫁接方式的长期进行，有助于创造良好的社会文化环境，对保护玉树地区生态环境、促进社会经济全面发展具有重要的战略意义。

自 2000 年成立了三江源国家级自然保护区以来，玉树地区有着“江河之源”美誉，并以其终年积雪不化的雪山、神秘的藏传佛教文化、多姿多彩的民族风情、自由栖居的野生动物、一望无际的绿色草原吸引了全世界的目光，玉树地区各级政府根据青海省编制的《三江源地区生态旅游发展规划》，将生态旅游列为工作重心。通过多年的努力，目前玉树地区的生态观光、探险旅游、民族文化旅游等品牌已经逐步形成，旅游产品的市场知名度正在逐步提升，并随着交通、能源、市政、通讯等基础设施的相继建成，玉树地区的旅游接待能力获得大幅度提高。2009 年，来玉树地区的游客人数达 12.5 万人（次），增长 39.16%，旅游总收入 6498.75 万元，增长 39.13%。与此同时，极具地方民族特色的“民族风情园”、“牧家乐”等一批与旅游相关的经营实体正在逐渐兴起，旅游产业的带动作用开始凸显，不少牧民群众因此走上了致富道路。

3. 中藏药材及民族手工业发展模式。

独特的生态系统孕育了玉树地区独特的生物区系，成为世界上海拔最高、生物多样性最集中地区，被誉为高寒生物自然物种基因库。这里植物种类繁多，仅野生药材就有上百种，如知名的药材有红景天、冬虫夏草、麝香、鹿茸、雪莲、贝母、大黄、藏茵陈、黄芪、羌活等。与此同时，玉树地区少数民族人口众多，民族用品制造业历史悠久，是玉树重要的传统产业之一，主要生产藏毯加工、腰刀、民族服饰及宗教用品等。中藏药材加工和民族手工业都是生态环保型的劳动力密集型产业，这些产业的发展将畜牧业、种植业与提供劳动技能培训等的教育服务业集结成一个紧密相联、有机互动的整体，形成一、二、三产业协同发展的产业链条，在提高自我发展能力的同时，增加财政收入和城乡居民收入，不仅有利于当地的生态环境，还有利于传承国家非物质文化遗产和发挥地方传统优势。因此，大力发展中藏药材产业及民族手工业，对于保护玉树地区生态环境，发挥特色发展新兴支柱产业和新的经济增长点，都具有重要的实践意义。

长期以来，玉树工业发展十分缓慢，加之主体功能划分后，玉树地区基本为禁止和限制开发区，从 2005 年起又取消了 GDP 考核指标，第二产业中工业基本处于空白或刚起步状态，工业生产非常薄弱。2009 年玉树全州第二产业产值中，工业总产值仅为 3.88 亿元，占生产总产值的 15.2%。但长期以来，中藏药材加工和民族手工业是带动当地牧民群众致富的亮点，牧民群众以采集药材为主要副业，尤其以冬虫夏草的采集为多，采集虫草收入占到当地农牧民现金收入的一半左右。据统计，自 2001—2007 年底，累计有 90 万人次左右的农牧民群众赴青海省虫草产区采集虫草，累计产量达到 6.14 万公斤，累计经济效益约 11.36 亿元。近年来，为有效保护生态环境和做到资源的可持续开发利用，青海省限制非当地农牧民群众在区内采集虫草，对合理保护与开发虫草资源、增加当地农牧民收入起到一定积极作用。与此同时，发展中藏药材加工业和民族手工业成为当地政府努力的方向，围绕中藏药材等生物资源加工，藏毯，藏袍、藏帽、围裙、藏靴、头饰等民族服饰，咔垫、氆氇、金银饰品、银雕木碗等民族用品，以及结合旅游业发展嘛呢石刻、羊皮画、藏刀等工艺品，不断促进民族加工业上档次、上规模，逐步成为繁荣民族工业、带动群众增收的新兴产业。

经过十多年努力，玉树扶贫事业取得了一定成效。贫困地区的生产、生活设施条件有了明显改善，产业结构进一步调整，特色经济开始起步发展，贫困地区牧民的思想观念发生了转变，自力更生、自我发展的能力有所增强。各级党政机关和广大干部在帮扶工作中也经受了锻炼和考验，增进了对人民群众的感情。扶贫开发为玉树经济持续健康发展、政治稳定、民族团结、促进社会进步发挥了重要保障和促进作用。

（二）主要经验

1. 加强组织领导，不断提高自身发展能力建设。

政府高度重视少数民族地区贫困人口的可持续生计和扶贫产业的培育工作，并将其作为事关扶贫开发的重点任务来抓。同时，又将扶贫开发工作纳入当地国民经济和社会发展总体规划，组织协调各方面力量开展扶贫开发，层层建立目标责任制，集中力量抓落实，从组织上保证了扶贫开发的顺利实施。

2. 坚持以人为本，大力推进符合实际的扶贫开发。

青海省与玉树州各级政府把不断提高人民群众的生活水平和生活质量作为各项工作的出发点和落脚点，每年集中有限财力，着力解决一大批当地群众最关心、最直接、最现实的就业、教育、医疗、保障等方面的民生问题。一是采取产业化扶贫方式提升贫困地区的产业结构和发展环境，在区域内为贫困农牧民创造更多就业和增收机会；二是采取劳动力转移培训方式培育贫困农牧民的非农就业技能，使贫困农牧民有能力更多地分享其他地区经济发展的成果，同时也为其他地区的经济发展做贡献；三是采取易地扶贫方式为失去生存条件的农牧民打造新的生产、生活空间，使极为脆弱的生态系统得到休养生息；四是抽调机关干部、科技人员，进村入户，采用参与式方法，通过以贫困村为单元，以贫困户为对象，以增加贫困群众收入为核心，以基础设施建设和改善群众生产生活条件为重点，分期分批实施整村推进的工作思路，有针对性地确定了新阶段扶贫开发工作的总体目标，帮扶对象的具体项目及措施，不断取得阶段性成效。

3. 积极整合资源，加快部门通力合作步伐。

在玉树这样一个欠发达地区，单靠扶贫专项政策、专项资金，单方面开展可持续生计和扶贫产业发展有较大难度，为此，玉树地区各级财政、发改委、农行、农牧、水利、电力、交通、教育、科技、广电、卫生、计生、民政、劳动保障、民委、统计等有关部门和社会团体，围绕扶贫开发重点工作，紧密结合各自的职能，围绕科学发展、保护生态和改善民生三大任务，积极为贫困人口可持续生计和扶贫产业发展提供政策、法规、人才、资金、科技、信息、项目实施与管理、监测等方面的综合服务，还制定诸多有关帮助和支持贫困地区经济社会发展的制度和办法，农牧区建立新型合作医疗制度，落实“少生快富”扶贫政策，实行特困人口救助制度，减免农牧业税，实行“两免一补”政策，对少数民族贫困生补助等。这些制度安排为加快玉树经济社会全面发展提供了具体的政策措施和制度保障。

4. 改变扶贫开发方式，着力推进大扶贫格局。

玉树地区从实际出发，因地制宜，突出重点，分类指导，以市场多元化需求为导向，不断调整和优化产业结构，大力发展具有地方特色和市场前景广阔的优势扶贫产业，着力推进扶贫开发方式的变革，突出了扶贫开发的针对性、系统性和整体性，在“政府主导、群众主体、部门联动、社会参与、统筹计划、整合资源、综合扶贫、全面发展、整体推进”的大扶贫格局，初步实现了五个转变：从单一的资金扶持向综合配套扶持转变；从单一的自然资源开发向自然资源开发、人力资源开发、生态资源保护与开发相结合转变；从单一的就地扶贫开发向就地扶贫开发与异地扶贫开发相结合转变；从单一的经济扶贫开发向社会全面发展相结合转变；贫困群众的思想观念从过去的“要我脱贫致富”向现在的“我要脱贫致富”转变。

三、扶贫产业发展面临的突出问题

由于地理位置偏僻，玉树长期处于相对封闭环境中，且经历了数千年奴隶制和封建农奴制、部落制社会，生产力发展严重滞后，社会发育程度极低，以农牧业为主的地域分工使其仍然以自给自足的自然经济为主，不少村落仍处于极为落后的游牧状态，加之地震灾害的发生，玉树面临前所未有的困难。可以说，玉树集中了西部地区、民族地区、高原地区和欠发达地区的所有特点和困难，处在社会主义初级阶段的较低层次。受资源结构、区位条件、传统产业基础、体制机制以及人们的思想观念、文化素质、劳动技能等多方面因素的限制，玉树贫困人口可持续生计和扶贫产业发展仍面临诸多问题及特殊困难。

（一）社会转型期间的各种矛盾和冲突逐步累加

玉树人民生活从传统走向现代的背景是快速市场化路径下的现代中国的兴起。从一个相对封闭和传统的宗教社会、部族文化走向现代化的开放社会，从简单的农牧生活走向市场化、商品化的现代经济，从在血液中根深蒂固的信仰生活到如今现代性价值体系对宗教感情的冲击，导致藏民族面对如此急速却又被动转变时不可避免地感到不适，其经济社会结构的变迁与藏区历史遗留的种种问题交织在一起，社会矛盾和冲突较多。

（二）跨越式发展和全面小康社会目标的实现难度非常大

由于经济社会发展严重滞后，自然环境及市场成本较高，公路密度低、县乡公路条件差、区内高等级公路及铁路、民航为空白等问题，各项事业的发展主要依赖当地政府，造成很多居高不下的财政支出因素，加之玉树地区贫困人口较多，返贫率高，较低的经济总量和财政收入无法支撑发展需要。中央第五次西藏工作会议中提出的要推动青海等四省藏区经济社会更好更快更大发展，到2020年与全国一起进入全面小康社会的目标，根据玉树当前的实际，实现这样的跨越式发展，仅靠自身基础和青海力量很难实现，还需要中央以及发达地区的大力支持和帮扶。

（三）基本公共服务均等化的长期性和艰巨性

在地方可用财力十分有限的情况下，玉树基本公共服务能力非常薄弱，要实现基本公共服务均等化极其困难。一是地域广阔，自然环境恶劣，财政支出成本高。如高原疾病种类多、患病率高、治愈周期长，人均医疗费远高于全国平均水平；运输线路长，建材市场价格以及物价指数较高，基本建设成本是青海东部地区的2倍多；9个月以上的取暖支出是青海东部地区的3倍。二是行政区划松散，行政覆盖网络稀疏，玉树州府离省会西宁市平均距离超过800千米，行政管理密度较低，服务半径大，管理成本成倍递增，加之财政供养的直接人口和间接人口较多，刚性支出大，政府基本职能运转的总体成本是青海东部地区的2～4倍。

（四）生态保护与建设的任务异常繁重

玉树在全国的生态地位极其重要。当前，三江源区生态保护已上升为国家战略，将成立“三江源国家生态保护综合试验区”。由于自然和历史的原因，玉树地区的生态不稳定性十分明显，为增强草原涵养水源的功能，实施的休牧育草、限挖虫草、退耕还林、人工增雨以及限制工业发展等一系列保护工作的开展，不仅限制了地方财政收入的增长，也影响了农牧民增收。保护生态的重要责任与发展经济的现实需求之间的矛盾较为凸显，生态保护与建设面临的形势将更加严峻。

（五）丰富资源和特色产业的市场效益极其羸弱

玉树地区生物资源、旅游资源、水电资源较为丰富，但受地理条件、气候以及国家生态功能区的划分，多数区域属于禁止开发或限制开发区域，为保护生态环境，关停并转了一批资源开采企业，如金矿、煤矿等；中藏药加工因技术和设备落后，旅游资源因资金投入有限和服务水平低等因素，难以形成规模。自然资源内在潜力难以转化为经济优势，不仅影响着经济的持续发展，也引发诸多社会问题。总体上，由于自然条件严酷、交通不便、信息缺乏、科技力量薄弱，对资源开发和加工运转形成挑战，严重制约了扶贫产业发展，加之远离市场和我国经济核心区，产品运距长、输出成本高，而本地居民消费能力有限，导致市场容量严重不足，扶贫产业竞争力较低。

（六）贫困群体稳定脱贫十分困难

玉树地区由于生态环境退化趋势仍然严峻，农牧民生存空间越来越小，加之人均占有草地资源量急剧减少，草畜矛盾十分突出，在生态与经济的双重压力下，贫困人口的返贫率较高，主要表现在：一是自然环境对脱贫的影响十分显著，由于气候条件恶劣、高寒缺氧、自然灾害和地方病发生频率高，导致脱贫难度大、返贫率高；二是市场经济发育导致贫困人口长期处于不平等的市场竞争地位，资源的大量流失以及资金的低效益、人才的匮乏、较高的物价水平和运距成本等，在很大程度上抵消了扶贫优惠政策的正面效应；三是种养结构较单一，牧民生活来源几乎完全依靠畜牧业，产业结构单一，农牧业产业结构调整及产业化经营缓慢，多种经营项目少，富余劳动力转移困难，使其收入来源主要靠传统的农牧业，其他经营性收入几乎很少；四是除了自己的劳动力外几乎没有其他任何可以用来创造收入的资产，加之多数牧民只懂得从事基本的牧业养殖，对其他的劳动技能知之甚少，掌握和运用适用技术的能力差，使他们无法开辟增收门路。

第三节　玉树州发展扶贫产业面临的新机遇、新挑战、优势及劣势分析

今后一段时期是我国全面建设小康社会的重要期，也是玉树灾后重建的关键时期，受玉树发展的内外因素和诸多变化的影响，以及国家层面宏观政策的战略调整，形成了玉树扶贫开发工作加速推进的内动力和政策力，将有力促进扶贫开发进入新的历史发展时期。

一、扶贫产业发展面临的新机遇、新挑战

玉树灾后重建在面临诸多困难的同时，将面对以加快经济社会发展模式转型为主线，以扩大内需、改善民生为立足点，着力调整经济结构，加快社会建设、保护生态环境、深化改革开放，保持经济社会平稳较快发展的新形势，玉树地区扶贫产业发展也将面临着新机遇、新挑战。

（一）新机遇

1. 新时期的扶贫政策为玉树的扶贫开发提供了制度保障。

近年来，中国政府以科学发展观统领经济社会发展全局，着力加强经济社会发展中的薄弱环节，制定了一系列重大的财政支农、惠农政策。党的十七大报告对扶贫开发提出了“一个目标，一个加大，两个提高”的奋斗目标和任务，即到2020年基本消除绝对贫困，加大对革命老区、民族地区、边疆地区、贫困地区发展扶持力度，提高扶贫开发水平，逐步提高扶贫标准。面对新时期的扶贫开发，中国政府又明确提出将更加关注区域差异，体现扶贫与发展政策的针对性，要把集中连片特殊类型贫困区域作为未来扶贫开发的重点。这些政策为玉树及同类的高原贫困地区、贫困人口提供了重要的政策和制度保障。

2. 国家推动民族地区跨越式发展的历史机遇。

为推动青海等四省藏区经济社会更好更快更大发展，2008年国务院审议通过了《关于支持青海等省藏区经济社会发展的若干意见》，从国家层面提出了一整套非常符合青海藏族聚居区实际的发展方向、重点领域、主要任务、重大项目和支持

政策，提出到2012年，青海藏族聚居区城乡居民的收入要接近或达到西部的平均水平，重点产业和特色经济应该初具规模。2010年中央第五次西藏工作会议中又明确提出用3至5年时间集中解决青海等四省藏区经济社会发展最突出最紧迫的问题，把改善民生、社会事业发展、生态环境保护、基础设施建设作为主攻方向，实施重点突破，将推动玉树地区经济社会实现跨越式发展，带来历史性机遇。

3. 新一轮西部大开发的战略机遇。

在西部大开发战略实施10周年之际，党中央、国务院再次召开西部大开发工作会议，胡锦涛同志指出，在新的形势下，深入实施西部大开发战略，促进西部地区繁荣发展稳定，事关各族群众福祉，事关我国改革开放和社会主义现代化建设全局，事关国家长治久安，事关中华民族伟大复兴。国家将从民生、“三农”、基础设施、重点生态区、特色优势产业、重点区域开发、体制改革与开发等七大重点领域，对西部地区从财政、税收、投资、金融、产业、土地、价格、生态建设、人才、帮扶等方面加大扶持和资金、项目投入力度。对玉树而言，这是夯实发展基础、提升发展能力和缩小发展差距的新的历史机遇，也是玉树保持持续、快速、健康发展的重要推动力量。

4. 国家财力不断增强，财政扶贫资金逐步加大，为玉树扶贫开发提供了财力保障。

随着国民经济的发展，国家财力不断增强，公共财政职能不断强化，财政资金正在逐步向农村倾斜，向社会事业发展的薄弱环节倾斜，向困难地区、困难基层、困难群众倾斜，这为玉树及同类高原加快扶贫开发进程提供了强有力的资金保障。同时，新一轮西部大开发战略的启动实施，国家在项目审批、资金投入、产业布局、金融信贷、人才开发、土地供给和基础设施配套等方面继续支持西部发展，也将为高原贫困地区的扶贫开发带来难得的发展机遇。

5. 设立三江源国家生态保护综合试验区和开展对口支援的特殊机遇。

为支持青海藏区发展，中国政府制定了特殊政策，一是要建立三江源国家生态综合保护试验区；二是实行发达省市、中央机关和中央直属企业对口帮扶玉树等高原地区发展。针对玉树面临的突出困难和实际问题，北京市等中央部委将提供必要的资金、项目、人才、技术与产业支持，发挥最直接、最具体、最深刻、最深远的影响。这些政策将着力于创新生态保护体制机制，统筹改善民生，增强区域支撑能力，并形成稳定的对口帮扶合作机制，为玉树实现更好、更快、更大发展起到最直接、最具体、最深刻、最深远的影响。

6. 玉树灾后重建的特殊机遇。

将玉树建成高原生态旅游商贸新城的灾后重建目标，给玉树基础设施建设、城镇建设、产业发展以及市场培育带来诸多特殊机遇。截至2010年底，在推进玉树灾后重建中，已完成投资50亿元，优先安排了城乡居民住房、教育、卫生等公共服务项目，统筹安排生产生活保障、市政、电力、通讯、城乡道路等基础设施和产业恢复项目，尤其涉及民生领域的项目投资力度较大，为未来发展提供了特殊机遇。

7. 农牧区社会保障制度的不断完善为提高扶贫开发水平提供了有力支持。

近年来，中国政府对“三农”、欠发达地区的发展等问题十分重视，出台了一系列的支农惠农和支持欠发达地区发展的政策措施，特别是农牧区义务教育、新型合作医疗和最低生活保障等政策的陆续实施，对扶贫开发工作是一个有利促进和补充。随着这些社会保障制度的不断完善，因教、因病致贫问题将有效缓解，基本保障贫困人口的基本生存需要，为提高扶贫开发水平提供有力支持。

8. 产业结构的调整为贫困地区农牧民增收提供了更广泛的增收渠道。

随着西部大开发战略、东西部协作、交通、通讯、能源和水利等基础设施建设工程和三江源自然保护区建设等生态建设工程的实施，为玉树等高原贫困地区调整产业结构、改善外部发展环境、发展可持续生计的扶贫产业，如特色经济、劳务经济和旅游经济等提供了更广泛的发展空间，也为贫困地区农牧民增收提供了更加宽广的渠道。

9. 逐步形成的全社会共同关注、共同支持的良好局面为扶贫开发提供了强大动力。

目前，玉树等高原地区扶贫开发工作越来越受到各级党委、政府的高度重视和支持，已将扶贫开发纳入经济社会发展规划，并保证扶贫开发的重点投入。社会各界向贫困地区群众献爱心，送温暖，是对开发式和救助式扶贫的有益补充。各定点帮扶地区和部门从过去单一的给钱给物，逐步向政策宣传、观念更新、人才培训、科技推广、市场信息、产品销售等方面转变。同时，扶贫济困已成为全社会共同的行为，为改变贫困地区的贫困面貌发挥着重要作用。

（二）扶贫产业发展面临的新挑战

1. 产业发展方面。

一是产业结构单一且层次低。传统畜牧业为主导产业、工业基本为空白等现状依然没有改变，市场发育度和培育度低，缺乏经济效益，经济发展仍处于传统畜牧业发展阶段。二是生态环境的约束性较强。土地沙漠化和草场退化加剧，保护生态的重要责任与发展经济的现实需求之间的矛盾凸显，产业发展的局限性较大。三是基础设施建设严重滞后。由于地广人稀，偏远封闭，行政覆盖网络稀疏，服务半径大，基础设施历史欠账多，城乡居民饮水难、用电难、出行难、通讯难等发展瓶颈仍然没有得到有效解决，直接影响了产业的发展壮大。四是市场容量较小风险大。由于深居内陆高原，远离主流市场，不仅制约着生态产业规模的扩张，也使企业难以实现必要的规模效益，导致投资者不敢轻易涉足，市场活力极其羸弱。

2. 扶贫方面。

一是贫困状况呈现整体性和民族性的特征。由于自然环境恶劣、社会发育落后、基础设施差，扶贫产业发展缓慢，以及绝对贫困发生率高、返贫率高、贫困深度等问题在玉树地区表现出较高的同质性，少数民族贫困人口占玉树贫困人口的较大比重，贫困群众的整体性、民族性特征十分明显，给扶贫产业发展提出诸多挑战。二是生产生活方式落后，有相当数量的贫困人口仍未实现定居。由于受自然、经济、社会以及传统生产生活方式等各种因素的制约，目前仍有相当数量牧民群众处于逐水草而居的生活状态，给当地经济发展和社会进步造成了极大的困难，成为青海经济社会进一步发展和建设社会主义新农村新牧区的难点和障碍，也影响了可持续生计问题的解决。三是扶贫开发难度艰巨化。目前没有解决温饱的贫困人口居住非常分散零乱，多生活在高海拔的深山区、高寒边远牧区、自然灾害频繁区和地方病高发区，气候条件异常恶劣，成为扶贫开发难点中的难点，扶贫开发的艰巨性和复杂性，也直接影响到生态产业的培育和发展。

二、扶贫产业发展面临的优势、劣势分析

（一）生态环境方面

重要的生态地位决定了玉树必须保持良好的生态环境，由于生态环境退化的广泛性和生态恢复的长期性，青海省实施以生态保护与建设为基础，发展生态经济和生态文化的生态立省战略，实施了退牧还草、封山育林、黑土滩治理、鼠害防治、生态移民、小城镇建设、建设养畜、人工增雨、生态监测、科研课题、科技培训、保护管理设施与能力建设等多项生态建设内容。经过多年的保护和建

设，玉树生态环境总体恶化的趋势得到有效缓解，生态环境局部改善。据青海省三江源办公室提供的有关资料显示，5 年来的生态建设和生态补偿使玉树地区所处的三江源水资源涵养功能有所恢复，增水效果明显（图 5）。可见，玉树地区既面临着生态环境的高度约束性，同时又具有生态环境方面的独特优势。

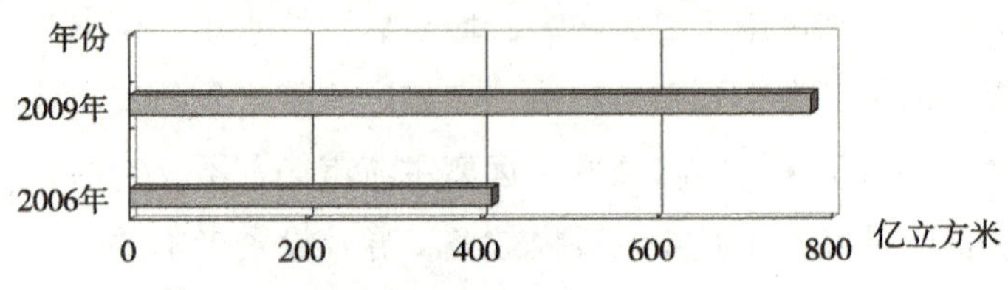

图 5　三江源区出水量 2006 年、2009 年比较

（二）资源方面

一是高原动植物资源。玉树地区位于亚洲大陆腹地，四周高山环绕，由于与外界相对封闭，区域经济开发强度较低，受人类活动的干扰相对较小，使得广大区域的自然环境基本保持了天然、绿色、无污染的原生态，高原动植物具有高原独特性，其农畜产品是天然的有机食品，为绿色产业发展保留了一片净土。二是高原特色旅游资源。玉树的自然风光、地理地貌、民族文化、人文风情都具有多样性和原生态的特点，在国内外旅游市场上具有无可比拟的优势，通过打造大美青海和高原旅游名省，逐步提升了玉树地区的旅游知名度。三是太阳能、光能、风能资源。玉树地区光照时间、光照强度较佳，适合开发光伏发电；风能资源也非常丰富，有利于新能源和可再生能源的开发利用。正是依托上述诸多资源，改革开放后尤其是西部大开发以来，青海藏区加快资源优势转换为经济优势的步伐，通过发展方式的转变，逐步开始走出了一条资源立体开发、绿色开发的发展之路。

（三）特色可持续生计方面

玉树地区依托资源优势，发展生态农牧业、高原生态旅游业、民族特色文化产业、水电、太阳能及光伏发电、农畜产品加工、中藏药等精、深加工和产业链的拉伸，特色绿色产业初具雏形。在特色农牧业方面，作为世界公认的四大无公害超净区之一，玉树地区凭借着独特的冷凉气候和丰富的光照资源确立了生态农牧业发展新模式，通过几年的结构调整和改变牧业生产经营方式，大力发展生态畜牧业，使玉树农牧业初步走上了一条可持续发展之路。在特色工业方面，围绕小水电开发、农畜产品加工业、中藏药材加工和民族手工艺品加工，资源综合利用、产业融合发展局面基本形成。在特色服务业方面，充分发挥玉树地区自然地理、历史文化、民族宗教文化优势，通过打造“大美青海”生态旅游品牌，加快建设具有地域特色、民族特色的旅游业基地，使玉树成为重要的高原生态旅游目的地，初步形成了以生态旅游业和民族特色文化产业为龙头，带动了交通运输、物流、通讯、信息技术、金融、会展等服务业体系的发展。总之，经过改革开放30多年的发展，玉树丰富的水利、畜牧业、旅游、中藏药材、矿产等资源优势逐步转为经济优势，增长空间进一步拓展，生产力水平迈上新台阶，市场经济体制不断完善，全州上下思想统一，民族团结、社会稳定、政通人和，为今后的可持续生计和扶贫产业发展奠定了良好基础。

（四）民族文化方面

长期以来，玉树地区独特的自然环境和传统生产、生活方式对藏民族的衣食住行等日常生活产生深刻影响，进而形成独具特色的生活、文化、风俗习惯等藏民族文化，具有浓郁的地域和民族特点。在农牧业生产方面，农牧业分布地域广阔，但可有效利用面积十分有限且自然条件严酷，藏民族在高寒缺氧的农牧业生产中培养了勇敢勤劳、粗犷豪迈的性格和适应艰苦环境的智慧。如牧业生产定期轮换草场的游牧方式，不随便捕杀野生动物等特点表现出高原自然面貌、人文景观以及农牧业生产的和谐发展。在生活方面，生活习惯与大自然融为一体，居住牦牛毛编织的帐篷，食“糌粑”，喝酥油茶，饮青稞酒，喜爱金银珠宝等首饰，重友情和礼仪。在社会制度方面，藏民族先后建立了氏族部落制、封建农奴庄园制以及各种维持社会生产生活有序进行的各种政治、经济、军事制度和法律法规，并形成了对祖先、自然神灵崇拜祭奠的仪式或规范人们行为准则的礼仪道德、风俗习惯等，是人类历史中的文化瑰宝。在精神生活方面，由于物质财富的不足和生活的艰辛使高原藏民族更加注重精神生活，以歌曲、舞蹈、戏曲、诗歌、赛马、绘画、雕塑、建筑等各种方式展现人们的精神追求和文艺才能，并将自己的生产生活与佛法宗教紧密相连，形成雪域高原特有的神秘的佛教氛围。与此同时，藏族历史上深受中原文明和印度文明的影响，经过长期发展演变，特别是与藏族地区固有的本教互相排斥和融合，将佛教的神灵系统和高原原有的神灵世界相结合，进而形成一种具有鲜明地域特色的藏传佛教文化。玉树地区藏族群众群体性信仰藏传佛教，藏传佛教对人们的思想、文化、生活影响很深，在中华民族文化中具有举足轻重的地位。

第四节 新时期玉树州贫困人口可持续生计与扶贫产业发展的基本思路

一、指导思想与基本原则

（一）指导思想

做好新形势下玉树州贫困人口可持续生计与扶贫产业发展工作，必须坚持以邓小平理论和“三个代表”重要思想为指导，深入贯彻落实科学发展观，紧紧围绕玉树州“科学发展、生态保护和社会稳定”三大战略任务，以跨越发展、绿色发展、和谐发展、统筹发展为主要路径，从特殊州情出发，紧紧瞄准贫困人口，以保护生态为前提，以连片特困地区为主战场，把基本消除绝对贫困现象作为主要任务，以提高自我发展能力为重点，以转变发展方式为主线，以发展扶贫产业为突破口，创新扶贫开发方式，大力培育扶贫产业，巩固提升传统产业，培植发展新兴产业，坚持市场引导、龙头带动、牧民参与、政策扶持，发展生态经济，走生态建设产业化、产业发展生态化的路子，打好新一轮扶贫开发攻坚战，确保玉树州贫困人口同步进入小康。

（二）基本原则

1. 坚持因地制宜。

培育和发展玉树州扶贫产业，要因地制宜，突出重点，分类指导，充分调动玉树州各级政府和当地企业的积极性，多方探索扶贫产业培育和发展的途径与模式，促进形式多样、特色鲜明的发展。确定的扶贫产业必须遵循市场规律，符合当地实际，突出地方和民族特色，不搞一刀切，不搞形式主义。选择发展的产业类型要适应当地的环境条件，体现地域特色，产品具有明显的比较优势和市场竞争力，同时要量力而行，充分考虑玉树州低收入人口的承受能力，不能盲目攀比，更不能通过加重贫困群众负担和增加村级负债发展扶贫产业。因地制宜制定扶贫政策，实行有差异的扶持措施。

2. 坚持牧民意愿。

帮助玉树州低收入人口实现小康目标，既是发展扶贫产业的出发点，也是落脚点。低收入人口是培育和发展扶贫产业的主体，是主要参与者和直接受益者，他们最关心项目的成败。因此，发展扶贫产业一定要充分尊重贫困牧民的意愿，充分发挥他们的作用。引导贫困牧民积极参与，可以全面真实地反映贫困牧民的意愿和需求，有助于科学地选择扶贫产业项目，也可以加强项目的监督管理，有效地防止和杜绝资金的流失和浪费。同时要通过政策扶持、试点示范，引导和组织贫困牧民发展扶贫产业。

3. 坚持发展民族特色经济。

玉树州现有的产业结构是历史长期沿革的结果，也是地域特征和民族习俗的反映，有其存在的合理性。越是民族的东西就越有生命力，越是具有地域特点的东西就越有吸引力。培育和发展扶贫产业一定要体现地域特色和民族特色，一方面要不能割裂藏族经济文化的延续性，不失民族特色；另一方面要不断接受新经济的思想和精髓，不断丰富和发展藏族经济文化的形式和内涵。在这一特殊地区并不需要一味的追求产业结构的高级化，也没有必要强调发展现代化的大工业。发展生态畜牧业、绿色食品业、精深加工业还是非常必要的。

4. 坚持科教支撑。

由于玉树州的资源特点以及本地区独特而重要的生态功能，使得贫困牧民可供选择的替代产业和新兴产业不多，并且这些产业面临的竞争也很激烈，这就需要发挥科学技术对传统产业和产品的改造、提升作用。培育和发展扶贫产业应遵循“自主创新、重点跨越、支撑发展、引领未来”的方针，实现扶贫产业的加快形成与发展。一要集中财力、物力、人力，有效配置各种科技资源，尽快破解扶贫产业的难题和瓶颈；二要健全体系，激发市场主体活力，全面提升创新水平；三要尊重创新、保护创新，培养造就新型牧民，促使更多的贫困牧民尽快融入产业化、非农化、城镇化的历史进程；四要依靠体制机制创新，优化扶贫产业的发展环境，为扶贫产业发展提供持续的动力。

5. 坚持稳步推进。

发展扶贫产业是一项涉及藏区低收入人口多、难度大、复杂程度高的工程，没有现成的经验可借鉴，要改变牧民世世代代的生产生活方式，进行社会发展阶段的跨越，一定要慎重、稳妥。由于玉树州环境不完全一样，牧民的生产生活条件及经济水平差异较大，有些牧民仍停留在原始的游牧生产阶段，有些虽已“定居”，但仅仅是有个帐篷或房屋而已，并未实现生产生活方式的根本性改变。由于牧民定居或生态移民意味着生产生活方式的完全变革，考虑到任何一种生产关系的变革需要有生产力的足量的变化，而生产力的提高又需要一个消化吸收的过程。因此，玉树州贫困牧民转产转业要突出重点，不能一蹴而就，需要分阶段、分步骤，有针对性地稳妥而不失时机地推进。

6. 坚持外部驱动。

玉树州以藏族为主。藏族群众整体文化素质低，加上自然的、历史的、宗教习俗的影响和社会发展水平的限制，使牧民主动择业、转业缺乏足够的内在动力和冲动。加上自然条件严酷，经济基础薄弱，牧民大部分非常贫困，也没有能力实现主动式的就业和发展其他产业。因此，牧民发展扶贫产业需要更多外部能量的输入才能建立和发展起来。这就需要政策推动、投入拉动、龙头带动和扶贫产业规划的启动。

7. 坚持大扶贫的理念。

要针对玉树州生存环境脆弱性、社会形态特殊性、经济发展滞后性、扶贫模式单一以及贫困问题的普遍性、综合性、反复性，要着力构建政府主导、群众主体、部门联动、社会参与、综合扶贫、整体推进的大扶贫工作格局，整合各类扶贫资源，实行中央地方互动、相关部门配合，统筹资金、技术、人力等资源，整体推进，努力实现“六个转变”和“六个结合”，全面提升玉树州扶贫开发的工作水平。

8. 坚持可持续发展。

随着玉树州经济的发展和人口的增加，资源瓶颈和环境问题也日益突出。由于玉树州在特殊类型贫困地区占有极为重要的地位，培育和发展扶贫产业，必须转变发展方式，一定要符合资源节约和环境保护的要求，重点发展资源节约型和环境友好型的产业，在保护中发展，在发展中保护。一要发展绿色经济，把基地建设与改善生态有机结合起来，促进产业转型升级，建设符合生态畜牧业要求的基地；二要发展节约经济，提高畜牧业的有机构成，最大限度地提高资源利用率和土地产出率；三要发展生物经济，推动畜产品初加工后的副产品及其有机废料的系列开发，实现增值增效；四要发展循环经济，积极引导龙头企业努力实现低消耗、低排放、再利用、高效率，促进再生资源的循环利用和非再生资源的节约利用。

二、基本思路

培育和发展玉树州扶贫产业，是一项复杂的系统工程，最根本的问题就是要调整好人与自然的关系，切实解决玉树州贫困群众的长远生计问题，处理好生态保护和经济发展的矛盾，坚持走特色发展之路。要树立“富裕农牧民，就必须培训农牧民，转移农牧民，减少农牧民”的理念。选择发展的扶贫产业，既能有效规避自然灾害的不利影响，又必须以保护生态环境为前提，要切实转变传统的生产方式和生活方式，着力解决最直接、最紧迫、最突出的民生问题，不断拓宽增收致富渠道，努力实现贫困牧民安居乐业、社会和谐进步。为此，玉树州贫困人口可持续生计与扶贫产业发展的总体思路可概括为“1234587”战略构想：围绕一个目标、抓住两个机遇、实现三个突破、抓好四个环节、注重五个结合、打造八大产业，落实七项举措。通过“1234587”工程的实施，努力把玉树州建设成生态良好、生产发展、生活宽裕、社会和谐的新牧区。

（一）围绕一个目标：

把贫困人口稳定的可持续生计作为消除贫困的主要目标。

（二）抓住两个机遇：

抓住“新一轮西部大开发战略”和“国家支持四省藏区跨越式发展政策”两个历史机遇。

（三）实现三个突破：

围绕发展扶贫产业，在提高贫困农牧民综合素质和自我发展能力上实现突破；通过建设养畜、科学养畜等方式转变，在发展生态畜牧业上实现突破；在贫困农牧民转变发展方式和创新体制机制上实现突破。

（四）抓好四个环节：

通过“阳光工程”、“雨露计划”培训转移贫困农牧民，选准扶贫产业重点项目，积极开展重点项目试点示范，切实提高扶贫产业减灾避灾能力。

（五）注重五个结合：

一是注重把发展扶贫产业与新阶段扶贫开发工作紧密结合；二是注重把发展

扶贫产业与转变牧民的生产、生活方式紧密结合；三是注重把发展扶贫产业与科技创新紧密结合；四是注重把发展扶贫产业与减灾避灾紧密结合；五是注重把发展扶贫产业与加强技能培训、转移富余劳动力紧密结合。

（六）打造八大产业：

即生态畜牧业、草产业（饲草料产业）、高原设施农业、生态旅游业、中藏药业（含虫草产业）、民族特色加工业商贸服务业和劳务产业。

（七）落实七项举措：

一要提高认识，为促进玉树州贫困人口可持续生计与扶贫产业发展奠定思想基础；二要加强领导，为培育和发展扶贫产业奠定组织基础；三要明确导向，为促进玉树州贫困人口可持续生计与扶贫产业的发展提供指引；四要落实政策，为促进玉树州贫困人口可持续生计与扶贫产业发展提供政策支持和制度保障；五要吸引人才，服务于玉树州贫困人口可持续生计与扶贫产业的发展；六要依靠科技，大力提升玉树州贫困人口可持续生计与扶贫产业的科技支撑能力；七要完善机制，增强发展玉树州贫困人口可持续生计与扶贫产业的动力和活力。

三、发展目标

玉树州发展扶贫产业的核心和关键是将培育特色产业和特色产品作为可持续生计的主要路径，它要求在生产的社会化过程中形成自己的专门化产业和产品，在市场需求多样化过程中形成自己的差别化产品，在激烈的市场竞争中形成自己的优势产业和产品。因此，该州发展扶贫产业应遵循“市场导向、比较优势、依靠创新、区域关联导向和可持续性原则”。玉树州扶贫产业的战略目标可概括为“综合发展、三个率先”，实现“草原绿起来、产业强起来、贫困牧民富起来”。该区的减贫战略应该是一个综合发展战略，涵盖所有低收入人口（收入贫困、人类贫困、信息贫困与生态贫困），从而达到减少贫困、生态保护、经济发展、社会稳定的综合发展目标。“三个率先”是指：该州发展扶贫产业率先走出一条科学发展、绿色减贫的路子，成为中国高原地区生态脆弱地区减贫的典范；率先实践、提高能力，成为特殊类型贫困地区先行试验区；率先创新扶贫开发方式，特别是在 PPP 模式（私人和公共机构合作）的运用上，成为中国高原地区减贫发展的典范。

从时序过程来考虑，该州发展扶贫产业应正确处理当前和长远发展之间的关系，产业开发与生态保护之间的关系，不同的发展阶段，应有不同的目标，并力求使各阶段的目标相互衔接。从时间跨度来看，该州贫困人口可持续生计与扶贫产业发展可以考虑近期（2011—2015 年）、中期（2016—2020 年）、远期（2021—2030 年）三个时段的目标和任务。根据该州发展扶贫产业的战略定位及国内外新的形势和要求，结合特殊类型的州情，该州扶贫产业的发展划分为形成、扩张和成熟三个阶段，并明确各阶段的目标和任务。

（1）近期目标（2011—2015 年），即扶贫产业形成阶段

玉树州要结合自然条件和资源优势，通过扶贫开发手段，以保护生态为前提，以改善生计为核心，着力培育扶贫产业，将其发展成为玉树州贫困群众稳定增收的主导产业。随着投资环境特别基础设施的完善，扶贫产业“十二五”期间可实现扶贫产业框架成局、扶贫产业体系成型、贫困农牧民稳定增收成势的目标。要实现这一目标，必须突出抓好三点：一是大力改善投资环境。按照市场经济的要求，积极培育和支持生态畜牧业、民族文化产业、中藏药业、设施农业、商贸服务业、高原特色加工业、生态旅游业和劳务产业项目。二是加快推进自主创新能力建设。一方面要形成具有区域特色的科技优势，综合科技实力明显增强，扶贫产业步入创新驱动、内生增长的轨道；另一方面要坚持绿色引领、开放创新、重点跨越，瞄准未来扶贫产业发展的制高点，集中力量攻克一批关键技术，破解制约瓶颈。三是加大扶贫开发投入力度。拟从四个方面进行：一要增加政府扶贫投入；二要整合各类专项资金；三要加大社会扶贫投入；四要受益群众投工投劳。

（2）中期目标（2016—2020 年），即扶贫产业扩张阶段

预计到 2020 年左右，玉树州扶贫产业发展将进入到扩张阶段。该区作为特殊集中连片贫困区域，通过扶贫开发，实行连片开发、综合治理，达到扶贫产业跨越式发展，建成一批较大规模的具有区域特色和优势的农畜产品基地；培育一批扶贫龙头企业群；创建一批知名品牌的农畜产品；建立完善农畜产品市场网络体系，引导贫困农牧户兴办一批形式不同的专业合作经济组织，辐射带动贫困农牧户有序进入市场，有效增加收入，基本形成贸工农一体化、产加销一条龙经营的新格局，使扶贫产业发展成为该区域整个经济的主体。因此，扩张阶段应推行竞争性扶贫产业发展，重点提高特色扶贫产业竞争力，使扶贫产业真正成为玉树州新的经济增长点。发展的具体目标是：一是重点扶贫产业水平要有大提高；二是扶贫产业的扶贫生产基地要有大突破；三是扶贫产业的扶贫龙头企业群要有大发展；四是产业化扶贫经营带动能力要有大提升。

（3）远期目标（2021—2030年），扶贫产业发展成熟阶段

这一阶段，扶贫产业链形成。远期目标要求玉树州扶贫产业成为促进和带动当地经济持续快速发展的主体。预计到2030年左右，玉树州扶贫产业将进入到成熟阶段，产业结构会出现大幅度的变动。这个阶段将持续多长时间，主要取决于产业调整和结构转变的状况。预计到2030年，玉树州绝对贫困现象基本消除，扶贫产业发展环境和条件明显改善，特色优势扶贫产业形成，贫困人口素质明显改善，生态建设全面发展，可持续发展能力不断增强，贫困农牧民人均纯收入增长速度高于全国平均水平。

第五节　玉树州扶贫产业发展的重点

一、生态畜牧业

生态畜牧业是指按照生态学和生态经济学原理，运用系统工程方法，通过人为干预，因地制宜地设计、组装、调整和管理草原畜牧业生产的系统工程体系。在玉树州主要是由牦牛产业和藏羊产业及高寒天然草地组成。

（一）牦牛产业

牦牛是玉树州的特有牛种，草食性反刍家畜。牦牛是世界上生活在海拔最高处的哺乳动物。牦牛完全适应高寒、缺氧环境的一种多功能动物，被誉为“雪域高原之舟”。牦牛具有肉用、役用、奶用、运输等多种价值，藏族人民的衣、食、住、行都与牦牛息息相关，正如十世班禅大师所言：“没有牦牛就没有藏族人民。”牦牛养殖业是高度适应高寒生态条件的特定生态养殖模式，是该地区国民经济的支柱产业，更是广大牧民世代经营并赖以生存和发展的基础产业。玉树州现有牦牛207.51万头，其中生产母牛99.60万头，占畜群的48%，公母比例为1:25，合理的公母比例应为1:15～1:20。牦牛占玉树草原畜牧业牲畜数量的81.65%（羊单位）。

牦牛产业发展具备多方面的有利条件：国家政策支持，丰富的资源条件（玉树州牧草生长期，雨量较为充沛，有草场总面积26402.76万亩，可利用草场面积为23737.52万亩），市场潜力大，技术力量及服务体系有基础，干部群众积极

性较高。

改良提高牦牛生产能力、完善科技人员交流和培训制度是当前和今后玉树州草原畜牧业的重要任务。

（二）藏羊产业

藏羊对高寒严酷的高原生态条件有极好的适应能力，是当地牧民群众基本的生产和生活资料之一。玉树州现有藏羊233.7万只，该州内藏系羊养殖业仍沿袭着传统、落后的生产经营方式，科技含量较低，同时，由于和牦牛产业同样的原因，牲畜品种退化严重，个体生产力低，牧民所获利润低下，因此对藏系羊提纯复壮，搞好本品种选育，提高个体生产性能，以使牧民尽快脱贫，解决温饱，并逐步向小康生活迈进。党中央和国务院的多次会议均突出强调了畜牧业在今后农牧区经济发展中的作用和重要地位。青海省委、省政府也将发展畜牧业作为调整产业结构的重要内容之一，提出了大力发展高效生态畜牧业的发展意见，作为今后实现牧业增效、牧民增收的重要措施，在资金、政策上给予支持。畜禽良种工程作为发展现代畜牧业生产的基础性工程，是促进畜牧业向高产、优质、高效发展的关键。因此，积极推广和利用牲畜优良品种，不断提高牲畜良种化程度和个体生产性能，对畜牧业增产，牧民增收具有十分重要的意义。

发展藏羊产业的有利条件包括：国家和青海省的产业发展支持政策，市场潜力大，技术服务体系健全。

二、草产业

玉树州地处青藏高原腹地，高寒草地畜牧业是当地传统的主导产业，玉树州现有草场26402.76万亩，有可利用草场23737.52万亩。长期以来，由于生产方式落后，科技生产水平低，一直依赖草场资源发展传统畜牧业，造成过度放牧，草场退化严重，退化草场面积11868.76万亩，占可利用草场面积的50%，单位产草量下降30%～80%；加之受全球气候变暖的影响，生态环境恶化，雪灾等各类自然灾害频繁，给发展传统畜牧业带来了很大的局限。尤其是贫困牧民的增收难，成为制约当地经济社会发展的重要因素。因此，合理利用天然草场资源和已有的畜棚等设施，在条件适宜地区依靠科技支撑，大力发展人工种草，建立青干草饲草基地，加大对雪灾等自然灾害的抵御能力，同时调整生产方式，逐步进行草地半放牧、半舍饲的方式发展畜牧业，加快畜群周转，提高草地畜牧业的综合效益，促进畜牧业持续、稳定发展，不断增加贫困牧民收入，实现社会、经济和生态协调发展，就显得尤为迫切，也是畜牧业摆脱困境的主要出路。

围绕《国务院关于支持青海等省藏区经济社会发展的若干意见》的精神，及省委、省政府对新时期全省扶贫开发工作的战略决策、部署，在充分考虑青南高寒玉树州生态环境、畜牧业资源条件、社会经济条件和发展的比较优势，将玉树州草产业发展提高到一个新的高度。通过先进实用技术的应用、示范和推广，科技扶贫机制的创新，把草产业作为玉树州扶贫产业的重要支撑。为贫困农户稳定脱贫致富，持续全面发展奠定坚实的基础。

三、高原设施农业

玉树州共有耕地面积 21 万亩，农户户均 13.12 亩，其中：水浇地 4.40 万亩、浅山地 5.82 万亩、脑山地 10.78 万亩。是玉树州小块农业区（农牧兼营）农牧民重要的生活来源之一。由于耕地少、自然环境严酷、无霜期短、气温低、耕作层土壤薄，品种混杂，适宜作物品种少，主要是青稞、豌豆、小油菜、马铃薯、莞根，而且产量低质量差，青稞亩产 154 公斤、豌豆亩产 144 公斤、小油菜亩产 80 公斤、马铃薯亩产 1037 公斤、莞根亩产 1650 公斤。

提高种植业发展途径包括：良种基地建设，日光节能温室建设，加强技术培训。

四、生态旅游业

玉树州地处青藏高原腹地，三江源自然保护区内。独特的地理位置和气候条件形成了独有的自然景观和生态景观。生态旅游发展潜力巨大。近年来贫困牧民旅游收入逐年增加。根据有关统计数据，2008 年，来玉树州旅游人数已达 15.374 万人次，其中国内游客 15.33 万人次，国外游客 437 人次。全年旅游总收入达到 6400 万元。直接从事旅游服务人数达到了 2055 人，已注册登记从事旅游的服务机构 6 家。

三江源旅游区是潜在的王牌旅游区，是青海旅游业发展的后劲和潜力所在，生态旅游、科学考察、探险旅游、宗教朝觐、风情旅游等旅游资源发展潜力大，特别是青藏铁路的开通和西宁至玉树的高等级公路的开工建设，将会加快三江源旅游资源的开发和旅游业的发展。目前境内有 4A 级景区一处，3A 级景区 6 处，2A 级景区 2 处。根据《青海省旅游发展与布局总体规划》，三江源地区重点规划开发的旅游项目有“黄河源头生态旅游项目”、“各拉丹东生态旅游项目”等 6 项；拟开辟的绝品、精品旅游线路有“唐蕃古道旅游线”、“三江源寻源旅游线”

和“康巴藏区采风旅游线”等，还有数条特色旅游线路。辽阔的高山草原，众多的河流湖泊，丰富的野生动植物，旎丽的自然风光，悠久的历史文化，众多的佛教寺院，浓厚的宗教文化，独特的民俗、风俗，充满了神秘气息，让人心驰神往。在藏区发展旅游业，是牧民增加收入，安居乐业的有效途径。如云南迪庆藏族自治州 1997～2000 年旅游收入年均增长 72.8%，旅游业总收入约占全州 GDP 的 30%；从业人员达 1 5 万多人，年均递增 20%。阿坝州九寨沟景区居民，只三年时间，人均收入超过 3000 美元，过上了现代富裕生活。随着经济发展，三江源地区旅游业发展势头良好，带动辐射效应日益显现。因此，生态旅游业是贫困牧民重点选择和发展的扶贫产业之一。

五、中藏药业

中藏药治疗疾病在玉树州已有 2000 多年的历史。玉树州海拔高度高，高寒缺氧，太阳辐射强度大，昼夜温差大，独特的高原大陆气候及得天独厚的地理条件为中藏药材的生长提供了一片洁净的天然生长之地，孕育了丰富的中藏药材资源。境内的中藏药材资源 913 种，其中冬虫夏草、藏茵陈、红景天、麝香、鹿茸、青贝母、柴胡、秦艽、大黄、雪莲、杜鹃、黄芪等中藏药材以其纯天然、无毒副作用、疗效显著等特点，在国内外市场上享誉很高。中藏药材采集业历来是牧民收入的重要来源之一，2004 年玉树州以虫草为主的中藏药采集业，人均纯收入 414 元，这部分收入占了牧民收入的 20%～30%，具体收入视药材资源量和草场距离不同而有所不同，户均年收入一般在 0.2 万～0.8 万元之间。近年来，由于虫草价格的暴涨，由 2004 年的 30000 元/公斤涨至 2009 年的 90000 元/公斤，虫草成为当地牧民的主要收入来源，虫草产区牧户户均收入少则几万元，多则十几万元，甚至几十万元。尽管境内中藏药资源相对丰富，但也不是取之不尽、用之不竭的。长期以来，由于滥采滥挖，只采挖不保护、不培育，致使野生资源数量和质量均大幅度下降，特别是冬虫夏草的破坏性采挖严重，一些地区已处于濒危境地，面临枯竭危险。单靠采集野生中藏药材来支撑中藏药产业，原料资源匮乏必然成为制约境内中藏药产业发展的“瓶颈”和影响牧民收入。为克服人为采挖不当对中藏药资源的破坏和中藏药资源不足对正在发展的中藏药产业发展的制约，需加大冬虫夏草等贵重野生中藏药资源保护力度，建立保护、培育和合理的轮采制度；同时鼓励农牧民进行大面积人工培育种植。

立足丰富的中藏药材资源优势，建立野生中藏药资源保护和合理轮采制度，把中藏药采集作为玉树州牧民扶贫的重要措施。同时，大力发展规范化种植基地，生产出安全、有效、可靠的高质量中藏药材；同时支持中藏药加工企业，发展药材饮品加工、提取物加工、药材交易市场等后续产业等，吸收和消化当地采集、种植的药材，提高产品附加值，并且通过药材深加工以及交易市场的建设，对药材采集和种植生产发挥导向作用，使产品与市场有机的连接起来，以推动和引导中藏药材从采集、种植到加工的产业化发展，进一步带动药材的人工种植，真正使玉树州丰富的中藏药材资源产业链不断延伸，形成从生产、加工、销售为一条龙的产业体系，改变长期以来以原料形式出售的状况，使中藏药资源优势转化为经济优势，推动玉树州中藏药产业的发展，增加农牧民收入。

六、民族特色加工业

玉树州主要是藏族聚居区。民族手工产品历史悠久，文化底蕴深厚，深受消费者欢迎。主要特色加工产品有手工藏毯、藏族金银饰品、藏刀、唐卡、藏族服装、嘛呢石等。根据调查，手工藏毯编制主要是在果洛州大武镇移民新村和囊谦县移民点建有藏毯编制车间，从业人员约 500 多人，人均年收入 5000 元左右。藏式饰品、藏刀等加工主要以牧民手工作坊为主。总体来看，民族特色加工业还处于传统手工作坊，零星分散加工阶段，没有形成规模化，专业化的生产。

以特有的资源基础，深厚的文化底蕴为内涵，玉树州民族特色加工业发展潜力大，后劲足。要按照因地制宜，统筹规划，合理布局的原则，根据产品特点，实行集中加工和牧户分散加工等多种形式生产开发，逐步建立起“公司 + 基地 + 牧户”、“专业生产合作社 + 牧户”的经营模式，打名气、创品牌，提高产品附加值。同时积极研发新工艺品，不断满足市场各类消费群体的需求。

七、商贸服务业

商贸流通行业是整个经济的润滑剂，各种生产要素的整合都离不开商贸流通行业的健康、良性发展。同时，商贸流通行业属于劳动密集型产业，能够创造出更多的就业岗位，吸纳更多劳动力。且相对畜牧业、种植业等产业受自然灾害影响较小。根据统计资料，2008 年，玉树州社会消费品零售总额 56167 万元，占全省的 2.2%。其中批发零售贸易业 39953 万元，住宿餐饮业 10897 万元，其他行业 5317 万元。有从业人数约 9200 人。整个地区有 12 家星级宾馆。2008 年玉树州从事批发、零售、住宿业的企业有约 53 家，个体户 3035 户。近年来通过扶贫开发项目的实施，部分贫困地区牧民以投资入股或联户经营等方式，在城镇修建或购买商铺等，采取自身经营或租赁的模式发展商贸服务业，取得了较好的经济效益。

目前，玉树州以县城为中心的城镇或建制镇约有14个，具体分布是结古镇（玉树县）、香达镇（囊谦县）、称文镇（称多县）加吉博洛镇（治多县）、萨呼藤镇（杂多县）、约改镇（曲麻莱县）；建制镇有花石峡镇、隆宝镇、白扎镇、歇武镇、扎朵镇、清水河镇、河卡镇。由于地处高原，经济社会发展较为滞后，城镇规模普遍较小，城镇人口一般在2000~10000人左右。根据有关资料，区内城镇化水平在18%~20%左右，比全省平均水平39%低18~20个百分点，城镇有较大的发展潜力。随着国家支持青海等藏区发展政策的逐步落实和西部第二个10年大开发的实施，城镇化水平的提高和经济的发展、旅游业的兴起，商贸流通服务业将快速发展。

商贸流通服务业是增加贫困群众就业岗位，拓宽增收渠道，活跃经济和防灾减灾的重要产业。产业的发展，主要是结合地区小城镇建设，依托公路沿线、旅游线路、旅游景点、以各县城及区位、交通、物产等条件优越的乡镇为重点，分层次建立规模不等、分工合理、功能互补的专业化市场和商业网点，州府及县府所在地在做大做强贸易广场、建材市场、水果蔬菜肉类市场等现有批发市场的基础上，规划建设专业性批发市场，完善城市综合功能，规划建设商贸零售区，建设若干条专业街和休闲场所，提升城市服务功能。支持发展大型零售企业（包括大型百货店、大型综合超市）的连锁经营，鼓励贫困群众的小型店铺通过各种途径加盟连锁企业。在发展商业零售和餐饮业连锁经营的同时，加快向粮食、汽车、电脑、石化、药品、卷烟、图书、音像、建材等行业推进，并在租赁、家政、维修等服务行业引入连锁经营机制。积极推进超市和生活服务连锁企业向社区和农村牧区居住点延伸。鼓励发展适应牧区生活方式的“流动商店”，加强城乡交流和商品交换，盘活牧区流通渠道。积极鼓励和扶持个体、私营运输业的发展，为城乡交流提供便利条件。在发展传统第三产业的同时，大力发展信息、技术咨询、技术服务、法律、金融、会计、房地产等新兴服务业。在经营上，可根据项目的大小和经营特点等，采取单户、联户经营或组建专业合作社、市场管委会、商业服务公司等多种方式进行，同时项目户代表成立了监督委员会，定期监督检查项目的生产经营情况及利润分配方案，保证贫困群众的合理收入。各级政府要做好引导和服务工作，在土地、资金以及税收等方面予以大力的政策支持。

八、劳务产业

当前制约牧民增收的瓶颈是草场载畜量的饱和和超载，人—畜—草关系高度紧张，在草场畜牧业生产的三要素中，草场实际上是不可能增加的要素，增加的只是劳动力。这说明牧业生产的三要素中，人已经成为生产要素中的决定因素。只有在牧区进行人力资源开发，提高牧区人口的整体素质，改善牧区的人口质量，才能把牧区中的人从负担转变为资源，使之成为推动牧区经济社会发展的根本动力。脱贫致富才能取得实质性的成效。

青南高寒牧区现在人口41.9万人，有劳动力18.86万个，有各类牲畜2265个羊单位。经测算，需劳动力及辅助劳动力11.2万个。尚有富余劳动力7.68万个。开发牧区富余劳动力，进行人力资源输出，将是未来牧民脱贫致富的重要途径。

主要措施包括：一是加强基础教育、巩固“两基”成果，使牧区未来劳动力基本能达到初中文化程度和初中文化程度以上，从根本上提高牧区劳动力整体素质，培养新型牧民。二是大力发展牧区职业教育，牧区职业教育是牧区人力资源开发的重要途径。其技能直接与提升牧民的就业能力相联系，对促进牧民长效增收具有重要的现实意义。因此，加强职业教育要以就业为目标，整合教育资源，改进教学方式，着力培养学生的就业、创业能力。三是全面加强“三培两带”培训，“三培两带”是牧区行之有效的培训措施，即“把党员培养成致富的能手，把致富能手中的先进分子培养成党员，把党员致富能手培养成村干部，基层干部和党员带头致富，带领群众致富”。其目的是培育致富带头人和能人。

第六节　促进玉树州贫困人口可持续生计与扶贫产业发展的保障措施及政策建议

一、保障措施

鉴于玉树州的特殊困难，采取特殊的保障措施。同时采取更加优惠的金融、土地、税收、援建等政策措施，增强玉树州贫困人口自我积累和自我发展的能力。

（一）提高认识，为促进玉树州贫困人口可持续生计与扶贫产业发展奠定思想基础

从国内外的发展经验来看，产业扶贫作为一种具有持续竞争能力的新型产业组织形式，是藏区经济社会发展到一定阶段的必然趋势，也是促进藏区经济和产

业发展的主导形式。扶贫产业的发展不仅是带动区域经济发展、提升区域经济竞争力、促进区域产业结构调整与升级、构建区域产业体系的主要途径，也是加快发展方式转变，促进藏区经济社会协调发展的内在要求。扶贫产业是藏区扶贫开发“一体两翼”的重要内容，也是藏区贫困农牧民可持续生计的根本途径。在此背景下，通过扶贫开发手段，培育和促进扶贫产业发展已被认为是一种有效的区域经济发展战略。

目前，玉树州已进入产业加快转型、跨越式发展的关键阶段，把握好这个关键阶段，必将迎来一个经济加速发展的新机遇，我们认真贯彻落实中央“调结构、上水平、促改革”的要求，迫切需要创新发展方式和发展政策，通过扶贫开发手段，培育和发展扶贫产业，推进玉树州跨越式发展。因此，全面落实中央第五次西藏工作座谈会精神，从玉树州贫困人口求发展、谋富裕的强烈愿望出发，玉树州要切实提高对培育与发展扶贫产业重要性的认识，并将发展扶贫产业提高到实现藏区跨越式发展的高度来认识，坚定信心，科学编制扶贫产业发展规划，加强对扶贫产业发展规律和动态的研究，并在制定政策、深化改革、创新模式、资金落实、干部配备等方面更加重视贫困人口可持续生计与扶贫产业的发展。

（二）加强领导，为培育和发展扶贫产业奠定组织基础

培育和加快扶贫产业发展，要充分发挥玉树州各级政府的作用和职能，积极调动行业组织、龙头企业及贫困牧民的主体发挥作用。为此，必须加强领导，落实责任，为发展扶贫产业提供必要的组织保障。一是要建立推进扶贫产业发展的领导协调机制。促进扶贫产业发展是一项复杂的系统工程，需要各级政府及有关部门形成合力，完善大扶贫格局。为此，青海省扶贫开发领导小组是玉树州扶贫产业发展的第一责任人，将扶贫产业作为一项重点工作，列入议事日程，切实担负起主体责任，由省级相关部门组成联席会议或协调办事机构，以组织制定促进贫困人口可持续生计与扶贫产业发展的相关规划、政策措施，协调有关部门的政策，整合各方面的政策资源，负责加强重大项目的协调，形成促进扶贫产业发展的合力。同时将贫困人口可持续生计与扶贫产业发展纳入各级政府及有关部门的工作考核内容之中；二是要转变政府职能，增强政府的公共服务。要按照发展扶贫产业的要求转变政府职能，减少政府对扶贫产业发展的干预，增强各级政府对扶贫产业发展的公共服务和引导能力，建设服务性政府；三要从发挥行业协会和农牧民专业合作经济组织的作用。在省扶贫开发领导小组的引导下，加强协会、农牧民专业合作组织等各种组织建设，充分发挥行业组织在促进贫困人口可持续

生计与扶贫产业发展的积极作用。同时要按照“因地制宜、多元创办、政府扶持、部门引导、市场运作”的思路，大力发展多种类型的农牧民专业合作经济组织，努力提高农牧民进入市场的组织化程度和参与市场竞争的能力，推进扶贫产业进程。

（三）明确导向，为贫困人口可持续生计与扶贫产业的发展提供指引

一要制定并出台中国高原地区扶贫产业发展的纲要或指导意见。青海省扶贫开发领导小组及其办公室应根据玉树州发展的现状与主要存在问题，发展的条件与可能，借鉴中国高原地区促进扶贫产业发展的发展纲要或指导意见，明确玉树州贫困人口可持续生计与扶贫产业发展的指导思想、基本原则、发展目标与主要任务，推进途径与政策措施。用发展纲要或指导意见，统一各方面的认识，为玉树州各级政府、各类行业组织和贫困群众提供发展导向和行动指南，充分调动各方面参与扶贫产业发展和建设的积极性。二要尽快组织玉树州和行业协会科学编制贫困人口可持续生计与扶贫产业发展规划。由于玉树州各县经济发展水平、扶贫产业发展情况与条件差异较大，因此，玉树州以县为单元，统一科学编制贫困人口可持续生计与扶贫产业发展规划，进一步明确扶持重点和政策措施，将扶贫产业发展规划纳入当地“十二五”国民经济和社会发展总体规划，并与行业规划有机衔接，相互支持。同时规划要瞄准最困难的区域和最困难的人群，因地制宜，突出重点，立足当前，兼顾长远，提高贫困群众自我发展能力。

（四）落实政策，为贫困人口可持续生计与扶贫产业发展提供政策支持和制度保障

玉树州及有关部门，根据贫困人口可持续生计与扶贫产业发展方向和实际要求，从提升产业发展能力、完善发展机制、改善发展环境等方面，研究制定促进和扶持扶贫产业发展的相关政策。一方面要积极利用国家支持青海等藏区经济社会发展的若干意见和国务院扶贫开发领导小组关于进一步做好四省藏区扶贫开发工作的指导意见，并结合贫困人口可持续生计与扶贫产业发展的需要制定实施意见和办法；另一方面要结合扶贫产业发展规律和各县发展的实际情况，在财政、税收、金融、土地、人才等方面有针对性地制定扶持的优惠政策。现阶段，加快玉树州扶贫产业发展，仅靠当地政策是不够的。一是要积极争取国家及新一轮西部大开发战略的政策支持；二要争取国家有关部门的政策支持；三要争取国际援

助及国际组织对藏区产业发展的项目援助；四要对扶贫产业发展与创新的金融服务支持；五是优先安排和重点支持扶贫产业发展的用地；六是积极吸引高素质的人才，为扶贫产业发展提供智力支持；七是建立中国高原地区扶贫产业合作联系机制。

（五）吸引人才，服务于贫困人口可持续生计与扶贫产业发展

加快玉树州贫困人口可持续生计与扶贫产业的发展，科技是支撑，人才是关键。抓关键，就是要加快实施人才强州战略，以人才队伍素质的提高推进扶贫产业发展水平提升。因此，玉树州发展扶贫产业，必须把人才的引进与培养放在重要的地位。一是要制定有利于玉树州吸引人才、留住人才、鼓励人才创业的政策。玉树州可依托本地资源发展扶贫产业的重点项目、重点任务和重点研究课题，为人才提供良好的工作和生活条件，吸引国内外人才投身于玉树州的跨越式发展。二是要加强与东部地区大专院校和科研机构的合作，为发展扶贫产业提供智力服务和人才支持。一方面要做好人才的培养和智力引进工作；另一方面要采取多种优先发展民族教育，大力培养少数民族各类人才，积极促进扶贫产业的科技成果向玉树州转移，提高特殊类型贫困地区转化科技成果和科技创新能力。三是要制定优惠政策，为全国人才来玉树州创业发展提供良好的环境和条件，使玉树州成为“创业者的乐园”。四是要对发展扶贫产业有突出贡献的高层次人才实行重奖。五要建立公开、公平、择优的育人、选人、用人机制，坚持和完善柔性引才引智模式，把高层次人才集聚到扶贫产业和优势企业创新创业。

（六）依靠科技，大力提升贫困人口可持续生计与扶贫产业的科技支撑能力

十七大报告明确指出，要促进经济增长由主要依靠增加物质资源消耗向科技进步、劳动力素质提高和管理创新转变。这强调了创新是实现扶贫产业发展的根本路径。作为玉树州来说，其特征就是劳动者素质不高、科技创新能力弱。可以说，自主创新能力不足是玉树州最现实、最关键的瓶颈制约，因此，要着力解决扶贫产业科技支撑和引领作用不强，科技成果推广应用水平低、推广体系不完善、科技投入不足等制约扶贫产业发展的问题，加快先进实用技术推广步伐。一要把自主创新放在发展扶贫产业更加突出的位置。要针对玉树州科技力量薄弱的现状，把自主创新的中心放在引进消化吸收再创新上，加强集成创新。二要坚持有所为、有所不为，集中力量，重点突破。要针对玉树州扶贫产业的技术体系还

处在起步阶段，必须瞄准贫困人口，以重点扶贫项目为载体，走开放式、联合式的合作创新之路，借助外力提升玉树州的科技创新能力和水平。三要建设特色扶贫产业基地和产业科技园区，培育壮大扶贫产业，促进科技成果向现实生产力转变。四要坚持“不求所有、但求所用”的原则，完善柔性引才机制，使玉树州为各类人才建功立业的乐土。五要强化贫困群众的科技培训，突出抓好实用技术、专业技能和创业能力培训。

（七）完善机制，增强贫困人口可持续生计与发展扶贫产业的动力和活力

玉树州发展扶贫产业，要建立和完善扶贫开发的动力机制、协调机制、投入机制、激励机制和保障机制，解决瓶颈问题，促进扶贫产业稳定发展，带动农牧民持续稳定增收，解决贫困人口可持续生计问题。一是要进一步完善扶贫动力机制。第一是内生动力机制，即建立玉树州发展扶贫产业补贴机制，增强贫困群众自我积累和自我发展能力。第二是外生性动力机制，即把扶贫产业同玉树州生态保护紧密结合起来，要在保护中开发，在开发中保护，大力发展特色扶贫产业。第三是联动性动力机制，即构建发展扶贫产业的协调联动机制，充分发挥大扶贫作用，突出重点，要确保各项扶持措施和社会力量优先覆盖重点区域和帮扶重点人群。二是要完善投入机制。第一要整合资源，出台专项扶贫资金管理办法，提高扶贫资金效益。第二要建立健全扶贫资金独立运作体系，加快资金周转速度，提高到位率。第三要加大扶贫投入，多渠道筹集资金，解决发展扶贫产业资金缺乏问题。三是完善激励机制。第一要建立和完善绩效考评激励机制，以奖代补，奖优罚劣，促进玉树州发展扶贫产业。第二要健全扶贫资金管理制度，规范监督检查机制，确保贫困人口从中优先受益。四是完善保障机制。通过发展扶贫产业，积极探索扶贫开发与最低生活保障制度的有效衔接机制。

二、政策建议

鉴于玉树州自然环境的严酷性、生态地位的重要性、经济社会发展的滞后性、民族整体贫困的特殊性、扶贫开发的艰巨性和藏区承担着特殊的社会稳定任务、特殊的经济社会发展任务、特殊的生态保护任务，建议尽快全面落实藏区扶贫开发优惠政策，扶持玉树州贫困人口可持续生计与扶贫产业发展。

（一）建立实施玉树州贫困人口可持续生计与扶贫产业发展的领导机构

为贯彻落实中央第五次西藏工作座谈会和《中共中央、国务院关于加快四川云南甘肃青海省藏区经济社会发展的意见》（中发［2010］5号）精神，一是建议国务院扶贫办成立实施中国高原地区扶贫产业领导小组，为玉树州扶贫产业实施提供强有力的组织保障。青海省及玉树州各级扶贫部门都应成立相应的组织领导和综合协调管理机构，形成省、州、县分级推进、分级管理、部门协调配合、上下良性互动的工作制度。二是建立扶贫产业工作落实机制，把扶贫产业建设的重点任务和部门的重点工作紧密结合起来，层层分解目标和任务，落实责任，分工合作，确保责任、措施、投入“三到位”。三是建立科学考核评价机制，促进玉树州贫困人口可持续生计与扶贫产业跨越式发展。

（二）玉树州建立贫困人口可持续生计与扶贫产业试验示范区

由于玉树州是全国最典型的特殊类型贫困地区，该区域贫困问题具有特殊成因、特殊困难和特殊表现，因此，必须采取特殊的措施重点扶持玉树州。根据国务院第123次常务会议关于对特殊类型贫困地区进行重点研究和扶持的精神，以及《国务院关于支持青海等省藏区经济社会发展的若干意见》、《中共中央、国务院关于加快四川云南甘肃青海省藏区经济社会发展的意见》和《国务院扶贫开发领导小组办公室关于进一步做好四川云南甘肃青海四省藏区扶贫开发工作的指导意见》的要求，建议玉树州尽快启动向国务院扶贫办申报“玉树州贫困人口可持续生计与扶贫产业试验示范区”程序，争取成为中国高原地区首个省级试点试验示范区，并得到德国技术合作公司及政策资金等方面的支持，全面促进玉树州贫困人口可持续生计与扶贫产业的跨越式发展。当综合试验示范区积累起成熟的经验以后，将其推广到中国高原地区。

（三）尽快制定《玉树州贫困人口可持续生计与扶贫产业发展规划》

玉树州自然条件极端恶劣，自然灾害频繁，农牧民生产生活条件十分艰苦，农牧民收入水平很低，是有代表性的集中连片重点贫困地区，该区域贫困人口规模依然庞大、返贫问题突出、相对贫困人口增多、特殊类型贫困地区的扶贫任务非常艰巨、扶贫难度大、投入成本较高，因此，根据《国务院扶贫开发领导小组办公室关于进一步做好四川云南甘肃青海四省藏区扶贫开发工作的指导意见》的要求，建议国务院扶贫办和德国技术合作公司尽快启动编制玉树州贫困人口可持续生计与扶贫产业发展规划。规划以县为单元，要瞄准最困难的区域和最困难的人群，紧紧围绕扶贫产业、提高贫困群众自我发展能力的主题，明确奋斗目标、建设内容、资金来源和政策措施。同时要将该规划纳入当地“十二五”国民经济和社会发展总体规划。玉树州及各县扶贫部门都要根据规划的目标和阶段安排，制定分年度的具体实施方案，并向社会公布。

（四）尽快设立中国高原地区贫困人口可持续生计与扶贫产业发展专项资金

玉树州自然条件严酷，社会发育程度低，经济发展严重滞后，按照我省新定的扶贫标准（农区1300元、牧区1500元），该区域有贫困人口14.1万人，占农牧民总人口的48%。同时由于城乡差距、贫富差距的加大及玉树地震的影响，相对贫困人口的数量又在缓慢上升，使该区域扶贫开发工作压力继续增大，特别是要实现国发34号文件和中发5号文件所提出的目标存在很大困难。为确保玉树州既定的目标如期实现，建议国务院扶贫办采用扶持“三西”的做法，设立中国高原地区贫困人口可持续生计与扶贫产业发展资金，加大对玉树州财政扶贫资金的支持力度，专项下达，专款专用，尽快改变贫困地区的落后面貌。

（五）建立全面高效的减灾避灾体系

加强减灾避灾是保障玉树州贫困人口可持续生计的重要举措，是落实科学发展观和构建社会主义和谐社会的要求。玉树州是全国自然灾害十分频繁的地区之一，灾害种类多、发生频率高、分布广、季节性明显、造成的损失大，严重的影响该区经济发展、社会稳定和人身安全。因此，一是建立有效的减灾避灾机制，切实做好扶贫产业工作；二是通过健全灾害监测预警、预防机制和灾害应急指挥救援机制，全面提高灾害的预防与救援能力。

（六）进一步完善对口支援方式，切实加大扶贫产业支援力度

玉树州贫困人口可持续生计与扶贫产业的发展，归根到底要靠贫困群众的自力更生、艰苦奋斗，但由于历史和自然等原因，玉树州自我发展能力弱，仅靠自身努力很难实现同步发展，需要北京市、辽宁省等发达地区的对口帮扶。对玉树州的帮扶，在国家必要的扶持下，要在现有框架的基础上，要进一步加大对贫困

人口可持续生计与扶贫产业的帮扶力度。同时，要积极鼓励国内其他地区与玉树州开展以市场为导向、效益为中心、以互利为目的、以企业为主题的经济技术协作，支持内地产业向玉树州转移，实现优势互补、共同发展。

参考文献：

[1] 孙发平等．中国三江源区生态价值及补偿机制研究．北京：中国环境科学出版社，2008

[2] 苏海红等．中国藏区反贫困战略研究．西宁：青海人民出版社，2008

[3] 王松霈．生态经济学．西安：陕西人民出版社，2000

[4] 王秋艳．中国绿色发展报告．北京：中国时代经济出版社，2009

[5] 中国科学院可持续发展战略研究组．中国可持续发展战略报告．北京：科学出版社，2010

[6] 张晓山等．中国农村发展的历史跨越．哈尔滨：黑龙江人民出版社，2009

[7] 曹文虎等．青海省实施生态立省战略研究．西宁：青海人民出版社，2009

[8] 张忠孝．青海地理．北京：科学出版社，2009

[9] [德] 柯武刚等．制度经济学．社会秩序与公共政策．韩朝华译．北京：商务印书馆，2000 年

[10] 李勇等．青藏高原三江源地区可持续发展公共政策研究．西宁：青海人民出版社，2009

[11] 赵兴玲等．可持续生计视角下失地农民长远生计问题探究．云南地理环境研究．2009 21 (1)

[12] 杨国安．可持续发展研究方法国际进展——脆弱性分析方法与可持续生计方法比较．地理科学进展，2003 ，22 (1)

[13] 王晓毅．扶贫、环境保护与可持续生计．中国社会科学报

[14] 李斌等．农村发展中的生计途径研究与实践．农业技术经济．2004 ，4

[15] 刘娟．贫困县产业发展与可持续竞争力提升研究．中共中央党校．2008

[16]《青海省减贫发展战略研究总报告》，世行技援项目青海省子项目管理办公室

[17]《青南高寒牧区减灾避灾产业发展研究报告》，青海省扶贫开发局

[18]《青海省“十二五”扶贫开发规划》，青海省扶贫开发局

[19]《国务院关于印发玉树地震灾后恢复重建总体规划的通知》（国发［2010］17 号）

第五章　中国高原地区减贫战略和政策规划体系研究

——生态移民、生态补偿与人口流动研究

吕世海（中国环境科学研究院）
王铁梅（北京林业大学林学院）
田俊量（青海省环境保护厅生态保护中心）

第一节　研究背景

一、高原区生态环境现状

我国地势西高东低，全球海拔最高、面积最大、隆起时代最晚的青藏高原区就位于我国西部。青藏高原区不仅包含着世界罕见的特异生物资源，更是全球气候的重要调节区，素有“亚洲水塔”之称的三江源地区便位于青藏高原腹地。青藏高原区作为北半球气候变化的主要启动区和调节区，对我国东部、西南部的生态环境和社会经济发展产生巨大影响。但是，由于青藏高原隆起的时间不长，高原区下垫面的物理属性较差，多数土壤、植被尚处于年轻的发育阶段。主要生态系统的结构和功能简单，受到外界干扰时，其自身的调节机制不够健全，恢复能力弱，一旦破坏，即发生退化和逆向演替现象，恢复难度极大且恢复过程十分缓慢。近年来，由于自然因素和人为因素的共同作用，高原区生态环境已经遭到不同程度的影响和破坏，尤其是位于该地的高寒草地生态系统，已经处于退还、崩溃的边缘，给青藏高原区和长江、黄河上游的生态环境造成极大的危害。具体体现在：

（一）湖泊萎缩，水资源减少

从20世纪70年代开始，青海三江源地区沼泽草甸出现自然疏干现象，大面积湿地萎缩退化。21世纪以来，三江源地区水资源环境不断恶化，冰川退缩，雪线上升，湖泊、河流快速萎缩，甚至干涸，大片湿地消失，湖区土壤湿度降低，水资源减少。1970－1990年的20年间里，长江源头的岗加曲巴冰川至少退后了500米。三江源地区1071个湖泊萎缩，其中被称为“黄河源头第一县”的玛多县就有1040个湖泊萎缩，李晖等（2010）通过对1975—2006年间30年遥感影像为基础，统计30年来三江源地区湖泊总面积缩小了65.76平方千米；1990－2000年的10年间，三江源地区的年均径流量较1956－2000年的年均径流量降低了10.90%。

（二）草场退化、沙化加剧

我国天然草原主要分布在北方干旱半干旱区和青藏高原区。千百年来，高原区农（牧）民主要从事草原畜牧业。近年来，随着人口、牲畜数量激增和气候变化影响，高原区生态环境不断恶化，草原退化逐年加大，中度以上退化草原面积占可利用面积的50%～60%，部分地段已沦为次生裸地或利用价值极低的黑土滩。据中国科学院西北高原生物研究所2005年报道，90年代青藏高原退化草地总面积已占可利用草地面积的32.69%（表4.1）。

表4.1　青藏高原退化草地总面积

地区	退化草地面积/万 hm^2		占可利用草地面积的比例/%	
	1980S	1990S	1980S	1990S
西藏	1202.59	1990.84	18.12	30.00
川西北	910.28	1005.52	28.79	31.82
青海	386.67	467.29	27.31	33.00
甘肃	712.87	787.45	44.36	49.00
合计	3212.41	4251.10	21.42*	32.69*

（三）水土流失日趋严重

草地退化导致草地生产力大幅度下降。目前，三江源区中度以上水土流失面积为9.62万平方千米，占地区总面积的26.5%。黄河源区沙漠化土地面积高达12.67万平方千米，长江源区沙漠化土地面积已高达19.42万平方千米，分别占三江源区总土地面积的34.9%和53.5%，这些沙化草地每年向长江、黄河输送泥沙1000万吨。

（四）生物多样性减少

据调查，高原区受威胁的生物物种约占区域生物物种总种数的15%～20%，高于世界平均水平的5%。特别是唐古特大黄（*Rheum tanguticum*）、青海黄芩（*Astragalus tanguticus*）、冬虫夏草（*Cordyceps sinensis*）、野耗牛（*Poephagus mutus*）、藏羚羊（*Tibetan antelope*）等珍稀野生动植物种类逐年锐减，有的甚至濒临灭绝。20世纪80－90年代期间，曲麻莱县境内野耗牛和藏羚羊数量分别减少了33%和54.75%。雪豹、猎俐、藏原羚、盘羊等曾经在江河源区广泛分布的物种，如今已很难见到其踪迹。

二、高原区人口分布及其生存现状

（一）人口分布稀疏，增长速度快

青藏高原区土地面积约占全国的23%，但人口总数仅占全国的0.81%，人口密度普遍低于全国平均水平。其中，西藏为1.8人/平方千米、青海为6.2人/平方千米，四川的阿坝和甘孜两个自治州平均为6.4人/平方千米。由于青藏高原区自然环境恶劣，大约70%～80%的人口集中在西藏的雅鲁藏布江流域、藏东三江流域和青海省的湟水和黄河谷地，藏北高原的那曲、阿里地区和青海南部的玉树、果洛、格尔木等地，人口密度不足1人/平方千米。青藏高原地区人口规模较小、但增长速度较快。1953—2001年青藏高原的人口年均增长率为28.17‰，高于全国同期人口年均增长水平约4个百分点（图4－1）。因此，较快的人口增长水平和较低的资源环境承载能力，必然加大对区域生态环境的压力，加剧区域退化进程。

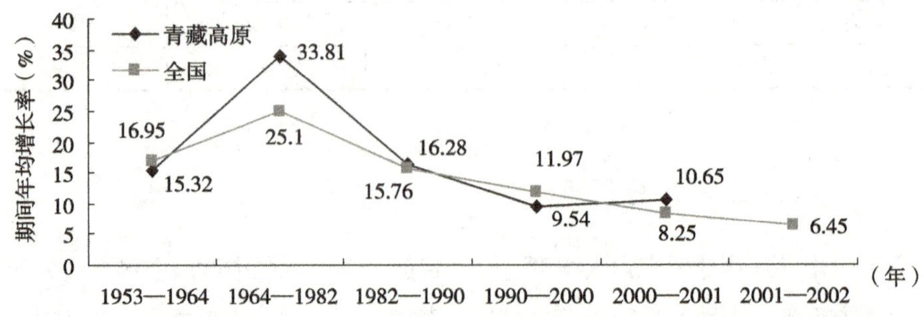

图4－1　青藏高原与全国人口各时段年均增长率变化趋势（张镱锂等，2005）

（二）人民生活极度贫困，生态退化日趋严重

青藏高原是我国目前贫困人口的集中分布区域。《国家八五扶贫攻坚计划》划定的592个国贫县中，西部12省区共有375个，占全国贫困县总数的63.3%，其中青藏高原区90%以上的县为国贫县。据2010年赴青海玉树州实地调研，生活在三江源区的牧民年人均纯收入普遍不足1000元，部分生活极度贫困的牧民年人均纯收入仅有200~400元。而且，高原地区自然环境恶劣，大部分牧民的实际收入主要来源于自由放养的少数牦牛，生活贫困已成为当地最主要限制因素。最近十几年，随着全球气候变化和草原牦牛数量的集聚增长，高原区草场退化、沙化趋势日益明显，草原生产力急剧下降。以玛多县高寒草原为例，1979年单位面积草原平均草产量为1950千克/平方千米，到2010年下降为不足1000千克/平方千米，下降幅度达50%左右。牧民为了维持生计，只得在退化草场上继续增加牦牛饲养量，导致“草地过牧—生态退化—生产力下降—地区贫穷”的恶性循环。

三、高原生态移民的内涵及范畴

（一）生态移民的概念内涵

生态移民（eco-migration），系指原居住在自然保护区、生态环境严重破坏地区、生态脆弱区，以及自然环境恶劣、基本不具备人类生存条件的地区的人口，通过移民的方式，使他们集中起来，搬离原来的居住地，并在适宜生存和定居的地方重建家园的人口迁移。

生态移民是为保护区域生态环境而进行的政策性人口迁移。实施生态移民可以产生以下三方面的积极效应：一是可以降低人类对生态脆弱地区生态环境的扰动和破坏，使退化生态系统得以恢复和重建；二是可以通过异地开发，逐步改善贫困人口的生存状态，提高贫困人口的生活质量；三是减小人口对自然保护区、重要生态功能保护区和生态脆弱区的压力，有利于生物多样性保护和自然生态功能的稳定维持。

生态移民是有目的、有规划、有组织、有秩序的集体型人口迁移。从国内外的实践经验分析，生态移民更多地是在移民原居住地生态环境恶化情况下，由政府发起的，有一定计划安排的、单向性、长期性的移民。“十一五”期间，我国政府对居住在三江源自然保护区核心区的居民实施生态移民，是国家为保护青藏高原涵养水源等重要生态功能所采取的重大环境保护行动，也是维护下游生态安

全和改善三江源区各族民众生活质量的重大战略举措。

（二）高原区生态移民的特点

高原区生态移民是国家为保护青藏高原区的生态环境而实施的重大移民搬迁工程，移民工程实施过程中尽管采取移民自愿搬迁的政策措施，但就移民本身而言，仍具有被动性、永久性、牺牲性和复杂性等特点。

（1）被动性。高原区生态移民是国家政策性移民，涉及区域较广，不论其年龄、性别、文化程度、宗教信仰有何不同，都会因为工程建设而不得不搬迁。这个迁移过程不仅给移民带来居住环境和经济上的变化，而且还会带来社会组织结构、生产生活方式、文化和心理上的变化。

（2）永久性。高原区自然环境恶劣，基本不具备人的生存条件。生活在高原区的居民，不但缺乏必要的生产条件，而且生活质量低下。因此，高原区生态移民与其他非自愿移民不同，移民搬迁后，随着生产生活条件的逐步改善和生活质量的不断提高，一般再返回原居住地的可能性很小。因此，高原区生态移民具有移民搬迁的永久性特点。

（3）牺牲性。高原区生态移民是国家为了保护青藏高原区生态环境、维护下游区域生态安全和促进区域持续发展所采取的重大决策。移民在搬迁过程中，尽管可以得到国家和地方政府一定数额的经济补偿，但对于长期习惯于高原生活的牧民而言，放弃了原有的草场和长期赖以生存的家园，特别是生存环境和生产生活方式的巨大改变，就意味着“巨大”的牺牲。

（4）复杂性。高原区生态移民是一项复杂的系统工程，不仅涉及移民村的基本建设、产业发展和移民日常生活的稳定维持等问题，而且涉及移民的宗教信仰、历史文化、民风民俗等多个方面。因此，高原区生态移民具有一定的区域特色，也具有相对的复杂性和特殊性。

四、高原区生态移民的意义

青藏高原区特别是三江源区实施生态移民工程是一项利国利民的战略举措，也是维护区域生态安全和突出“以人为本”发展理念的重要体现。其战略意义主要体现在：

（一）有利于改善高原地区生态环境

青藏高原区特别是三江源区是我国西部地区的典型生态脆弱区，过去20～30

年间，三江源区生态退化、湿地萎缩趋势日益明显，特别是水源涵养能力的急剧下降，直接威胁到对黄河、长江和澜沧江等下游河流的水源补给。究其原因，除了受全球气候变化影响外，最根本和直接的原因是长期过度放牧、过度开垦、乱采乱樵等不合理的人为活动所致。因此，实施生态移民工程，逐步降低高原区人口与牧畜数量，实行全面禁牧或封育，可以有效降低人为因素的过度干扰，有利于在短期内恢复高原植被，从根本上逐步解决高原区生态问题。

（二）有利于解决高原区的温饱问题

青藏高原区经济发展总体水平依然较低，产业发展仍以种植业和畜牧养殖业等传统产业为主，工业经济比重较小，而且受传统习惯和传统意识的影响，高原畜牧业至今仍实行自由放牧方式，生产者的财富观念大多停留在以牲畜的数量多少来衡量，导致生产结构失衡，草场超载，牧民收入水平低而不稳，地区贫困面貌长期不能得到有效改善，只有通过移民搬迁来实现脱贫。以地处青藏高原区三江源区腹地的青海玉树州为例，2008 年全州 GDP 总量为 24.5 亿元，其中，农业和畜牧业产值为 14.8 亿元，占同期 GDP 的 60.4%；农村（牧区）贫困人口 11.73 万人，占当地总人口的 35.4%。2008 年全州扎实推进生态移民与扶贫工作，当年实现移民脱贫 12353 人，脱贫率达 10.53%。而且，随着生态移民工作的不断深入，贫困人口的生产生活条件得到逐步改善，特别是居住、交通、通讯、文化、教育、卫生等条件的改善，将有助于彻底解决高原区贫困人口的温饱问题。

（三）有利于生产经营方式的转变

按照《三江源区生态移民总体规划》设计方案，移民由原居住地迁入到新址后，重点发展牛羊舍饲育肥的效益型养殖业和高原区设施农业，彻底抛弃原有广种薄收、自然养畜的农牧业落后生产方式，增加农牧业生产抵御自然灾害能力，提高农牧业的生产效率，使其逐步向高效益、高技术的现代化农牧业过渡，使迁入区成为高效农作物区、畜产品、蔬菜、奶食品供应基地，进一步发挥主导产业的优势，促进经济的发展。

（四）有利于加快小城镇建设步伐

高原区实施生态移民，将原来分散居住在草原牧区的牧民集中安置在适宜居住和生活的村镇，将有利于加快高原区小城镇的建设步伐，减轻草原牧区的人口压力，实现区域经济与社会、资源与环境的持续发展。许多实例证明，实施人口迁移，壮大城镇规模是促进欠发达地区经济社会协调发展的有效途径之一，疏散移民、集中搬迁至几个中心城镇，将快速增强城镇的基本功能，为地区经济发展做出贡献。

（五）有利于提高人口素质

地处高原区的牧民，人口素质普遍低下。尽管政府实行九年义务教育，但由于高原区交通闭塞、通讯落后，教育资源极度匮乏，因此群众接受教育的程度普遍较低。实施生态移民后，牧民集中在教育资源相对丰富的城镇居住，一方面有利于移民本身接受现代职业技能培训，为发展新型产业奠定科技基础。另一方面，有利于移民及其子女的基本素质教育，丰富其知识结构，更新传统观念，掌握新型实用技术，用于地区脱贫与发展。

五、研究方法

研究方法包括基础资料的收集、政策评价法、统计抽样分析法、资料对比分析法、指标筛选法、生态价值核算筛选法等。

基础资料包括中国生物多样性国情研究报告以及中国濒危动物红皮书、《中国草地资源》、《草原法》、《青海省统计年鉴》、国家环境保护总局的统计资料以及地方相关统计材料、政府报告等。生态补偿标准的确立采用生态价值核算的方法进行确立。生态价值服务指标选取草地生态价值服务研究中出现频率最高的十个指标体系，参考王蒲吉（2007）、李建军（1992）等人的研究成果，在核算公式筛选研究充分注意核算公式涉及的每个参数要做到科学合理、含义明确、可以测量、数据易得且可靠。

第二节 高原生态移民工作回顾与评价

一、高原区生态移民战略回顾

（一）高原区生态保护发展轨迹

我国历来重视青藏高原区的生态保护，中华人民共和国成立之后，为了全面考察和评估西藏的土地、森林、草场、矿产和水力资源，1951 年中央组织“政务院西藏工作队”，全面开展了科学认识西藏生态环境的工作，这是第一次从现代科学的角度认识和保护高原生态。1958 年又成立了“中国科学院西藏综合考察队”，青藏高原的资源与环境评估步入了科学轨道，并为今后的生态保护奠定了基础。

20 世纪 70 ~ 80 年代，国家在青藏高原展开深入、系统的科学考察活动，并把科学建议体现在政府工作的指导思想上。中央政府不仅制定了综合科学考察规划，进行了大量的科学研究和实地调查，还相继召开了许多有关青藏高原生态环境的专题性和综合性学术研讨会，出版了一批有关青藏高原生态环境的学术成果，中国在青藏高原的生态建设和环境保护方面开始取得实质性的进展。

自 80 年代以来，西藏相继建立了 45 处不同类型的自然保护区，其中国家级自然保护区 9 处，国家级和自治区级（省级）自然保护总面积为 41.27 万平方千米，占全区土地面积的 33.4%，占全国自然保护区总面积的 30.8%。青海省建立了三江源自然保护区、黄河、长江、澜沧江源头区和祁连山地区（黑河上游）生态功能保护示范区等 15 处自然保护区，保护区面积达到 21.76 万平方千米，由于严格限制猎杀、开采以及经济开发等不利于生态保护的人为活动，保护区的生态环境得到了恢复，并且逐渐向良性循环的方向发展。

半个世纪以来，为了保护脆弱的高原生态与环境、促进社会可持续发展，国家采取了一系列的举措，取得了非常显著的成效。但是，随着高原地区气候变化、人与自然矛盾的进一步恶化，仅靠人工生态建设不能完全实现生态环境的恢复和改善，在国家经济实力、对环境的认识能力均得到提高的条件下，须将居民从该地迁出，使高原区生态环境脆弱地区及具有重要生态功能的地区得到生态自然恢复。因此，高原区生态移民工程作为新时期高原区生态保护的一项重大工程进入日程，标志着党和政府对高原区生态保护认识提升到新的台阶。

（二）高原区生态移民战略的实施

高原区生态移民以三江源移民为先驱和代表，三江源地区的生态关系到我国乃至世界的生态平衡，三江源地区现在面临着严重的生态危机，保护好该地区的生态是刻不容缓的大事，基于此，国家制定了三江源生态移民计划。2000 年 2 月 2 日，国家林业局以林护自字（2000）31 号文《关于请尽快考虑建立青海三江源自然保护区的函》下发青海省。时年 5 月，青海省人民政府批准建立三江源省级自然保护区，并于 2001 年 9 月成立了青海三江源自然保护区管理局。2003 年

1月，经国务院批准，三江源自然保护区晋升为国家级自然保护区（国办发［2003］5号），2004年2月，《三江源自然保护区生态保护与建设总体规划》正式编制出台，并经国务院批准开始实施。2005年1月26日，国务院第79次常务会议通过了总投资75亿元的《青海三江源自然保护区生态保护和建设总体规划》（以下简称《总体规划》），工程于2005年8月30日正式启动。主要包括生态移民、退牧还草、小城镇建设等系列工程。按照《总体规划》，三江源自然保护区需生态移民1.6万户、8.9万人，实际移民1.01万户、5.58万人，生态移民后，其承包草场实施禁牧，但草场承包权不变，并享受退牧还草饲料粮补助。截至2009年底，三江源区已有1万余户、近5万名牧民自愿离开生态退化的草原，顺利实现了移民搬迁。

二、高原区生态移民政策法规体系

生态移民是一项涉及面广、工程量大、情况复杂的系统工程，需要有相应的政策和特殊措施做保障。2005年以来，国家及地方制定了一系列相关政策，保障生态移民的顺利实施，按照对象，高原区移民政策法规体系可分为，一是对生态移民的扶持管理政策，如《“三江源”地区生态移民享受优惠政策》；二是对生态环境的保护和管理政策及实施细则，如《青海省实施〈中华人民共和国草原法〉细则》。按照政策法规出台部门可分为，一是国家相关法规如《草原法》、《防沙治沙法》；二是地方政府的相关管理办法。如青海省政府为实施好国务院批准的《青海省三江源自然保护区生态保护和建设总体规划》，由三江源自然保护区生态保护和建设总体规划实施工作领导小组办公室出台了《青海三江源自然保护区生态保护和建设工程管理暂行办法》等六项管理办法和《青海三江源自然保护区生态保护和建设工程公示制实施细则》、《青海三江源自然保护区生态保护和建设工程安全生产管理细则》两个细则。

（一）针对生态移民的贷款、劳务、就业等优先机制和减免税收政策

为了顺利实施三江源生态移民工程，国家从各方面给予了极大的关注，并投入了大量资金、出台了一系列相关扶持政策以保障移民稳定发展。比如生态移民获得户均住房45平方米、暖棚120平方米和一定数额的搬迁费等补助；对移民发展生产所需贷款予以优先安排，区域内各种用工优先考虑移民户中的劳力，免征移民户各种税收3－5年。为帮助解决三江源生态移民的后续生活，青海省政

策制定了关于“三江源”地区生态移民享受优惠政策（青农草［2004］509号，见表3）。

表3　青海省关于“三江源”地区生态移民享受优惠政策内容

优惠政策方向	主要内容
管理依据	颁发生态移民证。
减免税收，鼓励自主创业	免于工商注册，放宽经营范围；5年内免收工商行政管理行政性收费；从事个体经营（国家限制的行业除外）经济，5年内免征或减增营业税、城市维护建设税、教育费附加和所得税等。
后续就业	凡在“三江源”地区实施的基础设施建设项目在制定工程施工投标文件中必须明确规定吸纳20%以上生态移民作为普通工。
教育培训	免费培训和教育。

（二）已有的生态环境保护政策体系

高原区已有的生态环境保护法律以《中华人民共和国草原法》为主，主要包括基本草地保护制度、禁牧及休牧制度、草畜平衡制度等，把草原保护和合理利用纳入法制化管理的轨道（见表4）。

表4　草原法章节主要内容

章节	主要内容
第一章：总则（1~8条）	规定了县级以上草原管理部门监督草原的责任，同时要求乡镇政府加强草原监督工作。
第二章：草原权属（9~16条）	明确规定了草原所有权为国家或集体所有，明确了草原确权登记及承包经营草原的程序。 相关法规：《农村土地承包法》（2003）、《农村土地承包经营纠纷调解仲裁法》（2010）
第三章：规划（17~25条）	草原规划的内容包括草原保护、建设和利用规划，其目标和措施，草原功能分区和各项建设的总体部署，各项专业规划。本章提出了建立两个制度、一个系统、一个标准的要求，即建立“草原调查制度”和“草原统计制度”，“草原生产、生态监测预警系统”及制定全国草原等级评定标准。
第四章：建设（26~32条）	分别规定了人工草地、草原改良、草原生产生活设施、草种管理、草原防火设施、草原综合治理及建设专项资金安排草原建设内容；政府支持草原改良，鼓励选育、引进、推广优良草种。 相关法规：《牧草种子暂行管理办法》、《中华人民共和国种子法》、《防沙治沙法》

续表

章节	主要内容
第五章：利用（33～41条）	规定了为合理利用草原而设置的草畜平衡、划区轮牧、舍饲圈养等基本措施；对因建设而征用或使用草原的审批程序和相关补偿、恢复费用的确定；对临时占用草原的规定，以及在草原上修建服务工程设施的规定。说明了对限牧地区牧民补偿和饲料补贴，明确了不要或尽可能少利用草原进行矿山开采。 相关法规：《土地管理法》、《农业法》、《草畜平衡管理办法》、《草原征占用审核审批管理办法》
第六章：保护（42～55条）	包括三项保护草原的重要制度和四项禁止性条款，即“基本草原保护制度、草畜平衡制度、禁牧休牧制度”和“禁止开垦草原，禁止乱采乱挖草原野生植物和破坏草原植被的其他活动；禁止使用剧毒、高残留以及可能导致二次中毒的农药；禁止机动车辆随意在草原上行驶”等。 相关法规：《自然保护区法》
第七章：监督检查（56～60条）	修订后草原法新增内容，主要对草原监督管理机构、草原执法队伍建设、草原监督检查人员履行检查职责时有权采取的措施进行规定。 相关法规：《国家公务员暂行条例》
第八章：法律责任（61～73条）	本章是这次草原法修改的重点内容之一，规定了非法转让、使用、开垦及破坏草原等行为所承担的刑事、行政及民事责任及罚款金额。

三、高原区生态移民体制建设

高原区生态移民工程由项目区县政府组织实施，各级政府的三江源领导小组按照《总体规划》和生态移民实施方案，依据“移得出，稳得住，能致富”的移民原则和牧民意愿，选择安置地，委托设计规划单位进行施工作业设计，招标选择施工和监理单位进行建设和监理，经验收合格后再搬迁移民，在搬迁移民的同时，考虑后续产业发展。

（一）生态移民安置方式

根据国家发改委要求和项目区实际情况，结合移民意愿，生态移民实施方案拟定了以适度聚居和异地搬迁（跨县安置）为主的两种安置方式。

1. 适度聚居安置

适度聚居安置系对于自然保护区内零星散居，生产生活条件困难，尚未实现定居的牧民群众，实行适度聚居，集中安置。通过制定减畜方案、落实减畜措施，以草定畜、划区轮牧，建设定居房屋等措施，来改善牧民的生产生活条件，并达到保护生态环境的目的。

安置地点以牧委会所在地、牧民现居住的自然村附近为主，还有少量的牧民，其草场本身离所属乡镇政府较近，可安置到乡镇政府附近居住。

适度聚居安置的牧户，生产方式以半舍饲放牧为主。一般情况下，牧民草场位于自然保护区之外，自然植被较差，生产力较低，虽有明显的退化现象，但通过实施休牧、禁牧、灭鼠、围栏封育等人工管理措施，可在较短的时间内得以恢复的，实行就地适度聚居安置半舍饲放牧。其次，生活在省界附近的牧户，采取以牧委会就地安置方式，实施以草定畜政策，严格核定草场载畜量，实行半舍饲养殖，并承担相应草地或林地管护任务。

2. 异地搬迁安置

异地搬迁安置系指离开本乡本土，跨县或跨地区安置的方式。一般情况下，草场分布于自然保护区核心区、缓冲区的牧户，或国家法律规定需要绝对禁止干扰的地区的牧户，需要进行异地搬迁安置；对项目区内少数草场荒漠化特别严重、在短期内无法恢复并实现永续利用或已经不具备最基本的生产生活条件且极度贫困的牧民，由政府统一组织，实行易地搬迁，跨县或跨地区安置。通过合理确定搬迁人数，落实移民后续产业，保障移民生活质量不降低的前提下，实行先易后难，分步实施的搬迁安置方式，达到既保证草场能及时“减负”，保障搬迁牧民合法权益之目的。

（二）生态移民保障机制

1. 政策保障

——以《宪法》为核心的基本法律保障制度。基本的法律或者法治制度是指确认国家基本政治、经济、文化制度的法律，主要包括《宪法》、《民族区域自治法》等。就其作用来说，能够规范政治制度、经济制度以及社会文化制度和政府运行等宏观问题，既是一切建设活动据以有序运行的基础平台，也是生态移民区法治化管理与建设的平台。

——完善的草原保护制度。《草原法》明确规定了草原保护制度，实施禁牧、休牧、划区轮牧制度，落实草畜平衡制度，核定生态移民户适宜的载畜量，把高原区草原保护和合理利用纳入法制化管理的轨道。

——国家和地方政府建立的扶持生态移民实施再就业而制定的贷款、劳务、就业等优先机制和减免税收政策。如对移民发展生产所需贷款予以优先安排，移民区域内各种用工要优先考虑生态移民，移民安置区免征各种税收，优先考虑生态移民的医疗、保险等社会福利政策等。

2. 资金保障

生态移民工程是一项涉及面广，资金投入巨大的系统工程，也是中央政府突出"以人为本"，全力实施高原区减贫战略和促进高原区经济社会与资源环境协调发展的公益事业。目前，高原区生态移民工程的建设资金主要来源于国家财政转移支付、国家基本建设项目经费支持、地方财政补贴、国际社会的广泛援助、国内民众的无私捐赠等。"十一五"期间，国家为保护三江源区的自然生态系统，维护其高原"水塔"功能，先后投入75亿元资金，用以实施三江源生态移民工程。此外，国家还启动多项生态建设工程，如退牧还草工程、退耕还林（草）工程、天然林（草原）保护工程、农村牧区人畜饮水工程以及新农村（牧区）建设工程等，这些工程项目的顺利实施，也为移民区的基本建设拓宽了相关资金的保障渠道。

3. 科技保障

科技保障是实施生态移民的重要环节之一。生态移民实施过程中，涉及规划设计、基本建设、产业发展、社会服务等多个层面，难度大、任务重，许多重要环节都需要科技投入予以保障，如移出区生态保护规划与建设、移入地规划设计与基本建设、移民生产生活安置、替代生计与新型产业发展、移民职业教育与技术培训、社区规范化管理等。

目前，我国已建立了相对完善的高原区生态移民科技支撑体系，除中央级科研院所、高等院校外，地方科研院所和高等院校均能对生态移民工程实施中遇到的科技难题给予技术支撑。其中，地处高原区的高校和科研院所是高原区生态环境保护的重要科技力量来源，如中国科学院西北高原生物研究所、中国科学院寒区旱区环境与工程研究所、兰州大学、青海大学等。此外，还有各级地方研究机构，如青海省社会科学研究院、减贫研究所等，都为高原区草地保护、定居工程、生态补偿研究等提供了强有力的科技支撑。

四、高原区生态移民技术方法与成功模式

以三江源区生态移民为例，移民对象为三江源国家级自然保护区核心区和缓冲区的牧民、草场退化严重且短期内难以恢复地段的牧民以及生存条件极端恶劣。不适宜人居住且生活极端贫困的牧民。移民工程实行分级管理，青海省和各州、县政府建立三江源生态移民工作领导小组，组织编制了《青海省三江源区生态移民总体规划》，移民区的所在州、县政府按照《青海省三江源区生态移民总

体规划》确立所辖区域内的移民数量，并组织编制相应的实施方案。各级政府坚持“移得出、稳得住、能致富”的移民原则和牧民意愿，根据移出地和移入地的实际情况，分别选择适宜的安置方式、安置地点和后续产业发展模式（表5），以保障移民工作的顺利进行。

表5　三江源区生态移民安置及后续产业发展模式

安置模式	特点	后续产业发展
集中安置	主要安置方式，集中安置。主要安置在县政府和乡镇政府驻地。	以二、三产业为主，重点扶持藏毯、手工艺品加工业，大力开发和培育生态旅游等新兴行业，着力发展商贸、餐饮、运输等服务行业。
聚居安置	适度聚居，就地安置。安置地点主要以牧委会所在地、牧民现居住的自然村附近。	高寒草地型生态畜牧业，加强草地保护、培育和合理利用，调整优化畜牧业生产结构，着力打造高原、绿色、有机品牌，提升畜产品经济效益。
跨县安置	政府组织，跨县、跨地区安置。通过是合理确定搬迁人数，落实后续产业，先易后难，分步实施。	高效畜牧业，努力扩大畜牧业产业规模，提升产业化水平，通过种草、购草（料），进行良种家畜的舍饲养殖，大力发展优质牛羊肉、乳品产业；适度发展粮食、油料生产，积极发展商贸、餐饮、运输产业。
自主安置	指早期自愿移民，有一定经济基础。	以民族特色的加工业为主，积极发展商贸、餐饮、运输产业。

三江源区生态移民工程实施以来，对减轻三江源高寒草地放牧压力、遏制高原区生态环境恶化、改善牧民生产生活条件等起到了积极作用。但是，三江源区生态移民工程的实施也给未来高原区的生态移民工作带来了严峻挑战。主要表现在以下几个方面：

（1）高原区的牧民长期生活在原始、落后和交通闭塞的高原腹地，由于受高原恶劣的自然条件约束，移民区产业结构单一，生产力水平低下，区域经济发展处于原始状态，牧民生活贫困已成为移民工作的最大障碍。

（2）高原区牧民长期处于封闭隔绝的环境，信息闭塞、交通落后，牧民受教育程度普遍较低，接受新鲜事物的能力十分有限，特别是对现代科学技术的发展认知程度较低，难以从事比较复杂的劳动，给移民之后生产自救和发展新的产业带来一定困难。

（3）高原区的牧民长期处于原始封闭的生存环境，薪材燃料等日常生活用品习惯于就地取材，生活方式简单，生存技能相对低下，移民后由于生活环境发生了较大改变，也给移民的生活带来一段时间的不适应。

五、高原区生态移民补偿机制

要建立生态补偿机制，用各种手段让下游地区对上游地区、开发地区对保护地区、受益人群对受损人群进行利益补偿，让上游地区和保护地区专心致志地保护资源环境。经过西部大开发以来的实践，高原区生态补偿机制雏形已现，具体表现在以下方面：

（1）补偿主体和补偿对象明确。保护三江源地区的“中华水塔”功能，是中央政府为维护国家生态安全所作出的重大举措，也是一项惠及全球的公益事业。中央政府是最基本的补偿主体。为此，国家对三江源地区各州县，每年以财政补贴、项目补贴等方式给予大量的资金扶持和实物补偿，重点补偿对象为高原区生态移民以及生活贫困的牧民群众。

（2）补偿方式较多样。目前，国家和地方政府对高原区的生态补偿方式有资金补偿、实物补偿、教育补偿、优惠贷款及税收减免等方式。此外，通过交通、通讯、水利等基础设施，职业技能培训、后续产业扶持等方式，促进生态补偿持续发挥作用。

（3）补偿运作主体以政府为主。高原区生态环境建设的投资金额大、周期长，为了提高资金使用效率、保证生态建设质量，各级部门成立了相应的移民工程管理部门，专款专用，保证项目的顺利实施。

第三节　高原生态移民面临的问题与挑战

一、高原区生态移民面临的问题

（一）生态移民和生态补偿政策缺失

1. 政策法规缺乏、滞后

对高原区乃至全国的生态移民而言，缺乏《生态移民安置条例》、《生态补偿办法》等相关法律法规。表现最突出的是缺乏对自然资源产权制度如土地使用的相关政策，生态移民工程中迁出地和聚居地的土地使用权问题，如生态移民的宅基地、人工饲草地使用权及转移及补偿问题。

2. 生态移民安置范围狭窄

部分游牧户没有纳入生态移民安置范围。退牧还草工程实施前，因草场退化、自然灾害等原因而到外面乞牧、帮牧，或从事其他生产活动的牧民，由于种种原因不能完全享受退牧还草政策。出现了同是牧民但不能获得同样补偿的问题。这部分牧民也有被纳入生态移民安置范围的诉求，如果不解决这一问题，必然对当地的社会稳定产生不利影响。

3. 移民安置后续管理政策执行缓慢

生态移民受自身素质所限，大多数在短期内很难从事其他产业自谋生计。移民搬迁后能否留得住、稳得下、不反弹，一个很关键的因素就是他们的生活能不能得到保障。如果生态移民没有一条较好的出路，他们只有返回原地放牧，退牧还草工程也将功亏一篑。但建立起以非牧产业为基础的经济和社会体系需要时间，移民的生活过渡到稳定状态也需要时间。政府有责任为生态移民提供能使之安居乐业的生产生活条件。

4. 资金帮扶政策尚不能满足移民生产生活要求

牧民减畜或者迁移后，需要大量的资金维持基本生活条件和发展生产。目前，牧户很难获得金融机构的支持。以青海省玛多县为例，目前只有农业银行一家金融机构。2004 年，该行储蓄存款 1700 万元，其中农牧户存款 380 万元；贷款 1700 万元，其中不良贷款占 97%。作为商业性金融机构，农业银行提供贷款的意愿严重不足，当地的金融供给能力低下。移民户生活方面的开支缺乏保障，更谈不上发展生产、重新就业。

（二）生态移民管理机制缺失

生态移民作为一种人口迁徙，应以国家法律保护下的自由迁徙为主。但是，目前我国没有制定详尽的《生态移民管理法》，而且由计划经济时期实施的户籍制度延续到目前的市场经济时代，这种以限制迁徙自由，并且严格的与生产生活资料紧密联系为实际内容的户籍制度，不仅造成了不公正的城乡二元社会结构，而且造成了高原区人口自由迁移的社会制度障碍。生态移民户籍和生产资料（草地）依然在迁出地，而在迁入地没有户籍意味着不能获得城镇的生产生活资料。由于没有相关法律依据，生态移民后续生活保障机制仍不健全，存在脆弱性，有些移民无法适应迁出后的生活，甚至想搬回迁出地。

（三）生态补偿标准失衡

1. 生态补助标准粗放

在三江源生态移民工程中，对生态移民的补偿内容包括基础设施建设费和饲料补助费，均按户给予补助，人数多的住户人均补助费用少，而无证草原使用用户通常是从大家庭中分离出来的小家庭，补偿标准降低对该部分生态移民有失公平。饲料补助费主要用于舍饲、补饲所需饲草、饲料的购置和今后从事其他产业牧民的生活补助，标准较低（表6）。

表6　三江源区生态移民补偿标准

<table>
<tr><th colspan="2">模　式</th><th>基础设施建设费（万元）</th><th>饲料补助费（元/年户）</th><th>饲料补助期（年）</th><th>保障措施</th></tr>
<tr><td colspan="2">整体搬迁</td><td>8</td><td>8000</td><td>5</td><td>解决城镇户籍，享受城镇低保。</td></tr>
<tr><td rowspan="2">零散搬迁</td><td>有草原使用证户</td><td>4</td><td>6000</td><td>5</td><td>可在承包草场上适度采集草药，10年后，愿成为城镇居民者可享受城镇低保；愿回草场从事畜牧业者，继续享有草场使用权。</td></tr>
<tr><td>无证户</td><td>3</td><td>3000</td><td>5</td><td></td></tr>
<tr><td rowspan="2">已搬迁户安置</td><td>永久性禁牧区</td><td>4</td><td>6000</td><td>5</td><td></td></tr>
<tr><td>其他项目乡</td><td>2</td><td>3000</td><td>5</td><td></td></tr>
<tr><td>以草定畜</td><td></td><td>2</td><td>3000</td><td>5</td><td></td></tr>
</table>

2. 采取按户补偿的方式容易产生不平衡问题

按户平均的补偿方式也没有考虑到牧户之间的人口差别。目前，以草定畜户还可以获得户均2万元的基础设施建设费和3000元的饲料补助费。而牧户之间在家庭人口、可利用草场、资产、收入水平等方面存在较大差异，这些差异直接影响着牧户对退牧还草的态度，从而影响着退牧还草的进展和效果。一般人口多、可利用草场面积大、资产数量较多、收入水平较高的牧户在退牧还草过程中减收相对较多，实施搬迁的积极性不高。而人口较少、可利用草场面积小、资产数量较少、收入水平较低的牧户，如果国家补偿资金能弥补其退牧还草和移民的损失，并能补助部分生产、生活的开支，其实施搬迁的积极性会比较高。在这种情况下，以草定畜户更不愿意采取整体搬迁方式。按上述搬迁补偿方式，5人以上的牧户家庭生活非常困难。

3. 补偿标准偏低

牧民搬迁与否主要取决于其搬迁前后的成本收益。搬迁后的收入水平不低于在草场上放牧时的水平，并获得较好的生存和发展机会，牧民才会愿意搬迁。以三江源区玛多县生态移民为例，2004 年，玛多户均年纯收入约为 6900 元。整体搬迁户的基础设施建设费为 8 万元，作为移民户建设定居房屋和搬迁的专款。饲料粮补助整体搬迁户每户一年 8000 元，相当于人均 1900 元（能够用于补偿牧民纯收入的就是饲料粮补助），虽然基本上能补偿减少的纯收入，但是搬迁以后，肉、奶食、油、燃料等生活必需品需要购买，生活支出大幅度增加，这对牧民生活水平会产生明显的影响。由于自然条件差，地理位置偏远，高寒牧区的生活成本非常高。2003 年，玛多县一个中等收入牧户的牧民一年花在衣食和燃料上的开支就有 4958.5 元。国家的生活补助（即饲料粮补助变现）还不及一般牧民基本生活开支的 1/3。零散搬迁户国家补偿的基础设施建设费为 4 万元，饲料粮补助 6000 元，相当于人均 1667 元，补偿标准更低。

（四）生态补偿存在技术性障碍

高原区生态补偿标准及体系通常是在项目执行之前编制，在项目编制之初，因各种因素影响可能会导致项目编制不够科学。如在青海省非天保工程区内有 1258.72 万亩灌木林和疏林地不在国家规定的补偿范围之内，而这些灌木林和疏林地对构筑三江源生态屏障的意义重大。而在项目实施中，由于专款专用原则的限制可能会导致资金利用不够合理。如在总投资 75 亿元的三江源生态保护与建设项目中，围栏建设和饲料粮补助的预算 31.3 亿元，而生态移民工程的预算仅为 6.3 亿元，对人的补偿显然不足。在项目完成后，由于资金链条中断极有可能导致生态移民倒流、“重操旧业”，生态保护工程失败。

目前，补偿标准的制定尚存在缺陷，需进一步综合考虑人口数及年龄段划分不同的补偿标准，以及生态补偿发放方式，一次性发放还是多年发放，补偿年限 5 年，还是 8 年、10 年，都需要考虑及调整。

二、高原区生态移民所面临的机遇

（一）党和政府对高原区民生的高度关注

高原区特殊的生态地位和多民族分布的特点，使其一直是党和政府高度关注的地区，改革开放以后，为了保护脆弱的高原生态与环境、促进社会可持续发展，国家采取了建立自然保护区、制定环保政策和法律、加强对林业和环保系统的投入、完善自然保护区功能、提高公众的环境保护意识、加强执法力度、提高管理能力以及加强国际合作等一系列举措，使高原地区环境保护事业的发展有了质的飞跃。在现今以人为本、全面建设小康社会的进程中，民生问题越来越突出，得到党和政府的高度关注。

（二）国家经济实力不断壮大

国家经济实力不断壮大，在发展经济的同时，更加注重生态环境的保护。同时，改革开放多年来积累的经济基础为生态环境治理和生态移民提供了可靠的资金保障。近年来，政府已在高原区实施自然保护区、天然林草的保护，退化草地、森林的修复，沙化治理以及地质灾害、鼠虫毒草灾害的防止等10多个系列工程，在持续实施以上工程的基础上，实施高原区生态移民，建立高原地区生态保护补偿机制，旨在遏制草地退化，提高高原区牧民生活水平，促进人与自然和谐相处。是国家经济发展过程中，对环境资源的投入和可持续发展思路的实施。

（三）国家对“三农”投入不断增加

十六大以来中央在工作布局方面把三农工作作为全党工作的重中之重。2008年出台的农业政策，进一步增加对农业投入。第一再增加156亿用于农资综合直补，达到每亩粮食种植面积补贴40元，比去年增加23元；第二增加50亿用于搞良种补贴；第三对农机购置进行补贴，由20亿增加到40亿；第四是农民培训补助，即阳光工程，2008年达到16亿；第五是对养殖业的各项补贴措施，包括奶牛补贴等。另外，增加对农村固定资产投资，2008年全国给三农基础设施建设739亿，占中央财政对基础设施建设投资的48.6%。

（四）高原区减贫与可持续发展的需要

消除贫困、改变消费和生产模式，为经济和社会发展而保护和管理高原区自然资源仍然是高原区可持续发展的首要任务和基本要求。与此同时，环境日趋恶化，生物多样性日趋丧失；生物资源日趋枯竭；土壤侵蚀日趋严重；自然灾害越来越频繁，破坏性越来越大；高原区越来越脆弱。在这样的背景下，各级部门和广大群众都已经普遍意识到，可持续发展应该具有更为广泛的意义，将社会发展、经济发展和环境保护视为一体，从而确保高原区福祉的提高。积极推进可持续发展进程。

（五）国家生态重要区生态功能维持需要

高原区拥有特殊的生态环境功能及社会生活环境，以西藏自治区为例，其国土面积的40%以上是国际级自然保护区，高原区生态功能的维持，对保障长江、黄河全流域水资源的可持续利用、保持高原区生物多样性资源，促进南水北调、西线工程的实施和正常运营，推动高原区特色资源的开发利用均有着重要意义。

三、高原区生态移民所面临的严峻挑战

（一）高原区生态保护与区域可持续发展问题

高原区特定的地理环境和严酷的自然条件，决定了天然草地畜牧业是三江源区生产发展的主导产业，是当地牧民赖以生存的根基。除传统的畜牧业之外，第一产业中的种植业，大部分都不具备基本的光热条件；第二产业受地理、环境、牧民素质等条件制约，发展空间和前景不大；第三产业基本处于起步阶段，所占的比重很小。由于源区生态移民的劳动技能单一，移民进入城镇后，就业领域和空间十分狭窄，进入新的就业渠道和就业机会较少，在深层上影响了后续产业发展的进程。同时，各级政府对扶持生态移民后续产业发展缺乏长远规划，生态移民最终是否能“稳得住，能致富”，是实现高原区生态保护与区域可持续发展的重要基础。

（二）生态移民安置与生活质量持续改善问题

长期以来，高原区牧民是以游牧的生活方式从事传统畜牧业生产，掌握从事游牧畜牧业的劳动技能，开展生产经营活动，即能够满足传统的生产资料和生活资料的需要。一方面，传统的观念在生态移民中根深蒂固，要改变这种传统观念和生产生活方式，需要一个长期的过程，不是一朝一夕就能做到的；另一方面，从游牧式的放牧过渡到舍饲半舍饲畜牧业，需要新的生产技能和转变生产方式，对生态移民有一定难度，如果进入畜牧业以外的产业领域，其难度更大，没有支撑的生产资料和产业，生态移民的生活质量持续改善就成为空谈。

（三）生态移民替代生计与后续产业发展问题

实施生态移民工程后，大部分生态移民将要逐步从事二、三产业和建设养

畜。但生态移民中大部分为文盲、半文盲，劳动力基本没有受过正规训练，缺乏进入新的就业领域的技能，这就造成了一部分移民虽然有转移到新的就业领域的愿望，但由于缺乏基本技能，即使有了就业机会，也容易丧失，从而致使生态移民进入新的就业领域困难重重，举步维艰。

（四）生态移民与生态补偿问题

生态补偿（Eco - compensation）是以保护和可持续利用生态系统服务为目的，以经济手段为主调节相关者利益关系的制度安排。目前，高原区生态移民的生态补偿对象主要是生态移民区的补偿，主要通过基础设施建设费和饲料补助费对生态移民进行发放，存在补助对象一刀切、补助标准较低等问题，尚不能满足生态移民的生产生活需求。

第四节　高原区生态移民与减贫政策框架研究

一、高原区生态移民减贫战略

（一）指导思想

青藏高原区生态移民的指导思想是以邓小平理论和“三个代表”重要思想为指导，深入贯彻落实科学发展观，坚持“以人为本、和谐发展”的理念，以保护高原区生态环境、恢复并维持区域生态系统服务功能为落脚点，有效协调区域生态环境保护与移民脱贫致富、资源永续利用的关系，因地制宜，统一规划，合理布局，积极制定经济帮扶、教育培训、金融税收、产业发展等相关优惠政策，通过市场引导、群众自愿、政府帮助、各方参与，全方位开展高原生态移民脱贫致富试点示范工作，逐步改善移民的生产生活条件，增加移民经济收入，促进移民迁出区与迁入区资源环境、经济社会的可持续发展。

（二）基本原则

（1）市场引导原则。实施生态移民，必须以市场引导为主，政府帮助为辅。通过移民自身发展，逐步壮大移民区的综合经济实力，实现移民脱贫致富。

（2）群众自愿原则。实施生态移民，必须全面贯彻“以人为本”理念，统筹规划，自始至终坚持群众自愿原则，不搞强迫命令。

（3）政府帮助原则。实施生态移民，各级政府及有关部门要加强组织领导，积极协调多方社会资源，并制定相关优惠政策和措施，充分发挥政府对生态移民工作的领导和帮扶作用，使生态移民切实体现政府的关心。

（4）资金多方筹措原则。生态移民是一项复杂的系统工程，移民资金要多方筹措，实行国家补助、地方配套、受益地区生态补偿、群众自筹相结合，实现多方式、多渠道、多层次的资金投入。

（5）因地制宜，讲求实效原则。实施生态移民，不搞统一模式，一切要从实际出发，分步实施，讲求实效。要根据各地具体情况及群众意愿，采取农业、二三产业、自谋职业、劳务输出等多种形式进行合理安置。

（6）统筹安排、政策保障原则。实施生态移民，涉及移民生产、生活的各个方面，必须坚持统一规划、合理布局、统筹安排的原则，研究和制定相关政策措施，确保生态移民工作能逐步实施，稳步推进。

（7）生态移民与生态建设相结合原则。高原区生态移民要与当地退牧还草、天然林保护、小流域综合治理、地质灾害防治、重要生态功能区保护、生态环境重点治理工程等各项治理措施相结合，通过有效降低人口压力，实现区域脱贫致富和生态环境保护等多重目标。

（8）属地管理原则。生态移民工作涉及移民的生产生活、劳动就业、子女教育、社会福利等多方面利益，只有实行一头落户，属地化管理，才能确保生态移民群众的生产生活正常有序、安置稳定。

（三）高原区生态移民与减贫战略

1. 逐步推进，多样化安置战略。

高原区生态移民涉及的地域广阔，需要搬迁的贫困人口较多，工作难度较大，必须采取分期分批、逐步推进的方式加以实施。同时，需要根据移民居住地生态环境、经济社会发展现状，因地制宜，分别采取不同的移民搬迁方式加以安置。

——对居住在生存环境极度恶劣、生态退化严重、经济极不发达地区或自然保护区核心区、缓冲区的人口，应以贫困村为单元，贫困户为对象，严格实施整村搬迁、异地安置的移民方式，分期分批搬迁，稳步有序推进，逐步改善移民的生产生活条件。

——对自然条件严酷、生产生活环境恶劣、草原退化严重的区域，应坚持牧民自愿搬迁的原则，建立牧民合作社，实施就近集中安置的方式，合理调整产业结构，积极转变生产方式，大力发展生态产业，实现草原减负与移民脱贫。

——对高原区内居住分散、生产条件严酷、生活极度贫困的牧民，要以城镇集中安置为主，在城郊建立移民安置新村，实行社区化、属地化管理方式，通过强化移民职业培训与再就业教育，带动新型产业发展，实现草原减负与牧民脱贫。

——对生态移民中有一定文化知识的青年，应强化职业教育与技术培训，重点实施教育移民或劳务输出型移民，分散劳动力资源，开展多途径、多渠道就业，实现脱贫致富目标。

2. 政策引导，补偿与自救并举战略。

针对移民区经济基础薄弱，生态环境问题突出，农牧民生产技能低下，区域贫困人口比例高，后续产业发展面临诸多困境等问题，各级政府应以改善民生、发展特色经济、保护生态为着力点，突出政府的主导作用，研究制订围封转移、减畜禁牧、移民搬迁、替代生计以及新型产业发展等生态补偿、财政扶持、金融信贷、税费减免、教育培训等优惠政策，坚持走“经济补偿与生产自救并举”之路，加快移民区基础设施建设，积极推进移民区新型工业化、城镇化和基本公共服务均等化，着力改善生态移民的生产生活条件，努力实现区域生态保护与移民脱贫致富“双赢”的目标。

3. 多方参与，共同促进战略。

高原区生态移民工程是一项保护生态、改善民生、惠及千秋的公益事业，必须建立全社会共同参与机制，在各级政府的组织领导下，动员全社会各阶层、各利益相关方的力量，充分发挥其各自的优势和作用，坚持全方位分工协作与共同参与的原则，积极推进生态移民工作进程。同时，要充分体现“以人为本”理念，从帮助移民解决生产生活中的实际困难入手，引导移民开展生产自救和自主创业，从根本上解决移民的替代生计和后续产业发展问题，实现移民脱贫致富，使生态移民工作真正能够实现“移得出、稳得住、能致富”之目标。

4. 扶贫到户，讲求实效战略。

按照青海省新的扶贫标准测算，“十二五”期间，仅三江源腹地的青海玉树州预计就有252个贫困村、14.1万人需要实施生态移民和推进整村扶贫。其中，新确定贫困村18个，“回头看”低收入村46个，未实施整村推进的贫困村23

个，年均需要减贫的人口约2.82万人，而且大部分贫困农牧民居住在偏远的牧区，交通闭塞，基本无集体经济积累，自我发展能力弱，经济生活贫困，加之受“4·14”玉树大地震影响，贫困面急剧扩大。因此，积极实施生态移民工程，采取“扶贫到户、帮扶到人”的政策措施，帮助移民群众切实解决生产生活中遇到的实际问题，提高移民生活质量，是落实党的移民政策、体现高原生态移民工程“以人为本”、“讲求实效”的根本。

二、高原区生态移民政策及模式研究

（一）高原区生态移民对象及范围

1. 高原区生态移民范围。

高原区生态移民的范围重点指位于青藏高原腹地的三江源地区，即我国长江、黄河和国际河流澜沧江—湄公河的发源地，地理位置为北纬31°39′～36°12′，东经89°45′～102°23′，海拔4000米以上的地区。行政区域包括青海省的玉树、果洛两个藏族自治州全境以及黄南、海南、海西三个藏族自治州所辖的泽库、河南、兴海、同德四县以及被称为“生命禁区”的唐古拉山，总面积达31.8万平方千米，约占青海省总面积的43%，包括17个县市，涉及人口55.7万人，其中藏族人口占90%以上。

2. 高原区生态移民的对象。

——三江源、可可西里和隆宝滩三个国家级自然保护区核心区和缓冲区内的现有村屯、居民和放牧家畜；

——三江源地区的河流源头区、汇水区以及珍稀、濒危物种栖息地等生态重要区内现有散居的农牧民及其放牧家畜；

——三江源地区高寒草地严重退化区、生态环境极度脆弱区、生存条件特别恶劣区、社会经济极端贫困区的农牧民及其放牧家畜；

——高原腹地之内，交通闭塞、生活极端贫困的散居藏民及其放牧家畜。

（二）生态移民迁入区选择标准

（1）自然条件相对较好，基础设施相对优越，有一定资源禀赋和容纳能力，能够满足移民基本生活和生产需要的自然村（屯）、中心集镇、国营农牧场所在地以及州、县、乡镇政府驻地等。

(2) 交通条件优越，生态环境良好，地质条件稳定，便于移民生活和生产发展的地段。

(3) 跨省、州、县以外，资源禀赋相对优越，经济条件相对较好，劳动力资源相对短缺，有开发潜力的地区。

(三) 生态移民安置模式

1. 自然保护区核心区与缓冲区内现有居民安置。

地处三江源、可可西里和隆宝滩三个国家级自然保护区核心区与缓冲区内现有村落、居民点及其人口、家畜等，按照国家级自然保护区总体发展规划，由政府组织，分期分批，实行整体外迁、异地安置的方式进行生态移民。符合外迁的生态移民，按照国家现行移民政策，由政府给予一定数额的经济补偿，以满足移民最基本的生产和生活条件，并由政府引导，发展替代产业，开展生产自救，实现脱贫致富。

2. 生态环境极度脆弱、草地退化严重区域现有居民安置。

散居在生态环境极度脆弱、草地退化严重、生态恢复能力较弱、生存条件极度恶劣地区的现有居民，原则上以集中定居为主，整体外迁安置为辅的迁移方式进行生态移民。移民安置区由政府统一规划，配置相应的基础设施和生活设施，并实行属地化和社区化管理，国家按照现行移民政策，给予一定数额的经济补偿。同时，移民可以享受国家给予的生产自救优惠政策和基本福利保障政策，实行自主择业，发展替代产业，实现发家致富。

3. 河流源头区和汇水区现有居民安置。

散居在河流源头区和汇水区现有居民，由于自然条件尚好，基本适宜现有居民的生产生活，但为了减少人为因素对重要生态功能区的扰动，尽快恢复区域的生态服务功能，现有牧民应建立牧民合作组织，选择条件相对优越的较大村屯，实行集中居住、属地化管理的方式进行移民安置。迁移的牧民以保护区域生态环境为主，维持原有的生产生活方式，并享受国家给予的一次性经济补偿和生活福利保障，保证移民在原有的基础上，实现脱贫致富。

4. 其他安置方式。

针对具有一定知识水平和文化的青年牧民，使其自愿放弃原有的土地和生产方式，由政府统一组织，免费进行必要的中短期技术培训和职业教育，一部分青年牧民可录用为三江源区生态保护的管理人员，享受国家正式职工的薪金和福利待遇，保障其生活；另一部分青年牧民除享受国家给予的一次性经济补偿和基本生活福利待遇外，实行教育移民或劳务输出的方式进行异地安置，一方面可解决内地经济发达地区劳动力资源短缺的问题和青年牧民日后子女教育的问题，另一方面改善了青年牧民的生产、生活条件，使其能够在新的生活空间找到发家致富的出路，彻底摆脱原始、落后的生产生活方式。

三、高原生态移民基本生活保障与维持机制研究

（一）基本生活保障设施建设

1. 移民安置区基本生活保障设施建设。

移民安置房舍建设，应严格按照国家对高原区生态移民住宅的补助标准，实行统一规划、统一设计和统一建设，以砖混结构为主，严格质量管理，保障移民生命财产安全。建设标准为每户平均60~80平方米，人均住房面积不低于20~30平方米。

2. 移民安置区附属设施建设。

移民安置区附属设施建设是保障移民能正常生活的基础设施，主要包括移民安置区人畜饮水工程及配套设施建设、通讯及电力设施建设、道路硬化及配套设施建设、移民子弟学校及附属设施建设、卫生防疫设施建设、环境卫生设施建设等。

——人畜安全饮水工程及其配套设施建设。主要包括供水水源地及其配套管网。一般分为集中式供水和分散式供水两大类。移民安置新村建于大的集镇或县、州城市郊区，多采用集中式供水模式，利用城市或集镇供水管网将水统一配送到各家各户或者集中供水点，由移民自行取用。其他集中供水困难的移民点，由国家统一建设符合人畜饮用水标准的饮水井、集雨水窖、水池等微型供水设施，保障移民生产生活用水。

——卫生防疫设施建设。主要包括移民新村医疗站、卫生院、防疫站、兽医院等保障人畜健康的卫生防疫设施建设。一般移民新村人数较少，应按照每百人配属2~3医务人员的标准建设相应的医疗站，移民人数较多的小区，应配属一定水准的卫生院或医院。

——其他附属设施建设。主要包括道路、通讯、电力设施建设等，并按照国家关于农村牧区实施道路、通讯、电力村村通标准加以配套建设。规模较大的移民新村，道路、通讯、电力设施建设应与相应城区相连接，统一规划建设。规模

较小的移民新村，应以户为单元，配属太阳能或风能电力设施和卫星通讯天线，以保证移民正常生产生活。

——移民子弟学校及附属设施建设。重点解决高原移民子女义务教育和成年移民扫盲问题。一般情况下，每个移民新村应配套建设一座小学，并根据移民规模和学生人数配置相应的教职人员。

——环卫及防疫设施建设。主要是在移民新村、移民小区配套建设生活垃圾收集与转运设施、生活污水简易收集与处理设施、畜禽疫病疫情防疫设施等，如垃圾箱、垃圾转运站、氧化塘、防疫站等，防止环境污染和疫病发生。

（二）生产管理与配套设施建设

生产管理与配套设施建设主要是满足移民解决替代生计和后续产业发展所必需的职业教育、技术培训、生产管理以及与此相关的配套设施等，如畜禽棚圈、饲草料基地、培训中心等。

（三）移民基本生活保障与维持机制

由于高原区交通、通讯闭塞，牧民文化素质普遍较低，长期从事以自由放牧为主的单一生产方式，生产技能低下。因此，发展替代产业，保障移民基本的生产生活质量不降低，必须针对不同的移民群体，开展适当的技能培训。

针对以建立牧民合作社为主，实施就近迁移安置的牧户，一般不改变其生产方式，实施舍饲半舍饲养殖业，由国家核定载畜量，并按照家畜饲养规模配套建设相应的暖棚圈、饲草料贮备场，并在水源条件相对较好的地区建立饲草饲料生产基地，以满足牧民日常生产发展需要。

针对异地安置的生态移民，应在移民新村或移民小区，建设相应的职业教育和技术培训中心，并按照移民的基本素质、意愿等，免费开展适当的生产技能培训，使其能够在新的环境下，尽快掌握必要的生存技能和生产技术，如机械维修、机动车驾驶、民用建筑施工、蔬菜种植、畜禽养殖、农畜产品加工以及家政服务等。

针对具有一定文化程度的青年移民，应鼓励其掌握现代生产技术和基本技能，如服装、鞋帽工厂化加工技术、电子产品安装技术、民用建筑施工技术等，结合国家生态移民异地安置政策，重点实施劳务输出，减轻高原人口压力，改善移民生存环境。

四、高原生态移民替代产业政策框架

（一）高原生态移民替代产业优扶政策

设立生态移民后续产业创业扶持资金，实行专户管理、专账核算、滚动发展。扶持资金主要用于生态移民自主创业，开展多种经营、创办经济实体，发展后续产业；增强移民创业能力，加大对农牧民专业合作组织和农牧业产业化龙头企业的扶持力度，努力提高生态移民的组织化程度；对劳动密集型企业加大扶持力度，以吸纳更多的生态移民进行就业。着力扶持商贸饮食服务业、农畜产品加工业、观光旅游业、采集加工业、编织加工业、民族工艺品加工业、家庭种养殖业、运输业、修理业等项目发展。扶持资金可采用无息借款，借款期限为2～5年。借款额度按照创业扶持资金扶持项目的内容及规模审核确认。

（二）高原生态移民产业发展激励政策

生态移民后续产业发展是一项系统工程，既需要国家优惠政策的支持，又需要各方面共同努力，对高原生态移民区后续产业发展实行政策倾斜，加大投资力度，加强基础设施建设，加快科技进步，培育市场经营主体，可为移民创造良好的发展环境。主要包括：

——税收优惠政策。切实贯彻中央及地方有关扶持生态移民后续产业发展的税收优惠政策，对生态移民进城从事个体工商或创办私营企业的，对生态移民领办、创办畜牧业产业化龙头企业的，建议五年内免征所得税；对生态移民从事采集、牲畜育肥应减免一切税收；对从事非牧业产业如餐饮、商贸、民族用品加工、旅游业的牧民免征所得税。同时根据高原区的特殊性，尽快制定新的税收优惠政策。

——资金引进优惠政策。后续产业发展项目投资大，加之高原地区地方财政困难，故引进资金要坚持多元化的筹集政策，坚持国家、集体、个人一起上，多渠道、多层次、多方位筹集建设资金。在争取加大国家投资的基础上，积极争取长年限、低利息的信贷扶持和国外资金。鼓励国有、集体、个体私营等多种所有制经济，积极引导和支持非公有制企业参加后续产业发展，谁有能力谁牵头，谁优先牵头就扶持谁。同时，要加大对生态移民的生产性投入。有些公益岗位和政府投资建设项目要向移民户倾斜。

——龙头企业经营鼓励政策。大力发展产业化经营，鼓励农牧业产业化龙头企业参与生态移民后续产业发展，对重点龙头企业生产经营用地优先安排，优先审批，其征、占用土地的各项费用按照最低标准执行，并享受有关优惠政策。

——产业发展信贷优惠政策。金融部门要把扶持后续产业发展作为信贷支农的重点，优先安排资金，加快运作速度，提高服务效率。

（三）移民生活质量稳步保障长效政策

草原是牧民维持生计的最基本的生产资料，青藏高原是国家西部生态屏障和“中华水塔”，国家在青藏高原区实施生态移民是减轻草原人口压力、恢复草原生态功能的有效措施，也是维护国家生态安全的重大战略决策。但是，对于生活在高原区的牧民而言，因保护草原而失去草原的使用权，就等于失去赖以生存的物质基础。因此，建立完善的高原区草原补偿政策是稳定维持牧民生活质量的前提和基础。2010 年 10 月 12 日，国务院常务会议决定从 2011 年起国家每年安排 134 亿元资金，在内蒙古、新疆、西藏、青海等 8 个省（区）建立草原生态保护补助奖励机制。但是，对于青藏高原而言，还需要以市场为先导，拓宽资金来源渠道，除实施区域补偿和重要功能区补偿外，还要建立生态系统服务长效补偿机制，以保障高原生态的日益改善和移民生活质量的不断提高。

第五节　移民生态补偿与减贫政策及机制研究

一、高原移民生态补偿

（一）高原移民生态补偿战略

1. 高原移民生态补偿的概念内涵。

高原移民生态补偿（Eco - compensation of plateau migration）是以保护和持续利用青藏高原生态系统服务功能为目的，以经济手段为主调节移民群众利益关系的制度安排。高原移民生态补偿是以保护青藏高原独特的生态系统服务功能和生物多样性，维护国家生态安全，促进人与自然的和谐发展为目的，根据生态系统服务价值、生态保护成本、发展机会成本，运用政府和市场手段，调节移民利益关系的公共制度。

2. 高原移民生态补偿的主体。

高原移民生态补偿的主体是高原利益的直接相关者。青藏高原区是国家西部生态屏障和“中华水塔”，实施高原生态移民是通过人口转移手段来减轻高原生态压力，保护和恢复高原区生态系统服务功能的公益事业。因此，在国家层面上，高原移民生态补偿的主体应是中央政府；在区域/流域层面上，应是惠及高原生态利益的直接相关者，包括下游区域的地方政府、企事业单位和个人。青藏高原也是世界生物多样性的起源中心之一，其丰富多样的生物资源对维护人类福祉具有重要作用，世界各国均有责任和义务给予共同关注和经济援助。

3. 高原移民生态补偿战略。

——多样化补偿战略。实施高原生态移民，保护和恢复高原区生态系统功能是维护国家生态安全的战略举措，也是保障广大民众福祉的公益事业。因此，以国家为主导，建立长效性多元生态补偿机制，实施国家重要生态功能区补偿、区域/流域生态系统服务补偿、社会利益相关者补偿相结合的补偿战略，拓宽资金来源渠道，是维护高原移民切身利益的有效措施。

——补偿与减贫结合战略。高原区生态移民因保护高原生态环境而放弃原有的生产资料，是移民对国家或区域可持续发展所做出的无私奉献，由于受高原区自然环境的影响，生活贫困是移民目前所面临的最大困难，实施高原移民生态补偿是改善移民群众生产生活条件的有效手段，也是维护高原移民合法权益的必要措施。因此，对高原移民的生态补偿必须以移民减贫为基本出发点，通过多元化经济补偿，保障移民生活质量，才能实现“移得出、稳得住、能致富”的生态移民总体战略，达到保护高原生态环境的总体目标。

（二）高原生态移民补偿原则

——利益分享者付费原则。生态资源属于公共资源，具有稀缺性。由生态资源的占用者或受益者向高原移民提供一定的经济补偿，是维护移民群众合法权益的关键所在，也是保障移民群众生活质量稳步提高的有效措施。高原区生态区位重要，服务功能特别，受益范围是整个国家乃至世界，国家应当承担其保护与建设的主要责任。同时，国际社会亦应承担相应责任，并按照一定的分担机制承担相应的补偿责任。

——利益奉献者获益原则。保护高原生态环境，高原移民是利益的直接奉献者和牺牲者。科学测算高原区单位面积的产品输出价值和生态服务价值，是建立相对合理的生态补偿机制和生态补偿标准的重要依据，也是移民群众无私奉献的合法回报和应得的奖励。

——区域平衡发展原则。实现区域平衡发展是维护社会稳定和改善民生的重大战略举措。高原区地处我国内陆腹地，由于受高原自然条件和地理区位影响，生态退化明显、经济不发达、社会贫困等已成为制约区域可持续发展的主要因素。但是，高原区的自然资源、生态资产和生物多样性也为下游区域的经济社会发展奠定了重要的物质基础。因此，通过建立科学的生态补偿机制，合理调节区域/流域间的发展进程，是促进高原区经济转型、提高经济质量和改善民生的重要措施。

（三）高原移民生态补偿机制

高原移民的生态补偿机制主要包括市场调节机制与非市场调节机制两类。市场调节机制主要以高原区输出的产品为主，通过建立完善的市场运行体系，实现生态补偿。如高原绿色产品贸易补偿、资源输出性补偿、资源占用补偿等。非市场调节机制是以高原区生态资产核算为前提，根据高原区生态系统服务功能的价值量实施相对平衡的经济补偿，如生态功能维护补偿、环境产权交易补偿、生态效益补偿等。非市场调节补偿主要包括纵向生态补偿和横向生态补偿两类，其中，前者是中央政府为保护高原区的重要生态功能而实施的自上而下的经济补偿或财政补贴，包括财政转移支付、生态建设项目支持、区域扶贫、产业政策优惠以及税收减免等资金援助；后者为区域之间的经济扶持、环境产权交易、社会捐助、国际援助等。

高原移民生态补偿应建立市场调节与非市场调节相结合的新的生态补偿机制，以中央政府纵向补偿为主，采取灵活多变的补偿形式，不拘泥于形式与教条，通过市场的调解和带动作用，调动不同利益群体的积极性，广泛吸纳国内外多元化生态补偿资金，促成资金、技术、人力的优化组合，实现高原利益与责任的共享。

二、高原生态移民补偿与减贫政策研究

（一）进一步完善生态补偿管理体制，保障生态补偿有序进行

进一步完善生态补偿管理体制，是保障高原区生态补偿工作有效进行的重要环节。高原区生态补偿是一项浩大的系统工程，涉及中央和地方多个部门和不同环节。在国家层面上，应在国务院设立生态补偿领导小组，由发改委、财政部、环保部、水利部、农业部、国家林业局、国务院扶贫办等相关部委领导组成，行使生态补偿工作的协调、监督、仲裁、奖惩等相关职责。领导小组下设办公室，作为常设办事机构，负责国家生态补偿的协调管理。同时，建立一个由多学科专

家组成的技术咨询委员会，负责相关政策和技术咨询。高原区各级地方政府也应建立相应的办事机构，负责本地区生态补偿事宜的组织管理与资金使用。对于跨部门和跨行政区域的生态补偿工作，上级主管部门应给予协调和指导，以保障生态补偿工作的顺利进行。

（二）科学整合高原区生态补偿经费，提高资金使用效率

高原区生态补偿主要包括以下三个方面：一是对高原生态系统保护和恢复成本进行补偿；二是对高原移民放弃发展机会所造成的经济损失进行补偿；三是对具有重大生态价值的区域或对象进行保护性投入。

目前，高原区的生态补偿费主要来源于中央政府的纵向补偿经费，包括中央向高原地区的财政转移支付资金、退牧还草项目资金、高寒草原生态保护与建设资金、高原扶贫补助基金等。其次，还有部分社会捐助、国际援助和来自区域/流域的对口扶贫资金。这些资金使用途径分散、效率低下，运行管理成本较高，且部门分割严重，难以发挥真正的补偿作用。因此，为发挥来自不同渠道的生态补偿资金的聚合效应，建立从中央到地方自上而下的生态补偿资金专户，科学整合高原区不同生态补偿资金，实行专人专项管理，并强化资金使用环节的监督管理，可有效提高生态补偿资金的使用效率。

（三）拓宽高原生态补偿融资渠道，实现补偿多元化

一是加大中央政府财政转移支付力度。财政转移支付是生态补偿最直接的手段，也是最容易实施的手段。考虑到高原区的生态环境重要性和脆弱性，国家应在财政转移支付中适当增加生态环境影响因子权重，按照平等的公共服务原则，增加对高原区的财政转移支付，特别是对三江源地区应实施国家购买，实施财政、税收等政策倾斜，并建立三江源地区经济社会发展、农牧民替代生计和脱贫致富长效投入机制。

二是建立区域/流域生态补偿和对口扶贫机制。青藏高原区是国家重要生态功能保护区，三江源地区又是“中华水塔”和世界生物多样性富集区，其充裕的生态资源为下游区域的经济社会发展提供了雄厚的物质保障。因此，建立区域/流域生态补偿和对口扶贫机制，根据下游地区各级地方政府自身的财力状况给予高原区适当的经济援助，一方面可有效减轻中央和当地政府的财政压力，另一方面可有效缓解高原区移民发展替代生计所面临的资金压力，改善高原移民的生产生活条件，促进其脱贫致富。

三是积极探索并建立多渠道的融资机制。高原区雄厚的生态资产和重要的生态功能是全世界共同的财富，保护高原区生态环境是惠及全球的公益事业。以政府为主导，采取积极的鼓励政策，抓住公众的支付意愿，加大社会各阶层对生态服务的需求，激励个人、企业和国外非政府组织的捐赠支持，建立高原生态保护基金、移民扶贫基金、移民生产自救基金等，促使补偿主体多元化，补偿方式多样化。

（四）强化生态补偿资金监督管理，保障移民切身利益

强化生态补偿资金的监督管理是保障移民切身利益的重要环节。高原生态移民是国家实施高原生态保护战略的奉献者，也是高原生态补偿的合法受益者。目前，高原地区各州、县财政普遍困难，中央政府的财政转移支付80%以上用以保工资、保运转，难以拿出足够的资金用以改善移民的生产生活条件。据实地调研，截止到2006年底，青海玉树州各级政府累计财政厅欠账达3000多万元，专项欠账5628万元，有些项目因无资金投入一拖再拖，至今没有动工，有的项目虽已建成，但工程款仍在拖欠。2009年，玉树发生“4·14”大地震，因灾返贫率大幅度提高，贫困发生率由灾前的34%上升到65%以上。与此同时，高原移民生态补偿资金、专项扶贫资金、地震灾民生活补助资金等，由于受部门分割管理、运行成本较高、工作效率低下等因素影响，经费不能及时到位已十分普遍，致使移民群众生产生活出现一定时段的真空。据实地调研，国家对高原移民的生态补偿资金发放到移民手中，至少滞后1~3个月的时间。灾区部分建设项目资金，仍存在拨付途径繁杂、到位率低、资金使用效率低下等问题。

三、生态补偿机制的财政政策创新研究

（一）生态补偿专项基金管理与政策框架

设立中央、地方各级生态补偿资金专户，减少中间管理环节，保证资金及时到位。同时，整合现有专项资金，强化资金拨付过程的监督、管理与资金使用效率跟踪评价，减少生态补偿资金拨付过程中存在的部门分割管理、地方截留、资金挪用等损害生态移民利益的行为发生。

制定《高原生态移民专项资金使用管理细则》，严格规定高原生态移民专项资金的申请、拨付、使用、监管和绩效评估程序，不得以任何理由截留、挪用或挤占生态移民专项资金。生态补偿资金实行专款专用、专项核算管理。主管部门每年对专项资金的使用情况进行总结、分析，审计部门对专项资金的使用情况进

行定期或不定期审计监督。

（二）财政转移支付政策创新

财政转移支付是当前我国政府最主要的生态补偿途径。我国财政部制定的《2008年政府预算收支科目》中，与生态补偿相关的支出项目约10项。财政转移支付具有资金来源稳定、启动容易、见效快的优点，但也存在体制不够灵活、运行和管理成本较高、部门分割严重、资金分散使用、效率低等缺点。因此，创新财政转移支付政策，建立中央财政直达高原区县级政府财政转移支付专门账户，并设立中央财政转移支付督导专员，减少中间拨付环节，是提高资金使用效率的有效途径。

（三）生态税收补偿政策创新

尽快制订高原区生态补偿税收优惠政策，对开发、占用、使用高原资源的企业或个人征收一定比例的税赋，所征收的资源税、增值税、所得税和消费税等作为高原区生态环境保护补助资金，实施专项管理，不参与体制分成，全额反哺移民。同时，建立高原生态移民发展替代产业激励机制，并实施相应的税收政策优惠，通过税费减免，增强移民发展替代产业的积极性，增加移民经济收入，实现生产自救和脱贫致富。

（四）社会化补偿政策的拓展

保护高原区生态环境是全社会共同的义务，针对高原区的实际情况，建立新的生态补偿基金，如草原生态保护基金、人工草地建设基金、休牧禁牧补偿基金等。基金来源以国家财政补贴为主，社会捐赠和受益企业补偿为辅。具体运作模式可参照中央关于森林生态效益补偿基金，资金筹措方式实施多元化和社会化管理模式，也可以通过发行高原生态保护国债、民间生态保护彩票等形式，募集社会资金，走全民补偿高原生态之路。

四、生态补偿模式与补偿标准研究

（一）生态补偿依据

生态补偿标准的确定一般参照以下4方面的价值进行初步核算：生态保护者的投入和机会成本的损失；生态受益者的获利；生态破坏的恢复成本；生态系统服务的价值。

1. 按生态保护者的直接投入和机会成本计算。

生态保护者为了保护生态环境，投入的人力、物力和财力应纳入补偿标准的计算之中。同时，由于生态保护者要保护生态环境，牺牲了部分的发展权，这一部分机会成本也应纳入补偿标准的计算之中。从理论上讲，直接投入与机会成本之和应该是生态补偿的最低标准。

2. 按生态受益者的获利计算。

生态受益者没有为自身所享有的产品和服务付费，使得生态保护者的保护行为没有得到应有的回报，产生了正外部性。为使生态保护的这部分正外部性内部化，需要生态受益者向生态保护者支付这部分费用。因此，可通过产品或服务的市场交易价格和交易量来计算补偿的标准。通过市场交易来确定补偿标准简单易行，同时有利于激励生态保护者采用新的技术来降低生态保护的成本，促使生态保护的不断发展。

3. 按生态破坏的恢复成本计算。

资源开发活动会造成一定范围内的植被破坏、水土流失、水资源破坏、生物多样性减少等，直接影响到区域的水源涵养、水土保持、景观美化、气候调节、生物供养等生态服务功能，减少了社会福利。因此，按照谁破坏谁恢复的原则，需要通过环境治理与生态恢复的成本核算作为生态补偿标准的参考。

4. 按生态系统服务的价值计算。

生态服务功能价值评估主要是针对生态保护或者环境友好型的生产经营方式所产生的水土保持、水源涵养、气候调节、生物多样性保护、景观美化等生态服务功能价值进行综合评估与核算。国内外已经对相关的评估方法进行了大量的研究。就目前的实际情况来看，由于采用的指标、价值的估算等方面尚缺乏统一的标准，且在生态系统服务功能与现实的补偿能力方面有较大的差距。因此，一般按照生态服务功能计算出的补偿标准只能作为补偿的参考和理论上限值。参照上述计算，综合考虑国家和地区的实际情况，特别是经济发展水平和生态破坏，通过协商和博弈确定当前的补偿标准。最后根据生态保护和经济社会发展的阶段性特征，与时俱进，进行适当的动态调整。

（二）生态补偿方式及措施

生态补偿方式可分为资金补偿、实物补偿、政策补偿及教育补偿。目前，高原区生态补偿方式时主要强调资金补偿，提出应通过中央和省级财政预算、发行特种国债、建立生态基金、向江河中下游有关企业和个人征收特别税以及利用国际资金等方式筹措补偿资金。但是也应注意，在我国的现行体制下政策补偿的作用有时更大，因为"政策资本的补偿即优惠与倾斜，可能是第一位的补偿，是最大的国家补偿"。地方政府可在上级政府授权的范围内，通过制定一系列创新性的政策，筹集建设资金并促进经济发展、生态保护和民生改善。

政府或补偿者将筹集起来的补偿资金由以前定期转移给被补偿者转变为安排各类支持项目到被补偿者，具体包括：一是加大项目扶贫力度。应利用三江源生态保护中不断形成的各种项目，通过以工代赈等方式为该地区民众创造增加收入和锻炼能力的机会。二是加快交通、通讯、水利等基础设施以及各类生活设施的建设，降低三江源地区与外部世界的沟通成本。三是重视人力资源开发。通过发展科教文卫事业，逐步提高该地区人口文化素质。四是发展生态移民后续产业。如前文所述，高原区有进行集约化有机畜牧业生产的先天优势，其自然景观和生态系统较好的原生性也是生态旅游业发展的重要基础，能够为生态移民带来稳定收入的产业应是补偿资金进入的主要领域。

生态补偿的手段措施主要采用三种：一是财政转移支付，国家通过加大对高原区的财政转移支付，补偿该地区保护生态环境而导致的财政减收。以三江源地区为例，实施生态保护项目后每年减少地方收入1亿元以上，同时新增支出5亿元。因此需要稳定的国家财政转移支付支持。建议中央财政增设生态补偿转移支付科目，对三江源等以发挥生态功能为主的地区实行长期补偿。二是项目支持，对高原生态环境保护与建设项目、高原区替代产业发展项目以及对生态移民项目等的资金支持。三是向三江源流域下方受益地区征收生态环境补偿税（费）。

（三）生态补偿标准

从总体上看，高原区生态移民补偿标准较低，以三江源地区为例，退耕还林（草）补助的标准是参照青海省历来草原建设资金按户投入的方式，确定了以牧户为单位投入建设费和给予饲草料补助，该补偿标准几乎没有考虑三江源生态移民搬迁后的机会成本，更没有按照江河上游区生态对中下游地区生态产生的实际价值进行补偿。目前国际上采用较广泛的方法是机会成本法，即根据各种环境保护措施所导致的收益损失来确定补偿标准。应综合考虑高原区生态尤其是三江源区"中华水塔"的实际价值、机会成本和直接成本以及我国的补偿能力，将实际价值补偿法、机会成本和直接成本补偿法有机地结合起来，确定一个相对合理的补偿标准。

以三江源地区为例，其自然保护区的属性，可采用自然保护区的补偿机制确定补偿标准，即基于生态系统服务价值评估确定；其流域特性决定其补偿标准可采用：以上游地区的直接投入、上游地区丧失的发展机会的损失、上游地区新建流域水环境保护设施以及受惠地区所接受的水量与水质等为依据。在这里探讨作为自然保护区的补偿标准，即基于生态系统服务价值评估。

草地生态功能价值指标通过查阅草地生态系统服务价值研究的前人研究文献，筛选出10个使用频率最高的指标因子包括涵养水源、保育土壤、防风固沙、固碳吐氧、维持生物多样性、净化空气、生态旅游、废弃物处理、营养物质循环、退化损耗，其计算方法选用如下核算公式（表7）。

表7　三江源地区高寒草甸生态系统价值评价体系

功能指标		评估方法	核算公式
生态功能	涵养水源	水量平衡法 影子工程法	$Vh = S \times P \times \theta \times Z/1000$
	保育土壤	机会成本法 影子工程法 替代市场法	$V_1 = At \times Y / (10000 \times h \times \rho)$ $V_2 = 0.24 \times At \times Z/\rho$ $V_3 = \sum At \times Ci \times A$ $Vs = V_1 + V_2 + V_3$
	防风固沙	机会成本法	$Vf = S \times \lambda' \times U$
	固碳吐氧	碳税法 成本法 工业制氧法	$Vc = M \times S \times X \times N$ $Vo = M \times S \times X' \times N'$ $Vg = Vc + Vo$
	维持生物多样性	机会成本法 防护费用法 支付意愿法	$Va = B \times S'$ $Vb = T \times r$ $Vc = L \times r \times r'$ $Vw = Va + Vb + Vc$
	净化空气	替代花费法	$Ve = M \times S \times K \times d \times W$ $VZ = S \times K' \times W'$ $Vj = Ve + VZ$
	生态旅游	费用支出法	$V_L = G \times R'$
	废弃物处理	替代市场法	$Vd = \lambda \times A \times \sum\sum Wi \cdot R_{ij} \cdot \omega_{ij}$
	营养物质循环	市场价值法	$Vy = \sum NPP \times Ri \times A$

根据计算公式，核算出单位面积生态功能价值及玉树州生态功能总价值见下表：

玉树地区草地生态服务价值

生态服务价值	单位面积生态功能价值（元/公顷·年）	玉树州生态功能总价值（万元·年）
涵养水源价值	132.66	20789.30
保育土壤价值	243.97	38233.14
防风固沙价值	214.18	33563.87
固碳吐氧价值	141.58	22187.69
维持生物多样性价值	13.21	2069.61
净化空气价值	6.37	998.85
生态旅游价值	3.06	479.45
废弃物处理价值	3.82	599.31
营养物质循环价值	7.58	1187.96
生态功能总价值	766.41	120103.83

通过计算得玉树州地区草地生态功能单位面积价值为766.41元/公顷·年，总价值为120103.83万元。除了生态价值外，生态移民放弃了草地生产力价值，利用市场价值法，以消化率为依据评价草地生产力价值，一般牧草的市场价格按0.44元/千克计，消化率的平均值 $\overline{TND}=55\%$，则牧草的可消化利用物质的市场价格 $a=0.44/55\%=0.8$ 元/千克，未退化的高寒草甸单位面积草地生产力价值为435.85元/公顷·年。

玉树州生态移民的补偿应综合草地的价值生态功能和生态移民所放弃的草地生产力价值（即机会成本），即1202.26元/公顷·年。利用生态价值功能核算和机会成本法，在对玉树州生态移民的生态补偿标准应在766.41～1202.26元/公顷·年之间。

（四）生态补偿运行管理模式

高原区生态环境建设的投资金额大、周期长，为了提高资金使用效率、保证生态建设质量，还必须解决好各种生态建设的投人与补偿的资本有序运作问题，逐步培育出市场化运作的主体。补偿运作主体逐步从政府部门转向以生态环境建设为盈利手段的企业规范生态补偿机制。

第六节　人口流动与减贫政策及机制研究

一、高原区生态移民人口流动模式研究

（一）人口流动对生态移民区的积极影响

人口流动对生态移民区的首要影响在于增加移民收入，改善高原区移民生活条件。其次，人口流动可减小城乡差距，加速小城镇建设进程，生态移民缺乏城镇生活的经历和经验，通过人口流动，可引入新的生活方式和理念，可进一步改变移民区的思想观念、科学、民主意识等。此外，人口多向流动还有利于不同民族间克服狭隘的民族偏见和防备心理，有力地促进了民族之间相互学习、相互帮助、取长补短、互通有无，实现和谐民族关系。

（二）人口流动的基本方式

人口流动需一些基本条件，外流人口年龄阶段一般应在 16 岁至 45 岁之间，应具备一定的教育基础，不识字的技能型工人应具备与其他民族人沟通交流的能力。移民区的人口流动方向可分为以下方面：

——流向大城市。就业目的地为青藏高原区及附近的大型城市，如西宁、拉萨、兰州等。大城市就业岗位多，且工资相对较高。在大城市可从事的行业包括建筑、保安、清洁、环保和餐饮、旅游服务工作，这需要流动的人员具备较高的沟通交流能力，拥有一定的技能和教育程度。

——流向县城或地级市。选择离家较近的县城或者地级市，便于回家和工作，他们从事的工作有建筑、清洁、环保、钟点工服务和餐饮服务工作。

——流向农村。教育程度较低的流动人口，由于他们自身欠缺知识和与人沟通的能力，可以选择从事一般的农田工作或者畜牧工作。

根据流动距离的长短，可分为长距离流动和短距离流动，长距离流动指人口流向文化生活背景相差较远、距离较长的城市，适宜于掌握熟练技能、有较高沟通交流能力和文化水平的移民；短距离流动指流向风俗、生活相近、距离较短的城市，适宜于掌握一定知识技能的人员。

（三）人口流动的组织形式及管理机制

1. 流动人口输出地的组织管理。

——劳务输出的组织管理。移民区输出地政府应建立专门的劳务管理部门，开展对外合作，做好当地劳务信息统计，了解外地用工信息，统一输送到外地务工。通过加大宣传、典型引路，加强培训等措施，组织富余劳动力向二、三产业转移。

——知识及技能培训管理。加强对流动人口的普法教育，使他们树立法制观念，提高法律意识，做到知法、懂法、守法。同时，加大对少数民族流动人口的思想教育工作，宣扬市场经济以及“法律面前人人平等”的思想，使他们抛弃“少数民族就应该得到特殊照顾”的错误认识，自觉遵守国家的法律法规，平等的参与市场竞争。

2. 流动人口输入地的管理。

——开展定向帮扶模式，由移民区（输出地）当地政府与流动目的地（输入地）政府部门开展合作，充分发挥当地政府的主导作用，妥善解决高原区流动人口在就业、居住、子女教育方面普遍面临的困难，制定相应的地方性法规和规章，把少数民族流动人口进城务工、经商、服务、管理方面纳入法制轨道，充分保障他们的合法权益，并在就业、居住、子女入学等有关民生方面给予适当帮助。

——加强城市政府部门工作主动性，建立社区管理模式。在政府的统一领导和有关职能部门的积极配合下，基层社区以社区资源为基础，运用社区管理的机制和手段对外来流动人口实施管理。建立社区化的管理模式。

——充分发挥民族团体的作用。民族团体作为第三部门的一类，对于协助政府做好少数民族流动人口管理工作是有积极作用的。他们正好可以作为政府硬性管理的一个软性补充，一方面少数民族流动人口透过他们可以将自己的意愿诉求传递给政府有关部门，使政府能够及时对少数民族政策进行微调，从而保证了少数民族流动人口和当地政府之间的良性互动；另一方面，一些政府部门不便管理协调的事物，可以由这些民族团体通过行业协会的作用方式进行有效的解决。例如引导少数民族流动人口的就业方向等。

二、高原区人口流动激励政策框架研究

（一）高原区人口流动基本生活保障优抚政策

按照保障水平与经济社会发展同步增长的原则，适当提高高原区生态移民流

动人口的最低生活补助。同时，尽快建立起科学合理的优抚保障标准自然增长机制，根据相关因素的变化调整优抚保障水平，尽量避免优抚保障标准调整中存在的随意性、被动性、滞后性缺点。与有的社会保障标准调整机制不同，优抚保障标准不宜仅仅或主要根据物价变动来调整，而应更多地与工资增长水平、人均收入增长水平、经济增长水平等指标挂钩，使优抚对象能够更多地分享到经济发展和社会进步的成果。

加强优抚安置政策与其他相关社会保障政策的衔接，对特殊群体的补充保障政策，如老人、残疾人等优抚对象纳入城乡医疗救助体系。在此基础上再享受优抚对象医疗补助。孤老优抚对象首先应纳入社会养老保险制度覆盖范围，享受相应的社会养老保险待遇，在此基础上再由优抚制度给予一定标准的抚恤补助金。

（二）高原区流动人口再就业激励政策

对吸收高原移民流动人口的企业实行优惠政策，激励企业吸纳高原区生态移民流动人员，对企业的优惠政策可参照国家税务总局联合财政部下发《关于加强下岗失业人员再就业有关营业税优惠政策管理的通知》（财税［2004］228号）执行。

对自主创业的流动人口，由劳动服务中心组织教育培训，鼓励选择投资小、见效快且风险较小的行业，从事诸如商业零售、加工、修理、修配以及饮食等行业，减免各类税收5年。对高原移民流动人员从事个体经营（除建筑业、娱乐业以及广告业、桑拿、按摩、网吧、氧吧外）的，参照《财政部国家税务总局关于下岗失业人员再就业有关税收政策的通知》（财税［2002］208号）第五条规定，自领取税务登记证之日起，三年内免征营业税、城市维护建设税、教育费附加和个人所得税。

（三）高原区流动人口岗前培训与职业教育优惠政策

三江源区生态移民中有劳动力30536人，占全区生态移民人口的54.74%，但基本都没接受过正规的劳动技能培训，缺乏进入新的就业领域的技能，这就使这部分生态移民就业困难，需提供免费的人口岗前培训和职业教育。

三、高原区人口流动管理机制研究

（一）高原区流动人口户籍管理机制与制度创新

在我国现行的户籍制度下，对人口的迁徙和流动进行限制，提高了劳动力的使用成本，高原移民区可出台地方政策及管理办法，降低相关人口迁移的门槛，实现人口的自由流动。建立促进城乡人口合理流动的有效机制，对暂时不具备在城市落户条件的暂住人口，及时办理暂住手续，发放《暂住证》，对遵纪守法、正当经营的流动人口，暂住一定年限后，如本人自愿，可以登记为常住人口，从户籍管理制度上激励移民。

（二）高原区流动人口社会福利保障制度及管理机制

——完善用工合同制度，规范企业用工行为，加大对企业的监督力度，推动其与雇用的外来劳动力签订劳动合同。

——建立流动人口的工伤保险、医疗、养老保险制度。构建高效公平、开放的劳动力市场，将福利与户口“脱钩”，提高流动人口在劳动福利获得上的地位，消除制度歧视。政府可和企业雇主共同出资，有针对性地提高高原移民区流动人口的福利水平。

（三）高原区流动人口子女义务教育管理政策

（1）建立流动儿童入户登记管理制度。加快教育法制建设，把流动儿童的义务教育纳入法制化轨道。

（2）筹措经费，增加对流动儿童义务教育经费的投入。有条件的输入地可在流动人口集中区，建立专门的打工子弟学校，加强对流动人口打工子弟学校的规范管理，促使其达到办学条件标准。

（3）扩大公立学校招生范围，使大部分流动儿童在公办学校就读。规范公立中小学的收费，建立流动儿童义务教育经费的保障机制，减轻流动人口家庭的经济负担，针对高原区移民子弟，由政府补贴一定的费用。

参考文献：

[1] 白洁，王学恭．西北牧区退牧还草工程生态补偿依据与标准［J］．西南林学院学报，2008，28（4）：129－132

[2] 陈洁．青海省三江源退牧还草和生态移民考察——基于玛多县的调查分析［J］．青海民族研究，2008，19（1）：110－115

[3] 丁任重．西部资源开发与生态补偿机制研究［M］．北京：西南财经大学出版社，2009

[4] 丁四保等．区域生态补偿的方式补偿［M］．北京：科学出版社，2010

[5] 冯艳芬，王芳，杨木壮．生态补偿标准研究［J］．地理与地理信息科学，2009，25（4）：84－88

[6] 胡振军，黎与．关于发展青海三江源生态移民后续产业的建议［J］．现代农业科技，2009，（3）：

279 - 280

[7] 李晖，肖鹏峰，冯学智等．近 30 年三江源地区湖泊变化图谱与面积变化［J］．湖泊科学，2010，22（6）：862 - 873

[8] 李凌民．三江源自然保护区生态移民的几点思考［J］．青海学刊，2003，（6）：34 - 35

[9] 李晓光，苗鸿，欧阳志云等．生态补偿标准确定的主要方法及其应用［J］，生态学报，2009，29（8）：4431 - 4440

[10] 廖顺宝，孙九林．基于 GIS 的青藏高原人口统计数据空间化［J］．地理学报，2003，58（1）：25 - 33

[11] 刘敏超，李迪强，栾晓峰等．三江源地区生态系统服务功能与价值评估［J］．植物资源与环境学报，2005，14（1）：40 - 43

[12] 刘燕．西部地区生态建设补偿机制及配套政策研究［M］．北京：科学出版社，2010

[13] 鲁顺元．三江源区生态移民社会适应问题的调查与思考［J］．青海师范大学学报（哲学社会科学版），2009，136（5）：10 - 17

[14] 毛占锋，王亚平．跨流域调水水源地生态补偿定量标准研究［J］．湖南工程学院学报，2008，18（2）：15 - 18

[15] 三江源自然保护区生态保护与建设编辑委员会．三江源自然保护区生态保护与建设［M］．西宁：青海人民出版社，2007

[16] 王启基，来德珍，景增春等．三江源区资源与生态环境现状及可持续发展［J］．兰州大学学报（自然科学版），2005，41（4）：50 - 55

[17] 王小梅，刘峰贵，周强等．三江源区生态移民整合问题研究［J］．生态经济，2007，（2）：403 - 406

[18] 王兴杰，张骞之，刘晓雯等．生态补偿的概念、标准及政府的作用——基于人类活动对生态系统作用类型分析［J］．中国人口资源与环境，2010，20（5）：41 - 50

[19] 王作全，王佐龙，张立等．关于生态补偿机制基本法律问题研究——以三江源国家级自然保护区生物多样性保护为例［J］．中国人口资源与环境，2006，16（1）：101 - 107

[20] 辛积山，白廷举．三江源区生态移民权益保护的法律框架体［J］．青海师范大学学报（哲学社会科学版），2007，124（5）：39 - 43

[21] 杨光梅，闵庆文，李文华等．我国生态补偿研究中的科学问题［J］．生态学报，2007，27（10）：4289 - 4300

[22] 尹秀娟，罗亚萍．制约三江源地区生态移民迁入地可持续发展的因素［J］．西北人口，2006，（5）：46 - 49

[23] 翟岁显，翟瑞雪．三江源生态移民高成本的原因分析［J］．生态经济，2007，（1）：302 - 304

[24] 绽小林，马占山，黄生秀．三江源区藏民族生态移民及生态环境保护中的生态补偿政策研究［J］．攀登，2007，26（156）：91 - 95

[25] 张贺全，庆章．青海三江源地区实施生态移民的分析与思考［J］．青海草业，2007，16（4）：25 - 28

[26] 张娟．对三江源区藏族生态移民适应困境的思考——以果洛州扎陵湖乡生态移民为例［J］．西北民族大学学报，2007，（3）：38 - 41

[27] 张镱锂，张玮，摆万奇等．青藏高原统计数据分析——以人为例［J］．地理科学进展，2005，24（1）：11 - 20

[28] 张志良，张涛，张潜．三江源区生态移民推拉力机制与移民规模分析［J］．区域经济，2005，(6)：101-103

[29] 赵翠薇，王世杰．生态补偿效益、标准——国际经验及对我国的启示［J］．地理研究，2010，29(4)：597-606

[30] 赵建林．生态补偿法律制度研究［J］．中国环境管理，2007，(3)：1-4

[31] 赵新全．三江源区生态环境退化、恢复治理及其可持续发展［J］．科技与社会，2005，20(6)：471-476

[32] 中国21世纪议程管理中心．生态补偿原理与应用［M］．北京：社会科学文献出版社，2009

[33] 周继红．对依法加强三江源区生态移民工程实施的思考［J］．青海民族研究，2008，19(4)：163-167

第六章　高原地区特定民族社会文化因素对减贫政策影响和特殊贫困群体减贫政策创新研究

刘　源

第一节　研究框架及相关研究综述

一、研究意义

（一）对集中连片特殊困难地区扶贫工作具有方法参考之意义

“集中连片特殊困难地区”这一概念最早见于2010年7月上旬，时任国务院总理温家宝在中共中央、国务院召开的“西部大开发工作会议”上明确提出。会议印发的《中共中央国务院关于深入实施西部大开发战略的若干意见》（中发［2010］11号），“加强重点经济区开发，支持老少边穷地区发展”为题的第九部分中，第二条专门阐述扶贫开发工作并明确提出了“集中连片特殊困难地区”的扶贫概念。该条指出：“大力支持贫困地区加快发展。南疆地区、青藏高原东缘地区、武陵山区、乌蒙山区、滇西边境山区、秦巴山—六盘山区等集中连片特殊困难地区生态脆弱、经济落后、贫困程度深，要全力实施集中连片特殊困难地区开发攻坚工程，基本消除绝对贫困现象。加强规划指导，创新开发思路，着力解决制约发展的突出矛盾，发展特色经济，增强造血功能；着力改善基本生产生活条件，提高教育、卫生等基本公共服务水平；着力探索新的开发机制，加大政策扶持力度，采取有力措施，加快脱贫致富步伐。”

不难看出，集中连片特殊困难地区将成为中国扶贫新阶段的主要攻坚战场，与此相应也将加大此类地区扶贫开发机制的探索创新力度。在已列明的六大集中连片特殊困难地区中，青藏高原东缘地区由于在自然、经济、社会等三个方面均具有突出特色，因此非常适宜成为研究集中连片特殊困难地区减贫发展机制、创新扶贫开发思路的“试验田”。从研究中提炼出的减贫视角、发展路径和方法等将可供其他集中连片特殊困难地区为参考。从自然条件角度，当地高海拔地理条件、高寒缺氧自然环境、易毁难复的脆弱生态状况、“亚洲水塔”的重要生态功能等诸要素，在中国国内无出其右者；就经济状况而言，该地区区域发展历程一直封闭性较高、贫困程度深重、经济结构单一；千百年来世居于雪域高原并创造了灿烂文化的藏民族在社会发展变迁中历经的社会、文化调整，以及民族文化在社会快速转型中发挥的反向调适作用等，都应成为设计和调整当地扶贫发展政策的思考框架范畴，也应成为其他集中连片特殊困难地区制定扶贫开发政策的思考范畴（集中连片特殊困难地区基本都是少数民族地区）。

本研究立足于青藏高原东缘地区青海省玉树州特定民族——藏族及其社会文化特点，梳理该民族历经千年形成的文化特点，提炼这些文化特点在当代生产生活中依然活跃的表现形式，在综合已有研究及实地调研资料基础上，从青藏高原特定民族社会文化因素与现行扶贫政策实施之间存在的适应性角度，思考经验与教训并讨论其原因，总结在集中连片特殊困难地区开展扶贫开发工作中关照少数民族特定社会文化的普遍性要点，以供新阶段扶贫政策设计与实施参考。

（二）具有拓宽新时期扶贫开发工作的文化视角、丰富新时期扶贫开发的社会方法之意义

《中国民族报》2008 年 10 月 10 日报道：2007 年，民族自治地方农村绝对贫困与低收入人口合计数量占全国（4319.5 万人）的比重为 52.2%，比上年（44.5%）上升 7.7 个百分点。该数据说明，随着扶贫开发的进一步深入，中国剩余贫困人口越来越集中分布在少数民族地区。

少数民族贫困人口已经成为中国贫困人口的主体，也将成为新阶段减贫工作的主要工作对象。这一判断主要基于以下三点：一是少数民族贫困人口占贫困人口比例依然较大，贫困发生率较高。2007 年，中国民族自治地方农村绝对贫困人口发生率为 6.4%，比全国绝对贫困发生率 1.6% 高出 4.8 个百分点。民族自治地方绝对贫困人口（774 万人）占全国绝对贫困人口（1479 万人）的比重为 52.3%；民族自治地方的农村低收入人口 1841 万人，占全国低收入人口（2841 万人）的比重为 52.1%。二是脱贫难度大。剩余的少数民族贫困人口多集中在

新疆南疆沙漠边缘、青藏高原牧区、宁夏的宁南山区、武陵山区、云南广西贵州的石山区、深山区等，这些地区要么山高沟深，要么处于干旱荒漠地带，要么处于高寒牧区，人均脱贫成本很高。三是返贫率高。据不完全统计，2007 年，少数民族自治地方因灾因病返贫人口为 185 万人，比 2006 年增加 25 万人；返贫率为 23.9%，比 2006 年（16.8%）高 7.1 个百分点。这一现象揭示出中国的扶贫工作将以少数民族为主要目标人群，中国政府未来的扶贫策略必须针对少数民族贫困问题的特殊性而做出重大调整。

（三）本研究对牧业、牧民自有价值及其在国家社会经济架构中重要定位再认识的参考价值

牧业的意义并非仅仅在于它是一个经济部门，对于以此为生且构成高原藏区，甚至中国东北－西南畜牧业带的蒙古族等居民而言，它还意味着一种生活方式。① 因此，牧业的发展不仅有益于牧区居民食品保障，还是他们提高家庭收入的重要基础。从这个角度看，促进牧业发展必定有助于增进中国各牧业民族的福利。

青藏高原牧区地跨西藏自治区、青海省、新疆维吾尔自治区、甘肃省、四川省五大牧区，除了牧区面积最大的内蒙古自治区，几乎涵盖了六大牧区，占全国牧草面积的一半以上，且基本都分布在民族聚居区。而青藏高原牧区贫困问题要远大于其他地区。据统计，牧区贫困人口占全国贫困人口的 29.9%，而这些贫困人口相对集中于牧草面积最大的青藏高原牧区。青藏高原牧区贫困程度较深，贫困发生率在 10% 以上，远远大于内地平均 4.6% 的贫困发生率。

我国的牧区是少数民族主要聚居的地区，牧区畜牧业是蒙古、藏、哈萨克、柯尔克孜、裕固和塔吉克等民族的大部分群众赖以生存和发展的基础产业。我国的草原面积占国土面积的 1/3，其中可开发利用的面积约为 36 亿亩，95% 以上是少数民族地区。我国的牧区主要沿陆地边境线分布，东起呼伦贝尔大草原，向西延伸到西藏自治区西线，约占边境线的 2/3。牧区经济是我国国民经济的重要组成部分，是民族地区经济的重要组成部分。牧区不仅是国家毛纺、制革等行业发

① 中国境内从事畜牧生计的民族主要有蒙古、哈萨克、柯尔克孜、裕固、塔吉克、藏族、部分鄂温克族和达斡尔族，主要分布在东起大兴安岭西麓，西到准噶尔盆地西缘，南到横断山脉中段（云南省中甸县）的广大地区，基本上构成了从东北到西南的半月形畜牧带。根据苏联学者托尔斯托夫、列文、切博克萨罗夫等人于 20 世纪 50 年代提出的经济文化类型概念，中国学者将此类型生计方式定名为“畜牧经济文化类型组”。下分四个子类型：一部分鄂温克族为代表的苔原畜牧型，以蒙古族为代表的戈壁草原游牧型，以哈萨克族为典型的盆地草原游牧型，以藏族为典型的高山草场畜牧型。参见：林耀华主编《民族学通论》，北京：中央民族大学出版社，1997 年，90－92 页。

展所需原材料的主要来源地，也是城市肉类食品、奶制品的供应地以及畜产品出口的主要生产基地。牧区经济的发展对促进民族团结和社会安定具有非常重大的意义。因此，党和国家历来十分重视牧区经济发展问题。

在高原藏区地区走向现代化的过程中，不能忽视本土社会文化因素的影响力。当然，这并不意味着要求藏族等少数民族全盘照搬传统生活方式，与现代生活绝缘，而是在现代化转型中更好地结合其本土文化要素，激发少数民族社会文化因素在现代背景下的活力，促成少数民族地区经济社会的内生型发展。

二、研究内容与技术路线

（一）研究内容

本课题研究以青海省青藏高原三江源地区的玉树州为聚焦点，从生计方式、组织机制、宗教、语言和性别分工等社会文化因素出发，讨论在高原畜牧业民族回应新阶段减贫挑战过程中，这些因素发挥作用的途径和方式，并提出基于文化敏感的减贫政策完善建议。

青海省三江源地区位于青藏高原腹地，行政区划包括玉树藏族自治州、果洛藏族自治州、海南藏族自治州、黄南藏族自治州、格尔木市唐古拉山镇，共计16个县和1个镇。总面积36.3万平方千米，占青海省国土总面积的50.4%。2008年底总人口71.5万人，其中藏族占90%以上，牧民占2/3，贫困人口超过70%。①② 作为长江、黄河和澜沧江的三江发源地，三江源区域是全国重要的生态安全屏障和生态功能区，也是全球大江大河、冰川、雪山及生物多样性最集中地区，生态环境保护压力重大。这一地区也是中国及青海最为贫困地区之一。受海拔高、高寒缺氧等环境条件约束，当地资源环境承载力弱，缺少大规模集聚经济和人口等条件；干旱、暴雪等自然灾害严重；基础设施建设滞后；区内以牧业人口为主，产业结构单一，贫困农牧民收入来源较少，贫困面大，贫困人口占全省贫困总人口的15%以上。可见，三江源地区面临着保障国家生态安全与提高区域内经济社会发展和藏区居民生活水平等双重挑战。在三江源地区四州一镇中，玉树藏族自治州于2010年4月14日遭遇的7.1级地震更令当地经济社会发展状况雪上加霜。地震不仅造成上万人死伤，而且带来6400亿至8000亿元的经

---

① 王一鸣，曹文虎，王青云. 青海省区域协调发展规划研究. 西宁：青海人民出版社. 2009，118－120

② 孙发平，杜青华，陈志苡. 青海省扶贫开发思路、目标及对策. 青海社会科学. 2010，1：41

济损失①，通过灾后重建帮助当地社会实现减贫与发展的挑战异常艰巨。

在此背景下，本研究将关注焦点集中于生态环境重要且脆弱、贫困的整体性和民族性均十分明显、以高原畜牧业为主要生计方式的玉树州，通过实地调研、整合已有研究、借鉴国际经验、政府相关部门座谈及社区牧民访谈等多种方式，在概括当地多年传承的本土文化要素基础上，提炼那些依然具有生命力的社会文化要素，并阐述它们如何影响当地百姓的行为和观念。研究重点关注高原藏区生计方式经历的重大转型，藏民族社会文化因素在转型过程中承担的功能与政策的互动效应，并从社会文化要素视角提出新阶段高原藏区扶贫开发工作战略思考，以及如何针对不同弱势群体设计支持性政策。

（二）技术路线

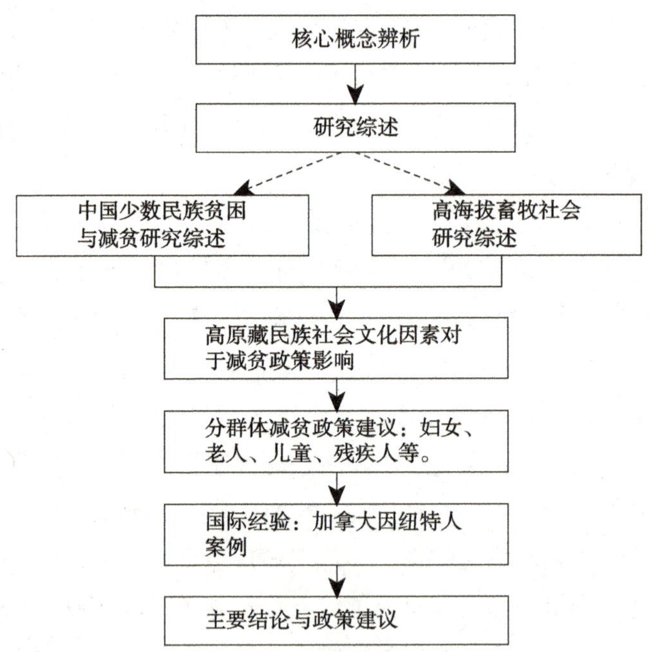

三、研究方法

（一）定性研究为主

① 青海玉树地震损失估计达8000亿元．http：//www.ck100.com/zixun/201004/86043.html．21世纪经济报，2010，4（23）

（二）社区实地调研

基于2010年9月为期8天，随同GTZ调研组在玉树、曲麻莱、治多三地的实地考察；另外，笔者于2003年5月～10月期间，为期半年的三江源牧区调研资料。

（三）座谈会

青海省、曲麻莱县、治多县政府各部门综合座谈。曲麻莱县和治多县移民户座谈及贫困户入户访谈。

（四）文献搜集和分析

- 政府相关部门公开发布的政策、文件；
- 研究制定/调整的支持性、论证研究文本；
- 关于青藏高原生计、文化、社会的学术研究文献。

（五）对比研究

本研究得到德国技术合作公司（GTZ）大力支持。GTZ不仅支持了研究实地调研，团队经理彭硕朴（Thomas）先生、项目官员安迪先生都曾给予宝贵建议。特别应提出的是，来自德国的民族学专家Akaja教授提供了加拿大北部因纽特人社会发展案例文献，并数次与笔者讨论研究报告框架及思路。这些支持使得本研究能够立足于中国实际，同时兼具国际经验视野，在比较分析基础上提出适于中国高原减贫发展的政策建议。

四、相关研究综述

（一）概念辨析

本专题涉及两个核心概念，一是“高原地区特定民族”，在本研究中即藏族，特别针对青海省营高原畜牧生计的藏族。

青藏高原是中华古人类文明的发祥地之一，在这片绝大部分海拔4000米以上，被称为“世界屋脊”的高原，虽然自然环境非常艰难，但自古即有人类居住。“据考古发现，在距今3万年前的旧石器时代晚期，青海的先民就在这片广袤的土地上繁衍生息。”[①] 据甲骨文及商代有关资料考证，羌人是青海高原最初的开发者，也是藏族的主要族源。“羌人在后来历史变迁中，有一部分融入藏族之中，成为藏族的一员，羌文化是藏文化的源泉之一”。[②] 溯其源头，青海羌人史也就是青海藏族先民的历史。

7世纪初，以发羌为核心的吐蕃兴起于西藏。之后，吐蕃先是统一了西藏地区，然后向青海扩张逐步统一了白兰、党项等诸多羌部落，以逻些为中心建立吐蕃奴隶制王国。“唐初，吐蕃三十二世赞普松赞干布统一青海高原诸部落，促使古代羌人诸部的合一，走上了共同发展的道路”。[③] 吐蕃统治青海后，实行了强制的民族同化政策，并在文化上推行统一语言、使用藏文的政策，加快了青海原有民族向藏族的融合，进而形成了以藏族为主体的王国。

自古以来，分布在青海的藏族是整个藏族的主要组成部分。其人口在新中国建立前的20世纪40年代统计约有50万人，占青海全省总人口的25%，居住地区约有60余万平方千米，占全省总面积的83%。中华人民共和国成立之前，居住在黄南、海南、海北、海西、玉树、果洛等牧业区的人口接近40万，约占青海藏族总人口的80%。居住在东部农业区的人口有10万余人，约占青海藏族总人口的20%。[④]

目前，藏族是青海少数民族中人口最多、分布最广的一个民族。2000年第五次全国人口普查数据显示青海藏族人口为108.7万人，占全省总人口的22.5%（总人口482.3万人）。[⑤] 按现在的行政区划，青海省除海东地区外的海西、海北、海南、黄南、果洛、玉树六州均为藏族自治州，土地面积占全省90%以上。

另一个核心概念是“社会文化因素”，常与“文化因素”同义，是人文科学研究的基本内容。在中国，“文”既指文字、文章、文采，又指礼乐制度、法律条文等。“化”是“教化”、“教行”的意思。文化的定义可谓纷繁，美国文化人类学家克罗伯和科拉克洪于1952年发表的《文化：一个概念定义的考评》中，分析考察了100多种文化定义[⑥]。一般意义上，文化有广义和狭义之分。广义文化是指人类创造的一切物质产品和精神产品的总和。狭义文化专指语言、文学、

① 崔永红等．青海通史．西宁：青海人民出版社，1999，3

② 谢佐、何波．藏族古代教育史略．西宁：青海人民出版社，1994，5

③ 青海省情．青海人民出版社，1986，3

④ 陈光国．青海藏族史．西宁：青海民族出版社，1997，1－2

⑤ 国家统计局公布数字．http：//www. stats. gov. cn/tjsj/ndsj/renkoupucha/2000pucha/html/t0106. htm

⑥ 黄平，罗红光，许宝强．当代西方社会学·人类学新词典．长春：吉林人民出版社，2003，161－162

艺术及一切意识形态在内的精神产品。文化的重要特点在于并非先天遗传本能，而是须经后天习得的经验和知识，是由物质、精神、语言和符号、规范和社会组织等要素构成的有机整体。体系内各部分在功能上互相依存，结构上互相连结，共同发挥社会整合与社会导向的功能。同时应注意到，特定文化有时会成为社会变迁和人类发展的阻力。文化的有机整体性、对社会整合和社会导向的功能、特定文化有时阻碍人类发展等这三个特点对于本项“高原特定民族社会文化因素对减贫战略的影响”研究具有重要理论指导作用。

本文从狭义文化定义出发，梳理青海高原藏民族的传统生计方式、社会生产组织、传统观念和风俗习惯、语言等社会文化脉络在当今时代的存续状况，总结现有高原减贫发展政策的制定和执行中由于结合或忽视社会文化因素而导致的不同效果，提炼新时期减贫战略与该区域社会文化因素应用及整合的政策建议。

（二）少数民族贫困与减贫发展研究综述

在国内学术领域，少数民族贫困问题长期被统归到农村扶贫中，学者们专门就少数民族扶贫进行讨论并不多见。近年来，随着中国减贫事业取得各方公认的巨大成就，少数民族地区和群体一方面明显缓解了总体贫困状况，另一方面部分少数民族贫困问题益发凸显，由此引起针对民族地区、群体减贫特殊性的相关研究。

就狭义的“收入性贫困”而言，大部分国内学者将少数民族贫困原因看成是多元的，而不是单一的，即综合了发展（历史）起点论、人口素质论、自然条件论、文化论等多样观点。[①] 增加制度性因素考量后，有学者提出直接原因和间接原因的观点。直接原因包括了延迟发展、地理位置封闭（山区性、边远性、封闭性）、制度低效（指所有制结构、产业结构、生产方式、组织经营方式等单调、死板、低效率等）。间接原因包括教育、科技、知识（新知识、新观念）、卫生上的落后，以及生态损失（毁林开荒、水土流失、土地贫瘠、过度放牧、梯度沙化和盐碱化、雨水不足、水污染、泥石流、气候异常等）。[②] 综合性分析之

① 张跃平．制度与西部地区经济发展．北京：民族出版社，2004，10，第 89～97 页。韩彦东：《人口较少民族贫困原因及扶贫开发对策研究》，《贵州民族研究》，2005 年第 6 期。杨清震、周晓燕：《民族地区的反贫困与经济可持续发展》，《黑龙江民族丛刊（季刊）》，2001 年第 4 期。李俊峰：《市场条件下对少数民族扶贫工作的思考》；丁汝俊、敏生兰：《可持续发展与西北回族地区贫困问题探析》，《甘肃理论学刊》，2005 年 9 月

② 张雄．少数民族社会可持续发展研究——一个政治经济学视角．昆明：云南大学出版社，2007，63－64

外，学者们大都强调少数民族贫困的特别严重性和独特性。总结出少数民族贫困具有贫困覆盖面大，其贫困人口占全国贫困总人口比例过半；贫困程度深，全国绝大多数贫困地区是少数民族居住区；少数民族贫困区域性、整体性明显，可以说中国的区域性贫困很大程度上是少数民族的贫困问题。①

分析原因的同时，一些学者积极为民族地区减贫方法和路径建言建策。除呼吁充分利用国家优惠政策机遇，加大重点倾斜资金投入、促进产业结构转型、转变发展思路等普适性建议外②，很多学者均强调应尊重民族发展的差异性。如有学者针对人口较少民族扶贫开发政策就强调“人口较少民族的发展历史、宗教信仰、风俗习惯、思想观念、生产方式同汉族及其他少数民族存在很大不同。因此在实施扶贫开发政策时必须建立科学发展观，充分考虑这些差异性，注重各自的特色，避免盲目照搬汉族地区做法，真正实现‘一族一策’，建立不同的扶贫模式”③。还有学者从民族特有资源商品化角度提出扶贫政策建议，提出“少数民族地区经济发展水平较低，然而往往蕴藏着极为丰富的旅游资源、奇特的民族风情和多彩的自然风光”为当地旅游扶贫开辟了一条通道。④ 近年来，越来越多的学者、特别是少数民族学者开始反思和质疑将民族特有文化资源商品化的做法，提出民族文化对于生活于其中的少数民族本体而言，就是他们的生活方式，也是他们的生活价值与意义之源，并非可以随意当做工具来利用或抛弃的。⑤

总体说来，在探讨少数民族贫困成因、特点及减贫途径等方面，已有研究既充分肯定民族地区减贫成效，也不断总结民族地区减贫制度与方法中存在的遗憾和不足。近年来的研究则比较关注和强调文化多样性的保护与民族发展、发展主体性和社区少数民族村民对于减贫发展的参与度。

---

① 参见：康晓光：《90 年代中国贫困与反贫困战略》，中国扶贫基金会编，《中国扶贫论文集粹》，北京：中国经济出版社，2001 年，第 341－342 页。杨清震、周晓燕：《民族地区的反贫困与经济可持续发展》，《黑龙江民族丛刊（季刊）》，2001 年第 4 期；肖雁：《以现金文化助推西部民族地区经济发展——以云南省少数民族“直过”地区为例》，《经济论坛》，2005 年第 18 期等。韩彦东：《人口较少民族贫困原因及扶贫开发对策研究》，《贵州民族研究》，2005 年第 6 期。

② 《“八七扶贫攻坚计划”实施以来民族地区扶贫工作情况综述》，国务院扶贫办资料。

③ 韩彦东．人口较少民族贫困原因及扶贫开发对策研究．贵州民族研究．2005，6

④ 陈景辉，成艳彬．少数民族贫困地区旅游扶贫的比较分析及创新思考．福建论坛（人文社会科学版）．2005，11

⑤ 谢元媛．敖鲁古雅鄂温克生态移民——一个规划现代化的个案．北京大学博士研究生学位论文，2005 年，未发表稿。侯远高：《少数民族视角的发展观与发展援助》，《扶贫开发与少数民族科学发展》，社科文献出版社，即出。

（三）高海拔畜牧社会研究综述

鉴于青藏高原独特的地理环境及由此形成的独特生产生活方式，有必要简要回顾迄今围绕这一地区开展的研究工作及其主要成果，以作为本项研究的背景基础。

据估计，全球目前约一千万至两千五百万（不足地球人口1%）人生活于高海拔地区，地球上90%的人口集中在海拔3000米以下地区。[①] 高海拔地区生活的人主要分布在南北纬40度之间，这个范围内太阳辐射较强、生物生产力相对较高。地区分布主要在南美洲安第斯山区、非洲埃塞俄比亚山区、前苏联高加索山区、亚洲喜马拉雅山区以及美国的洛基山区。

在多年高海拔相关研究中，社会人文学科的学者们针对高海拔地带人群面临的缺氧、高寒、干旱、低生物生长力、疾病等问题，指出对于高海拔的行为适应、生理适应和文化适应，是保证人类能够在此类地区生存下去的关键。文化适应即指民族通过保持和创新两个层面实现对所处生态环境的适应。

中国境内高海拔区域即为属于喜马拉雅山系的青藏高原，如以海拔高度计算，位于三江源头的青海高原藏区可谓是“世界屋脊的屋脊”。对该地区的研究较长时期内限于对当地社会、历史和文化状况的调查记录。其主要原因是：一是语言限制。传统藏族社会文化传承基本由寺院和贵族阶层垄断，记录文献均为藏语，若无翻译文本，则很难令外部社会了解藏族社会文化状况。二是自然环境的阻挡。当地严酷的自然条件成为外界研究人员进入的天然屏障。三是游牧社会过着逐水草游牧、冬季定居的生活，较强的流动性不利于记录和文本的保存。重要文献有20世纪80年代出版的《藏族社会历史调查》中收集的若干50～60年代关于藏族游牧部落的社会历史调查报告。中国藏学研究中心组织的藏北牧区调查，基于调查成果的《藏北牧民——西藏那曲地区社会历史调查》[②] 一书，从当地自然环境、历史沿革、生产方式、经济制度、社会组织、宗教信仰、生活娱乐等多方面第一次比较系统记录和介绍藏北游牧社会，对后继学者研究高海拔藏族社会有很高参考价值。20世纪90年代中期，有学者的联合研究开始通过对高海拔牧民家庭历时40年变迁的描述和分析，展示牧民在不同时代背景下的生产生

① Emilio F. Moran: Human Adaptability: An Introduction to Ecological Anthropology, Boulder: Westview Press, 1982, pp. 142－143

② 格勒，刘一民，张建世，安才旦．藏北牧民——西藏那曲地区社会历史调查．北京：藏学出版社，1993

活方式、社会公共生活和精神文化的变迁。①

20世纪90年代末，党的十五届五中全会审议通的《中共中央关于制定国民经济和社会发展第十个五年计划的建议》，把实施西部大开发战略，加快民族地区发展问题摆在了更加重要的位置。学界也随之加大了从多个角度开展民族地区发展研究的力度。这其中，高原藏区发展的讨论多是结合于藏区现代化建设的框架之下。胡鞍钢和温军在人类发展观转变的背景框架下，综合考察西藏自治区工业化战略实施效果，提出藏区现代化的路径不应盲目照搬内地发展模式和经验，并提出应大幅增加对畜牧业的生产性投入、重视农村基础教育投入，提高农牧民人力资本等多项政策建议。② 这两位学者的研究立足于经济结构和产业发展，对于当地社会文化因素没有充分涉及。随着西藏和四省藏区经济改革的进展，格勒等学者基于大规模实地调研基础，更多关注在藏区现代化过程中，传统文化与社会发展的关系。通过解构“现代化”概念，藏族学者华热·才华加提出要准确定位藏文化，不应简单否定传统文化，应从观念、制度、人才、技术这四个层面实现藏文化与现代化的对接③。格勒等人提出在藏区现代化建设步伐中，要正确处理传统文化保护和发展的关系，妥善处理现代文化与藏族传统文化的关系，使藏族优秀传统文化通过借鉴、吸收现代文化中的积极成分，更好融入中国特色社会主义新文化体系；发展中国家现代化的过程中要特别重视传统文化价值观的作用，要积极引导宗教与现代化相适应。④

通过以上简要回顾国内学者对于少数民族贫困、高海拔牧业地区贫困及减贫发展研究成果，我们可以总结以下三个主要特点。第一，在较长时期内，少数民族贫困研究被放置于农村发展框架之下，对贫困成因的分析集中于自然环境恶劣、发展基础薄弱等先天性因素，对民族地区减贫具有的独特性关注不足。第二，随着中国扶贫工作取得的巨大进展，在全国总体贫困状况大为缓解背景下，少数民族地区及群体的贫困问题凸显出来，由此也吸引更多学者开始将关注目光投入到该领域。部分研究开始注意到少数民族社会减贫过程中，其民族内含的社会文化因素承担的功能和意义。第三，聚焦于高海拔藏区的研究经历了从当地民

---

① 中国藏学研究中心社会经济研究所编．西藏家庭四十年变迁——西藏百户家庭调查报告．北京：中国藏学出版社，1996

② 胡鞍钢，温军．西藏现代化发展道路的选择问题（上，下）．中国藏学，2001，1－2

③ 华热·才华加．藏区社会现代化的观念检讨和方法借鉴．青海施法大学学报（哲学社会科学版），2004，4

④ 格勒，旺希卓玛，卢梅．关于加快藏区现代化建设步伐的调查和思考．中国藏学，2006，4

族社会历史调查到记录家庭和社会历史变迁再到现代化框架下藏民族发展框架的设计，近些年则越来越多探讨藏区社会发展与传统文化保护之间的关系。

第二节　高原藏民族特定社会文化因素对减贫政策的影响

文化作为一个社会或民族的生活方式，体现了该社会或民族的行为。一个民族或区域的经济增长密切关联于该民族或区域的文化如何利用自身所处的自然环境与社会环境。人类的习惯是特定文化下的习惯，人的习惯性行为之所以能够渗透到社会生活的方方面面，能够对经济行为产生巨大的影响，在于文化观念不但决定人们的价值追求，推动社会的消费需要，而且调节着时代的经济运行和发展。发展研究者已开始关注到经济与文化之间不可分割的关联：“经济体系总是沉浸在文化环境的汪洋大海之中，在这种文化环境里，每个人都遵守自己所属群体的规则、习俗和行为模式，尽管未必完全为这些东西所决定。意义比较明确的价值使某些目标处于相对优先的地位，对于这些目标的追求，激励着每一个人对经济和社会的发展做出自己的贡献”[①]。由此可以看出，作为民族文化整体中不可分割的重要因素，民族经济不是游离于民族文化而独立存在的。

2003 年，时任中共中央总书记的胡锦涛明确提出“坚持以人为本，树立全面、协调、可持续的发展观，促进经济社会和人的全面发展”。“科学发展观”以其强调以人为本，关注可持续发展而丰富了“发展”概念的内涵。在此背景下考量新阶段少数民族地区扶贫发展政策，应关注国家政策在少数民族地区和群体中实施效果，特别是应思考国家有关政策如何能够更妥帖与地方性社会文化因素相结合，以提高新阶段扶贫政策的针对性和应用效应，从而实现中国社会和执政党“发展为了人民，发展依靠人民，发展成果由人民共享”的不懈追求。

一、三江源高寒牧区新阶段扶贫发展思路简述

经过多年实践与探索，青海省区域发展思路日益明晰，地区特色逐步显现，目前初步确定了“四区两带一线”的区域划分，即东部地区、柴达木地区、环青海湖地区、三江源地区和沿黄河发展带、沿湟水发展带及兰青—青藏铁路发展

---

① ［法］弗朗索瓦·佩鲁．新发展观．张宁等译．北京：华夏出版社，1987

轴线。

在扶贫领域，目前基本明确的“十二五”阶段青海省三江源高寒牧区扶贫开发重点工作可总结为：一是确立“以扶贫开发支持生态环境保护和建设，以生态环境保护和建设促进地区发展”的思路，将扶贫开发工作与“三江源国家生态保护综合试验区”总体规划相衔接，通过实施一批国家重大生态环境保护项目，有效带动一部分贫困群众实现就近、就地和异地转产就业，切实提高收入水平。二是建立以中央财政为主的“三江源生态补偿机制”，较大幅度地提高农牧民收入。三是把生态移民、扶贫开发与生态型小城镇建设有效地结合起来，注重产业扶贫、科技扶贫和教育扶贫，着力解决生态移民转产就业问题。四是加大对生态畜牧业的投入，支持有条件的地区优化畜群结构，切实解决超载过牧问题。五是大力开展扶贫干部培训、农村牧区先进实用技术培训和农牧民务工技能培训，努力实现培训转移由就地型向异地型、由数量型向质量型、由体力型向技能型、由兼业型向专业型的转变。六是充分利用三江源地区独特的自然资源、生态景观等旅游资源，发展观光、科考、探险、登山等高原特色生态旅游业和民族文化产业，延长产业链，吸纳一部分牧民实现转产就业。①

上述“十二五”期间三江源地区扶贫开发六项思路中，扶贫与生态环境项目相结合、生态补偿机制这两项内容是青海省政府正在努力探索、希望尽快确立的政策体系。除此之外，生态移民后续产业发展、生态畜牧业合理发展、牧区及务工技术技能培训、立足于当地自然和文化资源的生态旅游和民族文化产业发展等内容，已于“十一五”期间在该区域开展了大规模实践，其中尤以“三江源生态移民工程”和“游牧民定居工程”两项工作投资量巨大、涉及人口众多。从已有数据看，三江源生态移民工程将使共 1.01 万户、5.58 万人次搬迁到三江源保护区核心区周边的 24 个县级镇和乡级建制镇，形成移民社区。2009 年初启动的游牧民定居工程，也计划用 5 年时间投资近 60 亿元，解决 13.4 万户、56 万名游牧民住房困难问题②。

2010 年 6 月发布的《玉树地震灾后恢复重建总体规划》中，单辟“扶贫开发”专节规划该地区灾后重建扶贫工作，也从一个侧面反映出该地区贫困状况严

---

① 参见：王一鸣，曹文虎，王青云主编：《青海省区域协调发展规划研究》，西宁：青海人民出版社，2009 年。孙发平，杜青华，陈志苡：《青海省扶贫开发思路、目标及对策》，《青海社会科学》，2010 年 1 月。

② “近年青海藏区游牧民定居工程已完成投资 9.5 亿元”，参见新华网青海频道 2010 年 9 月 16 日：http：//www. qh. xinhuanet. com/2010 -09/16/content_ 20925657. htm。

重，面对的减贫挑战重大。玉树地震灾后重建规划涉及玉树州 6 县 19 个乡镇的 22 万余牧民和城镇居民。计划用 3 年时间，通过对 126 个贫困村的产业扶持和后续发展资金支持，3 万劳动力培训和部分异地扶贫搬迁等多种方式，多渠道增加贫困农牧民收入来源。[①]

总览青海省三江源地区“十二五”扶贫开发工作思路及玉树地震灾后恢复重建规划中扶贫开发内容，可以看出对此类高海拔牧区发展思路已比较清晰明确。因地理环境因素而封闭性较强的青藏高原牧区将通过生态畜牧业、定居和移民转为城镇居民等，进入加快城镇化的社会发展新阶段。就生计方式而言，除三江源保护区非核心区域将保留部分牧民以生态畜牧业为主要生计之外，大批牧民将通过三江源保护工程、游牧民定居工程等渠道转为以城市务工、民族旅游业、民族文化产业等新型生计方式。生活组织方式将由自古延续的单家独户或联合放牧转变为城镇移民小区社区生活为主。对外交往方面，无论是牧民们还是移民们都将大幅度增加同城市、城镇的联系和交流。总体而言，青藏高原牧区面临着生计方式、生活方式和社会转型等全方位迅速变迁的挑战。

二、青藏高原藏民族社会文化因素及其主要特征

如前文所述，本文将根据文化的有机整体性、对社会整合和社会导向的功能、特定文化对社会发展的正负面作用这三条原则，梳理青海高原藏民族的传统生计方式、社会生产组织、传统观念和风俗习惯、宗教、语言等诸项社会文化因素的主要特征，随后从应用性角度提出在进行新时期扶贫战略设计时，如何观照和结合这些社会文化因素，并根据贫困人群中相关分群体特点及其具体需求提出具体的政策建议。

（一）青藏高原畜牧生计方式特点：对环境较强适应性、高原畜牧业知识积累深厚

在中国境内，东起大兴安岭西麓，西到准噶尔盆地西缘，南到横断山脉中段（云南省中甸县）的广大地区内，构成了一个从东北到西南的半月形畜牧带，生活于这条畜牧带上的典型民族有蒙古、哈萨克、塔吉克、藏族等[②]。在该畜牧带

① 中国中央人民政府国务院．玉树地震灾后恢复重建总体规划．第一章“灾区概况恶化重建基础”．2010，6

② 林耀华．民族学通论（修订本）．北京：中央民族大学出版社，1997，86

南端，以繁殖牦牛为主的畜牧业成为高原藏民族社会的经济基础，被称为高山草场畜牧型生计方式。牦牛为当地人提供了衣食来源，以及运输工具。青藏高原海拔高具有的高寒、风雪、昼夜温差大等多种自然环境因素综合，使得畜牧业成为高原主体生计方式。畜牧生计可被视为人类对于干旱或高寒地区生态环境的一种适应形式。其最大长处在于能够为人类提供低层次的、较稳定的生活资料和生产资料，从而对外部世界的依赖性较小，自身社会独立性较强。为适应高原草场的自然环境、牲畜习性以及畜牧业生产的规律，同时又保护草场资源及其生态环境不被过度利用，牧民们根据不同季节，赶着牲畜在低地和高地间的冬春和夏秋草场往返移动。

畜牧生计共有的三个基本特点决定了畜牧民族的生计文化特征。首先，对畜群的高度综合利用。牧民们除食肉寝皮外，还可以挤畜奶，剪畜毛，促进畜群的繁殖，乃至燃烧畜粪。这使得畜牧民族积累了丰富的畜牧生产本土知识，并可依靠自身满足大部分生活必需品供应，对现金和商业依赖度很低。其次，畜牧民族都有过在部落基础上建立更为高级的社会政治机构的经历，并具有与此相适应的较为发达的宗教观念，而且这种观念在他们的社会生活中取得了较高的支配地位。高原藏族浓厚的宗教观念、藏传佛教僧侣在世俗生活中的重要影响力，即是对此特征的印证。第三，畜牧生计的产品单一和不耐储存。这使得它对于农耕社会的贸易有着强烈需求。因此，来往于农牧两种生计之间的马帮和商队及与之相应的一套文化结丛如驮具、驿道等对于畜牧类型的存在和发展有着不可或缺的作用。

历经部落时代、新中国民主改革、人民公社时代、包畜到户和分草场等不同所有制时期，青藏高原的自然生态条件决定了高原畜牧业始终是这地区主要生计来源，新时期青藏高原减贫发展设计中也依然以发展生态畜牧业为主。国家在加大基础设施投入、提高牧民运用科学技术放牧能力的同时，应思考如何将当地牧民长久积淀并依然在现实中发挥作用的一些传统生计知识——如养畜技术、畜群抵抗灾害方法等，结合进入生态畜牧业发展的实施操作中。

（二）生产组织方式特点：历经传统形成、迄今依然具有生命力，以血缘纽带为基础

高原畜牧业传统的生产组织单位可概括为小规模家庭或家庭联合为基本生产单位，也可称为混合放牧。过去多存在于居住点比较集中的几家亲邻间，将各家牲畜按类别、公母、大小等混为几个大群体，大家分工负责，彼此也不付报酬。

民主改革后，随着游牧范围不断缩小，游牧方式逐渐转为定居放牧。从20世纪60年代的公社化到80年代的承包放牧，再到2000年的明确划定家庭牧场，牧区形成越来越多的定居点，定居点之间基本都属于近亲关系，以兄弟、岳婿等形式组成的联合放牧家庭中，不仅承包相邻或同一草场，而且按照联合家庭大家长安排，家庭成员各司其职，在日常生活中相互帮助，建立了浓厚感情。

在新的发展阶段，无论是生态畜牧业牧民还是移民小区的城镇人口，高原藏民族以地域为生产生活单位的比例将大大增加。建立牧区合作社和移民社区管理时，要适当结合藏族牧民们习以为常的以血缘和近亲为基本脉络的生产和互助体系，使现代城镇管理机制与乡村本土治理机制结合，以保证基层牧民们的自我管理的权利和能力提高。

（三）宗教信仰特点：宗教观念深厚，藏传佛教及专职宗教人士在农牧民中具有重要影响力

历史上，藏民族是一个政教合一、全民信教的族群。传统藏族社会亦是宗教色彩极其浓厚的封闭型社会。藏传佛教作为传统藏族社会的思想基础，贯穿在其政治制度和社会结构中，而且还渗透到藏族的思想观念、伦理道德、生活习俗等各领域。20世纪50年代藏区实行民主改革后至今，藏区宗教信仰变化特点可概括为以下几点：农牧区宗教信仰活动、宗教人数均多于城镇；老年人宗教信仰活动多于年轻人；多数人的宗教信仰源于传统习惯。[①] 随着藏区现代化步伐的加快，比如政治制度变革、社会结构变迁、宗教功能转移、现代教育发展，以及科技知识的普及等，宗教世俗化现象已成为一种无法回避的社会和文化现象。藏区宗教世俗化有如下几个特征：第一，如今藏区宗教基本脱离了政治制度和政治组织。或者换句话说，现代藏区政治制度独立于宗教以外。第二，传统藏族宗教文化与现代世俗文明间形成了一种相互交融的现象。在藏区迈向现代化过程中，现代新的文化主体逐渐影响到藏区现代社会的主流文化，从而间接地影响到藏区主体文化的价值观和世界观。第三，寺庙功能渐渐被削弱和退化，包括寺庙的教育功能、寺庙的司法功能，以及宗教的伦理道德方面的整合功能等。第四，藏族人的宗教观念渐渐趋于淡化。[②]

玉树州地处中原通往西藏的唐蕃古道上，藏传佛教寺院众多，全州数千座寺

---

① 向春玲. 当今西藏宗教信仰的特点及与现代化的关系初探. 西藏研究，2000，2：102－104

② 噶·达瓦才仁. 藏区现代化过程中宗教世俗化的趋势. 中国藏学，2007，1：77

院中成规模的就有194座，宗教人员23000多人。[①] 位于玉树州南部，人口仅7万的囊谦县却有着青海省数量最多的藏传佛教寺庙。藏传佛教在高原藏区所拥有的强大影响力由此可见一斑，并已渗透到藏民族社会生活的诸多领域。新时期扶贫工作中，应思考在当地党委和政府部门领导下，如何发挥宗教场所、宗教人士在藏区经济发展、民族教育和民族特色产业发展和养老等社会事业的正面积极作用。

（四）社会基本单位特点：男女老幼等不同群体在畜牧业生计方式中形成各司其职的有序格局

畜牧社会需要其成员各司其职、互相密切协作才得以良好运转。通常来说，放牧主要是男人们的责任，无论寒暑晴雪日日如此，其劳动条件较为艰苦；而家务活全部由女人承担，并帮助男人们照料幼畜、制作畜产品，终日难得休息，因此可以说女人们的劳动负担更加沉重。从家庭成员的活动范围看，男人们活动地域相对开阔，家庭的外出社交通常也由他们承担。女人们以家庭为生活中心，活动范围有限，接触外界的机会少，接受新生事物的能力也相对较弱。

传统上，孩子们到七八岁开始跟着父母学习放牧或者料理家务的技能。义务教育入学率低长期以来困扰着青海省人力资源发展。由于地处高寒牧区，牧民们居住分散，加之传统上以游牧为主要生活方式，当地牧民对子女入学教育的重视度不足。至2007年，青海省尚未完成“两基”的16个县均为海拔3000米以上的高寒纯牧业县，也是国家和省级扶贫开发工作重点县。[②③] 高原牧区的老年人则将更多时间用于念玛尼经和照看孙辈。三江源牧区一位老支书的案例反映了老人们对于宗教活动的强烈回归。“我养父最有意思，先是当了20多年队支书，天天忙着抓牧业生产，后来年龄大退下来，回牧区也没什么事，就天天拿着转经筒念经。说是以前忙着这辈子的生活，现在要为了下辈子的生活念经了。”[④]

在新时期扶贫政策制定中，特别是针对具体群体的扶贫政策，如移民村劳动

---

① 青海玉树地震灾区宗教寺院正式开工重建. http://news.xinhuanet.com/society/2010－07/10/c_12319965.htm

② 陈巍. 实现青海藏区义务教育均衡发展的有效途径. 青海民族学院学报（社会科学版），2007，7：113

③ 王振岭，丁生东. 青海藏族地区基础教育发展的背景、现状和对策. 民族教育研究，2007，1：66

④ 刘源. 文化生存与生态保护——以长江源头唐乡为例. 中央民族大学博士学位论文稿，2004，65

力培训、妇女能力提升、老年人养老和学龄儿童教育等方面，应考虑到这些群体在以往家庭、社会生产生活中形成的基本格局和特点，从而提高分群体支持政策的针对性和有效性。

（五）语言文字特点：民族语言文字成熟，民族成员交流时主要使用本民族语言

中国境内西藏自治区和青海、四川、甘肃和云南等四省藏区广泛使用藏语言。早在公元7世纪，藏族就创造了本民族语言。[①] 新中国建立前，藏民族教育中心及藏文典籍主要在寺庙中，主要以木刻版方式记录历史、文学、佛教、天文、历算、医药、逻辑等各类名著传世。新中国成立后，中国政府亦重视民族语言的保护和传承。我国《宪法》和《民族自治区区域自治法》等明文规定：“民族自治地区的自治机关根据国家的教育方针，依照法律规定，决定本地方的教育规划，各级各类学校的设置、学制、办学形式、教学内容、教学用语和招生办法”。“各级人民政府要在财政方面扶持少数民族文字的教材和出版物的编译和出版工作”。“民族自治地方的自治机关自主地发展具有民族形式和民族特点的文学、艺术、新闻、出版、广播、电影、电视等民族文化事业，加大地方文化事业的发展”。毛泽东同志曾在1945年党的六中全会报告中指出：“尊重各少数民族的文化、宗教、习惯，不但不应强迫他们学汉文、汉语，而且应帮助他们发展使用各族自己的语言文字的文化教育”。以青海省十一五期间为例，五年间编译藏文教材240种近3275万字，保障了3000多所藏族中小学开展“双语”教学[②]。

青海省五个世居少数民族中，藏族是既有本民族语言也有本民族文字的民族。藏语通常被分为卫藏方言、康方言和安多方言这三大方言。青海省藏区除玉树州属于康方言区外，其余均属安多方言区。方言间的区别主要表现在词汇和语音上，语法上差别较小。在与外界接触较少的高原牧区，藏语是牧民们日常生活中使用的唯一语言。由于传统游牧生活迁移不定的特点，藏文普及率很低，青海省两基教育攻坚县最终全部落在高原牧区。因此，无论基于国家基本方针政策规定，还是高原牧区现实需求，扶贫开发工作势必要面对藏语言在当地社会、特别是基层牧区被普遍使用这一现状，这也要求政策设计时既要考虑如何提高牧区移

---

① 中国大百科全书（民族）. 北京：中国大百科全书出版社，1986，525

② “青海五年编译藏文教材240种”，中国教育信息网，2011年2月7日：http：//news. e21. cn/html/2011/jcjy/619/20110207104243_ 12970465631223787210. htm

民对能力培训内容的语言接受度，也要关照如何通过不同时间段的工作设计不断减少高原牧民和移民们与现代化信息交流的障碍。

三、高原藏民族社会文化因素对于减贫发展政策影响分析

青藏高原牧区的地理地势环境使当地形成了牧区地域内部高移动性、地域内相对封闭性较强、与非藏区之间互相流动时间尚短、彼此充分交流不足等特点。在青藏高原牧区过往减贫发展政策历程中，一些政策的设计结合了当地社会文化因素，在基层实施中也收到良好效果，积极推进了高原减贫及社会文化协调发展。同时也要看到，有部分政策没有充分考虑到当地社会文化因素，造成不仅现实中难以操作实施，而且效果也不尽如人意。在新时期政策设计及调整中，应借鉴以往经验与教训，更多地采取具有当地文化和社会敏感度的减贫发展政策，以实现高原牧区、高原小城镇以人为本的良性发展。

（一）高原畜牧业生计历经多年生存积淀的宝贵地方性生产知识，如畜牧管理技术、自然灾害应对方法等，如果能进一步因地制宜与现代科学技术结合，将更加有效促进青海社会主义新牧区建设

党的十六届五中全会提出了建设社会主义新农村的重大历史任务，这是党中央统筹城乡发展的重大战略决策，是加快农村经济社会发展，推进农村全面建设小康社会进程的重要政策文件。各省根据国务院印发的《中共中央国务院关于推进社会主义新农村建设的若干意见》（中发［2006］1号）文件，结合省情区情，提出了社会主义新农村、新牧区建设的基本设想，其内容主要包括经济实力不断增强，农牧民收入不断提高；生态环境明显改善，整体基础设施建设迈上新台阶；农牧民子女基本普及教育，农牧民综合素质有较大提高；社会保障体系不断完善，文化生活进一步丰富；基层党组织建设进一步加强，依法管理、民主管理水平显著提高。

在包含了经济社会发展各项内容的基本设想中，推进农牧业产业化进程，增加农牧民收入是重中之重。大力发展生态畜牧业，以控制规模、优化结构、加快畜牧业生产方式转变，通过围栏封育、改良草场、以草定畜、舍饲圈养、合理轮牧、人工种草等措施，提高牧草质量和数量，逐步降低游牧方式比例；通过优化畜种畜群结构，加快畜群周转，提高牲畜良种率、成活率和出栏率。基础设施的提高和现代科学技术将有助于不断促进高原畜牧业发展，同时也应看到，青藏高原独特的生态环境承载力使它不同于内蒙古、新疆等中国其他牧区，这片地区更

脆弱，也更需要慎用普同性牧业发展方式，而应更多借鉴当地牧民多年生产积累下来的生产知识和技术，结合牧业基础设施建设，引入适合高原牧区的现代生产设备和技术，从而既扶持牧民们通过畜牧业获得稳定收入，又在牧业发展中实现了生态保护的目标。

青藏高原牧民们世代从事畜牧生产，在高寒缺氧的高海拔牧场放牧非常辛苦，要常年同狂风、暴雨、冰雹、兽害等灾害侵袭作斗争，故而牧民们积累了许多放牧经验与地方性知识。从畜群种类、家畜比例、放牧工具与技术，到畜产品、奶产品利用，以及应对雪灾、鼠灾等灾害的方法，均体现了高海拔牧民对高寒自然生态环境的良好适应与合理利用特点，也是高原畜牧业在新时期发展可供借鉴、结合和利用的良好基础。

案例 1①

生活于三江源保护区内青海省唐古拉山脉北侧的藏族牧民，可算作世界上居住海拔最高的牧人。他们以牦牛、藏绵羊、山羊、玉树马等高原畜种为放牧对象，除少量马匹用于交通工具外，藏羊、牦牛、山羊在畜群比例安排上依次递减，分别约占畜群总数的 80%、17% 和 2 - 3%。这种比例可以保证不同牲畜充分采食不同种类的牧草。由于当地严寒、雪灾、大风等气候条件，高寒抵御能力较强的牦牛与藏羊共生，有助于后者生长得更安全、健壮，避免了单群羊的低成活率，也是为了充分合理地利用高寒高旱环境中的牧草等自然资源。

青藏高原牧区面积广袤，风灾、雨雪冰冻灾等自然灾害频发，当地有一种说法叫“十年一大灾，五年一中灾，年年有小灾”，成为高原畜牧业发展面对的主要挑战。雪灾是青海牧区冬春季节的主要自然灾害，每年 10 月至次年 4 月这一时段，青海牧区的玉树、果洛、黄南南部、海南南部、祁连山等地区极易出现局地或区域的强降雪天气过程，加之气温较低，积雪难以融化，时常大雪封山、冻死、饿死牲畜，使牧区人民生命财产遭受巨大损失。当地牧民有句俗话叫“家有万贯，带毛的不算”。说的就是牧区一遇大雪灾、冻灾，“带毛”的牲畜就会因寒冷、越冬饲料等原因成批死亡，大量牧民由此陷入贫困。

在当前全球气候变化加剧，极端天气出现频率增加的背景下，青海牧区既面临着长期积累下来的各种生态问题，又存在草场生态退化、草原载畜量不断增加等新问题，新老问题叠加令当地防范雪灾冻灾压力巨大。为应对这种新形势，青海省政府于 2003 年印发《青海省农牧业抗灾救灾应急预案》，从制度层面为及时

① 刘源．文化生存与生态保护：以长江源头唐乡为例．中央民族大学博士学位论文，2004，51

有效应对雪灾等自然灾害做出了保障。在青海牧区，草场围栏、牧民住房、牲畜畜棚以及牧草种植被概括为“四配套建设”，是新时期由政府主导的雪灾防范体系的核心。新的防灾体系突出了政府公共服务的重要性，政府不仅制定相关的规则，还强制性地要求牧民提高自我保险能力，如建立抗灾保畜草场等，以尽力减少雪灾酿成的灾害悲剧。

除政府主导的防灾体系外，不应忽略当地牧民已拥有的牧业生产避灾方法。青藏高原特殊的自然地理条件决定了雪灾风险是游牧民生产生活中必须面对的永恒挑战，因此他们的社会制度和生产技术中包含了丰富的应对雪灾风险内容。20世纪50年代之前，部落制时代的防灾制度和技术突出了草场共有属性、严格轮牧制度、充分利用当地特有自然条件来防范雪灾。① 这些有针对性的生产制度安排、防灾减灾技术推广等，在人类尚难以对自然气候实施干预的条件下，通过调整自身行为，最大限度地适应高原特殊的生存环境。

案例2②

1995年冬至1996年春，玉树地区遭遇了百年不遇大雪灾。10月至次年4月共降雪48场，受灾面积占全州60%，受灾牲畜占全州总头数的53%，死亡率高达39%。在这样严酷的灾害中，受灾的杂多县巴马树牧民当珠多吉却成功保住了自己的牲畜，77头牛，130只羊，3匹马，仅损失了7头牛和5只羊，成为整个玉树州抗灾保畜典范。考察他的管理措施，可以看出充分运用牧区传统生产技术功不可没。

多卖牲畜。1995年里，一般牧民卖1头牛3只羊，他卖了9头牛13只羊（加大出栏）；比其他牧户早上山，晚下山（尽量利用夏秋草场）；在围栏草地中划出小区，分块放牧牛羊（划区轮牧）；冬天，天气好时，将牛羊赶出围栏，天冷时再赶入围栏（合理利用）；天最冷时，给牛羊喂一些青稞、燕麦及青干草并给体弱的35头牛加衣服（注意补饲和管理）；给牛羊喂一些葱、花椒、生姜、大黑豆、马粪、死牲畜的肝、肺等（开胃及蛋白饲料）；不管牲畜是否有病，定期打防疫针（坚持以防疫为主）；围栏中施羊粪，冬天在围栏中灭鼠（草地保护和改良）。

这些看似简简单单的方法，采用了草地畜牧业积累下来的基本道理和行之有效的措施。不可否认，传统防灾体系具有自身明显局限性，如当灾害强度超过承受限度时，重大经济损失甚至人员损失在所难免。但这些当地牧民在千百年历史发展中根据当地的社会、自然环境以及缺乏外来干预等综合因素下做出的合理选择和有效方法，如果能够在新牧区建设中被妥为利用，与强有力的政府公共服务体系、现代科学技术相结合，将有助于因地制宜提高高原牧区防灾减灾成效，保护高原畜牧业有序发展。

---

① 扎洛．雪灾防范的制度与技术——青藏高原东部牧区的人类学观察．民族研究，2008，5

② 陈全功．青海省玉树藏族自治州的雪灾及其防御对策．草业科学，1996，12：60

（二）新时期生态畜牧业采取合作社、联户经营等组织方式，应考虑适当结合高原牧区传统上基于血缘纽带形成的社会网络，不仅能够减少行政管理成本，而且提高牧民们对生产发展的参与度，还有助于缓解联产承包责任制给高原畜牧业生产和生态环境保护带来的一些不利影响

“十二五”阶段，青海省三江源高寒牧区畜牧业扶贫开发重点任务为：加大对生态畜牧业的投入，支持有条件的地区优化畜群结构，切实解决超载过牧问题。为保证此项工作达到预期效果，畜牧生产组织建设不容忽视。“十一五”期间，青海省通过试点已探索出 3 种具有推广价值的生态畜牧业发展新模式：一是以合作社为平台，实行牲畜、草场股份制经营的发展模式；二是以草场流转、大户规模经营、分流牧业人口、促进资源合理配置为特点的发展模式；三是以联户经营、分群协作、优化产业结构、保护草原生态为特点的发展模式。① 这三种新模式具有的共同特点是：改变了 20 世纪 80 年代草畜承包以来实施的单户经营方式，注重发展牧户联合经营。

回顾高原畜牧业经营方式变迁历程，可以看出经历了一条从“合”到“分”再回归于“合”的过程。第一，20 世纪 50 年代民主改革之前，高原牧区牧民一直保持着以血缘关系（后来逐渐蜕变为以血缘兼地缘关系）为纽带建立起来的部落制度，实行草场公有、牲畜私有的经营方式。在这一制度下，牧民们的养畜规模、冷暖季草场的放牧时限、轮牧转场时间等都由部落统一部署，违者将受到部落习惯法的严惩。第二，藏区民主改革后，牧委会等行政部门代替了部落首领的生产组织和管理职能，牧民经济生产在政府统一计划下继续延续，依然保留着集体所有制的生产经营单位，牲畜是集体的，饲养方式仍由各个牧户负责，其实质运行方式与高原牧区多年延续的生计方式类似。较大改变在于草场由集体共有变更为划分若干个区域，游牧只能在自己牧业队所属集体草场上进行。第三，20 世纪 80 年代起，中国广大草原上开始实行草场和牲畜承包责任制。牧区推行多种形式的家庭联产承包责任制后，以玉树藏族自治州为例，当时新的经济体制主要有两种形式：一种是牲畜作价归户、私有私养；另一种是无偿分畜到户。这两种责任制的共同特点是草场归国家所有，牧户承包草场拥有使用权，牲畜分户经营。放牧范围则是以家庭为单位，基本固定在本牧业队之内。在此过程中，以“房屋定居，

① 党周等. 青海探索生态畜牧业发展新模式取得阶段性成效. http://unn.people.com.cn/GB/14788/21767/10197284.html

草场围栏，牲畜棚圈，人工种草”为主的“四配套”建设也在牧区展开。

近30年实践证明，家庭联产承包制度在牧区实施的效果不如农区显著，相当数量的牧区出现种种问题。该制度利在极大调动了广大牧民的生产积极性，改变了大集体时代“干好干坏一个样、干多干少一个样”的状况，发挥了牧民的主观能动性，创造了自主经营的宽松环境。但利弊相依，在青藏高原牧区严酷的自然气候条件下，以户为单位承包经营使牧民们不得不更加分散居住，造成单户家庭必须独力完成原本由联合放牧体承担的全部工作内容，这在实际生产中很难真正得以实现。再者，由于人口不断增长而草场面积不变，造成草原超载和生态恶化问题更加突出，在一定程度上影响了高原牧区经济发展、民族进步和人民生活水平提高。已有调查研究显示，青海南部牧区经过多年家庭联产承包，真正富起来的牧民只占人口总数的10%～30%左右，大多数人受益并不明显，即便那些较为富裕的牧民，抗病、抗灾的能力也很弱，随时存在返贫的可能。① 分户经营尤其给贫困牧户的生存和发展带来了较大挑战。玉树州称多县清水河乡尕青村贫困程度最高的20户牧民所经历的分户与联营之路，是牧区联营具有宝贵价值的很好案例。

案例3②

称多县贫困村的“分户”与“联营”探索

1984年实行牲畜作价归户联产承包责任制时，清水河乡尕青村最贫困的20户牧户（61人）也和其他村民一样平等参与，共承包各类牲畜2482头（只），人均牲畜40.6头（只）。随后几年中，由于劳动力不足、雪灾影响和经营管理不善等原因，他们所承包的牲畜死的死，卖的卖，杀的杀，到1997年底，只剩下50头牛和2匹马，而人口却发展到102人，人均只有半头（只）牲畜，严重缺乏生产、生活资料。

1998年3月，尕青村党支部和村委会从实际出发，经认真研究、村民民主决定，将这20户牧民组织起来，成立联营组，采取了以下几项措施：第一，按户安排生产计划，确定生产任务。第二，统一组群放牧，合理利用草场。第三，按户进行畜产品粗加工，统一出售。第四，统一组织副业生产，开展多种经营。第五、兴办扶贫小学，提高牧民素质。利用集中方便的优势，村上腾出2间办公室，在乡政府的资助下购置桌凳20套，办起了一所扶贫小学，不仅招收牧民子女，还担负起牧民扫盲工作。

经过一年努力，联营小组在牧业生产、副业生产等方面都取得了较好收效。一是牧业在保证成畜无减损的情况下，当年总增66头（只），总增率126.9％；每户安排2只羊的冬肉后，净增50%。二是畜产品生产方面，生产酥油、曲拉、牛绒、牛毛等折价计2711.50元。三是副业方面，获得现金21756元、牛28头、绵羊40只，做小生意收入7935元，共计46891元。四是扶贫小卖部集体纯利润收入6900元。以上四项全计收入56502.50元，人均553.95元，户均2825.13元。

① 景晖，穆赤·云登嘉措．青南牧区走联合之路的思考．青海民族学院学报（社科版），2004，10

② 景晖，穆赤·云登嘉措．青南牧区走联合之路的思考．青海民族学院学报（社科版），2004，10

人类畜牧业生产的生态学原理是在人与地、人与植物之间通过牲畜建立起一种特殊的关系，构成一条以植物为基础，以牲畜为中介，以人为最高消费等级的长食物链。在畜牧生计中，人类能巧妙对生态系统加以积极利用，牧民们可以在尽量长时间里，通过有规律的“转场”把畜群放牧在生态系统的能源输出口——青草地上，从而达到以较大活动空间来换取植被系统自我修复所需时间的目的。与内蒙古、新疆等草原相比，青藏高原平均海拔4000米以上的草地生态系统更加脆弱和难以再生。在严酷的自然环境中，牧民长期以来只有依靠群体的力量才能求得生存。从高原畜牧生计组织方式的“合”到“分”再到现在“合”的变化过程中，我们可以看到走联合经营之路是尊重当地自然生态环境、提高畜牧业产出的明智举措，也是结合高原传统畜牧业优秀生产要素的行动。

已有研究表明，高原藏区牧区聚居方式中，以血缘为基础的聚居占很大比重。格勒等学者总结藏北牧区民改前主要以两种关系聚居：几户亲戚住在一起；以一富户为主，加上一些穷户聚居。[①] 20世纪90年代初，包智明等学者考察了民改后高原牧区亲属组织变化状况，认为牧民从游牧转向定居，从住帐篷改住土房。牧村行政区域内定居点之间基本属于近亲关系。[②] 2003年，笔者在长江源头唐古拉山乡牧区长达半年的实地调研中亦有类似结论：该乡牧户数273户，绝大多数是以亲戚为基础划分的联户经营单位，由父子、兄弟、翁婿、养父子、连襟等血缘亲族关系构成牧业社会基本单位。

这些事实提醒我们：高原牧区不仅应以联合经营为主要生计组织方式，而且在组成联合经营单位时，应充分尊重牧民们长久以来血缘联合体为主的基本单位传统。在合作社、联合经营单位组成时，不应仅考虑行政划分，而应结合原有牧业联合体组成方式。结合了牧业社区原有血缘联合体方式的联合经营既能够使牧民们不脱离自己熟悉的生产生活单位，有助于调动广大牧民们的参与积极性；又能适应畜牧业集约经营的内在要求，更有利于保护作为“三江源自然保护区”的青藏高原牧区生态环境，从而为当地藏族牧民的发展进步带来可持续的制度保障。

（三）藏民族全民信教，藏传佛教已成为藏民族精神生活的主要内容

民主改革至今，藏传佛教寺庙形成的新特点如宗教信仰老年化，寺院以寺养

① 格勒等．藏北牧民——西藏那曲地区社会历史调查．北京：中国藏学出版社，1993，244

② 包智明，万德卡尔．藏北牧区亲属结构——对藏北牧区社会的实地调查．西藏社会发展研究．北京：中国藏学出版社，1997，363

寺的发展等，提示我们在新的扶贫发展时期，在民族手工艺技能传承、移民生计替代能力培育、基层社会老年人养老等领域，可以充分发挥宗教寺庙和宗教人士在其中的积极作用。

佛教自松赞干布时期开始在吐蕃王朝传播，在1500余年历史中，藏族百姓绝大多数时间以佛教信仰作为自己精神生活的主要内容。人们习惯于传统的宗教生活，并把这种宗教生活视为他们自身生活方式的重要组成部分。在藏区迈向现代化过程中，藏传佛教仍将是人们精神生活及日常生活方式的一部分。

民主改革之后，藏传佛教在政治上的统治权和经济上的剥削权已经被剥离，只保留了其宗教功能。20世纪80年代以来在寺院推行以寺养寺的寺院经济，目的在于推动寺院由过去的寄生性转变为现今的自养性。在我国建立社会主义市场经济的今天，寺院经济的发展目标还包括追求在市场经济竞争中的用武之地。例如，西藏昌都地区的一些寺院拥有自己的运输队、建筑队，在完成寺院自身修复任务之后，他们通过承担一定的社会运输、建筑工程，保证寺院的经济收入，也能为社会服务。[①] 同时，寺院作为藏族传统宗教文化的重要传承体，在日益兴起的宗教文化旅游热中，寺院也将扮演着一个非常重要的角色。青海省玉树州各县的“十二五”规划中，都设计了依托自然资源优势加快发展当地旅游产业的重要内容，“生态、探险、宗教”旅游是各县着力打造的特色旅游品牌。除此之外，佛教寺院的修建、装饰和维护中常需要掌握传统建筑、绘画和手工艺的能工巧匠，这使得寺院常成为传统技艺传承者聚集之所。经济收入的自养性质、部分参与当地社会经济发展的入世性，以及传统技能传承人集聚之地等特点，可以为当地经济脱贫致富多样化渠道借鉴。如在当地政府管理下，扶贫部门可以考虑针对自牧区迁移而出的劳动力替代生计开发，与寺院联合举办建筑、绘画、手工艺培训班等传统工艺培训班，不仅帮助移民们通过习得传统藏文化技能获得生计发展的新保障，也促进了民族优秀文化在民间的传承与发展。

藏区宗教信仰近些年发展的一个特点是在寺庙布施、居家念经、看病打卦等信仰活动方面，老年人多于年轻人。主要原因是老年人从社会工作和社会生产劳动退下来后，为了防止精神空虚和寂寞，信仰宗教和从事各种宗教活动使他们的晚年精神有了寄托，生活上感到充实。特别是老年人已走到生命的尾声，他们更为关注死后灵魂的归宿与生命的轮回问题，而藏传佛教生死观正好回答了他们所

---

① 向春玲. 当今西藏宗教信仰的特点及与现代化的关系初探. 西藏研究，2000，2：102－104

关心的问题，并告诉他们只有虔诚向佛，才能求得来生的幸福。宗教信仰老龄化的特点提醒政府部门和社会组织在实施移民工程的新社区，应考虑到牧民们搬迁到县城周边后宗教信仰需求如何得到满足的问题。在设计移民小区时，应考虑修建白塔，构建民众宗教信仰公共空间等配套区域，保障移民们在新小区不仅有稳定的物质收入，也享有充实的精神生活，才能够实现移民搬迁的总体目标“搬得出，稳得住”。

案例4①

治多县贡萨寺积极开展以寺养寺工作，建立了约2500亩的牧场，并开设了藏医门诊、商店、饭馆等，一年的收入除了用于寺院正常开支外，还长期救济70多位五保老人的生活。既减轻了信教群众的经济负担，也解决了部分无依靠老人的困境，更重要的是这些五保老人们长期居住在寺院周围，满足了他们的晚年精神生活需求。

（四）藏语在藏区广泛使用，在相对更为隔绝独立的牧区，藏语更是牧民们日常生活中唯一常用语。新时期扶贫政策中，在关于移民技能培训、劳动力能力提升等相关政策设计与实施时，应充分考虑到移民们面临的语言障碍很可能会消减政策设计初衷与实施效果

民主改革之前，藏区只有寺院教育，没有现代教育。所谓“舍寺院外无学校，舍宗教外无教育，舍僧侣外无教师”之说，就是对过去藏区社会教育状况的高度概括。经过近60年努力，青海省现代民族教育已形成体系与规模。通过双语教学、异地办班、教育对口支援等多项措施，2007年，青海少数民族中小学生达到44.94万人，占全省中小学生总数的52.36%；全省共有民族中小学1475所，占全省中小学数的45.8%；在校学生29.6万人，占全省中小学在校生数的34.5%。其中普通民族中学123所，在校生7.3万人（高中生1.6万人，初中生5.7万人）；民族小学1352所，在校生22.3万人。少数民族小学入学率97.8%，其中民族自治地方为98.7%，纯牧区为97.45%，青南三州为98.19%；初中生入学率达到93.47%。② 入学率的大幅提高对于藏区学龄儿童和青年人提高汉语水平，增加与主流社会交流能力大有裨益，人力资源能力的提高也是高原藏区实现脱贫，走上可持续发展道路的必要条件。

---

① 治多县民宗局．贡萨寺基本情况．2010

② 青海省政府网：http：//www.qh.gov.cn/html/272/85163.html

政府对于青海藏区的教育投入近年有较大提高，但部分政策忽略了当地牧区的现实需求。2009年，教育部、财政部等部门拨付近6亿元专款用于加快青海藏区教育事业发展。该项资金将主要用于藏区寄宿制学校建设、寄宿制学校学生生活补助和取暖补助。在资金具有较好保障前提下，青海民族教育工作重点将更多转移到优化结构、提高办学质量和综合效益方面。已有研究表明，与全国普通教育一样，玉树州民族教育也长期存在单纯重视“应试教育”，忽视全面素质教育和能力培养的不足，致使国家花费大量教育投入，除少数学生升入高一级学校外，绝大多数毕业生返乡后难以适应牧区生产生活需要。学校教育难以满足牧区生产技能提升的需求，这在一定程度上挫伤了当地牧民送子女上学的积极性。[①]有鉴于此，玉树等高原藏区的民族教育不应再走单纯升学的老路，而是应把学文化和学技术结合起来。具体地说，高原藏区普通中小学的课程设置应当更具有灵活性，以核心课程为主，地方课程为辅，在讲授知识课程的同时，增加技能课程。另外，在牧民子弟为主的学校中，小学高年级可利用劳动课时间，初步学习一些畜牧放养、防疫、草场管理、抗灾管理、畜产品简易加工以及最基本的卫生知识；到了初中则应开设《牧业常识课》，有条件的高中要举办职业技术班，让职业技术教育贯穿于各级教育层次，使小学、初中、高中毕业生都有一技之长。总之，高原藏区的民族教育应该是一种让在校生学会学习、学会生活、学会发展的生存教育，应从处境不利的学生实际出发，切实发挥基础教育的作用，让教育造福学生，让教育为脱贫服务。

民族地区学校教育推行的“双语教学”为学龄儿童和青少年成年后与主流社会的互动奠定了一定的语言和常识基础。高原藏区通过三江源生态移民工程和游牧民定居工程从牧区迁移而出的数万牧民们，在接受技能培训和外出务工时，常面临更为严峻的语言障碍和文化习惯差异的挑战。现阶段尝试的技能和职业培训不同程度存在重实用技术轻社会常识和文化差异等方面的不足。以治多县为例，2005年至2010年科技培训项目总投资约122万，培训牧民近700人，集中于牲畜饲养、育肥技术，汽车驾驶、家电和农机具修理、餐饮业服务礼仪、民族服饰加工等内容。[②] 通过这些技能培训，参加培训者虽然拥有了一定务工技能，部分人还通过政府支持外出到东部发达地区工厂务工，但由于自然环境差异、语言和文化等多重不适应，外出务工以无功而返居多。

① 王振岭．关于玉树州民族教育的调查与思考．青海民族学院学报（社科版），2004，4：第

② 治多县三江源办：《治多县实施三江源生态保护与建设一期工程情况总结报告》，内部报告，2010年。

案例 5①

曲麻莱县移民社区共有 41 位劳动力经培训后外出去广州东莞某鞋厂务工，不足 2 个月，他们全部返回了家乡。究其原因有二，第一是气候不适应。从高寒的高原地区到炎热的沿海城市，移民们暑热难耐。即便工厂特别为这批工人宿舍安装了空调，他们依然难以适应当地气候。再者，工厂劳动强度大，严格的上下班时间以及经常加班等高强度生活也使外出务工的他们难以适应，最终全部选择了返回高原。

高原游牧的生活节奏没有严格时间限制，有较大随意性，转换为城市务工生活后，上下班按时打卡、经常需要加班、重复性很强的流水线生活，都令高原藏族同胞们一时间难以适应，并最终导致外出务工这一替代生计方式归于失败。这些经验教训提示我们以下几点问题：首先，远离家乡到文化反差较大的地区是否是适合高原移民们发展新生活的优先选择？其次，劳动力转移是否应考虑设计一种基于交流语言能力及生活习惯的代际模式？对于语言交流、生活习惯等障碍较大的成年劳动力，以发展当地或邻近地区就业为主，而对于自小接受双语教育的年轻人和学龄儿童，在成年后实施劳动力转移的成效将大大提高。在设计移民后续产业发展政策时，应考虑及重视社会常识和文化差异带来的挑战，将外出务工数目保持在适当比例之内。在大力推进扫除成人汉文文盲的同时，也应面对不可能等待全部移民都会使用汉语无障碍交流的现实，为移民劳动技能培训提供更多藏文藏语教材。以民族语言提供技能培训、现代城市城镇生活常识等课程内容，相信将提高有限时间内务工技能培训的有效性。

（五）因病致贫和返贫是中国贫困主要原因之一，特别在交通不便的高原牧区，牧区传统的卫生习惯和生活习惯也造成当地某些地方性疾病多发。青海省已经在疾病防御领域结合当地民族社会文化特点探索机制创新，这些值得在新时期政策中继续保持并不断完善

青海省是我国受鼠疫危害最为严重的省区之一，20 世纪 80 年代以前曾有“青海不发生鼠疫，全国就不发生鼠疫”② 之说。《中华人民共和国传染病防治法》也将鼠疫列为甲类一号传染病。据调查，青海省疫源地面积约 20 万平方千米，疫点 600 多个，分布在 33 个县市、120 个乡。1958—2001 年，除 1972 年、1984 年、1999 年和 2000 年度没有关于人间鼠疫病例的报告外，其他年份均有人

① 笔者实地调研访谈，曲麻莱县移民社区，2010 年 9 月。

② 周本加. 青海省海南藏族自治州鼠疫防治 50 年回顾. 地方病通报，2006，3

间鼠疫流行①。此外，布鲁氏菌病的发生与牧民们的旧有生活习惯有直接关系。当地群众喜食未煮熟的牛羊肉和喝生牛奶，这些食物大多携带有布鲁氏杆菌，生食后容易造成感染。性传播疾病在边远牧区呈流行之势，这与传统性观念影响及接受学校教育程度的高低有密切关系。② 牧区从前实行游牧生活方式，居住条件和卫生习惯较差，两性交往较为自由，加之自我保护意识及相关疾病预防知识缺乏，牧民之间多会造成性病的感染，使得性病经过性途径的传播基本呈“网状”。

传统上，当地主要依靠社会力量（其中包括民间藏医、寺院以及人们在日常生活方面的行为规范和约束）对疾疫进行救治。新中国成立后，国家逐渐成为疫疾防控和救治的主导力量，除加强国家疫疾防控系统建设，与各级医疗卫生机构有机地结合在一起；相关法律、法规、制度和疾病预防应急系统不断完善，包括制定各类各级疾疫应急预案和疫情报告制度，为预防和控制重大疫情爆发提供了重要保证。2004 年起，青海省实施新农村合作医疗制度。先后采取增加家庭账户基金、提高补偿比、提高封顶线、增加慢性病门诊补偿病种、将意外伤害纳入补偿范围、优惠补偿救助对象等 10 项措施，不断扩大新农合受益面，提高参合农牧民受益水平。截至 2009 年，青海省共有 331 万多农牧民参加新型农村合作医疗，参合率达到 96.5%③，在减轻农牧民医药负担、缓解因病致贫和返贫状况、保障农牧民健康方面发挥了重要作用，因此得到广大农牧民的广泛好评。

与青藏高原特有社会文化资源的紧密结合是当地疫疾防控成功的重要因素。在乡村基层社会，将防疫、妇幼保健和健康教育有效结合在一起，与当地宗教活动场合、藏医药利用等本土资源相结合，取得了较好的效果。

案例 6④

青海黄南州牧区，利用防治地方病及其他传染病下乡机会发放藏、汉两种文字的宣传单，进行现场咨询；通过拜访活佛等形式走门串户宣传各类传染病防治知识；利用宗教活动、群众聚会的时机进行演讲，发放文图并茂的藏、汉文宣传材料，进行现场咨询等，取得了显著的成绩。

青海省注重扶持和发展当地具有悠久历史和深厚群众基础的藏医药。藏医

---

① 罗松达卫、李超、王祖郧．青海高原首发人间鼠疫病例分析．中国地方病学杂志，2002，3

② 李承宁．青海边远牧区藏族人群性病流行病学调查．中华流行病学杂志，2004，9

③ 新型合作医疗惠泽青海 331 万多农牧民．http：//nc. people. com. cn/GB/8766334. html

④ 方素梅．疾疫的救治、防控与乡村社会的变迁——青海省黄南藏族自治州牧区个案研究．民族研究．2008，5

药与宗教活动融为一体，在牧区草原广为流传。中华人民共和国成立后，青海各地相继成立了藏医医疗机构，许多民间藏医被吸收为国家正式医务工作者。两县的一些乡镇医院开设有藏医门诊，没有藏医的乡医院和村医务室的乡村医生也结合藏医的方法给病人进行诊治。通过扶持和发展藏医药，国家将其纳入国家公共医疗卫生体系，使国家公共卫生制度与当地社会文化有了比较融洽的衔接，在青海牧区产生了良好的影响和效果，促进了牧区医疗卫生事业的发展，使之成为近几十年青海牧区疾疫救治防控系统得以成功建立并发挥积极作用的一个重要因素。

第三节　青藏高原分群体减贫战略与政策体系的完善与创新

老年人、儿童、妇女、残疾人等社会群体都属于社会学概念界定中的弱势群体范畴，当这些群体与贫困交叉后，更是需要外部援助力量帮助的人群。所谓弱势群体（vulnerable groups），是指由于自然、经济、社会和文化方面的低下状态而难以像正常人那样去化解社会问题造成的压力，导致其陷入困境、处于不利社会地位的人群或阶层；在社会变迁的进程中，这个群体是社会援助的对象，也是社会福利的接受对象。① 新阶段扶贫开发工作总体思路中强调：将对少数民族、妇女、残疾人等特殊贫困群体加大扶持力度。无论对于贫困个体还是家庭的脱贫与返贫，这些群体的能力状况都与此有直接影响。注重特殊群体扶持力度是扶贫领域促进更多弱势群体分享改革开放成果的具体体现，也是科学发展观“以人为本”在实践中的具体落实。

青海高原藏区正经历生计方式快速分化的过程。部分牧民将留在牧区以生态畜牧业为生，另一部分则主要通过生态移民工程、游牧民定居工程这两项大型工程，搬迁至县城周边移民村，开始城镇居民的新生活。这不仅是居住地的空间变化，也是生计方式、生活习惯和社会关系等都面临重大改变的社会变迁。在此变迁过程中，抵御外部风险能力较低的老年人、妇女、儿童和残疾人更易于陷入困境，不仅可能直接影响家庭经济发展，也会影响到移民工程等的实施效果。因此，考察这些特殊群体在社会急剧变迁过程中具有哪些特殊需求，通过哪些具体

① 张敏杰．中国弱势群体研究．长春：长春出版社，2003，21

支持措施能够提供，从而辨析有针对性的政策支持，对于完善新阶段高原藏区扶贫战略、提高扶贫效果至关重要。

青海省十二五期间发展战略已明确：在发展经济的同时，保护生态是首要任务。这意味着高原藏区减贫发展路径和方法必将受到一定限制，对于因年龄、性别等因素导致的基本能力和生存能力处于不利地位的特殊人群，摆脱贫困阴影的挑战将更为艰巨。考虑到高原人口总量和贫困人口总量相对有限，可以考虑将高原藏区作为试点，探索实施更具针对性的分群体减贫战略和政策，为其他集中连片特殊困难地区减贫战略和政策提供借鉴。

在本研究中，由于高原藏民族整体面临生计、社会和文化转型的挑战，劳动力面临的生计困境也非常突出，因此本节将贫困劳动力支持战略一并纳入研究视野，与各方讨论，也供政府有关部门参考。

一、现行分群体支持政策

现阶段，经由生态移民工程和游牧民定居工程自牧区搬迁而出的移民们主要拥有以下几项收入来源。

1. 挖虫草。当地最主要收入来源。每人需给挖掘地所在乡或村交纳1500元草皮费，每个夏季一个成年人通常能挣4000～5000元。

2. 打短工。工期通常是3个月，分为两种方式。一类是每年夏季在县城建筑工地（如移民小区工地等）担当搬运水泥等小工，工资收入男人每天80～100元，女人60～70元。另一类是夏季6～9月返回牧区当短期牧工，帮牧主挤奶、做饭等活计，以女人为主，每人每天60～70元。

3. 外出务工。经政府务工技能培训后，通过政府组织外出务工，但由于语言、生活习惯等多重障碍，迄今鲜见成功案例。

4. 政府补贴。主要提供给生态移民工程的搬迁者，包含以下内容：

4.1 生态移民补贴。6000元/户/年，自搬迁当年起连续发放10年。

4.2 无劳动力补贴。自2010年起，60岁以上老年人、16岁以下青少年每人每年由政府补贴1600元。

4.3 低保补贴为生态移民和游牧民定居者都有。分为260元/年/人，460元/年/人，660元/年/人共三档。人少的家庭按高档标准发放，人多的家庭按较低档标准发放。

除提供经济支持外，三江源办等相关部门协调妇联、卫生部门等为搬迁移民社区提供培训，希望提高移民们在新环境中的适应能力与独立谋生能力。已开展的培训内容有：

1. 民族手工艺技能培训。玛尼石雕刻、缝纫技能培训（藏装服饰缝纫）等。

2. 妇女健康卫生培训。年内为移民区妇女提供半天健康卫生培训，同时提供身体健康普查。

3. 生活技能培训。包括织毛衣、包饺子、炒菜等内容，由县乡妇女干部作为培训者。

4. 扫盲培训。每年近2个月扫盲培训，移民区内16岁以上50岁以下者分为3~4个班，每班80人，上下午上课培训一个多月。

综上各项支持措施，可以看出政府通过政策性补贴，为移民中的老年人和青少年提供经济支持。对于移民劳动力，则以提高他们非牧业就业能力为主，兼顾妇女健康和生活技能提高。忽略语言、生活习惯等不同类型文化交流时常遇到的障碍，使得政府培训不仅存在内容单一，难以有效回应移民劳动力实际需求，培训后的劳动力依然难以在就业市场中找到一席之地。此外，针对老年人的支持政策忽略了信教民族浓厚的精神需求，针对移民新村的社区生活培训内容尚属空白，移民们的社会资本网络缺乏新的载体。这些都应在新阶段减贫发展政策中予以认真考虑与切实回应。

二、分群体减贫战略与政策体系框架

（一）针对特殊群体的总体减贫战略

完善社会安全网构建，在国家已有社会保障政策之外，尝试引入国际减贫领域新方法，如有条件现金转移支付等。① 通过区别化政策，促进高原地区贫困影响下的老年人、儿童、妇女、残疾人等在社会保障、健康、医疗、教育和技能、技术等方面全方位的提高。

（二）贫困劳动力的减贫战略与特殊支持政策

指导思想：将高原藏区贫困劳动力作为新阶段扶贫开发的主要对象，以提高

① 有条件现金转移支付计划为符合条件的家庭发放现金，以换取他们定期带婴幼儿去医疗或让子女留在学校上学的承诺。世行评估报告发现，这一旨在让国家和贫困群体共同负担摆脱贫困责任的计划能够从长期和短期减少贫困，在辅之以较好的公共服务的情况下尤为如此。

贫困劳动力能力为主要目标。

主要战略：重视成年劳动力外出务工时面临的语言和文化障碍，继续提高各类贫困劳动力的生产技能和综合适应能力。对于留在牧区的贫困劳动力，以畜牧业、手工技能等传统生计方式传承与就业为主要目标。对于自牧区流动而出的劳动力，增加劳动力培训中关于现代社会生活常识、法律知识等方面的内容，以帮助其更好适应城市务工生活。开发藏汉双语培训教材，提高劳动力培训的实施效果。

特殊支持政策：

1. 劳动力素质提高是高原藏民族与外部主流社会最终实现顺利对接的关键，但并非一蹴而就，应该考虑并制定劳动力素质提高的代际设计。

成年劳动力就业地域应以现有地域为主要定位，非牧业技能提高和收入开发应多与民族传统技能传承相结合。灿烂的藏民族文化中很多是通过寺庙体系传承，寺庙中拥有各类优秀民族文化和知识拥有者，如绘画、手工艺品制作、藏医药知识等。可在政府指导和帮助下，探索当地佛教寺庙发挥其世俗性功能，为社会和经济发展服务提供帮助，如适时与寺庙联合举办传统技能培训班，向移民劳动力们传授绘画、民族手工艺品制作等技能，不仅能够为移民们开拓一条民族经济发展的道路，也有利于藏民族传统文化在现代社会的传承。

将劳动力素质提高的着眼点扩展到学龄儿童和少年。在现行学校教育中适当增加牧区生产技能、现代城市生活常识、现代劳动技能和职业培训等内容，从提高劳动力后备力量素质入手最终达到高原藏民族整体劳动力素质的提高。

2. 在移民劳动力技能培训中增加应对文化跨越挑战的内容。

无论是生态移民还是游牧民定居工程，为数众多的高原劳动力都必须面对短时间内跨越传统生存方式、向现代生存方式整合的挑战。因此，拥有现代社会生存技能和生活常识是保障牧区外迁劳动力能够自主就业的重要条件，也是众多移民家庭能够获得稳定、持续性非牧业收入的重要条件。现有培训内容在多项具体务工技能方面提供了支持，但对主流社会的生活方式、常用法律法规等环节尚处空白，容易造成进城务工、特别是到沿海地区打工的藏族同胞难以适应文化的强烈反差而不得不无功而返。

3. 重视接受培训者在语言等方面存在的现实障碍，建立职业技能培训的效果评估体系。

继续借国家两基达标平台促进移民劳动力汉语水平扫盲和提高，同时也要考虑到语言能力的提高并非短期能够实现，因此应提供更多藏语和双语培训教材，以保证接受培训的成年劳动力能够充分理解培训内容。逐步建立并完善各类培训的效果评估体系，保证接受培训者对于效果评估过程的高度参与，以不断发现他们的迫切需求并随之调整培训内容及方式。

（三）贫困群体中老年人、残疾人的减贫战略与特殊支持政策

指导思想：推动高原藏区老年人经济、健康和精神需求的全面保障；推动残疾人生活与医疗的双重保障。

主要战略：动员社会力量，将现行养老政策与当地传统养老互助体系相结合，满足老年人物质和精神的双重需求。为残疾人提供社会保障支持的同时，应发展社会服务体系为参加人提供日常支持。

特殊支持政策：

1. 继续实施老年人基本生活保障补贴，并根据物价上涨水平逐年调整金额。

目前，三江源生态移民社区每年向每位60岁以上老年人发放补贴1600元。2010年9月课题小组赴玉树三县的实地调查中，各县移民对这项政策评价较高。课题组同时也发现，各移民社区现金类生活开支都大为上涨，增加了水、电、燃料、交通等多项硬性开支。据调查，每户移民平均每月增加开支425～500元左右，燃料缺乏及由此带来的经济压力尤为突出。近年来当地城镇人口急增，燃料费上涨幅度较大。如治多县过去每袋用作燃料的牛粪价格为2.00～3.00元，现在已上涨到平均每袋7.00～8.00元。按照每户每年至少需400～500袋牛粪计算，每户仅燃料花费就需2800～4000元。考虑到每户还需买饮用水0.5元/25公斤，食品如酥油22元/斤、羊肉最低15元/斤、土豆2元多/斤等，现行补助资金难以满足移民搬迁户日常生活需要。①

生活资金压力通常由生活于移民小区内的老年人为承担主体，针对这些无劳动能力群体，继续实施现行生活补贴，且根据年度物价上涨水平逐年调整标准，

① 治多县三江源办．治多县实施三江源生态保护与建设一期工程情况总结报告．2010，8

以实现老年人妥当的经济支持。

2. 老有所养的前提下，重视满足全民信教民族老年人的精神需求。在当地政府管理下，动员寺庙等社会组织开展老年人关怀工作，帮助移民社区老年人建立社会联系。

通过政府补贴基本满足移民社区老年人物质需求后，应考虑到全民信教民族对于宗教信仰的执着追求。特别在藏区宗教信仰老年化趋势明显的社会情境中，移民社区老年人宗教信仰需求不可忽视。在曲麻莱县游牧民定居工程小区中，6个乡19个村近700户移民中，老年人有400多位，当地老年人表达了对于寺院或转经白塔的强烈渴求。

宗教信仰作为信仰者重要的认知因素，对个体的心理健康、主观幸福感等心理行为具有一定影响。已有临床案例表明，医生通过强化癌症或其他绝症患者所信奉的宗教信仰，可以有效缓解其情绪问题，促进其恢复。研究也发现信徒参与宗教活动次数越多，其主观幸福感越高，抑郁、自杀、药物依赖的发生率越低。某些宗教仪式（如祷告、诵经）可促进个体心情轻松，有助于人们克服失去亲人的悲伤，还可以作为预防老年抑郁症的“保护”因素。[①] 前文已述，近年来藏区宗教生活呈现老年化趋势，这就提醒政策制定者在移民社区中应关照到老年人对宗教信仰的精神需求。治多县贡萨寺通过经济支持、宗教仪式支持等方式，帮助多位五保户老人颐养天年，这可视为现代养老制度与本土养老体系相结合的典范。在新时期减贫政策中，可考虑在当地有关部门领导和协调下，吸纳寺庙系统协助开展老年人养老事业。

3. 保证残疾人享有低保支持，并结合传统互助方式，探索新型移民社区结构下的社区供养方法。

游牧为生的高原藏民族一直以互助方式供养生产队内的残疾人，不仅保证了残疾人的生活来源，而且保证了残疾人作为牧业社的一部分，没有孤立于牧民同胞之外，依然拥有自己在当地的社会资本网络。这种基于本土机制的残疾人供养体系值得借鉴，将国家社会保障体系与本土供养体系结合，保证残疾人生活有保障、日常有交往以及困难有依赖。

---

① ［美国］威廉·科克汉姆．医学与社会．北京：华夏出版社，2000，33

（四）妇女贫困群体的减贫战略和特殊支持政策

指导思想：在《联合国千年发展目标》[①] 和《中国妇女发展纲要》[②] 的框架下，促进高原藏区减贫领域妇女能力提升并推动社会性别平等。

主要战略：将社会性别视角纳入新阶段高原减贫战略，针对牧区和移民社区不同类型妇女面临的不同问题与挑战，制定具有差异性的支持政策。体现"为发展而教育妇女"，增强妇女对社会事务的参与度，将妇女综合素质提高与高原藏区人力资源能力提高结合起来。

特殊支持政策：

1. 在牧区，通过加大基础设施投入和引入适用的技术工具，减少牧区女性劳动量和劳动强度，并注重提高女性使用新型工具的技能。

结合新农村新牧区建设，加大对牧区改水改厕投入，改善牧区妇女生产生活环境。牧区女性以家庭为生活重心，劳动负担沉重，活动范围有限，接受新事物能力也相对较弱。[③] 近年来，牛奶分离器等新型技术工具的引入为牧区女性减低劳动强度提供了条件。传统牧区生活中，挤奶和打酥油几乎占用了藏区妇女尤其是牧区妇女的大部分时间。牛奶分离器引入后，在甘南、果洛和西藏牧区所做调研证明，牧区女性普遍认为不仅节省时间体力和劳动量，还快速便捷，牧民们可以通过将更多新鲜酥油投入市场而提高收入。[④] 引入牛奶分离器甚至部分改变了牧区男女分工状况。从前，打酥油主要是妇女的工作，但随着分离器的使用，男性们也开始从事酥油提炼工作。为保证分离器正常运作，牧民们必须掌握一些必要的维修技术，这样就增加了牧民们了解甚至掌握科学技术的可能性。

2. 注重提高牧区妇女获得医疗保障的机会，降低育龄妇女自然流产率和妇科病发生率，提高妇女健康水平。

产妇保健是联合国千年发展八大目标的第五项。相关研究数据说明：居住在

---

① 2001 年，联合国正式提出至 2015 年前，人类应实现的可衡量的八大人类千年发展目标（MDG），这是当前所有国家和国际发展机构都认可的全球发展蓝图。在八大目标中，有两项直接与女性相关，分别是第三个目标即促进社会性别平等及赋权妇女，第五个目标改善产妇保健。

② 《中国妇女发展纲要》（2001—2010）从妇女与经济、参与决策和管理、教育、健康、法律、社会环境等 6 个方面确立了明确的奋斗目标。

③ 刘源．文化生存与生态保护：以长江源头唐乡为例．中央民族大学博士学位论文，2004，65

④ 苏发祥．论牛奶分离器对藏族传统生活的影响——技术与藏族社会变迁的个案考察．中国藏学，2009，4

海拔4500米以上育龄妇女发生自然流产的风险是居住在海拔3500米以下妇女的2.37倍。[①] 这提示高海拔因素可能会独立增加孕妇自然流产的风险。在新阶段高原减贫战略中纳入对于贫困妇女孕产保健的支持，将能够有效支持中国实现千年发展目标承诺。

妇科病是牧区女性常见病和多发病。已有研究显示，妇女文化程度越低，对生殖健康知识掌握程度越低；文化水平较高妇女能够较好利用卫生资源，从更广泛途径获取健康知识，这也是导致不同文化程度的妇女生殖健康知识知晓率不同的重要原因。[②] 鉴于牧区妇女接受学校教育时间相对较少、文化程度低的现状，应结合藏区的社会、文化和风俗习惯，开发一些适合文盲妇女的藏语培训手册或藏语图像、有声类宣传材料，帮助妇女们增强生殖健康知识水平、提高保健意识。

3. 关注牧区妇女外迁后面临的新挑战和新问题，注重高原藏族女性面临社会转型时的生活需求、法律需求和文化需求，并给予精神上的鼓励和行动上的有效帮助，创造适当机会增加女性对移民社区公共事务的参与度。

现有移民社区针对妇女的培训内容包括手工编织、环保、卫生和保健等内容。除此之外，应调查移民社区妇女意愿，增加能够帮助她们尽快适应城镇生活的常识、知识和技能内容。如青海省妇联同志强调现有培训在妇女生活技能如烹饪、整理家务、理财等方面严重不足。此外，生活环境、生计方式和交往范围的突然改变，使得已有移民社区已经出现离婚率较高的状况，这可能对妇女财产权利、生活状况带来损害，需要政府有关部门及专业人员的关注和支持。

（五）贫困群体中儿童减贫战略及特殊性支持政策

指导思想：提高高原藏区与主流社会良性互动能力，提高高原藏区儿童现代社会生存能力，同时兼顾其民族文化传承。

主要战略：提高藏族儿童与主流社会交流能力，培育藏族儿童传承本民族文化的平台，增强儿童成长本地适应性。

特殊支持政策：

---

① 党少农，颜红，曾令霞．高海拔地区藏族育龄妇女自然流产的流行病学特点．中华流行病学杂志，2006，3

② 杜蔚云等．藏区育龄妇女生殖健康知识的认知和需求调查．中国健康教育，2007，3

1. 继续实施双语教育，同时确保藏族儿童能够习得本民族语言和文化。

2. 通过教育系统正规体系或以非正规体系为补充，增加学校教育中关于民族文化传承、生产技能学习等知识，提高儿童习得知识的实用性。

第四节　国际案例：加拿大北部因纽特人发展项目对青藏高原减贫战略的借鉴①

生活于地球最北端地区的因纽特人（Inuit）在中国曾译为爱斯基摩人（Eskimos），因后者意为“吃生肉的人”而为因纽特人所不喜，他们自称为因纽特人，当地语言意为“真正的人”。因纽特人主要生活在北极圈内的格陵兰岛（丹麦）、加拿大的北冰洋沿岸和美国的阿拉斯加州。容貌特征和蒙古人种相当一致，都是矮小个子、黄皮肤、黑头发。自20世纪30年代，加拿大政府开始了援助因纽特人的发展项目，迄今，当地人经历了移民、经济增长、教育、健康、城镇化等全方位的变化，既大大加强了同国内主流社会的交流，提高了与现代社会交流和融合的能力，也面临了诸多项挑战和困难，甚至付出了一些代价。根据2001年调查数据，加拿大因纽特人人口约4.5万人，其中85%居住于国家北部的永久定居点内。因纽特人变迁发展案例在本土人社会文化因素领域面临的挑战以及由此造成对变迁成效的重大影响，对于中国青藏高原藏族的减贫发展具有重要借鉴意义。

案例：因纽特发展项目

（一）背景：因纽特人的“旧世界”与“新世界”

在“旧世界”中，因纽特人住雪屋，点海豹油灯，使用便携式汽化煤油炉取暖、照明，穿皮衣，基本靠肉食为生。“新的世界”则是住在帐篷或木屋里，定居于某社区内，穿棉制、尼龙制和羊毛制衣物，从商店购买高碳水化合物食

---

① 本节内容得益于本研究支持方德国技术合作公司（中国）（GTZ - China）国际专家 Datja Sarkowaky 教授的文本：*Background report for the* “*China High Plateau Area Poverty Alleviation Strategy and Policy Planning System Research*”，打印稿，2010年10月；Sarah Bonesteel：*Canada's Relationship with Inuit：A History of Policy and Program Development*，Ottawa：Public History Inc. June 2006.

品，以及遵照规律时间按时上下班。

从住雪屋穿皮袍过渡到永久性住房和稳定的医疗保健，这些措施降低了北冰洋地区传染疾病发病率。教育的逐步普及和劳动力技能培训等多项行动带动因纽特人务工雇佣率有所提高。总体来讲，由传统的捕猎生活变迁为定居生活后，因纽特人多项生活水平均有所提高。近期发布的因纽特人福利和人类发展指数研究表明，自1991年以来，因纽特人的人类发展指数呈上升趋势。

因纽特人在加拿大政府帮助下，于短短几十年时间里，从相当原始的传统生活一跃进入了现代文明，其速度之快和变化之大不能不说是历史上的奇迹。但是，社会和文化变迁从来不是一蹴而就的工程，今天的因纽特人依然面对着多项挑战，如定居住房过度拥挤，经济增长速度缓慢，社会服务执行力弱，以及定居社区能够提供的有限健康服务等。其中教育、健康、城市化及文化同化等问题及其背后隐藏的原因都值得被青藏高原以畜牧生计的藏民族减贫发展政策制定者们关注和深思。

（二）因纽特人定居后，教育领域遭遇的主要问题、原因及政策回应

高失业率、定居点住房拥挤等社会经济困难都会提高学校辍学率，因此，考虑到经济和生活状况的适当措施能够间接促进就读率和毕业率的提升。下文将以加拿大政府在教育领域和城市化领域的政策调整为例。

1. 主要问题

土著人接受学校正规教育的比率较低。2006年，51%的因纽特人没有完成高中学业，这就造成了恶性循环：虽然高等教育是脱离低社会经济状况的途径，但低社会经济状况也造成获得高等教育的可能性更小。

2. 主要原因分析

2.1 由于在偏远的定居点普遍设置正规学校比较困难，因此就建立集中住宿制学校。

2.1.1 集中住宿制学校使得孩子们不得不离开家庭和社区，最多时达到一年中有十个月，这造成了父母与孩子之间，以及文化代际间的疏离。

2.1.2 集中住宿制学校教师流动率高在岗持续性不长。非土著教师通常最多能呆1~2年，合格的因纽特教师非常缺乏。

2.2 政府制度内提供的技能培训往往同因纽特人社会化存在着文化上的不相容性，如教学和培训内容、课程设计与学生们生活的相关性，以及教学和培训

形式等方面均存在文化习得障碍。

2.3 在3年级到5年级期间，教学由因纽特语转到英语或法语。对于那些在家里没机会接触这两种语言的学生，造成挫败感和潜在的被排斥感。

3. 政府的政策回应

3.1 加强培训因纽特人教师，以减少同学们的文化和语言障碍，并提高教师队伍稳定性。

3.2 开发与因纽特文化相关的教学内容，将因纽特传统文化内容整合进入教材。

3.3 将因纽特人结合进入教学体系，在社区和学校间建立密切联系。

3.4 促进因纽特语言在小学期间的使用，关注运用不同语言教学的平顺转换。

3.5 针对中学毕业的学生，通过一系列项目方式提供不同类型帮助。如为那些寻求前往加拿大南部继续深造的学生提供经济和文化支持，或为那些留在当地找工作的提供求职咨询和支持。

（三）因纽特人定居后，在城市化领域遭遇的主要问题及政策回应

1. 主要问题

因纽特人是加拿大土著人中城市化程度最低的。他们在城市化过程中面临的问题实际上反映了土著群体遭遇的共同问题：吸毒、身体和精神疾病、高失业率（虽然这些失业的因纽特人收入可能比农村地区的因纽特人收入还多些）、社会分解。

因纽特人在城市生活中面临的挑战包括文化冲击、思乡病、难以获得他们习惯的传统食品和工作、与主流社会隔离、难以理解主流文化规则、必须使用英文或法文沟通。

2. 政策回应

2.1 城市化的因纽特人依然享受联邦政府提供给保留地内原著民的社会服务支持。

2.2 1997年，加拿大政府启动土著人城市化战略（Urban Aboriginal Strategy，UAS），通过该战略，联邦政府与各级政府及社区组织合作，共同回应社区需求。主要内容包括：

2.2.1 提高生活技能。通过夏令营、过渡期服务等帮助参与者及其家庭拥

有更好的生活技能。

2.2.2　工作技能培训。如在读写和重要技能方面提供工具和培训，在为土著人提供服务的供应商和地方政府间建立密切联系，提高土著人在城市中的代表性等。

2.3 为土著妇女、儿童和家庭提供特别支持，如针对土著妇女发展的咨询服务等。

加拿大政府通过大规模的基础设施建设工程，有效推动了因纽特人定居，良好的住房条件能够改善家庭卫生状况，减少疾病发生和婴儿死亡率。由于自定居社区内追寻猎物的距离大大增加，且人们需要雇佣型工资收入来维持稳定的家庭经济来源，因此定居社区内很难再维持传统生计方法，因纽特人不得不开始生计转型。加拿大联邦政府提供了多种类型支持项目或工程，致力于帮助因纽特人提高经济发展和各项生活水平。仅为了帮助因纽特人发展当地和区域经济，联邦政府就提供了一系列支持项目。主要包括职业发展项目，社区经济发展组织支持项目，扩展区域机遇项目，商业启动资金支持项目，资源可及协商项目，资源伙伴项目，区域伙伴基金等。通过这些多样化的项目支持给定居社区创造了一些长期雇佣机会，从而提高定居社区的有效管理，促进孩子们的入学率。如此，可持续的定居社区能鼓励因纽特人在矿业或者地方政府工作等领域获得工资性雇工的机会。

（四）因纽特人案例对青藏高原特定民族减贫发展的借鉴意义

因纽特人转型与发展经验对于青藏高原藏族减贫战略具有重要借鉴意义，主要基于两者具有以下几点类同性。第一，两者生活的自然环境均严酷、脆弱并且对于地区乃至全球生态安全都具有重要意义。因纽特人生活的北冰洋地区对于加拿大及其全球意义重要，北极地区面临的环境问题包括气候变化、环境污染和可持续发展挑战。青藏高原则是中国三大河流发源地，亦是亚洲水塔所在，对全球气候变化也有关联影响。第二，因纽特人和藏族都是当地生态环境中的土著民族或世居民族，通过千百年来形成的一套文化适应性行为成功实现了严酷自然条件下的人类生存。因纽特人祖先自古以来生活在加拿大北冰洋地区。青藏高原藏族的先民——羌人也是自有考古发现以来即生活于这片地域。第三，这两个地区都是区域内长期保持相对封闭性，与外界接触频度较低。直到进入 20 世纪，因纽特人一直较好保持着他们区域性、季节性迁移生计模式，以获得自然资源为传统生计方式。青藏高原藏族则是在 20 世纪中叶的新中国民主改革后，才加强了与外部世界的联系。第四，这两个地区和这两个族群都面临短时期内社会和文化现代化变迁的挑战。20 世纪 30 ~40 年代，加拿大政府启动了多项援助因纽特人的发展项目；50 年代起，加拿大政府鼓励因纽特人永久定居，设立社会福利项目支持盖房、教育、健康和经济发展，致力于提高因纽特人的生活水平。青藏高原游牧藏族则于 20 世纪 50 年代和 80 年代分别实施过重要的牧区发展政策，并于 21 世纪初开始通过生态移民、游牧民定居工程等实现永久定居。第五，这两个地区都面临贫困面广且贫困程度深，社会发展压力较大的挑战。加拿大土著人收入均低于非土著人，其中因纽特人的失业率最高，达 19%。这主要由于其传统生计方式转型且依赖外部市场；地处偏僻北冰洋地区，缺乏商业机会提供给当地人，虽然旅游业越来越成为当地的主要产业，但该行业提供的就业机会多属季节性、临时性和低报酬；由于缺乏必要的技术和技能培训，以及不能流利使用英语或法语，当地人难以充分胜任雇工类工作。2006 年，加拿大北部因纽特人平均个人收入约低于非土著居民人均值 11000 加元。青藏高原三江源地区 16 个县中有 14 个为国家扶贫工作重点县，贫困人口占人口总量 70% 以上，2006 年牧民家庭人均纯收入低于全国农民家庭人均纯收入也达 1587 元。①

综上，我们不难看出：加拿大北部因纽特人通过政府发展项目实现生计与生活方式转型的经验和教训，能够为中国青藏高原畜牧藏民族减贫发展政策制定与调整提供一些良好的借鉴。尤其以下几项要素能提高政策干预取得的良好效果，也对中国青藏高原畜牧藏族在新阶段面临的生计方式更替、社会文化转型具有重要借鉴价值。首先，当地自然资源要实现利益相关方共管，并确保当地人在其中的位置。当地人要能够充分参与社区管理。其次，政府的政策制定和执行应具有文化敏感性，尊重已有的族群文化和社会结构。再者，对于北冰洋这类生态重要区，要始终强调当地的生态可持续性，并在决策过程中将留居于本土的因纽特人传统生态知识、传统资源利用方式整合纳入参考视野。最后，应建立政策监测评估系统。对已实施政策建立监测评估系统，有助于及时发现疏漏和不足。监测评估过程中要注重聆听当地社区的声音，从而提高监测评估的可靠性和可信度。

① 王一鸣，曹文虎，王青云．青海省区域协调发展规划研究．西宁：青海人民出版社，2009，119

第五节　主要结论与政策建议

高原藏族游牧文化不同于其他地域的游牧文化，它是被雪域地理封闭的文化，是积淀、筛选了数千年的较稳定、较深厚的文化形态。这片地域不同于那些同农耕区相接或交叉的游牧地区，历史没有赋予它创造农耕文化的背景，也没有给它同农耕文化冲撞、融合的机会，所以无法在交流融合中被其他经济形式同化、移植和吸纳。高原客观上将藏民族封闭在一块特殊而严酷的地域之中，独特的地理环境决定了藏民族的游牧文化形态。在高原藏民族走向现代化的过程中，充分考虑到社会文化因素对政策接受度和实施效果的影响力，将能够有效提高政策实施效果，促进高原减贫政策不断完善。

一、尊重当地少数民族为生态环境保护付出的代价，完善少数民族地区生态补偿和利益分享机制

政府正在进行的资源税改革和生态补偿机制，在一定程度上正在修正西部以及少数民族地区过度承担资源开发和生态保护的代价。如果我们也认同少数民族在西部开发的过程中不光付出了经济的和生态代价，同时也有传统文化的代价，那么相关政策改革应该充分考虑在开发过程中尊重世居少数民族自然资源的信仰、拥有和使用权利的制度创新，譬如强化项目审批过程中社会影响评价中的少数民族部分的重要性，采取更有力的听证、社区参与的决策过程等。

二、高原地区减贫政策目标应将该区域未来10年减贫与社会现代化转型相结合，将当地百姓的文化和认同纳入“大扶贫”概念框架，推动多维贫困政策制定

“大扶贫”概念主要指党的十六大之后，呈现出以专项扶贫、惠农政策扶贫、行业扶贫、社会各界扶贫等多方力量、多种举措有机结合、互为支撑的扶贫工作新局面。包容性和多维度是“大扶贫”概念的内有之意。促进高原藏区的扶贫与发展，扶贫政策应从单纯以收入定义的贫困标准和扶贫政策扩大到采取多元维度的贫困定义和扶贫政策。因此，应将少数民族文化和认同结合进当地定义贫困的框架，深入分析少数民族贫困以及其对策；从而推动各相关部委的联动，

以整体的角度应对少数民族贫困的多元维度，以少数民族文化维度重新审视物质贫困，社会服务缺位，制度缺失以及少数民族的特殊贫困类型等问题。

三、从少数民族扶贫的文化维度和贫困特点深化高原藏区社会服务改革

在国家普惠农村社会服务改革的前提下，根据少数民族贫困地区的特点和少数民族的文化特点，深化特惠的社会政策提供方式和内容。譬如在教育和医疗改革中，应因高原地广人稀的特点，设计教学点和卫生室，提高高原藏民族对教育和卫生服务的可及性，以及维系下一代与民族社群的社会文化纽带。教育和卫生服务应提高藏语教学、乡土民族教材和民族医药的内容，在提高藏民族与主流社会交流能力的同时，提高当地百姓对其文化知识的认同和自尊。

四、与国家新阶段扶贫理念的发展相适应，高原特定民族减贫政策应打破普惠性，突出针对性。客观评价、合理结合藏传佛教及宗教人士的世俗性功能，在生态保护、牧民/居民行为规则、民族技能传承及生计发展、老年人赡养等领域发挥其功能

牧区和小城镇移民实施差别支持政策。制定牧区发展政策时，应借鉴中国其他牧区（内蒙古、新疆等）已经出现的教训和经验。制定小城镇发展政策时，实施差别性支持政策应用于妇女、老人、儿童、劳动力等不同群体。发挥宗教机构的世俗性功能，挖掘社会组织参与当地扶贫发展事业，在牧民、移民不同类型社区中实施发展干预。

五、以少数民族文化维度深化参与式扶贫、整村推进、产业化开发和劳务输出，以及特殊贫困类型的扶贫模式

少数民族的参与式扶贫应强调世居民族在选择和决定扶贫模式的主体作用，以及传统民族社会组织在参与扶贫规划过程中发挥的作用。少数民族地区的整村推进应强调基础建设需符合少数民族的传统习惯，并在其基础上加强对少数民族传统社会文化空间和场所的建设，以促进少数民族文化的维护和发展。产业化开发和劳务输出的模式应考虑与少数民族传统生计和生活方式的适应程度，不宜做出太大改变，避免对少数民族传统带来冲击。最后，新扶贫政策应针对贫困地区少数民族面对的特殊贫困类型进行有针对性的扶贫策略，充分利用和发挥当地少数民族传统知识或社会组织资源进行扶贫。

参考书目

[1] 包智明，万德卡尔．藏北牧区亲属结构——对藏北牧区社会的实地调查．西藏社会发展研究．北京：中国藏学出版社，1997

[2] 编写组．青海省情．青海人民出版社，1986

[3] 陈景辉，成艳彬．少数民族贫困地区旅游扶贫的比较分析及创新思考．福建论坛（人文社会科学版），2005，11

[4] 陈光国．青海藏族史．西宁：青海民族出版社，1997

[5] 陈巍．实现青海藏区义务教育均衡发展的有效途径．青海民族学院学报（社会科学版），2007，7

[6] 崔永红等．青海通史．西宁：青海人民出版社，1999

[7] 党少农，颜红，曾令霞．高海拔地区藏族育龄妇女自然流产的流行病学特点．中华流行病学杂志，2006，3

[8] 丁汝俊、敏生兰．可持续发展与西北回族地区贫困问题探析．甘肃理论学刊，2005，9

[9] 杜蔚云等．藏区育龄妇女生殖健康知识的认知和需求调查．中国健康教育，2007，3

[10] [法] 弗朗索瓦·佩鲁．新发展观．张宁等译．北京：华夏出版社，1987

[11] 噶·达瓦才仁．藏区现代化过程中宗教世俗化的趋势．中国藏学，2007，1

[12] 格勒，刘一民，张建世，安才旦．藏北牧民——西藏那曲地区社会历史调查．北京：藏学出版社，1993

[13] 格勒，旺希卓玛，卢梅．关于加快藏区现代化建设步伐的调查和思考．中国藏学．2006，4

[14] 顾颉刚．从古籍中探索我国的西部民族——羌．社会科学战线．1980，1

[15] 国务院．玉树地震灾后恢复重建总体规划．2010，6

[16] 国务院扶贫办．“八七扶贫攻坚计划”实施以来民族地区扶贫工作情况综述

[17] 韩彦东．人口较少民族贫困原因及扶贫开发对策研究．贵州民族研究．2005，6

[18] 侯远高．少数民族视角的发展观与发展援助．扶贫开发与少数民族科学发展．北京：社科文献出版社，2011

[19] 胡鞍钢，温军．西藏现代化发展道路的选择问题（上，下）．中国藏学．2001，1-2

[20] 华热·才华加．藏区社会现代化的观念检讨和方法借鉴．青海施法大学学报（哲学社会科学版）．2004，4

[21] 黄平，罗红光，许宝强．当代西方社会学·人类学新词典．长春：吉林人民出版社，2003

[22] 康晓光．90年代中国贫困与反贫困战略．中国扶贫基金会编．中国扶贫论文集粹．北京：中国经济出版社，2001

[23] 李俊峰．市场条件下对少数民族扶贫工作的思考

[24] 林耀华．民族学通论．北京：中央民族大学出版社，1997

[25] 麻国庆．“公”的水与“私”的水——游牧和传统农耕蒙古族“水”的利用与地域社会．开放时代．2005，1

[26] 彭措泽仁．试论用经济方略治理青海藏区．中国藏学．2003，4

[27] 苏发祥．论牛奶分离器对藏族传统生活的影响——技术与藏族社会变迁的个案考察．中国藏学．

2009，4

[28] 王一鸣，曹文虎，王青云. 青海省区域协调发展规划研究. 西宁：青海人民出版社，2009

[29] 王振岭，丁生东. 青海藏族地区基础教育发展的背景、现状和对策.' 民族教育研究，2007，1

[30] [美国] 威廉·科克汉姆. 医学与社会. 北京：华夏出版社，2000

[31] 向春玲. 当今西藏宗教信仰的特点及与现代化的关系初探. 西藏研究. 2000，2

[32] 肖跃. 西藏贫困地区藏族母亲的素质和女童教育. 民族教育研究. 2007，6

[33] 谢元媛. 敖鲁古雅鄂温克生态移民——一个规划现代化的个案. 北京大学博士研究生学位论文，2005

[34] 谢佐、何波. 藏族古代教育史略. 西宁：青海人民出版社，1994

[35] 杨清震、周晓燕. 民族地区的反贫困与经济可持续发展. 黑龙江民族丛刊（季刊)，2001，4

[36] 张敏杰. 中国弱势群体研究. 长春：长春出版社，2003

[37] 张雄. 少数民族社会可持续发展研究——一个政治经济学视角. 昆明：云南大学出版社，2007

[38] 张跃平. 制度与西部地区经济发展. 北京：民族出版社，2004，10

[39] 治多县三江源办. 治多县实施三江源生态保护与建设一期工程情况总结报告. 2010，8

[40] 中国藏学研究中心社会经济研究所. 西藏家庭四十年变迁——西藏百户家庭调查报告. 北京：中国藏学出版社，1996

[41] 周本加. 青海省海南藏族自治州鼠疫防治50 年回顾. 地方病通报. 2006，3

[42] Emilio F. Moran：Human Adaptability：An Introduction to Ecological Anthropology，Boulder：Westview Press，1982

[43] Sarah Bonesteel：Canada' s Relationship with Inuit：A History of Policy and Program Development，Ottawa：Public History Inc. June 2006

[44] Dr. Datja Sarkowaky：Background report for the "China High Plateau Area Poverty Alleviation Strategy and Policy Planning System Research"

第七章　青藏高原大扶贫格局的推进与专项扶贫方式创新

陆汉文

第一节　导　言

一、背景

改革开放之初的1978年，中国农村有2.5亿贫困人口，贫困发生率为30.7%。至2007年，中国农村贫困人口减少至1479万，贫困发生率降低至1.6%。中国是全球减贫成就最为突出的国家。中国农村扶贫开发之所以取得辉煌成就，主要有两方面原因：（1）持续稳定的经济增长。这一过程带动综合国力增强和城乡居民收入增加，也带动了贫困地区和贫困人口收入的增加。（2）大规模扶贫开发工作。1986年，中国政府成立国务院贫困地区经济开发领导小组（1993年改称国务院扶贫开发领导小组）及其办公室，启动有计划、有组织、大规模开发式扶贫工作。这项工作直接针对贫困地区、贫困县、贫困村和贫困户，有的放矢，取得突出成绩。

但是，随着市场化进程的深入及其所带动的结构性变化，中国经济增长的减贫效应在20世纪90年代中期以后逐渐减弱，贫困人口从经济增长中受益的难度越来越大。与此同时，城乡差距、地区差距越来越大，收入差距和社会分化问题越来越突出，贫困人口边缘化。尽管十六大以后，国家逐步出台了系列惠农强农政策，加大了对农村的扶持，有力促进了减贫事业发展，但农村贫困人口仍因就业机会缺乏、农业比较收益低等种种原因而面临巨大脱贫挑战。在国家总体经济实力快速增强，跻身世界第三（2007年）、第二（2010年），人均国民生产总值超过3000美元（2008年）并向4000美元迈进的背景下，集中连片特殊困难地区、特殊困难群体、代际传递型贫困、风险型贫困等贫困问题突兀地呈现在人们面前。毫不夸张地说，尽管30余年来中国农村贫困人口大幅减少，贫困发生率显著降低。但是，贫困问题对中国社会发展与稳定的威胁丝毫没有减少，在特定意义上甚至更显突出。它不是局部问题和地方问题，不是国务院扶贫办的专项扶贫工作就可解决的问题，而是关系到国家发展大局的问题，是中央政府需要高度重视、统筹考虑的大问题。①

2008年10月，中共十七届三中全会召开。会议通过的《中共中央关于推进农村改革发展若干重大问题的决定》明确指出，“搞好新阶段扶贫开发，对确保全体人民共享改革发展成果具有重大意义，必须作为长期历史任务持之以恒抓紧抓好”；要“完善国家扶贫战略和政策体系，坚持开发式扶贫方针”；“实行新的扶贫标准，对农村低收入人口全面实施扶贫政策，把尽快稳定解决扶贫对象温饱并实现脱贫致富作为新阶段扶贫开发的首要任务”；到2020年，要实现“绝对贫困现象基本消除”的目标。这一年，国家实施新的扶贫标准（1196元），新标准下贫困人口为4007万，贫困发生率为4.2%。② 2010年2月10日，国务院总理温家宝主持召开国务院第107次常务会议，听取《中国农村扶贫开发纲要（2001—2010年）》实施情况汇报。会议指出要“完善国家扶贫战略、政策规划体系和工作机制”，并决定编制2011年至2020年扶贫开发纲要，将集中连片特殊困难地区作为新十年扶贫开发工作的重点。

中国的集中连片特殊困难地区很多，青藏高原是其中具有尤为重要意义的一类。这是因为：（1）青藏高原主要是藏族聚集区，文化极为特殊，民族关系问题特别重要；（2）青藏高原属于高寒地区，海拔基本在3000米以上，生态脆弱，生产生活条件非常恶劣；（3）青藏高原生态地位重要，关系到中国、亚洲以致全球环境和气候变化；（4）青藏高原贫困程度普遍较深。为深入解决好青藏高原减贫与发展问题，2010年1月中共中央、国务院召开第五次西藏工作座谈会，6月国务院扶贫办召开西藏和云南、四川、青海、甘肃等四省藏区扶贫工作会议。青藏高原扶贫开发成为新十年中国农村扶贫开发工作的一个重头戏。

二、案例和研究的问题

青藏高原地域辽阔，行政区划涉及西藏自治区全境、青海省大部和云南、四

---

① 陆汉文. 统筹性减贫战略的提出背景. 亚洲开发银行研究报告，2010

② 国家统计局农村社会经济调查司. 中国农村贫困监测报告2008. 中国统计出版社，2009

川、甘肃三省的一部分，但其地理、气候、人口、经济、社会、文化、宗教等自然条件和人文社会条件同质性很强。因此，选择其中某个区域，由以透视整个青藏高原的减贫与发展问题在方法上是合理可行的。

青海省玉树藏族自治州位于青藏高原东南部，总面积26.7万平方千米，平均海拔4000米以上，高寒缺氧，大部分地区属于极为脆弱的高寒草甸生态系统，受到破坏极难恢复；黄河、长江、澜沧江三大河流的发源地，有三江源、隆宝2个国家级自然保护区，大部分区域属于国家主体功能区中禁止开发区；少数民族人口占97%以上，以藏族为主，民族特色鲜明，是藏传佛教众多教派的聚集地①；2009年城镇居民人均可支配收入13031.71元，农牧民人均纯收入2335.27元，农村贫困人口9.64万人，贫困发生率为32.2%。② 生态保护、民族和谐、减贫发展任务非常重大，是玉树州发展的三个核心问题，也是整个青藏高原地区发展的核心问题。

2010年4月14日，玉树州发生里氏7.1级强烈地震，造成巨大生命、财产和生态损失。截至2010年5月30日，遇难2698人，失踪270人。青海省玉树藏族自治州6县和四川省甘孜藏族自治州石渠县共27个乡镇不同程度受灾，受灾面积35862平方千米，受灾人口246842人。其中玉树州受灾面积30445平方千米，占全部灾区面积的84.9%；受灾人口223176人，占全部受灾人口的90.4%（图1）。"灾区居民住房大量倒塌，学校、医院等公共服务设施严重损毁，部分公路沉陷、桥涵坍塌，供电、供水、通信设施遭受破坏。农牧业生产设施受损，牲畜大量死亡，商贸、旅游、金融、加工企业损失严重。山体滑坡崩塌，生态环境受到严重威胁。"③ 地震爆发后，中国政府领导灾区广大干部群众积极抗震救灾，并进而展开有计划的灾后恢复重建工作。国务院出台《关于做好玉树地震灾后恢复重建工作的指导意见》（国发［2010］14号）、《关于支持玉树地震灾后恢复重建政策措施的意见》（国发［2010］16号）、《玉树地震灾后恢复重建总体规划》（国发［2010］17号）等文件，提出财政、税收、金融、土地、援助、援建等六方面支持政策。规划恢复重建资金总额320亿元（以中央财政资金为主），恢复重建内容主要包括城乡居民住房、公共服务设施（教育、医疗卫生、

---

① 玉树地震灾后恢复重建组：《玉树地震灾后恢复重建总体规划》，中华人民共和国国务院文件，国发［2010年］17号，2010年6月。

② 中共玉树州委办公室：《玉树工作通讯》，2010年第5期。

③ 玉树地震灾后恢复重建组：《玉树地震灾后恢复重建总体规划》，中华人民共和国国务院文件，国发［2010年］17号，2010年6月。

文化体育、就业与社会保障等设施)、基础设施(交通、能源、通讯、水利、市政设施、农牧区基础设施等)、生态环境(生态修复、环境整治、土地整治、灾害防治等)、特色产业和服务业(农牧业、旅游业、市场服务体系、特色加工业等)、和谐家园(人文关怀、扶贫开发、文化遗产保护、宗教设施等)。《玉树地震灾后恢复重建总体规划》提出,要将"灾后恢复重建与加强三江源保护相结合、与促进民族地区经济社会发展相结合、与扶贫开发和改善群众生产生活条件相结合、与保持民族特色和地域风貌相结合","力争用三年时间基本完成恢复重建主要任务,使灾区基本生产生活条件和经济社会发展全面恢复并超过灾前水平,生态环境切实得到保护和改善,又好又快地重建新校园、新家园,为建设生态美好、特色鲜明、经济发展、安全和谐的社会主义新玉树奠定坚实基础"。[①] 地震灾害和灾后恢复重建工作将玉树州以及整个青藏高原生态保护、民族和谐、减贫发展问题突出呈现出来,放大出来,为相关研究和实践提供了难得机会。

生态保护、民族和谐、减贫发展之间存在内部张力,但实际上统一于减贫发展实践中。只有在当地居民无需以破坏生态和环境为代价即可实现脱贫致富并不断提高生活水平的时候,才能缓解人与自然、环境关系的紧张。只有解决好脱贫致富问题,才能保障社会稳定和民族团结。但是,由于特殊生态环境和民族文化特征,有些常规经济发展和扶贫开发措施可能无法实施或不容易实施。

减贫与发展是一个大课题,涉及宽广的领域和丰富内容。本研究从大扶贫观出发,以生态保护、民族和谐、减贫发展的张力为背景,主要讨论玉树州大扶贫格局的推进和专项扶贫方式的创新,为青藏高原地区扶贫开发提供参考,为其他类型集中连片特殊困难地区扶贫开发提供借鉴。

三、文献回顾

首先是在"集中连片特殊困难地区扶贫开发"这一认识框架下的研究,其典型特征是类型学意识的呈现和类型学方法的应用。20 世纪 80 年代,当中国政府展开有计划、有组织、大规模农村扶贫开发工作的时候,贫困发生率高,贫困人口集中连片分布特征明显。1982 年 12 月 10 日,国务院决定实施"三西"(甘

① 玉树地震灾后恢复重建组. 玉树地震灾后恢复重建总体规划. 中华人民共和国国务院文件,国发[2010 年] 17 号,2010 年 6 月。

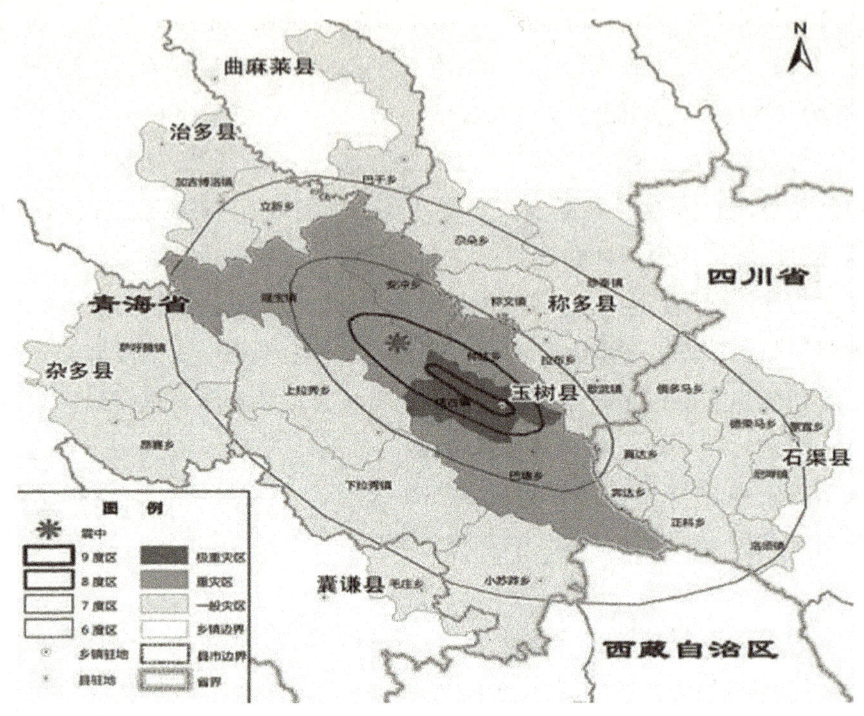

图1　玉树地震灾害范围评估图

来源：《玉树地震灾后恢复重建总体规划》，2010年。

肃以定西为代表的中部干旱地区和河西走廊地区、宁夏西海固地区）农业建设计划①。80年代末，中央政府划定18个贫困片区②。姜德华等人根据不同地区自然条件、社会经济条件，并考虑政府已确定的18个贫困片区的现状，对全国贫困地区分类系统进行了研究，探讨了不同类型贫困片区的特点和优势、问题和贫困原因、扶贫开发方向与途径③。黄承伟等人认为，由于国家财力有限，集中连片特殊困难地区综合治理在很长时间内未能大规模展开。新世纪以后，一方面国家财力增强，工业反哺农业、城市反哺农村、相对发达地区反哺贫困地区的时机渐趋成熟；另一方面地区差距、城乡差距拉大，相对贫困问题日益突出。在这种背景下，有必要重新关注集中连片特殊类型困难地区扶贫开发工作，将其作为今后扶贫开发政策的一个重点方向。他们将生态脆弱地区排除在研究范围之外，就那

① 张磊．中国扶贫开发政策演变（1949—2005）．中国财政经济出版社，2007，75

② 国务院贫困地区经济开发领导小组办公室：《中国贫困地区经济开发概要》，中国农业出版社，1989年。

③ 姜德华、张耀光、杨柳、侯绍范．中国的贫困地区类型及开发．旅游教育出版社，1989

些具备资源与环境条件的贫困片区减贫与发展机制与途径进行讨论，提出市场接入、产业化与市场竞争是这些地区扶贫开发的基本途径。① 曹洪民等人在四川省阿坝藏族羌族自治州千村万户调研基础上，强调了重视特殊类型困难地区多维贫困和地方文化的重要性。② 李文等人在回顾国内外相关经验的基础上，研究了中国集中连片贫困地区的分布，将中国集中连片贫困地区大致归纳为黄土高原区域贫困类型、中部山区区域贫困类型、云贵高原区域贫困类型、东部丘陵区域贫困类型、青藏高原区域贫困类型、西北边境区域贫困类型这6种类型，提炼出五种目前在集中连片贫困地区实施并取一定成效的扶贫开发与可持续发展模式，即围绕产业连片开发模式、革命老区旅游产业开发模式、地方病连片综合治理模式、搬迁扶贫模式、基础设施连片综合治理模式，并阐述了各种模式的适应条件，强调了扶贫开发与生态保护相结合的重要性，强调了关注地方文化问题的必要性。③ 但是，由于调研点选择等方面的限制，这些研究只就生态保护和文化传承与扶贫开发相结合做了原则性的讨论，未能深入下去，未能就具有生态特殊性或文化特殊性的集中连片特殊困难地区扶贫开发进行完整系统的论述。

其次是不涉及类型学意识的青藏高原扶贫开发研究。④ 翟岁显研究了青藏高原生态脆弱性对扶贫开发工作的影响，认为生态恶化和贫困形成了恶性循环的怪圈，须树立可持续发展的大生态观。⑤ 屈波等人将环境先天脆弱和资源不合理利用、环境污染、人为破坏导致生态环境恶化引起的贫困称为“生态贫困”，提出青藏高原生态贫困区扶贫开发要重点优化资源开发模式、控制人口增长、加快生态恢复重建等政策主张。⑥ 王永莉分析了青藏高原生态脆弱区的功能定位以及生态保护和经济发展的双重压力，提出建立生态保护重建的财政支持体制和生态补偿机制、适度进行生态移民、创设土地发展权等政策建议。⑦ 盛国滨等人认为，发展循环经济是青藏高原摆脱“越穷越垦，越垦越穷”恶性

---

① 黄承伟，陆汉文．特殊类型贫困地区的连片开发与减贫．联合国粮农组织研究报告，2009

② 曹洪民，王小林，陆汉文．“阿坝州特殊贫困片区千村万户扶贫调研”课题研究报告．国务院扶贫办国际合作与社会扶贫司，2009

③ 李文．中国集中连片贫困地区扶贫开发与可持续发展模式研究．中国国际扶贫中心研究报告，2010

④ 相关文献的详细讨论参见“中国高原地区减贫战略和政策规划体系研究”项目“高原地区发展方式转变与减贫战略创新”和“高原贫困地区发展政策减贫效应评估和益贫机制创新建议”等专题报告。

⑤ 翟岁显．论青藏高原生态特殊性对地区开发的影响．攀登，2005，3

⑥ 屈波，邹红，谢世友．中国西部地区生态贫困问题与生态重建．国土与自然资源研究，2004，4

⑦ 王永莉．主体功能区划背景下青藏高原生态脆弱区的保护与重建．西南民族大学学报，2008，4

循环的途径，并提出了循环经济的构想。① 更阳以调查资料为依据，分析了劳动力培训转移对青海省贫困地区扶贫开发的意义和面临的困难。② 刘巍等人认为青藏高原应该走生态工业化道路，即发展挖掘青藏高原生态畜牧业、稀有物种等自然资源潜力的集约型产业。③ 徐君认为三江源生态移民研究应注重移民地区特定民族的社会历史形态和人地关系中地方性知识的特殊价值，关注移民社会组织变迁、社群认同等问题。④ 刘艳梅认为不应该按照传统的经济发展方式实现生态环境恶劣地区的脱贫，而应当从生态的角度选择合适的发展道路，建立所谓生态反贫困战略，包括生态系统的恢复重建和新型生态经济的培养。⑤ 南文渊论述了藏族宗教中的自然禁忌对于保护藏区脆弱的生态环境所发挥的重要作用。⑥ 陈志永等运用个案方法剖析了藏族村落旅游业的具体模式，指出了发挥社区主导作用的意义。⑦ 这些研究多集中讨论具体问题，缺乏对新时期大扶贫格局的关注，缺乏与现有专项扶贫政策的对话，因而其在理论与政策层面对青藏高原地区以及其他集中连片特殊困难地区扶贫开发工作所具有的普遍性价值未充分彰显出来。

三是国外经济落后地区和少数民族地区发展经验的借鉴。李文等人总结了美国西部、意大利南部和巴西落后地区开发历程中值得中国借鉴的经验：（1）通过立法措施明确对落后地区的扶持；（2）中央政府承担推进落后地区发展的重要责任；（3）建立专门的贫困地区发展管理机构和发展基金；（4）将基础设施建设和公共服务供给作为优化发展环境的基础工作；（5）培育经济增长中心或支柱产业；（6）重视开发过程中的生态环境保护。⑧ Michael Dunford、Graham Meadows 和 Katja Sarkowsky 讨论了北极地区土著人口和少数民族人口在现代化过程中面临的挑战，阐述了加拿大、挪威、瑞典、芬兰以及欧盟的相关政策和措施，指出尊重少数民族和土著人口权利和文化的重要性，揭示了教育培训、医疗等公共服务对于生态敏感和脆弱地区少数民族人口融入现代化进程的重大

---

① 盛国滨，祁花．循环经济是青藏高原生态环境重建的关键．青海师专学报，2007，2

② 更阳．对青海省贫困地区农村劳动力培训转移的调查分析．老区建设，2007，10

③ 刘巍、邓艾．青藏高原发展生态工业研究．经济研究导刊，2008，8

④ 徐君．三江源生态移民研究取向探索．西藏研究，2008，3

⑤ 刘艳梅．西部地区生态贫困与生态反贫困战略．哈尔滨工业大学学报（社会科学版），2005，6

⑥ 南文渊．论藏区自然禁忌及其对生态环境的保护作用．西北民族研究，2001，3

⑦ 陈志永，杨桂华．民族贫困地区旅游资源富集区社区主导旅游发展模式的路径选择——以云南梅里雪山雨崩藏族社区为个案研究．黑龙江民族丛刊，2009，2

⑧ 李文．中国集中连片贫困地区扶贫开发与可持续发展模式研究．中国国际扶贫中心研究报告，2010

价值。①

四、分析框架和研究方法

本研究的分析框架如图 2 所示。未来十年中国农村扶贫开发的重点议题“集中连片特殊类型贫困地区扶贫开发”是研究出发点。鉴于这类特殊困难地区很多，且不同地区存在较大差异，本研究将研究的问题具体化为：从大扶贫观出发，以玉树藏族自治州为例，专题讨论青藏高原地区这样一个具有特殊重要性的集中连片特殊困难地区的扶贫开发问题（见本研究第一部分）。

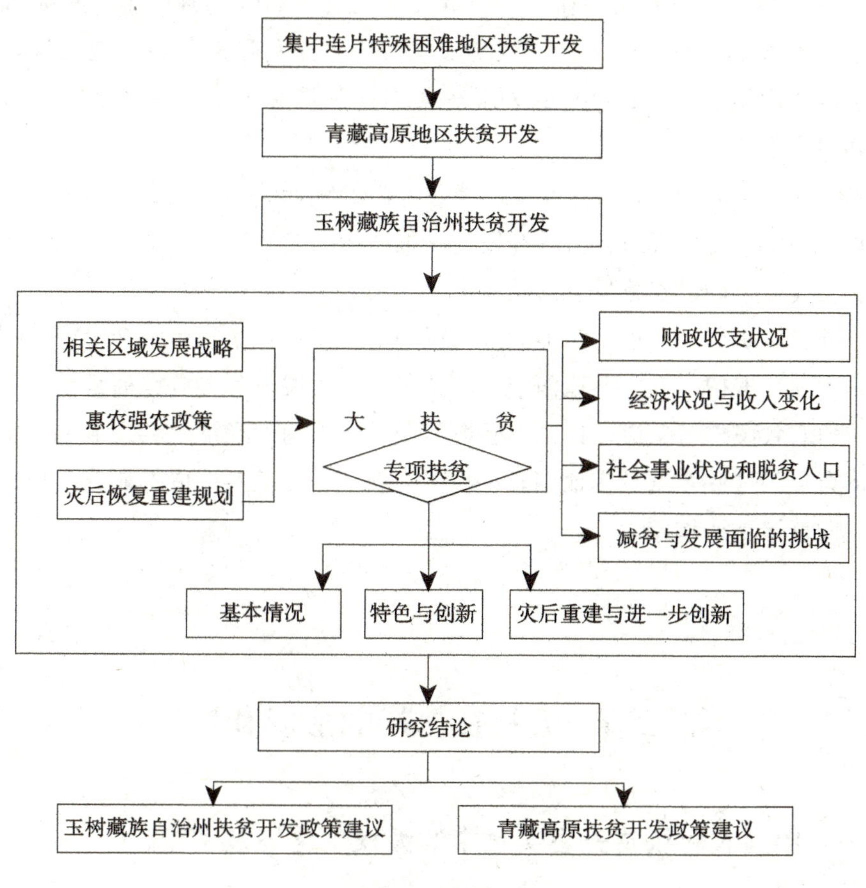

图 2　分析框架

集中连片特殊困难地区尤其需要形成大扶贫格局。对玉树来说，国家有关

① 参见“中国高原地区减贫战略和政策规划体系研究”项目国际经验专题研究报告。

区域发展战略、惠农强农政策、玉树地震灾后恢复重建总体规划为大扶贫格局提供了有力支撑。本研究在简要阐明中国农村大扶贫格局的基础上，对玉树州的这种大扶贫格局进行了论述，并从财政收支、经济增长和城乡居民收入变化、社会事业发展和贫困人口数量变化等方面介绍了大扶贫的成效，剖析了面临的特殊挑战（见本研究第二部分）。在大扶贫格局中，专项扶贫发挥了示范创新、整合聚力、拾遗补缺的作用，也占据着重要位置（见本研究第二部分）。本研究第三部分对玉树州专项扶贫的基本情况、特色与创新进行了论述，揭示灾后恢复重建专项扶贫的进一步创新和更深入发挥作用（见本研究第三部分）。在第二、三部分阐明大扶贫和专项扶贫关系及具体内容的基础上，本研究第四部分得出了基本研究结论，并分别就玉树州扶贫开发和青藏高原地区扶贫开发提出了具体政策建议。这些建议对其他集中连片特殊困难地区扶贫开发也具有借鉴和启发意义。

本研究所依据的资料首先是政府相关部门的统计数据、报表和总结材料。提供这些资料的主要有青海省扶贫开发局、玉树州扶贫开发局、玉树州下辖各县扶贫办、发展改革局、农牧局、财政局、统计局等。

此外，本研究还受惠于实地调研所得到的一些认识。笔者在 2010 年 4 月 ~9 月间三次前往玉树，五次前往西宁，与扶贫办、发展改革委等政府部门相关官员和玉树州农牧民进行交流、讨论，听取他们关于玉树州经济社会发展和扶贫开发的具体意见。这些意见及实地调研过程中的观察、体验对形成本研究的思路和具体观点发挥了重要作用。

第二节　大扶贫格局的形成和推进

一、中国农村扶贫开发实践中的大扶贫格局及其变化

贫困问题是多种原因造成的，其解决需要大视野，需要“大扶贫观”。在笔者看来，所谓“大扶贫观”，是指综合市场视角和公共治理视角看待贫困问题和减贫工作。市场视角关注的是，以市场机制为基础的经济增长和初次分配对贫困问题和减贫事业的影响。公共治理视角关注的是，以政府力量和公民社会为基础的权利与机会安排、公共财政支出、社会慈善支出对贫困问题和减贫事业的影响。

当然，市场机制和公共治理相互影响、交织在一起，两种视角的区分是相对的。

根据“大扶贫观”，中国农村扶贫开发呈现出由益贫性宏观发展进程扶贫、行业扶贫、专项扶贫和社会扶贫共同构成的大扶贫格局。宏观发展是指国家总体性经济社会发展战略指引下的经济增长和社会发展实践，是市场力量和公共治理力量综合作用的结果。它直接关系到经济增长方式与速度、财富分配方式、贫困人口权利和机会，是影响减贫的基础性力量。宏观发展进程是否有利于穷人，贫困人口从宏观发展战略中受益，对减贫事业具有根本性影响，也是扶贫开发工作须搞清楚的基本问题。行业扶贫是指教育、医疗卫生、水利、交通、农业等行业主管部门在制定相关政策和提供公共服务时将“三农”问题摆在优先位置，将贫困人口摆在优先位置，制定实施有利于贫困人口和减贫事业的行业政策，属于公共治理范畴。专项扶贫主要是指由各级扶贫部门具体推进，专门针对贫困地区和贫困人口，以财政扶贫资金为支撑，设计、选择、组织实施的专门扶贫项目(如整村推进项目、扶贫移民项目等)。社会扶贫是指非政府组织、企事业单位和公民个人等社会力量所开展的扶贫开发工作和项目，也属于公共治理范畴。在中国，狭义“扶贫”主要是指专项扶贫，有时也包含社会扶贫。“大扶贫观”则将以上四方面内容都纳入视野，并认为把握好这些内容，就把握住了扶贫开发的基本格局和走势。在大扶贫格局中，专项扶贫是一支探索性、协调性、整合性力量，主要发挥三方面具体作用：一是示范创新，贫困问题需要综合治理，当某一方面问题成为扶贫工作重点时，扶贫部门通过试点、试验等多种形式，探索出行之有效的综合治理方案，加以示范和宣传，为各行业部门承担本行业在该项扶贫工作中的具体任务提供参考和借鉴。二是整合聚力，即整合政府各部门、企事业单位、非政府组织、国际社会等各方力量和资源，协同推进扶贫开发实践。三是拾遗补缺，即在各部门均不管，行业扶贫政策均覆盖不到的一些领域发挥作用。①

前已述及，改革开放至20世纪90年代初期，中国经济持续快速增长，且这种增长主要建立在劳动密集型产业基础上（先是农业后是出口导向型加工制造业)。其结果是，不仅蛋糕做大了，而且普通劳动者特别是农民在初次分配中处于比较有利的局面。这是过去三十余年农村减贫事业取得举世瞩目成就的根本原因。同一时期，中国政府实施有计划、有组织、大规模开发式扶贫，鼓励和引导社会力量参与扶贫开发。这种公共治理力量在农村减贫进程中也发挥了重要作

① 陆汉文．统筹性减贫的内涵与分析框架．亚洲开发银行研究报告，2010

用。20 世纪 90 年代中期以后，中国经济依然快速增长，但初次分配出现不利于普通劳动者特别是贫困人口的趋势，且这种趋势至今尚未得到根本扭转。在这种情况下，人均国民生产总值较快增长，但贫困人口收入增长缓慢，贫富差距拉大，经济增长和市场机制的扶贫功能减弱。2002 年中国共产党第十六次全国代表大会提出全面建设小康社会奋斗目标。此后，党和国家逐步提出并明确要贯彻落实科学发展观，将解决城乡差距、贫富差距问题摆在了更加重要的位置，相继出台了系列惠农强农政策，权利与机会安排、公共财政支出、社会慈善支出等方面呈现出向农村、向落后地区倾斜的主导价值取向，宏观社会政策、行业扶贫、专项扶贫和社会扶贫力度加大，形成了推进大扶贫格局的合力。① 不过，由于市场机制的扶贫功能弱化，并且市场机制具有诱导和激励公共财政投资项目与其相配合的特性，大扶贫格局具有不稳定性，仍面临很大的挑战。这是深入思考玉树藏族自治州扶贫开发工作的大背景。

二、玉树藏族自治州大扶贫实践

玉树藏族自治州辖玉树、杂多、称多、治多、囊谦、曲麻莱等 6 县，共 45 个乡镇，有 18 个居民委员会和 258 个行政村。2009 年全州总人口 33.2 万人，其中农牧民 29.97 万人，占 90.3%。② 6 县中，玉树、杂多、治多、囊谦 4 县为国家扶贫开发工作重点县，称多县和曲麻莱县为省级扶贫开发工作重点县。国家相关区域发展战略、惠农强农政策和《玉树地震灾后恢复重建总体规划》为玉树藏族自治州大扶贫提供了支撑。

（一）国家相关区域发展战略对玉树州大扶贫格局的支撑

从宏观发展的角度看，国家支持西部大开发和藏区发展的战略为包括玉树州在内的整个青藏高原地区扶贫开发和全面发展作支撑。

1. 西部大开发战略

西部大开发的范围主要包括重庆、四川、贵州、云南、西藏、陕西、甘肃、青海、宁夏、新疆、内蒙古、广西 12 个省（自治区、直辖市），总面积约占全国

① 范小建：《缓解和消除农村贫困的伟大成就》，中华人民共和国中央人民政府门户网站，2009 年 9 月 28 日，http://www.100x100.cn/gzdt/2009-09/28/content_1428429.htm。

② 青海省扶贫开发局：《关于玉树地震灾区贫困村受灾情况及灾后恢复生产工作思路的汇报》，内部资料，2010 年 5 月。

国土总面积的71.4%，2000年末总人口占全国的27.4%，国内生产总值占全国的18.6%。[①] 1999年11月，中央经济工作会提出要启动实施西部地区大开发战略。2000年10月，中共十五届五中全会通过的《中共中央关于制定国民经济和社会发展第十个五年计划的建议》将实施西部大开发作为宏观层面一项重要战略任务，正式拉开西部开发的序幕。2010年10月，中共十五届五中全会通过的《关于制定国民经济和社会发展第十二个五年规划的建议》中明确强调，“坚持把深入实施西部大开发战略放在区域发展总体战略优先位置，给予特殊政策支持，发挥资源优势和生态安全屏障作用，加强基础设施建设和生态环境保护，大力发展科技教育，支持特色优势产业发展。加大支持西藏、新疆和其他民族地区发展力度，扶持人口较少民族发展。”

西部大开发战略实施后的十年，中央财政对西部地区的各类财政转移支付累计达2万亿元，国债、预算内建设资金和部门建设资金累计达1万亿元以上。与此同时，国家出台系列支持西部大开发的政策，西部各省区也制定了吸引资金、技术、人才、设备等生产要素的优惠政策。1998—2008年，西部地区国内生产总值从14647亿元增加到58257亿元，年均增长9.64%，高出全国平均水平约2个百分点，是新中国成立以来增长最快的十年。同一时期，西部地区农民年人均纯收入由1662元提高到3525元，增长1.12倍；城镇居民年人均可支配收入由5431元提高到14281元，增长1.63倍。2004—2008年间，西部地区农民年人均纯收入年均增长率达为11.92%，超过东部地区2.8个百分点。2001—2008年，西部地区贫困人口（按低收入线统计）从5535.3万减少到2648.8万，贫困发生率从19.8%下降到9.3%，比全国同期快4.5个百分点。[②]

2. 支持藏区发展战略

改革开放以来，中共中央、国务院专门召开了五次西藏工作座谈会。1980年4月，第一次西藏工作座谈会召开。会议主要目的是贯彻十一届三中全会精神，确立西藏在新时期的中心任务和奋斗目标。1984年3月召开的第二次西藏工作座谈会确定了“土地归户使用，自主经营，长期不变”和“牲畜归户、私有私养、自主经营、长期不变”等基本政策，为西藏农村经济社会发展提供了支撑。1994年7月召开的第三次西藏工作座谈会在分析西藏特殊困难和有利条件的基础上，确定了新时期西藏工作的指导方针和加快西藏经济发展的基本思

---

① 李文．中国集中连片贫困地区扶贫开发与可持续发展模式研究．中国国际扶贫中心研究报告，2010

② 李文．中国集中连片贫困地区扶贫开发与可持续发展模式研究．中国国际扶贫中心研究报告，2010

路，提出财政税收、金融、投资融资、价格补贴、外贸、社会保障、企业改革、农牧业等8个方面优惠政策。会后，中央各部委和内地省市按照“分片负责、对口支援、定期轮换”方式展开对西藏的支援。2001年6月召开的第四次西藏工作座谈会确定50条优惠政策，涉及财政补贴、税收、电站投资、乡镇基层政权基础设施建设投资、扶贫、草场承包、农牧民医疗卫生、企业改革、农牧区中小学生“三包”、干部职工工资等方面，有力推进了新世纪西藏经济社会诸领域发展。①

2010年1月，中共中央、国务院召开第五次西藏工作会议召开，对整个藏区的发展和长治久安做出了战略部署。会议确定继续加大对西藏的特殊支持，相关优惠政策和扶持措施涵盖投资、财政税收、金融、生态建设、改善农牧民生产生活条件、社会事业、基层组织建设、工资待遇、对口支援等方面。该次会议还决定加大对四川、云南、甘肃、青海等四省藏区经济社会发展的支持力度，把民生改善、社会事业发展、生态环境保护、基础设施建设作为主攻方向，着力加强基础设施建设，保护高原生态环境，改善农牧民生产生活条件，提高农牧业发展水平，培育优势特色产业，发展各级各类教育，提高医疗卫生服务能力，加强社会保障体系建设，推进社会主义先进文化建设，确保四省藏区到2020年实现全面建设小康社会目标。这次会议标志着包含四省藏区在内的整个青藏高原地区的整体发展进入一个新阶段。②

（二）国家惠农强农政策对玉树州大扶贫格局的支撑

新世纪以来，特别是十六大以来，国家增加中央财政转移支付，推出了取消农业税、退牧还草、退耕还林、粮食直补、教育“两免一补”、“新农合”、“新农保”等系列惠农强农政策，形成了大支农格局，为全国“三农”问题的解决或缓解提供了支撑。对于玉树这样农牧民占总人口绝大多数的集中连片特殊困难地区来说，国家惠农强农政策扶持作用尤为突出。

2005年，《青海三江源自然保护区生态保护和建设总体规划》经国务院批准实施，规划总投资75亿元。按照该规划，三江源自然保护区主要建设内容包括生态环境建设、农牧民生产生活设施建设、生态保护支持项目等三个方面。生态环境建设涉及退牧还草、已垦草原还草、退耕还林、生态恶化土地治理、森林草

---

① 《历次西藏工作会议》，人民网，http：//tibet. news. cn/misc/2008－10/18/content_ 14671407. htm。

② 人民日报电文：《中共中央国务院召开第五次西藏工作座谈会》，《人民日报》，2010年1月23日。

原防火、草地鼠害治理、水土保持保护、设施与能力建设等具体项目。农牧民生产生活设施建设涉及生态移民工程、小城镇建设、草地保护配套工程、人畜饮水工程等具体项目。生态保护支撑项目涉及人工增雨工程、生态监测、科技支撑等具体项目。① 三江源自然保护区生态保护和建设实践将惠农强农政策与区域性扶持政策整合在一起，为玉树州大扶贫起到了特别的支持作用。

（三）《玉树地震灾后恢复重建总体规划》与大扶贫格局的推进

《玉树地震灾后恢复重建总体规划》“是统筹和制订恢复重建各专项规划的依据，灾区各级政府、国务院有关部门、各参建单位在恢复重建实施中都要自觉遵守并执行本规划，维护规划的严肃性”，“灾区省级人民政府要根据本规划及各专项规划制定恢复重建年度实施方案”。②《规划》阐述了各级政府、政府各级部门、援助单位、援建单位的职责和任务，为整合不同部门资源，形成合力，共同完成恢复重建任务，全面推进灾区扶贫开发与长期可持续发展提供了依据和平台，以法规形式有力支撑了大扶贫格局。

玉树地震灾后恢复重建规划区的国土空间划分为生态保护区、适度重建区和综合发展区（表1）。综合发展区主要指乡镇驻地，面积仅占规划区1.6%，人口占49.3%，在恢复重建及今后发展中将积极科学发展农牧产品加工、生态旅游、文化等特色产业，继续承担吸纳生态保护区转移人口的任务，因此是恢复重建的核心地带。这奠定了人口向城镇聚集的空间格局，奠定了通过非农化、城镇化道路推进扶贫开发的地理基础，符合地震灾区扶贫开发形势。

表1　玉树地震灾区国土空间重建分区情况

	面积（平方千米）	占规划区比重（%）	人口（人）	占规划区比重（%）
生态保护区	18519	51.6	76274	30.9
适度重建区	16769	46.8	48875	19.8
综合发展区	574	1.6	121693	49.3
总　计	35862	100	246842	100

资料来源：《玉树地震灾后恢复重建总体规划》，2010年。

① 参见“中国高原地区减贫战略和政策规划体系研究”项目“高原贫困地区发展政策减贫效应评估和益贫机制创新建议”等专题报告。

② 玉树地震灾后恢复重建组：《玉树地震灾后恢复重建总体规划》，中华人民共和国国务院文件，国发［2010年］17号，2010年6月。

玉树地震灾后恢复重建内容可概括为住房、基础设施、公共服务和人文关怀设施、生态环境、特色产业等五大类。各类项目设计理念先进、技术标准高、资金支持力度大。即使是住房维修重建，受灾居民原则上也不负担国家统一规定的基本部分的重建成本。这意味着灾后恢复重建基本结束后，不仅灾区生产生活设施将大幅改善，硬件设施提升一个很大的台阶，而且灾区城乡居民不会因为贷款借债建房陷入沉重债务负担——这种负担正是汶川地震灾后恢复重建基本结束后制约当地农户脱贫增收的一个普遍问题。

玉树地震灾后恢复重建支持措施除320亿元巨额资金外，还包括税收、金融、土地方面优惠政策和援助援建政策。随着这些支持措施的落实，不仅灾区基础设施和投资环境将提升到新水平，生产经营成本也将明显降低，特色产业发展空间增大，就业和投资机会增加。这将有助于灾区城乡居民在恢复重建期间和期后不断增加收入。

三、玉树藏族自治州大扶贫的效果

（一）财政收支状况

尽管玉树州本级财政收入数量很少，但在大扶贫格局下，上级补助收入较快增加，全州财政支出也不断增长。以治多县为例，2005—2009年间各年度地方收入均不到财政支出的2%。2005年财政支出总额为6192万元，2009年增加到21536万元，五年增长247.8%。教育、社会保障和就业、医疗卫生、农林水事务是财政投入增长最快的几个领域（表2）。

表2　玉树州治多县2005—2009年财政收支状况　（单位：万元）

		2005年	2006年	2007年	2008年	2009年	五年增长率（%）
财政收入	地方收入	106	150	211	270	306	188.7
	上级补助收入	5995	7685	11249	15746	21085	251.7
	上年结余	185	94	182	327	148	/
	收入合计	6286	7929	11642	16343	21539	242.7

续表

		2005 年	2006 年	2007 年	2008 年	2009 年	五年增长率（%）
财政支出	一般公共支出	1983	2354	3325	3783	3849	94.1
	公共安全	695	623	699	800	968	39.3
	教育	608	801	1484	3123	6296	935.5
	科技、文体和传媒	202	228	88	471	250	23.8
	社会保障和就业	1285	2255	2657	3302	4260	231.5
	医疗卫生	283	378	604	935	1174	314.8
	环境保护	/	/	578	250	247	/
	城乡社区事务	/	/	203	32	675	/
	农林水事物	960	913	1290	2875	2689	180.1
	交通运输	/	/	48	111	369	/
	其他支出	176	195	339	513	759	331.3
	支出合计	6192	7747	11315	16195	21536	247.8

说明：(1) /表示缺省数据或无法计算该项数据；(2) 未包含国债和退牧还草支出。这两项支出基本用于民生工程，是新世纪以来特别是近几年以来较大的民生项目资金。由于其开支难以科学分割到不同年份，此处未统计。

资料来源：治多县财政局，2010 年 9 月。

（二）经济发展与城乡居民收入变化情况

2000 年以来，玉树经济稳步增长，人均 GDP 从 2602 元增加到 2008 年的 7391 元，9 年增长 284%（图 3）。

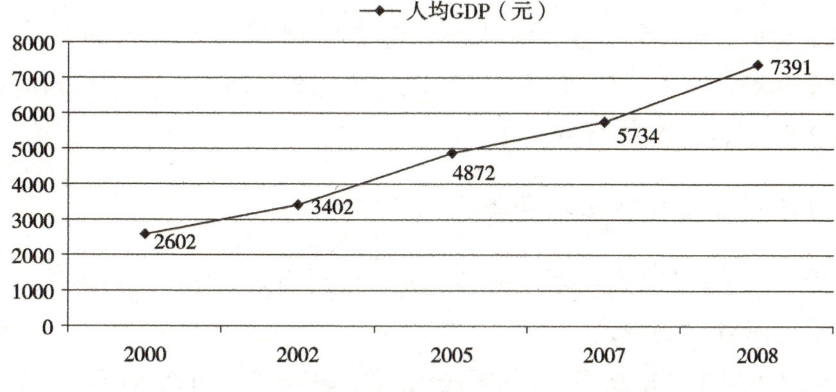

图 3　玉树州人均 GDP 变化图

资料来源：青海省高原地理研究所，2010 年 9 月。

图4是玉树州治多县2003—2009年城乡居民收入变化图。2009年城镇居民人均可支配收入为11774元，是2003年的1.68倍。2009年农牧民人均纯收入为2695元，是2003年的1.64倍。

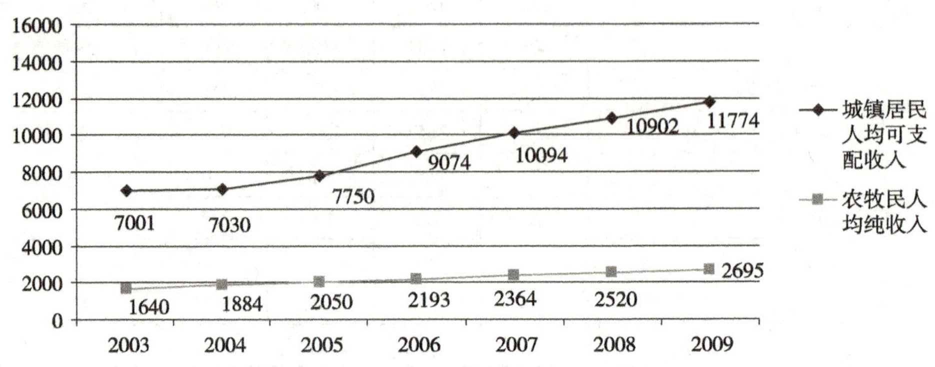

图4　玉树州治多县城乡居民收入变化图

资料来源：治多县扶贫办，2010年9月。

（三）社会事业发展状况和贫困人口数量变化

2009年底，玉树州开设各级各类学校192所，在校学生67178人，其中藏族在校生66387人，占在校生数的98.8%；适龄儿童入学率达98.6%，初中阶段升学率为86.1%，青壮年非文盲率为98.7%；新农合参合率达到97.85%，农牧民健康档案建档率超过83%；农村低保覆盖40180人，享受低保的人口数量占农牧民总数的14%；城市低保覆盖11221人，享受低保的人口数量占城镇居民总数的23%；广播人口覆盖率达到84.43%；电视人口覆盖率达到71.34%。①

2000年底，玉树州有贫困人口12.61万人；至2009年底，玉树州贫困人口减少到9.64万人，减少23.6%。②

（四）减贫与发展面临的挑战

尽管“大扶贫”工作取得了巨大成就。但因为起点低、困难多，玉树州减贫与发展仍面临严峻挑战。

一是贫困发生率依然很高，贫困程度深。2009年玉树州贫困发生率仍然高

① 中共玉树州委办公室：《玉树工作通讯》，2010年第5期。

② 青海省扶贫开发局：《青海省贫困地区有关情况统计手册》（2009年度），内部资料，2010年。

达32.2%。234个贫困村中，仍有6.14万人、36万头（只）牲畜饮水困难，14个贫困村不通路，144个贫困村不通电，75个贫困村没有卫生室，72个贫困村没有小学，158个贫困村不通广播电视。地震后，灾区6.8万人返贫，全州贫困人口达20.9万人（按2010年新贫困标准计算），贫困发生率上升到71%。①

二是生态环境脆弱，产业发展空间有限。玉树州退化草场达5197.7万亩，占可利用草场面积的29.74%。水土流失面积达940万公顷，占土地总面积的46.32%。鼠害面积达到5000余万亩，土壤沙化面积每年以7.8万亩的速度不断扩大，高原雪线上升，湖泊萎缩，珍稀动植物数量减少。为了保护生态环境，玉树州根据国家有关政策要求，采取了禁采、禁伐、禁牧等措施，取缔了一批不利于生态环境保护的开发项目，对传统畜牧业发展进行限制。这些措施在保护生态环境方面取得了成效，但也使扶贫开发难度加大。玉树州与低海拔地区特别是中东部地区的差距容易越拉越大。2000年，玉树州人均GDP为2602元，占青海省人均GDP（5087元）的51.1%。2008年，玉树州人均GDP为7391元，仅占青海省人均GDP（17389元）的42.5%，占全国人均GDP的38.8%。②

三是民族语言、文化和生产生活方式独特，对传统畜牧业依赖性大，生态移民和农牧民外出务工面临的困难多。

第三节　专项扶贫的探索与创新

一、玉树藏族自治州专项扶贫工作的基本情况

新世纪以来，中国农村专项扶贫工作以整村推进为主体，财政扶贫资金主要用于整村推进项目。此外，专项扶贫还包含产业化扶贫、劳动力转移培训、易地扶贫等具体途径和贫困村互助资金试点、“县为单位、整合资源、整村推进、连片开发”等试点项目。2004—2009年底，玉树州共投入财政扶贫资金近2亿元，解决了8.66万贫困人口的脱贫问题，累计返贫人口5.69万人，贫困人口净减少

① 青海省扶贫开发局：《关于玉树地震灾区贫困村受灾情况及灾后恢复生产工作思路的汇报》，内部资料，2010年5月。

② 参见“中国高原地区减贫战略和政策规划体系研究”项目背景研究报告。

2.97 万人。2004 年玉树州贫困村农牧民人均纯收入为 840 元，2009 年达到 1225 元，年均增长 7.8%。①

自 2004 年启动整村推进以来，玉树州整村推进项目投资合计约 1.61 亿元，占该时期全州财政扶贫资金总额的 80.5%。表 3 是玉树州各县 2004—2009 年整村推进项目投资表。2004 年，玉树州整村推进资金共 1520 万元，2009 年增加到 4450 万元，是 2004 年的 2.9 倍。六年中，玉树州共 182 个贫困村实施整村推进项目，剩余 52 个贫困村未实施整村推进项目。②

表 3　2004—2009 年玉树州各县整村推进项目投资表　　（单位：万元）

	2004 年	2005 年	2006 年	2007 年	2008 年	2009 年
称多县	280	500	550	380	685	887.21
玉树县	310	570	510	410	735	1080.09
治多县	130	230	160	290	430	724.31
杂多县	180	310	160	400	360	471.92
囊谦县	490	850	510	340	550	1066.47
曲麻莱县	130	250	240	350	310	220
合计	1520	2710	2130	2170	3070	4450

资料来源：青海省扶贫开发局，2010 年 5 月。

玉树州整村推进项目涉及的具体内容颇为丰富。以 2009 年为例，4450 万元整村推进项目资金覆盖 37 个贫困村，涉及养殖业项目、养殖业配套项目、种植业项目、商业项目、运输业项目、服务业项目、能源建设项目、良种繁育基地等八类项目（表 4）。其中，商业项目投资金额为 1715.22 万元，占总投资的 38.54%，居首位；养殖业项目投资金额为 1641.05 万元，占总投资的 36.87%，居第二位；运输业项目投资金额为 650.05 万元，占总投资的 14.6%；三项投资金额合计为 4006.32 万元，占总投资的 90%。这些项目扶持贫困户 6807 户，贫困人口 32283 人。③ 下文将论及，这三类投资项目占较大比重是玉树州专项扶贫开发工作的特色和创新之处。

① 青海省扶贫开发局：《关于玉树地震灾区贫困村受灾情况及灾后恢复生产工作思路的汇报》，内部资料，2010 年 5 月。

② 青海省扶贫开发局：《关于玉树地震灾区贫困村受灾情况及灾后恢复生产工作思路的汇报》，内部资料，2010 年 5 月。

③ 玉树州扶贫开发办公室：《玉树州扶贫办 2009 年工作总结》，内部资料，2009 年 11 月 25 日。

除整村推进项目外，玉树州专项扶贫还包括易地扶贫、产业化扶贫、“雨露计划”、实用技术培训等工作。2009 年，称多县拉布乡达哇村、囊谦县吉曲乡巴沙瓦乃村、玉树县卡孜村等 3 个贫困村实施易地扶贫项目，安排资金 664.3 万元，扶持贫困户 164 户，覆盖贫困人口 913 人。该项目以适当集中的方式，统一修建住房和院落，就地就近搬迁，统一配套水、电、路、广播电视和教育卫生等基础设施和公用事业，取得了较好效果。产业化扶贫方面，2009 年全州落实玉树县小苏蟒乡抗灾基地购母畜项目 20 万元，仲达乡药材种植项目 30 万元，巴颜喀拉奶牛公司奶业扶持项目 10 万元。“雨露计划”和农牧民实用技术培训方面，2009 年全州安排培训经费 57.52 万元，包括安排 36 名贫困农牧民子女到湖南省长沙市定点职业技术院校接受三年制职业技能教育，以及由州文体广电局举办的民族民间土风歌舞培训（50 人）、由玉树州职业技术学校举办的汽车驾驶培训（90 人）等。①

表 4　玉树州 2009 年整村推进项目内容和投资结构

	养殖业项目	养殖业配套项目	种植业项目	商业项目	运输业项目	服务业项目	能源建设项目	良种繁育基地
投资额（万元）	1641.05	170.51	99.59	1715.22	650.05	31	21.78	120.8
投资结构（%）	36.87	3.83	2.24	38.54	14.6	0.7	0.48	2.71

资料来源：玉树州扶贫开发局，2010 年 4 月。

二、玉树藏族自治州专项扶贫的特色和创新

在大扶贫格局中，专项扶贫涉及的财政资金额度非常有限。如前所述，在这种情况下，专项扶贫关键在于发挥好示范创新、整合聚力和拾遗补缺作用。玉树藏族自治州以及整个青海省着眼于市场，在发挥专项扶贫作用，特别是发挥示范创新作用上，进行了大胆探索，创造了宝贵经验，在中国农村扶贫开发实践中很有特色。

（一）财政扶贫资金折股进入中小企业

这是一种与中小企业合作的专项扶贫资金利用方式。玉树州扶贫部门推

① 玉树州扶贫开发办公室：《玉树州扶贫办 2009 年工作总结》，内部资料，2009 年 11 月 25 日。

动贫困村农户将“整村推进”资金中的入户资金（每户5000~6000元左右）折股投入具有合作意向的中小企业，村庄和企业形成“村企共建”关系。企业由此缓解资金不足和融资难问题，并保障每年按农户持股金额10%的固定比例给农户分红（如农户入股资金为6000元，则每年可固定从企业得到600元分红）。扶贫部门作为推动者、牵线人和外部支持力量，发挥协调村企关系的作用，并要求企业以资产作抵押，确保出现经营风险时，优先偿还农户的全部本金。在基本的资金合作之外，一些企业还可得到村庄在劳动力、土地等方面的支持，一些农户则可以在企业就业打工，或在企业带动下发展上下游产业。

一方面，包括玉树州在内的中国大多数贫困地区中小企业缺乏资金，且缺乏有效融资渠道。另一方面，扶贫部门一直在探索入户扶贫资金利用机制的创新，希望将扶贫资金转化为贫困户长期受益的增收能力。这就是玉树州财政扶贫资金折股进入直销企业并促成村企共建关系的基础。不过，这种做法也面临挑战。中小企业的市场风险比较大。尽管通过资产抵押的方法在理论上可规避农户风险，但倘若企业缺乏可持续发展和壮大发展的能力，则这种专项扶贫资金利用方式难以形成蓬勃生命力，企业带动农户脱贫仍得不到保障。

（二）财政扶贫资金投资不动产或兴办经济实体

这是一种发展贫困村集体经济的专项扶贫资金利用方式。扶贫部门推动贫困村以股份制方式或村级经济实体名义，利用“整村推进”资金（可包含入户资金）进行投资，形成营利性资产。具体形式包括：（1）建设商用房（如商业铺面）对外出租，赚取房屋租金；（2）建设商用房，由村级经济实体直接经营旅社、饭店等业态；（3）建设农贸市场，由本村农户经营摊位或对外出租摊位；（4）建设其他类型的村级经济实体，如产品加工基地等。

在这种投资形式下，贫困村增收渠道首先是资产所得，如商用房租金。除此之外，直接参与资产经营的村庄和农户还可获得劳动经营收入，如本村农户经营农贸市场摊位所得。财政扶贫资金投资不动产或兴办经济实体的收益分配方式有三种：（1）以股份制投资形成的资产所得按股份分配给农户；（2）以村级集体经济组织名义投资形成的资产所得根据事先确定的方案分配，如曲麻莱县规定村经济实体年收入的50%主要用于改善贫困群众生产生活条件和生态环境，30%主要用于村经济实体的后续发展，20%主要用作经济实体的管理经费（专栏1）；[①]（3）本村农户直接劳动经营所得主要由经营者占有。

专栏1　曲麻莱县整村推进公益性经济实体管理办法（节选）

第二条　整村推进经济实体的建设、运作实行分级管理，分级负责的目标管理责任制。（一）县扶贫开发领导小组及其办公室是县级扶贫项目的组织、实施、管理机构。（二）乡级政府的职责是：按照规划和实施管理方案，实行村财乡管村用的工作制度。组织发动群众，做好项目和资金的检查、指导督促、统计、审计等，用好管好村经济实体。（三）村级扶贫开发领导小组的职责是：组织、动员群众投工投劳，负责物资的投放和管理使用，协调处理各种矛盾，经营好村经济实体，确保资金发挥效益。

第四条　资金使用范围及比例。（一）村经济实体年收入的50%主要用于改善贫困群众生产生活条件和生态环境，重点用于发展种植业、养殖业、科技扶贫（优良品种的引进、先进实用技术的推广及培训等），适当用于解决人畜饮水问题，发展村基础教育、医疗卫生、文化事业等。（二）村经济实体年收入的30%主要用于村经济实体的后续发展。重点用于扩建、改建村经济实体和购置新设备等。（三）村经济实体年收入的20%，主要用于村经济实体的管理经费。重点用于各项管理工作经费。

第五条　资金不得用于下列各项支出。（一）各种奖金、津贴和福利补助。（二）弥补企业亏损。（三）修建楼堂馆所及住宅。（四）弥补预算支出缺口和偿还债务。（五）大中型基建项目。（六）交通工具及通讯设备。（七）小额信贷及其他形式的有偿使用。（八）城镇基础设施建设和城镇扶贫。（九）其他与财政扶贫资金使用范围不相符的支出。

资料来源：中共曲麻莱县委组织部 曲麻莱县扶贫开发办公室文件，曲组［2008］39号，2008年10月13日

从理论上看，财政扶贫资金投资不动产或兴办经济实体主要存在以下两方面问题：一是以村级经济实体名义形成的资产产权模糊，不容易建立有效激励和监督机制，并促进形成有效的资产赢利能力和保障盈利后按规定分配利润，相比之下，以股份制形式形成的资产更容易建立有效激励和监督机制；二是本村农户直接经营的资产存在市场风险，有赖大市场环境的建设。在实践中，玉树州各级地方政府或其相关部门承担了监管和扶持责任，为缓解、克服上述两个问题发挥了作用。这也是政府承担扶贫开发职能的一种具体体现。

三、地震灾后恢复重建与专项扶贫的进一步创新和完善

（一）灾后恢复重建框架下的专项扶贫规划与资金安排

按照《玉树地震灾后恢复重建总体规划》和青海省玉树地震灾后重建工作

① 中共曲麻莱县委组织部、曲麻莱县扶贫开发办公室：《曲麻莱县整村推进公益性村经济实体管理办法》，曲组［2008］39号文件，2008年10月。

领导小组分工，在灾后恢复重建过程中，专职扶贫部门主要负责贫困村和贫困人口增收项目，包括扶持贫困村产业发展、贫困人口易地搬迁和贫困劳动力转移培训。这与汶川地震灾区贫困村恢复重建重点是村内小型基础设施建设不同。这种不同充分考虑到玉树地震灾区的特殊性：大部分地区为生态保护区，人口向综合发展区聚集是减贫与发展的基本方向；地广人稀，多数区域贫困村村内基础设施建设在生态保护、经济效益、实际可行性等方面均面临制约。

至2010年10月，专职扶贫部门已落实的资金约3亿元。一是青海省玉树地震灾后重建工作领导小组安排的重建资金，共1亿元整，用于6县14乡（镇）53个已实施整村推进贫困村的产业发展和相关技能培训。[①] 二是2010年财政扶贫资金，共10479.64万元，用于玉树州整村推进等专项扶贫开发工作。三是中国扶贫基金会和中国扶贫开发协会捐赠资金，共10700万元。中国扶贫基金会捐赠1亿元，用于扶持极重灾区贫困村产业发展。中国扶贫开发协会捐赠700万元，用于结古镇禅古村（极重灾区贫困村）产业发展。[②]

（二）灾后恢复重建过程中专项扶贫的工作重点和具体内容

灾后恢复重建过程中专项扶贫工作的重点为贫困村产业发展。青海省专职扶贫部门按照灾后恢复重建总目标和产业发展总体定位要求，将贫困村产业发展的主要内容确定为商贸业、特色手工业和加工业、生态畜牧业、设施农业（蔬菜大棚等）。

1. 中国扶贫基金会支持的项目

中国扶贫基金会支持发展的产业项目包括蔬菜大棚、商贸市场和运输业，具体内容为：针对玉树地区蔬菜生产能力不足和仅有供应系统在“4·14”特大地震中遭受严重损害的情况，支持修建100个蔬菜大棚，以便保障该地区蔬菜供应；瞄准商贸业发展需要，建设极重灾区商贸市场，包括红卫村农副小商品市场、扎西大同村摩托车农用车汽车综合市场、解放村藏式家具市场建设；针对震后重建对运输工具的大量需求，建设甘达村运输队项目，采购车辆，培训司机。[③]

2. 中国扶贫开发协会支持的项目

针对恢复重建阶段建筑材料需求增大的形势，中国扶贫开发协会在结古镇禅

---

① 青海省扶贫开发局：《关于报送玉树地震灾后贫困村扶持产业发展项目设计要求及建设标准的函》，内部资料，2010年8月。

② 青海省扶贫开发局：《2010年玉树州扶贫资金及灾后重建项目资金计划安排情况》，内部资料，2010年。

③ 中国扶贫基金会：《中国扶贫基金会“情系玉树”抗震救灾项目报告》，内部资料，2010年。

古村投资700万元建设砂石厂，包括采购斯太尔载重汽车7辆、LJ6220型挖掘机1台、LJ956L装载机2台、每小时生产石料250立方米的成套碎石加工破碎筛分生产设备1套，并培训了30名驾驶员。①

3. 灾后重建资金支持的项目

该项资金用于支持重灾区和一般灾区53个贫困村的产业发展，包括在结古镇购置商铺147间，在囊谦县县城购置商铺76间；在结古镇新建玛尼石加工基地1处，新建旅游接待中心1处；在曲麻莱县建设畜产品交易市场1处和交易铺面30间；在巴塘乡新建炒面小型加工厂3处；新建养殖基地，建设标准畜棚，引进野血牦牛，购买母牦牛，种草等；结合产业发展需要，贫困农牧民实用技术培训8278人，等等。②

4. 财政扶贫资金支持的项目

该笔资金安排用于按计划整村推进项目4300万元，曲麻莱县连片开发试点300万元，囊谦县贫困村互助资金试点150万元，玉树、囊谦、治多、杂多4县两项制度衔接试点400万元，贫困农牧民实用技术培训40万元，劳动力转移培训49.64万元，易地扶贫搬迁项目939万元（含省发改委易地搬迁试点项目资金），藏区扶贫攻坚项目1300万元，贫困村恢复重建专项3000万元。③

总的来说，尽管资金来源不同、具体项目内容不同，但贫困村灾后扶贫开发仍延续了此前的基本思路，即将扶贫资金折资入股中小企业和扶贫资金投资不动产或兴办经济实体作为扶贫开发的主轴。

（三）恢复重建过程中专项扶贫工作的进一步创新

玉树地震灾后恢复重建过程不仅是大扶贫格局的进一步推进，而且为专项扶贫工作的进一步创新提供了有利条件。首先是中国扶贫基金会等具有重大影响的大型扶贫社团深入参与进来，带来了这些社团在扶贫开发方面的丰富经验和智力资源。其次是在《玉树地震灾后恢复重建总体规划》下，专职扶贫部门更容易与其他政府部门协调解决专项扶贫方式创新涉及的重大问题（如建设商贸市场所

① 青海省扶贫开发局：《2010年玉树州扶贫资金及灾后重建项目资金计划安排情况》，内部资料，2010年。

② 青海省扶贫开发局：《关于报送玉树地震灾后贫困村扶持产业发展项目设计要求及建设标准的函》，内部资料，2010年8月。

③ 青海省扶贫开发局：《2010年玉树州扶贫资金及灾后重建项目资金计划安排情况》，内部资料，2010年。

需土地等）。三是尽管与灾后恢复重建32亿总规划投入相比，扶贫部门三年重建期间支配的资金并不多，但相对于2004—2009年2亿元专项扶贫资金总量来说则有很大改善，因此可支撑专项扶贫方式创新并促使恢复重建的资金更充裕。

从项目设计和实际操作来看，恢复重建过程中专项扶贫方式的完善和进一步创新主要体现在产业发展项目运行机制和扶贫机制两个方面。尤其是中国扶贫基金会支持建设的项目，在运行机制和扶贫机制的完善和创新上做了大量工作。该基金会支持的贫困村产业发展项目在具体运作方式上包括以下四个关键环节：（1）将外部资金以股权形式量化到贫困村，量化到贫困户；（2）集中使用股份化资金，投资商贸设施和网点，兴办经济实体，形成增收产业；（3）政府专职扶贫部门、中国扶贫基金会、贫困村村级组织、农户共同参与项目实施和监管，促进形成健全有效的股份制经济实体的治理结构。这些产业发展项目之所以能够发挥较好的扶贫效果，主要是因为其比较健全的扶贫机制：（1）政府、社会组织等外部力量向贫困村提供资金，落实资金所有权和受益权；（2）外部力量指导监督村级组织在保障农牧民知情权和参与权的情况下，利用扶持资金选择投资项目进行投资，创造资本收益和就业机会；（3）外部力量指导监督村级组织按贫困户股份分配资产收益，指导扶持贫困人口参与投资项目管理和行使投资人权利，扶持鼓励贫困人口参与投资项目经营并获取劳动和经营收入；（4）贫困人口不仅从产业投资中获取类似于股本红利的收益，而且通过积极参与管理经营，提高自身权利意识和市场意识，获得工资收入或经营收入，提高劳动技能和经营管理能力。

灾后恢复重建过程中，专项扶贫工作通过强化贫困农户参与权和推行股份制经营管理模式，为克服此前部分村级经济实体产权不清晰而带来的问题提供了借鉴和示范，是玉树州具有明显市场化特征的专项扶贫方式的进一步创新。

第四节　结论和政策建议

一、结论与启示

（一）大扶贫格局是集中连片特殊困难地区扶贫开发的根本保障

一般来说，集中连片特殊困难地区贫困面大，贫困程度深，面临自然条件和资源环境方面的区域性特殊问题。这些地区的贫困表现在多个方面，包括本级财政收入少、交通落后、劳动力素质低、教育和医疗卫生条件差、农户增收机会少等，相应扶贫开发工作需要中央政府全局性发展政策和区域发展政策的支持，需要各有关政府部门的共同推进，也需要社会各界的大力支持。具体到玉树以及整个青藏高原地区来说，宏观层面国家对西部地区特别是藏区的优惠支持是扶贫开发工作的基础，教育、人力资源与社会保障、医疗卫生、民政、民族宗教、环境保护等各部门和各种社会力量均是扶贫开发工作的重要主体。没有这种大扶贫格局，这类特殊困难地区很难大幅度减少贫困人口，很难达到在2020年基本消除绝对贫困现象和建成小康社会的目标。

（二）找准定位是集中连片特殊困难地区专项扶贫工作的关键

在大扶贫格局支撑集中连片特殊困难地区扶贫开发进程中，专职扶贫机构尤其应该明确自身职能，即主要发挥示范创新、整合聚力和拾遗补缺作用。示范创新是重点，整合聚力是基础，拾遗补缺是补充。

示范创新关键在于从本地区区情出发，找准扶贫开发长远方向，发挥扶贫部门基层工作优势，调动贫困人口积极性，注重调查研究，开展国内外交流与合作，探索创新扶贫开发途径和方式，积累经验，创造样板。整合聚力关键在规划。通过规划，明确各部门职责，搞好各部门衔接，做到“用途不变，渠道不乱，各负其责，各记其功”。拾遗补缺关键在于发挥灵活性，瞄准“最后一公里”和“短板”，在各部门职能范围内都不管的“接合部位”花小钱促成大效益。①

玉树州专项扶贫工作瞄准市场，以帮助贫困村形成市场收益能力为重点，并通过与中国扶贫基金会等社会组织的合作，大力完善贫困村资产化、市场化扶贫开发项目的经营管理机制和扶贫益贫机制，是扶贫部门发挥示范创新作用并促进大扶贫格局的一种典型，对中国农村扶贫开发理论、实践和政策具有很大的启示意义。但是，玉树州专项扶贫工作在整合聚力方面发挥的作用仍然不够，这也是当前全国各地扶贫部门面临的一个共同挑战。

（三）非农化是青藏高原地区扶贫开发值得大力探索的方向

包括玉树州在内的青藏高原地区生态地位重要，生态基础脆弱，总体属于国

① 范小建. 扶贫系统参与灾后重建需要解决好三个问题. 中国扶贫，2010，10

家主体功能区中限制开发和禁止开发地区，农牧业发展空间有限，大型工业制造业和矿产业不宜发展，非农化是长远发展值得大力探索的方向。

非农化包含三条基本途径：一是就地转变为生态工人，从事生态保护工作并领取工资，由国家财政或建立生态补偿专项基金提供支撑。二是向本区域城镇聚集，从事特色加工业和手工业、民族文化产业、旅游业、商贸服务业。三是通过接受高等教育、职业技能教育、外出务工经商等途径向区域外转移，融入经济条件和生态环境较好地区的发展中去。加拿大、挪威、瑞典、芬兰以及欧盟为帮助北极地区土著人口和少数民族人口走上现代化道路而开展的相关探索提供了这方面的宝贵经验和教训①。

（四）玉树藏族自治州扶贫开发面临重大机遇

宏观层面，国家从“十二五”时期开始，将更加重视缩小区域发展差距，更加重视支持西部地区特别是藏区发展，更加重视生态建设和环境保护工作。微观层面，国家为搞好地震灾区恢复重建，今后三年将投入320亿元恢复重建资金，并实行税收、金融、土地等优惠政策，调动北京、辽宁等发达地区人力、设备和技术来支援玉树地震灾后恢复重建。这意味着玉树将获得有史以来规模最大的一笔建设资金，展开一次最全面的规划建设。对于只有30多万人的玉树地区来说，这无疑是一次涅槃重生的历史机遇。此外，《玉树地震灾后恢复重建总体规划》也为整合各方力量，深入推进大扶贫格局提供了有力支撑，为正确处理好大扶贫和专项扶贫的关系提供了依据和保障。

二、主要政策建议

（一）关于玉树藏族自治州扶贫开发的建议

第一，协调推进大扶贫格局。《玉树地震灾后恢复重建总体规划》明确了恢复重建总体目标和各部门责任、任务，为形成三年恢复重建期间大扶贫格局奠定了基础。但是，大扶贫格局的真正形成还需各部门将规划精神、目标和具体任务转变成实践。青海省玉树地震灾后恢复重建领导小组应加大推进灾后重建与扶贫开发相结合的力度，保障资金分配向有利于大扶贫格局的方向倾斜，协调援建单位重视恢复重建项目的扶贫效果，结合扶贫开发需要贯彻落实财政、税收、金

---

① 参见“中国高原地区减贫战略和政策规划体系研究”项目国际经验专题研究报告。

融、土地方面的优惠政策。更进一步，青海省和玉树州各级党委和政府应以恢复重建为契机，稳定和强化玉树州大扶贫格局，使其成为玉树州长期扶贫开发的坚强支撑。

第二，深入利用灾后重建给扶贫开发带来的机遇。青海省和玉树州各级政府及其相关部门应根据灾后恢复重建总体定位，夯实玉树州可持续发展产业的硬件基础。重视市场经营软环境的建设，加快建立健全工商、税务、环境保护等方面规章制度，加大对符合灾区发展方向的扶贫龙头企业的培育和扶持力度。结合灾区产业发展规划，科学分析预测今后的就业状况和变动趋势，重视极重灾区、重灾区贫困人口的就业，重视生态保护区城乡居民的转移就业，搞好相关的劳动力培训工作。结合公共设施建设规划，完善教育、医疗卫生等方面配套支持措施，提高寄宿制学生伙食补助标准和老年人福利标准，加强对寄宿制学生和集中赡养老人的情感关怀和心理支持。重视中小学生异地（州外）教育工作，通过加大补贴力度，鼓励灾区中小学生自愿到青海及省外大城市就学，发挥教育扶贫作用。

第三，高度重视灾后重建过程中扶贫开发面临的挑战。大力避免以援建援助者和外来人视角片面认识灾区生产生活方式和发展环境，既不要用审美和艺术化方式夸大高寒地区传统畜牧业和相应生产生活方式的生态和人文价值，也不要站在工业化和大都市的角度，简单否定灾区协调发展和走上富裕和谐道路的可能性。结合灾区文化和宗教设施建设，推进传统文化保护、传承和创造性转化，避免文化传承和经济发展出现相互冲突局面和形成两张皮现象。及早就预防和严格限制外来人口（特别是青藏高原地区以外人口）前往玉树地区占据灾后恢复重建所创造的市场机会，以及预防外来人口大量聚集到玉树地区增加生态环境压力和挤占当地发展资源进行调查研究和相关政策设计。切实防止灾后恢复重建资金配置和项目建设过程中出现追求形象工程的倾向，将扶持建设当地居民发展能力作为重中之重。

第四，将贫困人口产业发展和生计能力建设做细做实。继续将增加贫困人口资产性收入作为专项扶贫工作的一个探索重点。瞄准玉树地区未来产业方向和结构，确定贫困人口产业投资方向。增加财政扶贫资金、争取社会扶贫资金、引导行业部门资金以股份制形式转化为贫困人口资产。探索通过合作制社会企业进一步完善贫困人口资产管理机制，逐步将村经济实体转变为合作制社会企业，完善治理结构。继续推进企业和贫困村合作，支持贫困农户入股企业，充分发挥企业在扶贫开发中的作用。探索建立贫困户投资风险保障机制。完善贫困户资产性收入审计与分配制度，保障落实贫困户收益权。鼓励社会组织参与建立健全贫困户资产性收益机制。推进贫困户能力建设，加大特色手工业和加工业扶持力度，引导贫困户从传统农牧业向生态畜牧业、设施农业和非农产业转移。

第五，明确长期减贫与发展战略并用以反观和指导近期恢复重建与扶贫开发工作。强化省州县各级领导干部战略思维和长程历史观，着眼于30年、50年、100年后玉树地区在青海、中国及全球发展格局中的处境和位置，正确认识该地区发展方向，明确长期减贫与发展战略，并反过来认识、思考和筹划当前恢复重建和扶贫开发，促进近期、中期、长期发展战略的一致性。立足玉树地区实际情况，进一步改革创新干部政绩考核制度，切实改变追求GDP增长的政绩观和执政理念，防止将扶贫开发任务作为追求GDP增长的借口。

（二）关于青藏高原地区扶贫开发的建议

第一，探索建立生态补偿基金。以中央财政资金为主体，充分吸纳社会捐赠资金，建立青藏高原生态补偿基金。组建青藏高原生态补偿基金委员会，制定基金管理办法。建立健全青藏高原生态补偿项目申报、评审、检查和激励制度，引导青藏高原地区各级地方政府、村庄、企业和全国范围内社会组织申请并执行生态补偿项目，进而促进青藏高原生态保护和扶贫开发。从小规模项目开始，不断积累经验，循序渐进，逐渐加大项目扶持力度，不断扩大基金规模。为保障基金来源，可研究设立全国性的财政税收手段。

第二，探索建立生态工人岗位。利用生态补偿基金，在青藏高原生态特别敏感的有人地区建立生态工人岗位，坚持自愿原则将当地部分居民（特别是其中的贫困人口）转变为生态工人，组建生态环境管理机构。生态环境管理机构依靠生态基金的支持维持运转并负担工资开支，积极争取社会捐赠资金改善运营条件，在有条件的地方可适度发展生态旅游产业。生态工人从事环境、植被和动物管理工作，不再从事以直接获取销售收入为目标的畜牧业、采集业、种植业活动。

第三，重视环境友好型产业发展和城镇化的作用。将环境友好型产业发展和城镇化作为减轻青藏高原生态压力的基本途径。科学发展生态畜牧业，积极发展民族手工业、特色低碳加工业、文化产业、生态旅游业等，适当发展城郊设施型果蔬种植业和藏草药种植业。在生态环境许可的地方，推进城镇体系和公共服务能力建设，通过增加就业创收机会积极引导周边地区农牧民逐渐向城镇转移。

第四，加大异地教育扶贫的力度。结合青藏高原地区自然条件恶劣、地广人稀这一特殊情况，充分认识改善教育硬件质量和加强师资队伍建设的难度，引导家长自愿鼓励和支持中小学生到州外包容性强、文化多元性突出的大城市接受教育。加大对异地接受教育者在校期间的经济、社会、文化和心理支持力度，帮助他们融入所在地文化，出台高考录取优惠政策，争取所有异地受教育者都能接受普通高等教育或高等职业教育。

第五，慎重推进劳动力转移培训。青藏高原地区劳动力外出务工就业不仅面临技能缺乏的挑战，而且面临生活方式、文化、气候等方面的适应障碍。技能缺乏问题可以通过有针对性的短期培训加以有效解决，但对生活方式、文化、气候等方面适应障碍的克服则要困难得多，为此要慎重规划劳动力转移培训。将就近转移作为劳动力转移培训的重点。将远距离转移主要面向青年人，且要延长培训时间，考虑与 2 ~4 年有文凭的职业教育相结合。

第六，尊重地方文化。文化是一种集体智慧。历史上，不同民族或地区的人们在相对隔绝的环境中发展出具有民族或地方特色的文化。尽管近代以来全球范围内出现了由西方文明所主导的现代化对民族或地方文化的冲击，但主流文化并不能也不应该完全替代民族或地方文化。每一种民族或地方文化都包含着人类的智慧，传承和开发这些智慧是保障人类文明多样性和面对未来不确定性的基础。对于青藏高原地区来说，因为其特殊，所以蕴含的独特智慧更丰富。在扶贫开发过程中，一定要尊重青藏高原地区特有文化和生产生活方式，发挥藏族农牧民主动性创造性，大力弘扬藏族文化与生计方式中可以与现代经济发展相契合的因素，深入发掘藏族文化中所蕴含的市场机遇，推进藏族农牧民充分享受扶贫开发成果和改革发展成果，促进不同文化、不同民族共同繁荣。①

参考文献：

[1] 曹洪民，王小林，陆汉文．“阿坝州特殊贫困片区千村万户扶贫调研”课题研究报告．国务院扶贫办国际合作与社会扶贫司，2009

[2] 陈志永，杨桂华．民族贫困地区旅游资源富集区社区主导旅游发展模式的路径选择——以云南梅里雪山雨崩藏族社区为个案研究．黑龙江民族丛刊，2009，2

[3] 范小建．扶贫系统参与灾后重建需要解决好三个问题．中国扶贫，2010，10

[4] 范小建．缓解和消除农村贫困的伟大成就．中华人民共和国中央人民政府门户网站．http：//www. 100x100. cn/gzdt/2009 -09/28/ content_ 1428429. htm

[5] 范小建．新阶段扶贫开发形势及总体思路．农村工作通讯，2010，2（2）

[6] 冈纳·缪尔达尔．亚洲的戏剧——南亚国家贫困问题研究．方福前译．首都经济贸易大学出版

① 李文．中国集中连片贫困地区扶贫开发与可持续发展模式研究．中国国际扶贫中心研究报告，2010

社，2001
[7] 更阳. 对青海省贫困地区农村劳动力培训转移的调查分析. 老区建设，2007，10
[8] 国家统计局农村社会经济调查司. 中国农村贫困监测报告2008. 中国统计出版社，2009
[9] 国务院扶贫开发领导小组办公室. 中国农村扶贫开发概要. 中国财政经济出版社，2003
[10] 国务院贫困地区经济开发领导小组办公室. 中国贫困地区经济开发概要. 中国农业出版社，1989
[11] 黄承伟，陆汉文. 特殊类型贫困地区的连片开发与减贫. 联合国粮农组织研究报告，2009
[12] 黄承伟，彭善朴. 《汶川地震灾后恢复重建总体规划》实施社会影响评估. 社会科学文献出版社，2010
[13] 黄承伟，赵旭东等. 汶川地震灾后贫困村重建与本土文化保护研究. 社会科学文献出版社，2010
[14] 黄承伟，中国农村扶贫自愿移民搬迁的理论与实践. 中国财政经济出版社，2004
[15] 姜德华，张耀光，杨柳，侯绍范. 中国的贫困地区类型及开发. 旅游教育出版社，1989
[16] 李文. 中国集中连片贫困地区扶贫开发与可持续发展模式研究. 中国国际扶贫中心研究报告，2010
[17] 李文. 中国集中连片贫困地区扶贫开发与可持续发展模式研究. 中国国际扶贫中心研究报告，2010
[18] 林毅夫等. 欠发达地区资源开发补偿机制若干问题的思考. 科学出版社，2009
[19] 刘巍，邓艾. 青藏高原发展生态工业研究. 经济研究导刊，2008，8
[20] 刘艳梅. 西部地区生态贫困与生态反贫困战略. 哈尔滨工业大学学报（社会科学版），2005，6
[21] 南文渊. 论藏区自然禁忌及其对生态环境的保护作用. 西北民族研究，2001，3
[22] 屈波，邹红，谢世友. 中国西部地区生态贫困问题与生态重建. 国土与自然资源研究，2004，4
[23] 盛国滨，祁花. 循环经济是青藏高原生态环境重建的关键. 海师专学报，2007，2
[24] 苏海红. 中国藏区反贫困战略研究. 青海人民出版社，2008
[25] 王一鸣，曹文虎，王青云. 青海省区域协调发展规划研究. 青海人民出版社，2009
[26] 王永莉. 主体功能区划背景下青藏高原生态脆弱区的保护与重建. 西南民族大学学报，2008，4
[27] 徐君. 三江源生态移民研究取向探索. 西藏研究，2008，3
[28] 玉树地震灾后恢复重建组. 玉树地震灾后恢复重建总体规划. 中华人民共和国国务院文件，国发［2010年］17号，2010，6
[29] 玉树州扶贫开发办公室. 玉树州扶贫办2009年工作总结. 2009，11（25）
[30] 翟岁显. 论青藏高原生态特殊性对地区开发的影响. 攀登，2005，3
[31] 张磊，黄承伟，李小云. 中国扶贫开发政策演变（1949—2005）. 中国财政经济出版社，2007
[32] 中国扶贫基金会. 玉树地震灾后重建基线评估报告. 内部资料，2010
[33] 中国扶贫基金会. 中国扶贫基金会“情系玉树”抗震救灾项目报告. 内部资料，2010

第八章　中国高原地区扶贫：国际经验与建议

Michael Dunford　Graham Meadows　Katja Sarkowsky[①]

第一节　导　言

中国的高原地区十分独特：地势险峻，海拔普遍超过4000米；气候恶劣、自然环境脆弱；居民以少数民族为主，他们拥有强烈的宗教信仰，生活方式体现出他们与自然的亲近态度以及长期以来对自然环境的不断适应，其中许多人以半游牧为生。该地区过去普遍贫困，甚至一度处于赤贫状态。该地区的扶贫政策与其他条件同中存异的地区的扶贫政策存在类似之处。因此，在政策制定与实施方面，中国可从世界其他地区的扶贫政策案例分析中获得一定的启示。本章提供了四个案例分析，期望能对中国政府下一步制定通过发展区域经济来实现可持续减贫目标的政策有所裨益。

案例一选取的是北极地区的扶贫和经济发展政策。该地区与中国的高原地区具有一定的类似性。为了突显北极地区经验与中国高原区域扶贫政策制定的相关性，我们将分两步进行讨论：首先，我们将概括介绍北极地区的社会和经济发展状况，重点探讨政策制定者所面临的一些难题（第二和第三部分）；然后将着重分析挪威、瑞典、芬兰和俄罗斯西北地区的土著群体，介绍现代化进程可以如何帮助国民确立政治和文化认同（第四部分）。案例二关注加拿大北部地区，分析曾为加拿大西北部领土的努纳武特地区因纽特人的扶贫政策（第五、六部分）。其中将详细介绍一些扶贫计划，使读者对相关政策的广度、初期遇到的一些难题以及有关计划的总量有一个完整的印象，并得出初步结论（第七部分）。欧盟、

---

① 作者衷心感谢 Laurent Van De Poele 教授对本书，尤其是本章第八部分编写所做的贡献。

瑞典和芬兰北部地区也存在与加拿大类似的北极区域，也生活着分布较广、人口稀少的土著人口。案例三将转而介绍在欧盟范围内广泛实施的区域和农村发展政策（第八部分），重点是以村镇为基础的区域发展，其中有些政策在两个欧盟成员国（瑞典和芬兰）的北极地区也有实施。案例四介绍欧盟各国农民的生态支付系统，这对中国高原地区提高放牧效率及改善生态环境具有一定的借鉴意义。同时我们还应注意的是，扶贫工作要想成功，高原扶贫政策就必须重视其本身的特性和规律，本章结尾在这方面提出了一些相关的政策建议（第八部分）。

中国高原地区居民的生活方式反映了他们对自然的亲近态度以及长期以来对自然环境的适应过程，即以牲畜作为食品和交易商品、将牲畜粪便用作燃料和肥料的半游牧生活。他们所处的自然环境与生活在地广人稀的北极地区的少数民族所处的自然环境存在某些共同特点。直到不久之前，北极地区的居民还一直以渔猎为生（某些地区仍以半游牧的生活方式为主），收入微薄。但是，社会和经济领域的现代化进程以及相关政策已经开始改变并将继续改变当地居民的生活方式。本章前七部分将就扶贫政策带来的转型展开讨论。但首先应提醒读者的是，北极地区的扶贫政策中存在两大潜在缺陷，而中国在制定高原地区相关政策的过程中也会面临同样的问题。这两大缺陷都涉及少数民族政策问题：第一是传统经济发展思路中的观念缺陷；第二是政府和政治团体对文化传统本质的态度问题。

政府在制定政策时往往会使用量化的社会经济福利指数，但后者通常只反映整个国家而非该国某个少数民族的生活或思想总体状况。例如，大多数加拿大的因纽特人家庭长期依靠追猎、诱捕以及制作和向游客销售工艺品等零工来补贴家用。但这部分收入或收益不一定会被计入收入来统计，因此无法反映其实际收入状况（Barsh 1994，11）[①]。这会从多方面影响政策的制定，例如某些人并非如收入数据所显示的那样贫困，或导致政策制定者低估自己出台的某些措施对改变人民生活所带来的负面影响。人们批评北极地区政府依据此类统计数据制定的政策只反映了主流文化，而忽视了政策的对象群体即土著居民的文化。有鉴于此，一些作者呼吁应当制定“能反映当地原生态和以当地目标群体为主导的福利理念”（Andersen 和 Birger，2002）。

---

① 在格陵兰岛以工资为主要收入来源的居民中，有67%（及28%的城市居民）从事小规模的渔猎活动。80%的家庭中有成员从事家庭消费（或饲养猎犬）型的海陆渔猎，以此作为工资的必要补充。这些数据说明，以维持生计为目的的活动对许多家庭的生计十分重要。但是根据货币计量学对收入的定义，研究者和统计学家通常不将此类活动的收入纳入统计中。由此得出的最终结论为：从 GDP 的角度来看，此类渔猎等生计活动并未为一个国家的福利做出贡献。

除了这一缺陷之外，再就是“传统文化是静态的，传统文化不能改变”的错误观点。长期以来，北极地区（以及中国高原地区）的社会及文化始终在与时俱进，这使它们更具适应性和包容性，然而这些变化并没有瓦解原来的社会和文化体系，反而有助于它们的融合。因此，尽管变革和适应过程本身肯定会带来新的问题，但我们仍然要用积极的眼光来看待文化变迁，而不是留恋传统的流失。所以，我们一方面要承认这些地区具有自己的社会经济发展特点，另一方面也要认识到这些地区的传统具有动态性即传统不一定也不会阻碍发展。萨林斯（Sahlins，1999）提出，在传统和变革、土著文化和现代文化之间并没有冲突。他认为文化并没有消亡，反而是现代化进程正在日益本土化。因此，本章在讨论那些由于文化现代化所导致的问题时，并不是指现代化本身所导致的问题，而是指因变革的速度和管理不当所导致的问题（现代化进程是由谁推动的？是排他性的自上而下展开的？还是首先征求影响对象群体的意见，经过协商取得一致后再推行?）。

第二节　北极地区的社会经济转型

北极地区指北极圈（北纬 66° 33′）以北地区，冬季漫长、黑暗而寒冷，即便在最温暖的月份，平均气温也在 10°C 以下。北极地区除了寸草不生的永冻土层之外，就是冰雪覆盖的一片汪洋。由于全球气候变暖的影响，北极的海洋冰面已有一定程度的缩减。居住在极地区域的土著或原住民早已适应当地的极端气候条件，他们分布稀疏，人口平均密度低。20 世纪的最后 30 多年里，由于出生率上升，此外涌入许多以开发自然资源为目的商业移民，拉动了该地区的人口增长率，但北极地区的人均寿命仍然低于周边地区。20 世纪 90 年代，北极地区的净迁出人口超过了人口自然增长，导致人口数量下降。

北极地区的环境极为脆弱，但对全球气候系统至关重要。世界其他地区排放的有机污染物在该地区不断积聚，影响了土著居民的传统食物供应链，对其健康造成了严重危害。此外，当地的资源开采等活动也导致了其他污染。臭氧层被破坏，造成紫外线辐射增加。鉴于极地对全球气候的重要作用，日益加剧的气候变化和全球变暖现象使北极地区自身和全球其他区域面临着巨大的挑战。《2004 年北极气候影响评估》中列出了一些主要的气候变化现象，如降雨增加、河流水位上涨、冰雪面积缩小、永冻土层融化、河湖冰面变小、冰川融化、格陵兰岛冰层融化、夏季海冰线后退、海平面上升、海洋盐度变化等。以上变化不仅影响自然环境系统，而且导致狩猎文化消亡、食品安全度降低、人类健康面临危机以及北部淡水渔业不景气等重大社会问题。

极地周边人口除了已在此生活上千年的土著人口之外，还有二战后陆续移民到此的非土著人口。新移民主要担任行政管理、教师、医疗保健人员、建筑工人和生产人员等职位，大部分人的收入和生活水平较高，与当地人相比更有优越感。这两大群体在人口统计学特征和生活方式上大相径庭。[①] 总体而言，土著人口的自然增长率很高，例如加拿大因纽特人的人口自然增长率是全国平均水平的一倍多。但是由于移民不断增加，因此，虽然土著居民在某些地区仍占主导地位，但在北极地区的永久居民中已属少数民族。[②] 俄罗斯北部的人口迁入量最多，某些地区土著人口与外来人口的比率已由 10:1 变为 1:10。而在格陵兰岛，丹麦人的数量在 1950 年至 1975 年间增长了 9 倍。更有甚者，在过去几十年中，越来越多的土著人口迁出家园，导致土著人口的少数化倾向愈加严重。约有 7000 名格陵兰岛土著居民（相当于格陵兰岛总人口的 15%）迁往丹麦各地，其中三分之二为女性。

北极三分之二的人口集中在 5000 人以上的城市中，这个比例在各地有所不同，反映了各个国家和地区定居模式的不同（俄罗斯的城市化率达到 80%，而格陵兰岛的城市化率则低于 33%）。冰岛有超过 60% 的居民（18 万人）居住在大雷克雅未克（Greater Reykjavik）地区，另有 5% 居住在第二大定居点阿库雷里（Akureyri）地区。而另一方面，加拿大有相当一部分人口居住在小型或微型社区。这种差异是由不同的、但同样不可逆转的城市化、移民和集中定居的进程所导致的。

北极地区通过经济转型，不仅增加了居民收入，同时也消除了绝对贫困（但相对贫困依然存在）。贫困人口的减少得益于两组政策：一是转移支付政策，主要帮助居民提高家庭收入，并为公共服务机构和基础设施提供资助；二是地区发展政策，重点是消除发展过程中存在的国内地区性差异和收入差异（见第八部分）。

---

① 21 世纪初，大部分北极居民信仰不同形式的基督教。许多地区遍布着新教教堂、俄罗斯东正教教堂和罗马天主教堂。18、19 世纪基督教的盛行使许多基督教出现以前的北极宗教信仰（萨满教和拜物教）被边缘化。

② 以土著为主的加拿大北极努纳武特地区的情况将在本章第五、六部分讨论。

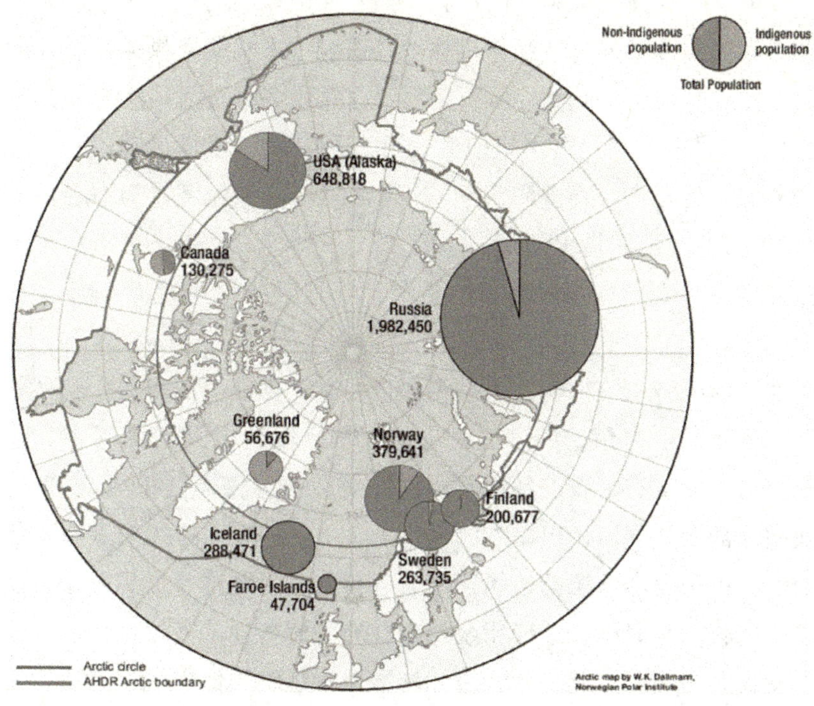

图1　北极地区土著人口比例（信息来源：北极理事会，2004年）

注：Non - indigenous population 非土著人口

Indigenous population 土著人口

Total population 总人口

USA（Alaska）美国（阿拉斯加）

Canada 加拿大

Russia 俄罗斯

Greenland 格陵兰

Norway 挪威

Iceland 冰岛

Finland 芬兰

Sweden 瑞典

Faroe Islands 法罗群岛

Arctic circle 北极圈

AHDR Arctic Boundary《北极人类发展报告》北极边界

Arctic map by W. K. Dallmam，Norwegian Polr Institute ：北极地图，制图：W. K. Dallmam，挪威北极研究所

此类政策及多种其他机制共同造就了当今北极地区的经济和生活现状，主要涉及两类内容：一类是为公共服务机构及科研和军事机构提供的转移支付或国家专项拨款，在有些地区，此类经济行为已经占到了各种经济行为总量的三分之二至四分之三①；另一类则是资本集中型的资源开采和以家庭为单位的商业捕鱼活动（传统狩猎、捕鱼和牲畜养殖活动）。通常，这两种经济行为占经济总量的比重为14%至22%（但需指出的是，GDP统计一般不涵盖传统狩猎和捕鱼活动）。第二产业在格陵兰岛、芬兰北部占据重要地位，经济比重接近30%，而在冰岛则为20%（见图2）。

北极地区的经济主要依赖于大型企业进行的大规模资本密集型自然资源开采活动。开采重点最早为鱼、鲸、动物皮毛，之后改为金属矿藏（镍、铅、锌）、贵金属、宝石、准宝石、石油和天然气（北美普拉德霍湾【Prudhoe Bay】油田、西伯利亚西北部天然气田、巴伦支海【Barents Sea】潜在的油气资源）等各种大量其他资源。由于自然资源的市场价格波动频繁，因此这些资源开采活动有时会为当地带来创收，有时则会造成租金及收益的外流。这使极地经济在缺乏多样化的情况下变得尤为脆弱。此外，环境和动物保护组织为保护野生动物所开展的各类活动也会对开采收益的高低产生重大影响。而上述资本密集型经济行为的分布不均匀也是导致各地生活水平巨大差异的一大原因（见图3）。

除此之外，开采金矿和镍矿等所产生的有毒排放物通常会污染环境。这不仅会对人口密集区和以传统资源开采为主的地区的居民健康带来不利影响，同时也降低了传统产业的产能。为了解决这些问题并增加当地财富和收入，极地地区的相关政府部门开展了环境和社会影响评估，并努力贯彻惠益分享制度。

渔业几乎是北极地区所有沿海地区和岛屿的支柱产业，其组织方式有多种类型。工业化捕鱼业使用的是渔业加工船，有时会从其他地区输入资本和劳工，有些类似大规模的资源开采产业。北极地区的部分地方政府及企业主拥有自己的捕鱼加工船。有些私人船主也有自己的小型船队，有时会雇佣家庭成员，他们也成为增加当地收入、提高就业率的重要来源。捕鱼业的发展首先取决于政府是否针对下游加工和销售产业出台了扶持政策，其次要看是否有相应的鱼类保护等管理规定。渔业、农业和畜牧业依然是私人家庭和社区的主要经济支柱。如今，这些经济活动的市场化程度很高，被视为居民获得收入和食物的重要来源。有时，此

① 瑞典和挪威北部地区的第三产业比重占经济总量的近四分之三，其他地区约为三分之二。俄罗斯的第三产业比重仅为50%。

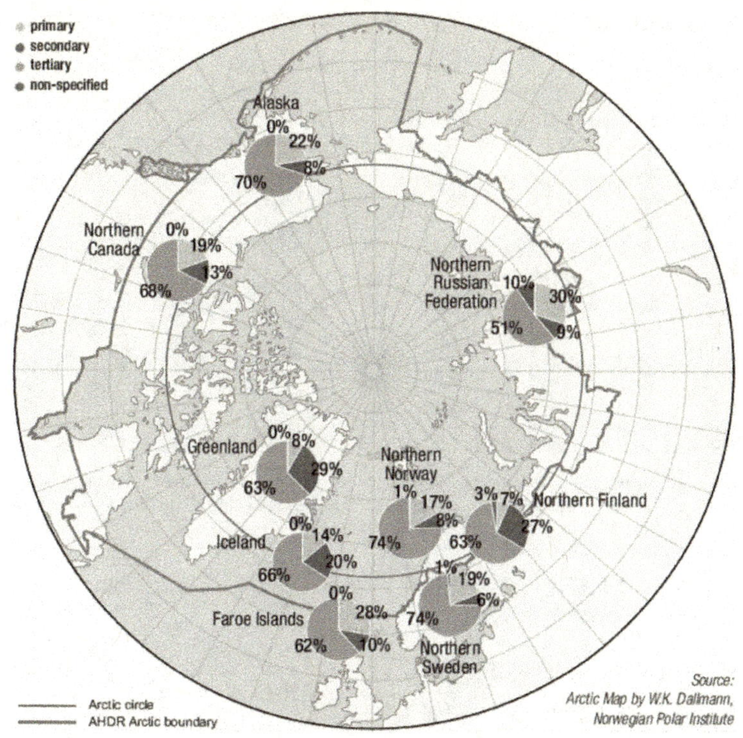

图 2　2001 年北极地区经济体国内生产总值产业结构，根据美元购买力标准计算
（来源：北极理事会，2004 年）

注：Primary：第一产业
Secondary：第二产业
Tertiary：第三产业
Non - specified：非特定产业
Alaska：阿拉斯加
Northern Canada：加拿大北部
Northern Russian Federation：俄罗斯联邦北部
Greenland：格陵兰岛
Northern Norway：挪威北部
Northern Finland：芬兰北部
Iceland：冰岛
Faroe Island：法罗群岛
Northern Sweden：瑞典北部
Arctic circle：北极圈
AHDR Arctic Boundary《北极人类发展报告》北极边界
Source：Arctic map by W. K. Dallmam，Norwegian Polr Institute：
信息来源：北极地图，制图：W. K. Dallmam，挪威北极研究所

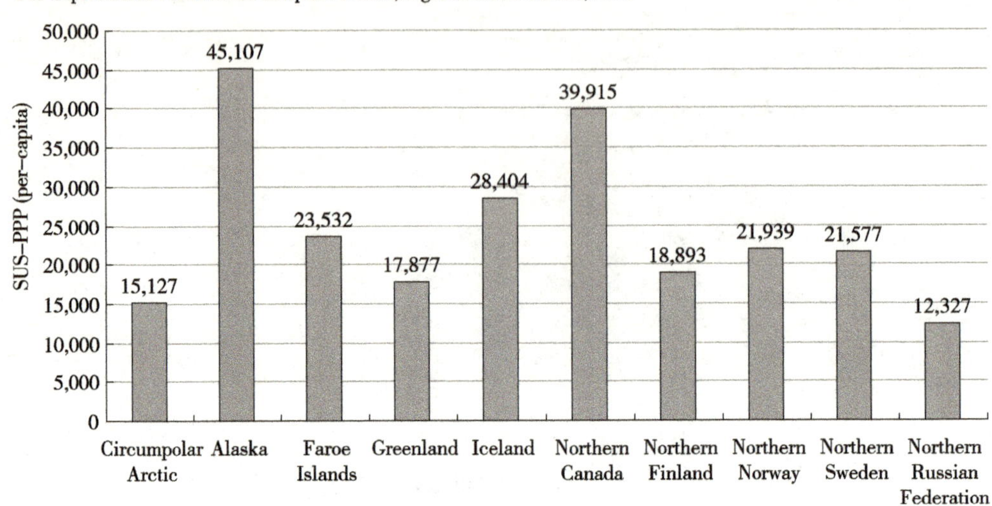

图 3　2001 年北极地区人均国民生产总值（来源：北极理事会，2004 年）

Per Capital Gross Product. Circumpolar Arctic, regions and countries, 2001

2001 年环极地区和国家的人均生产总值

SUS – PPP（per capital）：可持续购买力（人均）

Circumpolar：环极

Alaska：阿拉斯加

Faroe Islands：法罗群岛

Greenland：格陵兰岛

Iceland：冰岛

Northern Canada：加拿大北部

Northan Finland：芬兰北部

Northan Norway：挪威北部

Northan Sweden：瑞典北部

Northan Russian Federation：俄罗斯联邦北部

类创收和基本生存活动也会创造一些就业岗位和福利。开展此类活动的社区也能在管理和保护自然资源以及吸引游客方面发挥重要作用。

该区域的制造业一直没有得到发展，在有些地区是逐渐消亡，而在有些地区则是从未起步。冰岛和格陵兰岛虽有制造业，但只是基础的鱼类加工，缺乏产业多样性。令人瞩目的是，芬兰北部奥卢周边地区的电子行业欣欣向荣，提供了 5000 多个工作岗位，其中包括诺基亚公司的 3000 个工作岗位。

服务行业是第二大就业领域，其发展的主要驱动力是国家对地方政府、公共服务机构和私人家庭提供的大量转移支付款。例如，丹麦政府替格陵兰岛自治政府支付其年度预算的一半左右，而加拿大政府则承担了纽纳武特地方政府85%的运营费用（见下文）。公共服务产业占到了阿拉斯加国内生产总值的20%至25%，占加拿大北极地区的40%。公共服务产业为教育、医疗和管理领域提供了就业机会。此外，商品和服务的消费水平在很大程度上也取决于政府向个人、家庭、地方政府及公共服务机构划拨的转移支付款。不过，服务业也为零售业（占零售业工作岗位的12%～25%）、运输业、旅游业（参加生态游的游客数量与日俱增）提供了就业岗位。通讯网络、运输基础设施、商业服务、个人服务以及公共服务等领域都达到了很高的水平。

不过在服务业中，公共行政管理领域所创造的财富和就业岗位数量最多。该领域的发展及相应的支付转移增长至少可以追溯至二战时期。当时在阿拉斯加、加拿大北部和格陵兰岛等地区，各国政府相继出台了相关政策，将因纽特人迁往永久定居点。政府出面建立定居点，并负担其运营费用，一方面将其视为战时军事活动的一个环节，另一方面也考虑到，由于20世纪30年代皮毛贸易的衰落，造成因纽特人陷入贫困和资料匮乏的困境。皮毛价格下降对因纽特人的经济造成了灾难性的打击，原因是皮毛交易收入的减少意味着购买枪弹的资金减少，枪弹不足又会影响捕捞数量，从而形成恶性循环。冷战加强了各国政府通过设立定居点捍卫国土的决心。同时，福利型国家的发展也推动了公共服务业的发展，公共管理工作规模不断扩大。20世纪70年代的石油危机促使北美各国对北极地区的能源资源虎视眈眈，但政府的开发意图却遭到了土著居民的反对。此类矛盾最终导致许多土著群体建立了自己的政治决策机构，其中最早的土著自决机构于1971年在阿拉斯加成立。1979年，挪威在兴建水电站的问题上也引发了很大的争议，当地土著人口最终也成立了自己的决策机构（见第四部分）。

由于政府在医疗和教育领域采取了干预措施，北极地区的居民生活条件得到了改善。其中在医疗领域取得了以下成就：消灭了肺结核病（在阿拉斯加和加拿大北极大部地区）；建立了产前和产后保健体系，母婴预期寿命延长；针对离群索居的族群开展遗传学研究，为其制定疾病预防及康复计划（冰岛）；每个社区都配备一名受过专业培训的医务人员，为居民提供基本医疗服务，而近十年来，大量此类医务人员利用计算机远程医疗体系及诊断工具接受了培训，并为患者提供医疗专家的远程咨询服务。在斯堪的纳维亚地区，有关机构为驯鹿牧民群体配备了移动远程医疗设备。除医疗项目外，食品供应的日益充足和规范、水质及住房条件的改善提高了当地居民的健康水平。政府采取了一系列措施解决卫生、污水和垃圾处理问题。但是，仍有许多问题由于自然环境的特性以及地方政府缺乏资金和人员而无法解决。虽然取得了上述进步，但土著人口的预期寿命仍低于各自国家的平均水平：格陵兰岛的人口平均寿命比丹麦少 10 年；加拿大因纽特人的平均寿命比该国其他民族的人口平均寿命少 12 年。在本章后面详细讨论加拿大因纽特人地位的部分中，我们还会看到这些进步也带来了新的难题（第五、六部分）。

政府在教育领域采取的干预措施逐步打破了学校招生能力和就学距离方面存在的障碍，让更多的人有机会接受教育。某些地区仍存在语言和文化上的障碍，但绝大多数学龄儿童仍有机会接受中小学教育。过去，许多学生不得不背井离乡去求学（如今仍有学生远赴外地接受高等教育），但现在大多数社区都建立了学校。下文将结合加拿大的土著居民政策，探讨土著人口的教育问题，尤其是课程设置和语言教学（见第五、六部分）。

第三节　现代化带来的社会问题

当代的北极地区在很大程度上是二战后生产模式转型的产物。例如，格陵兰岛的传统渔猎文化被纳入市场经济，文化和政治秩序也由传统的习俗支配型转变为政府法律法规支配型。随着工业化、货币经济转型、求学人口流动以及日益加剧的城市化进程，格陵兰人的道德规范、价值观和权威体系也发生了改变 。小型封闭式社区中以大家庭为单位的维持生计型生产活动逐步减少（尽管打猎、捕鱼、放牧等活动仍具重大的象征意义和经济价值），更多的人进入到一个更加开放和全球化的社会中从事薪酬型工作。1945 年，在北极地区的 21412 人中，有 66% 的劳动力参与渔猎活动；而到了 1996 年，即使将现代捕鱼业的从业人员计算在内，这一比例仍然降到了 25% 。

格陵兰岛土著居民的经历可以说是北极其他地区居民的缩影。政府政策、市场经济的发展、社会福利政策、消费主义以及大众传播工具是这些地区社会经济转型的驱动力。转型主要反映在：

“在永久性社区定居；工作、贸易及互助行为的货币化；通过先进技术，摆脱艰苦的、朝不保夕的生活状态（住房、服装、饮食、运输、卫生和保健）；社会组织的机关化、制度化；因求学、职业培训或就业引起人口流动；阶级分层和社会地位分化的日益加剧；公共生活与私人生活的分离；政策和法律法规的制度化；公民社会的同步发展（志愿者协会、独立媒体和私营企业）；公众舆论开始探讨转型过程中各种对立的意识形态，讨论应当由谁来掌握自己的命运，讨论有哪些正式权利以及如何自觉探求身份认同。几乎只隔了一代人的时间，大部分因纽特人、印纽皮特或萨米人曾经用来认同自我的外界或内心参考标准已经变得模糊和飘移不定。同时，社会经济转型也带来了更多的机遇，使个人和群体可以提出更高的期望。”（Andersen 和 Birger，2002）

社会经济领域的快速转型也带来了严重的社会问题，尤其对土著人口造成了负面影响。土著居民在进城定居后，大多在渔业中从事非技术工作，或在现代化的捕鱼船上从事捕鱼工作。他们的失业率随着人口的快速增长而日益加剧。城市常住居民虽然住在现代化的公寓，享受更好的医疗、教育和福利，但他们存在严重的精神健康问题，其抑郁症和事故死亡率也非常高，酗酒和滥用药物的问题十分严峻。24 岁以下的成年男性和来自因纽特文化群体的人的自杀率尤其高，占 1997 年总死亡人数的 12%。虐待老人和儿童、家庭暴力、刑事犯罪以及家庭不稳定都是最主要的社会问题，有一部分可以归咎于失业（Elias，1996）。

在社会经济转型的过程中，传统的规范和价值体系并没有自然而然地被新的规范和价值体系所取代。这使许多人感到自己无法参与到这个现代化的进程，从而普遍产生了无力感和疏离感，并引发了一定范围的社会紧张局势。对男性土著人口而言，一个主要的后果便是由于传统的基本生存型活动的重要性下降，他们逐步丧失了自己的男性身份认同和尊严。而女性土著人口则大量移居外地，反映了她们的高学历与社区中日渐减少的工作机会之间的冲突。由此导致的严重的性别失衡可能威胁到此类社区的未来发展。生活方式的改变、速食食品消费量的增加以及严重的食品污染引发了一系列饮食问题。传统的家庭结构面临着巨大的压力，而在某些地区，土著人口还面临本族语言消亡的严重问题。

“由于历史再也无法为未来提供借鉴，于是人们（即使是部分地）开始自己勾画未来蓝图。但是，变革速度的加快也破坏了人与人之间的关系，弱化了社会规范的作用。如今，北极地区的土著人口正经历着空前的社会问题。”（Andersen 和 Birger，2002）

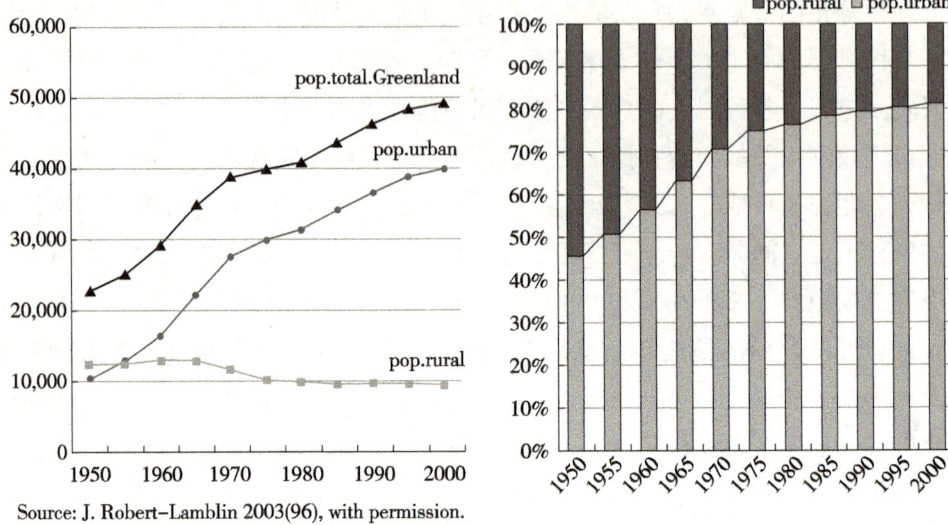

图 4　1950 至 2000 年出生在格陵兰岛的总人口中城市和农村人口比例发展变化

Evolution of urban and rural population in Greenand, 1950—2000（population born in Greenland）

1995 至 2000 年格陵兰岛城市和农村人口发展变化（出生在格陵兰岛的居民）

Source：J. Robert. Lamblin 2003（96）with permission

来源：J. Robert. Lamblin 2003（96）（经授权）。

Pop. total. Greenland：格陵兰岛总人口

Pop rural 农村人口

Pop. Urban 城市人口

第四节　案例分析

一、案例分析一：北极地区的少数民族和少数民族权利——挪威萨米族

社会经济现代化的进程带来多种破坏效应，引发社会紧张局势，但同时也促使土著居民获得了更多的自决权利。20 世纪 70 年代以来，在不同背景下，有关方面已采取多种政策措施和法律措施，逐步明确了土著居民的权利，其中不仅包括人权和政治权利，而且还包括保护土地和自然资源的权利。土著居民竞相提出自身的权利诉求，这已成为北极地区政策和法律体系的主要特点。在有些国家，

政府愿意就土地权和自治措施与土著居民磋商，土著及其精英代表迅速提出了一系列能反映其文化和愿望的诉求。以下我们将介绍一个土著群体——即挪威萨米族人的政治发展历史，而在后文中，我们还将看到这一发展趋势是如何对努纳武特（Nunavut）地区的教育现代化进程产生积极影响的（第六部分）。

萨米族是定居在芬兰、瑞典、挪威北部以及俄罗斯科拉半岛的所谓萨米文化区的小型少数民族。按瑞典萨米议会的估测数据，萨米族总人口为70000人，其中40000人生活在挪威，20000人生活在瑞典。而另一组考虑到文化融合因素的估测数据则认为萨米族总人口在80000至135000之间。由于近些年移民不断，挪威首都奥斯陆也被认为是除传统的萨米文化区之外萨米族人口最多的自治市。而通过早期的移民潮，另有30000萨米人或萨米族后裔定居在北美地区。

挪威萨米人与芬兰和瑞典的族人一样，同样于18至19世纪陆续皈依基督教路德宗。挪威的萨米族有三种不同的语言（挪威萨米语、鲁尔萨米语和南部萨米语），并有多个族群分支，其中海岸萨米族定居在挪威的峡湾和内河两岸，主要从事农耕、养牛、狩猎和捕鱼等生产活动。而山区萨米族以狩猎、捕鱼和驯鹿养殖为生，但在过去一百年中，只有少数人（10%）从事驯鹿放牧。在整个19世纪和20世纪初期，挪威、瑞典和俄罗斯的语言和文化由于经济发展而得到强化，而到20世纪初，挪威政府甚至企图消灭萨米族的语言和文化。但1979年爆发的阿尔塔河水电站冲突事件将萨米人的权利提上了政治议程。1986年，萨米族种族标志诞生，1989年第一届萨米议会在挪威选举产生。2005年，《芬马特法案》赋予萨米议会和芬马克省议会共同管理该省原国有土地（占该省面积的96%）的权利。

1989年颁布的《国际劳工组织土著暨部落民族条约》明确了挪威萨米族的土著居民地位，并在国际法的层面上给予其特殊的保护和权利。该条约涉及了独立国家中土著居民和部落民族的权利，规定土著居民对其土地和自然资源的权利应被视为其物质文化生活的核心。土著人口有权对其机构、生活方式和经济发展方式行使控制权和管理权，使其能够在所在国家的框架内维护并发展他们的身份、语言和宗教信仰。

挪威也通过了一系列有助于保护萨米人权利的国际协议，其中的五项分别为：《公民权利与政治权利公约》（1996年），该公约第27条保护少数民族和土著居民“拥有自己的文化、信仰自己的宗教、使用自己的语言”等权利；《消除各种形式种族歧视国际公约》（1965年）；《欧洲议会保护国内少数民族架构条约》（1995年）；《欧洲地区性语言或少数民族语言宪章》（1992年）；以及《联合国原著民族权利宣言》(2007 年)。

《挪威宪法》第 110a 条规定:“国家政府有义务为萨米族保护和发展本族语言、文化和生活方式创造有利条件。”该条款为保护萨米族语言、文化和社会提供了法律和政策依据。另外,宪法修订案还规定,挪威政府有法律、政治和道德义务,为萨米族创造便于该族自己决定萨米社区发展的有利环境。1987 年制定的《萨米法案》为两年后选举产生第一届国家萨米议会奠定了基础,赋予萨米人确定挪威萨米议会工作范围的权利,并给予萨米语与挪威语同等的地位。

尽管如此,挪威萨米议会与瑞典和芬兰的萨米议会一样,本质上都是萨米土著人的文化自治机构,对政治的影响力很小。但是,芬马特不动产委员会 50% 的成员由萨米议会选举产生,按 2005 年《芬马特法案》的规定,该委员会拥有芬马特郡 95% 土地的控制权。

另外,萨米人拥有放牧驯鹿的特权。如今,挪威将驯鹿放牧作为萨米人的专属生计活动予以法律保护,规定只有萨米族驯鹿放牧家庭的后代才可拥有驯鹿并以此为生。挪威现有 2800 人从事驯鹿放牧。而在芬兰,驯鹿放牧业并不仅限于萨米人,凡是居于此地的欧盟国民均可从事。相对于南部的奥卢省而言,驯鹿放牧业在芬兰北部(拉普兰地区)的经济中占据更为重要的地位 。

为了推广萨米文化,政府也采取了一系列措施。上述北欧三国的电视台都有北萨米语新闻节目,并出版了北萨米文日报《ávvir》及一些北萨米文杂志。挪威和瑞典建立了萨米语剧院,此外,每年都有许多北萨米语或其他萨米语版的小说和诗集出版。上述四国(包括在萨米族聚集区以外的地区)都设有以萨米语为第一语言的学校。凯于图凯努(Kautokeino)还成立了萨米高等学院(Sami University College)。各国都有若干大学开设了萨米语课程,其中最著名的是特罗姆瑟大学(University of Troms)。

2005 年 11 月 16 日,一个以挪威前最高法院首席法官史密斯(Carsten Smith)教授为首的专家组在赫尔辛基向芬兰、挪威、瑞典萨米事务部长联合会议及三国萨米议会议长提交了《北欧萨米族公约》提案。该提案承认萨米族是定居于上述三国边界地区的一个民族,并为萨米族在语言、文化、生活和社会发展相关权利方面制定了一组基本标准。目前,该提案尚未获得北欧各国的批准。

二、案例分析二:加拿大土著人口及其面临的问题

加拿大的土著人口包括印第安人、梅蒂人、因纽特人三个官方认可的土著族群,共计 1172790 人,约占加拿大总人口的 3.75%。2006 年,有 54% 的土著人

口居住在城镇当中。土著人口增长迅速，青年人比例高，平均年龄 26.5 岁，其中因纽特人的平均年龄甚至不到 22 岁，相比而言，非土著居民的平均年龄为 39.7 岁。但是这给土著人口带来了许多问题，譬如就业，而这些问题不仅涉及土著居民的利益，同时还关系到国家利益。

由于土著居民在地理分布、定居点的偏远程度、独特的文化背景、人口规模、历史渊源（与当今主流社会群体接触的时间、持续长度和密切程度；有没有自治条约；是否存在悬而未决的领土问题等）以及在社区结构、语言应用和文化活动的连续性等方面的不同，各个土著群体的社会、文化和经济发展状况也各有差异。尽管土著居民的社会经济状况在绝对意义上要优于大部分北极地区的其他居民，但总体而言，作为一个群体，他们在就业、收入、医疗、教育水平等方面仍处于加拿大社会最底层。城镇地区亟待解决的问题包括就业、实物和货币收入、教育水平、培训、技能、身体和精神健康以及对政府转移支付的依赖程度。

与这些社会经济现象紧密相关的一个核心问题是，以加拿大北部地区为代表的土著居民社会群体在与欧洲社会接触后被迫越来越快地改变自己的土著文化。这种变化被视作土著人口自身文化的沦丧以及对主流社会同化压力的屈服。随之而来的是土著语言、宗教以及其他文化活动和价值观正在迅速消亡。近些年来，政府在制定和实施相关政策时，已经越来越多地考虑和结合这些因素。虽然就加拿大土著居民的整体情况而言，的确存在上述现象，但就各个区域的具体情况而言，却因存在多种决定因素而有所不同，这一点充分显示在加拿大西北地区的因纽特人和自 1999 年起归属于努纳武特地区的因纽特人之间的差异上。

表 1　努纳武特地区/玉树自治州基本数据对比

	努纳武特地区	玉树自治州
面积	2，093，190km²	189，000km²
人口总数 人口密度	32，900 0.015/km²	270，000 1.43/km²
海拔	接近海平面，最高 2，616 米	平均海拔 4，000 米
平均气温	－17.8℃	－0.8℃
国内生产总值（美元） 人均国内生产总值（美元）	10.7 亿（2006） 34，657（2006）	2.39 亿（2007） 837（2007）
教育水平	50% 达到最低文化水平[1]	70% 为文盲

[1] 定义为不愿意参与社会活动者的文化水平

表1中对努纳武特地区和中国青海省玉树藏族自治州进行了对比，结果令人感到惊讶。总体而言，努纳武特地区的面积比玉树自治州大十倍，而人口仅为其十分之一。但是由于自然资源丰富，努纳武特地区的国内生产总值是玉树自治州的5倍左右，而人均国内生产总值则是玉树的近40倍。两地的共同特征是居民教育水平低，相对而言，玉树的教育水平比努纳武特更低。

2006年人口普查结果显示，努纳武特地区的总人口为29325人，其中拥有土著血统的有25165人（占85.8%），而这部分人中又以因纽特人为主（24875人），多数努纳武特居民以因纽特语为母语（20750人）。2006年，该地区的非土著民人口达到4160人。最大的社区是省府伊魁特市（约6000人）。相对而言，西北其他地区的总人口为41055人，其中拥有土著血统的有20910人（占50.9%），其中以因纽特语为母语的人数要大大低于努纳武特地区。

巴什（Barsh）曾指出，要想理解北极地区居民所面临的问题，最大的难点是其定居点的分布过于分散。他援引加拿大印第安人事务及北部发展部（DIAND）20世纪80年代发布的数据称，在有身份的印第安人当中，估计约有24%居住在距居民服务中心至少350千米远或终年无路可通的社区里，其中半数社区只能通过水路或空路抵达。这种孤岛式的定居状况对这部分印第安人的生活成本以及接受医疗服务和高等教育的机会均造成了影响（Barsh 1994，15）。概括地说，加拿大的北部地区——尤其是努纳武特地区——有三大特点：土著人口比例高，地理条件恶劣，定居点偏远而且分散。

二战前，加拿大政府对因纽特人采取不作为的态度，土著人口仍维持其“土著”状况；只有哈德孙海湾公司（Hudson’s Bay Company）等非政府机构或宗教团体参与了因纽特人的经济和文化活动。自20世纪50年代起，加拿大政府认识到北部地区在冷战背景下所具有的重要战略地位，同时考虑到该地区丰富的自然资源，因此逐步采取政策，改善因纽特人的社会经济状况。

如果我们在此背景下综观加拿大政府出台的一系列土著人口政策，那么就需要重点考虑这一进程的各个参与方：

- 联邦政府（即印第安人事务及北部发展部（DIAND）、加拿大工业科学技术协会（ISTC）以及加拿大就业与移民委员会（CEIC），后者同样负责制定和实施针对土著居民的相关计划；
- 各省政府和地区政府；
- 譬如第一民族议会、各类联盟、私营企业和组织等土著人口协会之类的非政府组织以及相关社区。

加拿大宪法规定，负责土著居民福利事务的并非是省政府或地区政府，而是联邦政府，这种情况一直没有改变。同时，在诸如北部地区土地争端问题得到解决以及某些行政职责移交给土著政治团体之后，政治局面变得更为复杂，不过另一方面也促成了颇具成效的合作成果。

自20世纪50年代以来，因纽特人面临许多问题，需各参与方共同解决，其中主要包括：

- 经济、就业、收入；
- 教育；
- 医疗；
- 城市化；

这些问题环环相扣，但我们将对其做分别阐述。

首先要探讨的是经济、就业和收入问题。土著居民的整体收入水平远低于全国水平，而储蓄水平则是所有群体中最低的，约占总收入的49%（Mendelson 5）。因纽特人的平均收入（25000美元）略高于土著居民的平均收入（24000美元），但远低于非土著人口的平均收入（36000美元）。因纽特人的失业率最高达到19%（新版《联邦土著经济发展框架策略》，FFAED，2008年；2006年人口普查）。造成这一问题的主要原因有三个：

- 自接触主流群体之后，北极地区的经济结构已经发生转变。传统的狩猎和采摘等基本生存活动已经被皮毛贸易等所取代，致使因纽特人严重依赖国内和国际市场需求。
- 北极地区地理位置偏远，商业企业少，因纽特人难以获得就业机会。军事基地、采矿等资源性产业、公共服务机构以及比重日益增大的旅游业为他们提供了最多的工作岗位，但这些岗位大多是季节性、临时性和低收入的工作。
- 男性和女性因纽特人大多缺少现有岗位所需的培训和技能。2001年的一份报告显示，在20至24岁的因纽特人中，有43%拥有高中以下文化水平，总人口中近60%没有高中学历（Mendelson 13，15；见第六部分教育相关内容）。虽然截至2006年，因纽特人中拥有高中以上学历的人口比例已升至51%，但状况仍然令人堪忧。此外，因纽特人往往未能很好地掌握英语或法语。

除此之外还有一些其他原因，譬如部分非土著雇主对因纽特人存在文化歧视，因纽特人的健康状况普遍较差（后文将详细阐述），再就是因纽特人的文化心态导致他们很难适应薪酬性工作、公司组织架构和工作时间安排等。

值得一提的是，大多数因纽特人家庭在从事薪酬性工作和接受社会资助之余，还继续通过捕猎、在旅游点兼职或生产和贩卖工艺品等手段来补贴家用（加拿大土著居民及北方事务部，INAC，2008 年，97）。这加大了收入统计数据的解读难度（见第一部分）。

土著居民接受正规教育的总体水平较低（见上文）。其中，因纽特人的受教育水平最低，而梅蒂人的受教育水平最高（Mendelson 15）。如上文中援引的数据显示，2006 年，有半数因纽特人因未能完成高中学业而无法进入大专和大学接受教育，这形成了恶性循环。正如一份研究报告所指出的："高等教育是改变较低社会经济地位的途径，然而较低的社会经济地位又降低了获得高等教育的可能性。研究显示，人的社会经济地位会随着教育水平的提高而提高，而来自较低社会经济地位家庭的学生则较难获得高等教育的机会。"（Mendelson 10）

造成这一状况的原因有以下几点：

• 因定居点位置偏远，土著人口的子女很难有机会接受系统教育，因此，有些地区采取了建立寄宿学校等措施。

◇可是，这又导致学生每年离开家庭和社区往往长达十个月之久，造成父母和孩子之间的代沟以及几代人之间的文化断层。

◇教师的流动性很大，造成学校教育难以保持其连续性。非土著居民的教师通常只会留校任教一到两年，学校始终缺乏合格的因纽特人教师。

• 技能培训体系的组织结构和需求通常不符合因纽特人在社会化进程中提出的文化诉求，而因纽特人的学习内容（教学内容、课程与学生生活的相关性）和学习形式都有其文化特殊性。

• 上几代人在寄宿学校中的负面经历使下一代人对其持消极态度。

• 在三到五年级，英语或法语取代因纽特语成为教学语言。这导致在家中极少或从未接触这两种语言的学生因自己及本民族文化而产生自卑心理，可能会使学生产生挫败感而导致辍学。

因纽特人的整体健康水平低于全国平均水平，平均寿命不断下降（加拿大土著居民及北方事务部 INAC 2008 年）。以往常见的肺结核等疾病现在已比较少见，但土著居民又面临着新的挑战。20 世纪 70 年代，土著居民的主要死因包括受伤、事故、婴儿夭折和心脏血管疾病，而到了 20 世纪 90 年代，主要死因变成了受伤、中毒、癌症、循环系统疾病、呼吸系统疾病、消化系统疾病、传染病和寄生虫病以及营养性疾病和新陈代谢疾病（加拿大土著居民及北方事务部，INAC 2008，74）。在健康方面存在的主要问题包括：

• 营养：调查显示，即使在 2002 年，也仍有 55% 的因纽特家庭在贫困线以下挣扎，无法获得充足的膳食营养（加拿大土著居民及北方事务部 INAC 2008，75）。随着经济结构和维持生计型生活方式的改变，因纽特人的饮食也从传统的"生鲜 "食品转为商店食品。海豹或海象等"生鲜"食品通常含有污染物，因此他们不得不从商店购买新鲜食品。商店食品比生鲜食品更容易获得，也更加可靠，降低了食品短缺和饥荒所带来的潜在威胁，不过同时也导致了一些新的健康问题，譬如加工类食品中的糖分更高，容易导致口腔问题。此外，肥胖、糖尿病和心血管疾病等问题也日益加剧。

• 居住条件差，住房成本高。政府补贴房在室内空间布局方面是以南部地区住房标准为基础的，往往与因纽特人的日常需求相左。例如，因纽特人的家里不需要太多房间，但每个房间的面积要大，然而南部地区的标准住房通常是房间数量多，但单间面积小。人均住房面积本来就小，再加上高出生率，问题就变得更为严重，而疾病在这种环境下也更容易传播。

• 北极地区的污水和垃圾处理能力不足。许多社区建在岩石层和永冻土层上，难以保障有足够的饮用水供应和污水处理能力。

• 医疗服务难以保障。只有位于北极地区南部的大型社区和城市拥有医院。而在偏远地区，虽然可能会有一名护士，但当病情严重时，病人只能转移至附近有医院的社区或埃德蒙顿、蒙特利尔等城市。如需长期治疗，那么往往整个家庭都不得不暂时搬迁。

• 医疗人员与学校教师一样，流动性很大。

自 20 世纪 60 年代末和 70 代初以来，大部分因纽特人都生活在定居点里。这在带来诸多好处的同时，譬如人们更容易获得医疗服务，尽管定居点的医疗资源仍不充足也导致了越来越多的心理健康问题。这些定居点的失业率往往很高，这不仅破坏了土著居民传统的自我定位和群体结构，某些情况下甚至还会导致抑郁、自杀、滥用药物、家庭功能失调等问题（加拿大土著居民及北方事务部，INAC 2008）。

城市化对因纽特人产生了巨大的影响。2001 年，有约半数的加拿大土著人口居住在城市的中心区域。他们迁移的原因包括：寻求更好的工作、教育和医疗机会（出于自身原因或为了陪伴老人或病人），或因家庭暴力而出走。在土著族群中，因纽特人的城市化率最低，在 45000 名因纽特人中，仅有大约 5000 人暂居或定居在渥太华 – 加蒂诺大区等加拿大南部城市社区中（加拿大土著居民及北方事务部 INAC，2008，120）。虽然这些因纽特人有工作，而且比居住在农村的因纽特人收入高，但是他们在城市中心区域所遭遇的问题也反映了其他土著群体的问题。城市中的所有土著居民群体，尤其是印第安人和因纽特人，都遭遇了族群社会结构解体和高失业率等问题（Barsh 1994，11）。对因纽特人的调查结果表明，他们所面临的问题包括文化冲击、乡愁、缺乏传统食品和失业、被孤立、难以理解主流文化以及必须用英语交流的压力（加拿大土著居民及北方事务部，INAC 2008，123）。

三、案例研究2（续）-相关政策：从尝试摸索到持续稳健

二战以后，针对因纽特人的民族政策，加拿大政府和其他相关组织经历了从20世纪50年代的不断摸索尝试到稳健成熟的过程。有些政策涉及所有的土著群体，还有一些政策特别针对因纽特人。为解决土著人口的问题（第五部分讨论的内容），政府根据具体的时间框架和政治日程实施一系列政策，同化土著人口，将其融入加拿大主流经济，减小土著人口对政府财政支持的依赖程度及其与主要人口之间的贫富差距。

20世纪50到60年代，政策的主要特点是以发展社会经济为宗旨，因此这些政策倾向于同化土著人口，将其融入主流。但最近，特别是20世纪80年代以来，在制定和实施政策方面都考虑到少数民族的文化特性和社区结构，与政策对象密切合作，适应当地的发展情况。其强调的核心思想是参与、自立、自主性。

本部分将概述针对第五部分问题制定的政策。首先讨论同时解决多种问题的大框架方法。接下来就第五部分谈到的四个领域即经济、教育、医疗和城市化，分别论述其具体政策。评估每种具体政策的效果，并探讨新政策方法，使针对特殊问题的政策产生更广泛的影响。

第一个框架方法涉及因纽特人的搬迁与安置。20世纪50到60年代，加拿大政府采取了一系列安置措施，结束了因纽特人游牧、半游牧式的生活方式，开始在社区里定居下来。这种生活方式的转变并非全部出于因纽特人的自愿。不同时间和地区的安置政策背后，都存在着不同原因。20世纪50年代的安置政策出于加拿大政府争取对北极地区的主权造成冷战局势的考虑，而20世纪60年代的安置政策则主要出于经济和人道主义的考虑。

安置因纽特人的原因如下：

• 政府十分关注因纽特人的经济情况。由于狩猎减少，因纽特人已渐渐无力供养家庭，普遍面临营养不良和饥饿的威胁（由于驯鹿大量迁徙，很难找到狩猎目标。二战以后，经济结构发生了变化，毛皮的需求大幅度减少，严重影响了因纽特人的收入。他们没有足够的金钱购买用于狩猎的子弹，狩猎的减少又进一

步加剧了他们的收入情况，生活因此陷入了恶性循环）。

- 经济环境恶劣，疾病和传染病多发。因纽特人只能在帐篷内接受传统教育。面对这些情况，政府乐于向因纽特人提供集中的社会服务，鼓励他们接受正规教育。

安置政策对经济、社会和文化的影响。20 世纪 60 年代的因纽特人安置案例显示了多样化的结果，该案例详细描述了宠纳唐（Pangnirtung）小镇和因纽特人在巴芬岛社区的安置情况。

经济方面，安置措施为因纽特人创造了更多的教育和培训机会，但同时也增加了他们对社会福利的依赖。因纽特人从帐篷搬迁到城镇，有更多的机会接触社会，这改变了他们自给自足的生活方式，也使其更倾向于依赖外界的帮助。工资成了许多人的生活保障，1990 年，宠纳唐镇的就业率达到了 80%。但由于因纽特人常常从事季节性的低收入工作，他们必须长期依靠政府财政补助。短期的经济繁荣曾为一批因纽特人带来了富裕的生活，但后工业组织模式一直无法取代以狩猎和采集为主的经济形式（Billson 206，211）。

对宠纳唐地区的研究体现了多方面的社会变化。传统经济结构的消失导致了性别角色和关系的变化。其中，最显著的是结婚率的下降（Billson 200 – 201）。家庭内部结构和沟通模式也受到影响，教师和警察在引导年轻人方面承担了更多的责任。而在传统的因纽特家庭，这些责任都由父母承担。这些变化伴随着精神健康问题、不断增多的家庭暴力、酗酒和滥用毒品等多种社会问题。安置政策的正面结果是使因纽特人提高了政治觉悟，并能代表自己通过新政治体系表达观点。

但该政策对文化的影响是负面的。研究表明，安置政策实施以后，由于土著语言和知识在生活和学校中得不到传授，因而正逐步丧失（这种现象被称为文化融合）。该研究还表明，社会角色和功能的丧失导致因纽特人身份混淆，缺少个性与文化自尊。

从目前来看，加拿大这一阶段的政策是失败的[①]，未产生预期效果，与 20 世纪 70 年代的政策背道而驰。20 世纪 70 年代的政策强调土著人的自主和自治，包括责任的转移（见下文结论）。加拿大政府制定了全国性的政策框架，即 1989 年和 2009 年分别制定的《加拿大土著经济发展战略（CAED）》和《联邦政府土著

① 人口聚居有益于北极其他地区的土著人口，例如向当时无法为分散居住的人提供医疗和教育服务。同样，教育有助于加快人口流动和提高就业质量。

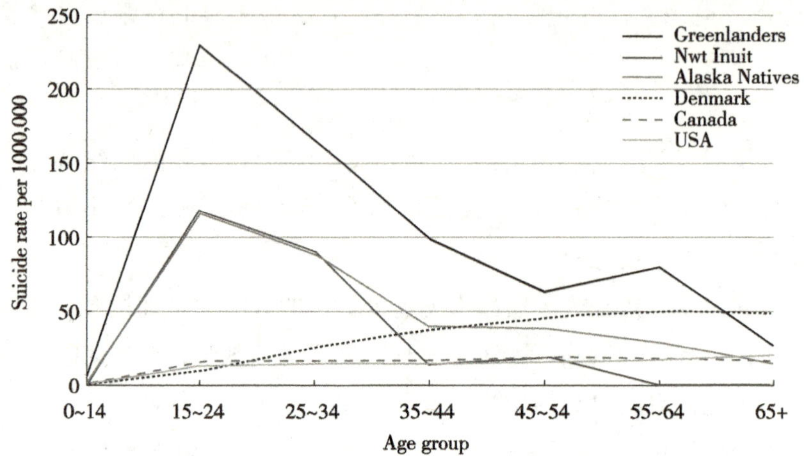

图 5　1980 到 1989 年间，不同年龄段土著人口与其所在国家的全部人口的自杀率比较

（加拿大西北地区因纽特人；丹麦格陵兰岛人；美国阿拉斯加人）

（资料来源：北极理事会，2004）

Sucides in Alasa, Green land and Canada

阿拉斯加，格陵兰岛，加拿大的自杀情况

Suicide rate per 100，000——每 10 万人中自杀人数

Greenlanders——格陵兰岛

NWT Inuit——因纽特人

Alaska Natives ——阿拉斯加土著人

Denmark ——丹麦

Canada ——加拿大

USA ——美国

Age Group 年龄组

经济发展框架（FFAED)》。2010 年，加拿大总理 Stephen Harper 就 20 世纪 50 年代施行的安置政策向被迫迁移的土著人道歉，表明了加拿大政府态度的转变。

1989 年加拿大土著经济发展策略和 2009 年联邦政府土著经济发展框架包含了本部分分析的第二个框架方法。1989 年又制定了新的强化策略，旨在通过以下方法增强土著人自力更生的能力：

- 进一步推广参与全国经济活动及参与草拟针对社区和个人政策的积极性。
- 增加培训机会、政府活动和资金，加强对融资机构的监管。
- 与更多私人领域合作，例如组建合资公司。
- 减少或取消法律限制，例如保护区自然资源的管理。

• 现有政策的协调。

这一新的策略针对保护区和市区的土著人口。与前政策不同，CAED 目的是提供持续而非短期的资金，并设定了未来五年的目标。这项策略优先发展人力资源，同时考虑到资金、基础设施和技术的发展，强调有效、透明、可靠的资金供应，更有利的商业计划、项目发展和社区规划。

通过提供职业技能培训、社区学习、在职培训和灵活援助等方法开展扫盲、科研及基础技能培训项目。以多种形式开发人力资源。

通过以下方法向土著人提供资金：

• 为土著人拓宽融资渠道，包括筹集资金、控制与管理自然资源及其经济价值；

• 与非土著公司合作，建立合资公司；

• 融资设施的扩建和多元化；

• 业绩监督；

• 独立营运相关机构间的合作。

通过为社区提供资金和咨询服务，改善培训方法，加强企业之间的联系，完善社区规划。

为了应对全球经济危机，加拿大政府于 2009 年实施了一项经济行动计划，并预测了其对土著人产生的影响。这项计划的核心部分是快速制定应对方案，确保未来能够提供技能培训和支持，使土著人受益于基础设施项目（就业、提高技能、商业机会）。

实施或赞助的项目包括：

• 土著人口技能与就业伙伴关系项目（ASEP）；帮助土著组织之间建立伙伴关系，资助私营领域、省和地区政府等创造培训和就业机会；三年内另外投资一亿美元用于 ASEP 项目。

• 土著人口技能和培训策略投资基金（ASTSIF）；两年内投资 7500 万美元，用于为加拿大土著人口扩大就业，提供培训。

• 扩大、加强基础设施建设：两年内投资五亿一千五百万美元用于支持第一民族的社区基础设施项目。优先投资领域为：学校（2 亿美元）；水和废水处理项目（1650 百万美元）；社区关键基础设施，例如医疗和警务人员服务设施（一亿五千万美元）。

• 结合省和地区医疗特点，加强医疗项目建设；两年时间内投资三亿零五百万美元，其中包括二亿四千万美元用于增加未投保的医疗计划，六千五百万美元用于保障偏远社区的二十四小时医疗服务。

全国性框架的重点问题是其包含了多个社区，而这些社区在规模、历史、文化、安置区域、人口数量、经济情况等各个方面各有特点，所以解决这些特定问题的措施无法适用于所有地区和社区，也不适用于因纽特人。为了解决经济、教育、医疗、城市化这四个领域的问题，选举设立了地区委员会，以制定特需计划，提供评估。

在经济、就业和收入方面，政府采取了一系列特别措施。在资金的使用和管理方面为土著企业家个人、当地、地区及国家级社区提供帮助。除 CAED 和 FFAED 全国性框架方法以外，其他措施还包括：

• 建立第一民族税收委员会，向全国范围内的第一民族征收不动产税的同时，为存在课税问题的社区提供援助，其目的是减小第一民族的经济发展障碍。该组织于 2007 年成立，取代了仅提供咨询业务的印第安税务咨询委员会（ITAB）。

• 1995 年建立第一民族金融部门，发行债券，为当地社区融资。融资收益用于社区基础设施建设（道路，污水系统）。

• 建立国家土著经济发展委员会（1990），为印地安事务与北部发展部部长提供咨询服务。

地方政府的政策目标包括：

• 为个人企业家拓展融资渠道，包括筹集资金，提供商业计划书，筹建公司，稳定公司的经济情况。

• 支持土著与非土著公司之间的合作，包括提供在职培训和其他技术培训。

• 发展生态旅游业。

• 猎户收入支持计划。实施狩猎工具补贴政策，建立混合型家庭收入经济。措施的内容包括（但不仅限于）：对猎户进行经济援助；支持工艺品生产营销；针对长期和季节性工作（如旅游业）提供职业培训和就业援助；提供社会资金援助（加拿大儿童税收福利，失业保险和老年人退休金）。实施任何一项单一政策都无法保障个人或家庭的经济来源，但是根据当地情况把这些政策结合起来，就可为家庭提供稳定的收入（INAC 2008，96）。

在教育领域，学生辍学率极高，特别是因纽特学生，这引起了当地中等教育机构的高度关注，并采取了以下措施：

• 培训因纽特教师，减少课堂上因为文化和语言差异导致的误解，确保教职员工工作连续性（通常非土著教师在北极地区任教一至两年后便离职）；

• 结合传统因纽特文化，开发文化课程，培养学习方式（例如 Douglas 1994；Annahatak 1994）；

• 社区和学校密切合作，鼓励更多因纽特人参与教育系统；

• 将因纽特语确立为初级教育教学语言：

◇1992 年挪威通过萨米语言法案，保障了挪威土著人口的语言和文化权利（Corson 1995）。对萨米人的教育责任最近开始由萨米议会承担（Todal 2003）。该法案内容引起了加拿大政府的密切关注。

◇保护和推广因纽特语，并将其确定为教学语言，增强个人自尊和文化自尊。

将因纽特语作为教学语言进行保护与推广可能在未来引发辍学率居高不下的问题。当因纽特学生在英语或者法语学校接受高等教育时，其语言上的差异可能使他们产生挫败感。解决这一问题的关键是帮助学生适应语言差异，帮助他们完成从中等到高等教育的过渡。

联邦政府的多个倡议都得到了 INAC 文化/教育中心项目的资助，例如在各个省和地区建立保护土著遗产、发展和推广土著教育的中心和机构。在高等教育领域采取的措施有：

• 为选择去南部中心地区参加继续教育的因纽特学生提供经济和文化上的援助。

• 帮助增长职业经验。

• 联邦政府的配套项目包括：第一民族和因纽特学生暑期就业计划；第一民族和因纽特学生科技项目；第一民族和因纽特人职业发展和职业意识计划；第一民族和因纽特青年工作经验计划。

研究表明，高失业率和拥挤的住房条件等社会经济问题都会导致学生课堂出席率降低。因此我们可以预期，制定措施，改善经济和居住条件能够间接提高学生的毕业率（INAC 2008，90）。

此外，在医疗领域也采取了多种措施解决问题：

• 猎户收入支持计划提供狩猎工具补贴，旨在将传统食物融入因纽特人的饮食结构。

• 通过运输向因纽特人提供北部无法生长的新鲜食物。

• 各级政府机构提供多层次医疗系统。小型社区配备护士，北部城镇较大社区和医院内提供电话医疗服务。无医疗设备地区的紧急病人可以通过 Medivac 医疗系统（配备经过培训的护理人员和医疗设备的包机）转移到其他地区治疗，弥补了北方地区偏远和缺少医疗设备的缺点。

• 培训因纽特助产师、医疗和社会工人，弥补地区偏远、医疗领域员工数量不足，流动性大的缺点。

◇Inuulitsivik 产科计划结合了传统因纽特医疗方法与西方医疗技术，获得了巨大的成功。

• 使用医疗替代法，例如结合或融合传统治疗手段。

◇以不列颠哥伦比亚省为例，由尼斯卡国医疗系统与联邦政府土著医疗非投保项目（NIHB）共同出资，为土著人提供医疗服务。它与护士联盟等一些省组织合作为土著人提供切合当地文化的医疗服务，消除文化融合现象给身体和精神造成的负面影响（如无法融入新生活、丧失自尊等问题）。

◇医疗领域也采取了类似的方法。20 世纪 80 年代，联邦政府将北部的医疗责任转移给地区政府。这意味着在努勒维特，医疗主要由地区政府进行管理，联邦政府通过 NIHB 提供资金。

• 成立 Isaksimagit Inuusirmi Katujjiqatigiit 防止自杀——拥抱生活委员会，解决自杀问题。委员会提供教育，开展研究，使用整体法防治自杀事件。为努勒维特居民的精神、情感、身体健康以及社区的发展做出了巨大贡献。委员会进行协调工作，招聘、培训志愿者，开展自杀事件防御和社区服务工作（INAC 2006，80）。

• 建设基础设施，例如宽带远程医疗服务。这些措施的重点在于更多地采用整体法进行医疗救治。整体法融合了传统土著医疗方法和西方医药，有效地防止了因医患间文化差异造成的误解。由于多数非土著医疗人员不精通土著语言，与土著病人沟通时（病人的年龄和背景及翻译等因素）常常会使医患之间发生误解。而整体法治疗可以使患者对健康有正确的理解。

城市化的政策目标是帮助短期或长期定居在城市的土著人口。这些措施包括：

• 城市中心的土著人享有与非土著人同样的公共服务，同时享受联邦政府向保护区土著人提供的服务，例如非投保医疗计划。

• 通过高等院校学生支持等计划（PSSSP），帮助土著学生接受高等教育。

• 20 世纪 80 年代，INAC 出资在社区开展在职管理培训，在市中心开展商业管理培训。

• 社区或友谊中心的服务（帮助解决工作，提供社会公益服务及文化咨询，介绍认识其他土著人）。

• 北部市中心的因纽特人曾经抱怨他们没有得到与南方城市在适应新生活方面的同样的帮助（INAC 2008，122）。

与城市土著人口相关的核心措施是1997年实施的城市土著人策略（UAS）。加拿大联邦政府与其他各级政府、社区组织密切合作，满足当地人的需求。这一策略优先解决以下三个问题：

• 通过多种方法提高生活技能，例如提供指导、组织夏令营、为学生和家庭提供过渡性服务、开展领导力计划等。

• 工作、技能培训，例如研发培训工具，扫盲、培训基础技能；建立土著服务者和市政府之间的联系；增加土著人市级代表的人数。

• 向土著女性、儿童和家庭提供支持，例如面向土著女性的咨询服务（http：//www. ainc – inac. gc. ca/ai/ofi/uas/bkg – eng. asp）。

温哥华政府最近推出了多个项目，其中包括Simon Fraser大学的土著大学预科计划；Surrey公共图书馆的扫盲与计算机技能培训计划；制作教育性DVD，宣传并预防酒精导致胎儿疾患知识。

许多决策者面临将传统生活方式进行现代化转变的艰巨任务，在这方面，加拿大的政策经验可能会为他们带来一些启示。根据多年研究、对现有政策评估和专家的采访，有关政策要取得成功，必须考虑多种因素。以下就其中的四个因素进行讨论：自治政府和资源的共同管理；制定切合当地文化的措施和尊重已有的社区结构；生态可持续发展；对措施实施的评估和监督。

自治政府的建立基于20世纪70年代逐步建立起的土著人自治框架，目的是提高土著人经济、健康和教育水平（并在一定范围内改善城市土著人口的生活情况）。在没有签订条约的区域，例如北方，存在广泛的土地所有权问题。土地所有权的分配使因纽特人拥有超过加拿大领土25%的地权（新FFAED 2008）。在某些特定区域，例如保护区、自治政府即是民族政府。但在因纽特人占人口大多数的努勒维特，政府由主要民族和少数民族的代表组成（参见Dacks，2004；Marecic 1999/2000；Raynard 2000）。

自治政府可帮助土著人迅速摆脱对外界的依赖，并对联邦政府和其他组织制定的政策产生影响：

• 政策对象或其代表必须参与政策的制定与实施。这是法律框架和政策成功的基础。

• 土著政府组织管理医疗等政府各项计划（例如在努勒维特，是由尼斯卡国族国进行管理的）。

• 再生和非再生资源的共同管理：Mulrennan 和 Scott 所谓的“共同管理”、“联合管理”或者“共同营运管理”是指不同程度地结合当地和国家政府管理体系。近几年内，这些词汇常常用于描述政府与土著组织之间形成的长期和谐的关系（Usher 1997：1；2005，206）。共同管理不同于提供咨询，共同管理强调土著政府与省、联邦政府之间“真正的权利分享”（Mulrennan/Scott 207）。Kofinas（2005）指出，共同管理成功的关键不仅仅是达成协议，也在于它本身的建立过程。

• 税收：自治政府为土著社区制定自己的税收政策，这有利于本地的经济发展行政管理。这包括上文提到的全国体制，如第一民族税收委员会和第一民族财政局。

政府对于常务委员会关于土著人的第六次报告做出了回复，并对自治政策做出了以下的评价，“我们看到，尤其是在北方，地权问题的解决对于土著人参与经济和全国经济发展至关重要”。（2008，9）

要确保政策成功实施，必须考虑文化和社区结构的因素：

• 已有的社区结构，如老年人的角色，对政策变化起到至关重要的作用。有专家曾说，“如果老人觉得可行，那么政策实施便更容易。”（George Sioui，2010 年 8 月访谈）已有的社区结构可能与官方规划的社区结构不一致。

• 社区中的性别角色：女性是土著社区中最弱势的群体，因此需要为她们制定特别的政策。贫穷和机会不均等会引发药物滥用、家庭暴力等问题，加剧男女不平等现象。

• 重要因素包括文化价值体系、符合当地文化的社会化过程和学习过程：

◇教育：教育和技能培训形式通常与土著人社会化无关，例如在教室里坐几个小时、课本学习、时间管理。毫无疑问这些是从业必须的技能，但是土著年轻人在成长过程中学到的其他技能或许更有价值。为了政策的有效执行，保障经济发展，理解社区和个人的特定文化需求，社区结构发挥着重要的作用（见 2010 年 8 月对 Pierre Anctil 的采访）。

◇相互协商，共同管理，确保政策顺利实施：了解并尊重当地的风俗习惯和文化价值观是政策成功的关键因素（参见“自治政府”部分）。

许多研究都强调文化在社区融合中的重要性。政策的制定和执行需要考虑社区结构。Barsh 总结说：“文化断层——常常被视为社会政策的结果或者贫困与边缘化的表象—关系到人际关系问题、亲属责任问题、自尊心和自律能力的丧失，导致传统机制无法解决争端并恢复社会秩序。严重的挫败感，自闭和自卑都可导致各种自我毁灭行为（酗酒和毒品滥用，鲁莽和自杀）和对他人实施暴力（家庭暴力、性虐待、争吵）。（Brash 1994，26）。

北极圈的可持续发展对于当地、联邦政府和国际组织来说至关重要。就因纽特人的政策方面，内容涉及到上述的自治政府和社区结构。政策核心问题包括因纽特人物质生活水平的下降、自然环境的污染（因纽特人捕食的动物，可能为持续性发展带来医疗健康问题）和气候变化问题。传统的因纽特人认为自己是土地和资源的“守护者。”这种观念在针对北方土地综合权力问题而制定的四种政策中受到认可。通过这四种政策的实施，建立了资源联合管理委员会，实现了对资源与环境的共同管理。委员会虽将传统生态知识和资源利用方法融入到决策过程中，但这仍会带来问题。相关研究表明“存在很大的挑战……科学研究和联邦政府政策的制定要结合传统技术，使用不同方法对传统技术和西方现代科学进行量化和归档，分析它们不同的历史价值。”（INAC 2008，113）

基本措施包括：

- 从项目对环境的影响方面评估商业计划；
- 通过 INAC 的污染场地管理计划对污染地进行管理；
- 通过各种形式提供基础设施，例如废水处理和污水排放系统；
- 制定供水系统管理方针，保障饮用水的洁净、安全。

然而，许多环境问题波及的范围已超出北极区域，因此，需要各级政府共同采取行动。例如气候变化问题的研究，需要国内及国际环境领域的共同参与。国内方面做出的努力包括加拿大“北方策略”的制定和北部地区国家公园的开发与维护。国际方面包括活跃在国际社会中的因纽特人代表参加北极理事会、因纽特人极地理事会、联合国等国际组织。

评估与监督是政策成功的关键因素。2004 年的一项研究指出，在此之前一直没有评估投资成效的系统方法。尽管投资数额高达六亿四千七百万美元，仍然很难评估联邦政府政策对土著经济发展及投资的全面影响（MNC 经济会议 2004，3）。2004 年加拿大政府实施积极公布政策，规定所有数额超过一万美元的联邦合同必须对外公布内容。2006 年，加拿大通过了联邦责任法。在 INAC 框架中，这个法案意味着每年实施和公布的计划必须通过审计和评估。内部评估需要与国家财政部门合作并将结果公之于众，例如发布到 INAC 的网站上。国内的项目资金由 INAC 或者联邦机构提供，这两种资金来源具备同样的可靠性和综合性。

除了加拿大国家统计局以外，第一民族统计局也成为项目成功测评的间接工具。

第一民族议会和加拿大土著居民妇女会等组织在经济、健康、教育、家庭暴力等领域自行开展项目研究和评估，但其研究和评估缺少专业性和系统性。

四、北极地区的扶贫政策与其他地区的相关性

本文讨论的北极地区的扶贫政策取得了重大成果，又一次证明了保证政策成功关键因素的重要性。这对包括中国高原地区在内的自然条件艰苦、生态脆弱、少数民族聚居地区的政策制定具有极大的参考价值。因此，在第三个案例的论述之前，可以进行如下总结：

- 应该以积极的态度看待这些地区的文化变化，而不能将其简单地视为怀旧情感或者传统文化的丧失。对于这些地区的社会经济特点应给予特别关注，其传统并非一成不变，也不应该阻碍社会的发展。

- 快速的社会转型可能会引发突出的社会问题，给男性和女性带来不同程度的负面影响。社会转型涉及的范围越大，其产生的负面影响也会增加。为了保证政策的连续性和有效性，决策者要充分考虑社会转型带来的影响，判断转型的速度和方向，预见问题。决策者如将转型看作是循序渐进的过程就会从中获益。

- 为了使这些地区的扶贫政策在设计和实施阶段取得最大程度的成功，决策者必须考虑到少数民族的文化特性和社区结构。参与、自立、自主应该是扶贫政策的主要原则。

- 与政策对象（或他们的代表）密切合作，制定政策及其计划与措施，确保政策有效并符合当地具体情况。

- 在制定政策时，决策者应该意识到所采集的统计数据会受到国家主流文化的影响和制约，与当地的实际情况有所偏离。

- 为当地提供并改善公共服务可增加当地居民收入，有助于扶贫。北极地区贫困人口数量的减少主要是由于政府对当地家庭收入、公共服务和基础设施建设的投入。地方政策仅起到了较小的作用。（见第八部分）

- 政府对医疗和教育给予了极大的关注并做了大量工作和投入，有效地提高了北极地区居民的生活水平。另外，政府还特别关注文化和语言因素。

- 在教育和培训方面的投资是社会经济持续发展的重要基础。提高受教育程度或培训人数的增加有助于吸引外资，同时让其具备胜任更好工作的能力。

- 制造和服务产业的发展为这些地区的扶贫工作提供了良好机遇。北极圈地区的经验表明：为防止贫富差距的加大，这些产业必须多元化、分布广泛。

- 政府需要建立监管机制确保制造业和服务业健康有序地发展，同时与当

地的生态环境相和谐，并将环境评估作为一项重要的评估项目。

• 由于当地大部分劳动力不具备产业所需的熟练工作技能，因此，他们需要接受长期教育和职业培训。教育和培训的方式应该符合少数民族的语言和文化特点。

• 城市化给地区少数民族带来了极大的困难，特别是第一代的移民，他们与新社区的生活格格不入，承受着巨大的压力。在加拿大北极地区，少数民族在刚刚进入城市时就经历了多种困境：传统社会关系解体，失业率居高，思念故土，饮食结构变化，工作机会不均等，无法融入新生活，等等。陌生的语言给他们带来了文化冲突。加拿大政府的政策提供了解决这些问题的可贵参考。

第五节　欧盟凝聚政策下的地区发展情况

政府以地区经济发展和居民福利为工作中心，实施一系列政策措施，大力推进北极地区的社会发展和扶贫工作。其中第一项措施是鼓励北极居民与外界建立商业伙伴关系，分享利益，开发自然资源（现代渔业、矿石与石油的勘探与开采）。第二项措施是将居民的自给型生产活动与政府开展的就业、福利工作结合起来。第三项措施是帮助渔村等当地社区与外界建立商业关系网。第四项措施是制定和执行发展政策，为工人提供技能培训和工作岗位。本章所涉及的是在欧盟区域政策下，瑞典与芬兰北极地区的发展情况。本章第三个案例的研究对象便是这些地区的政策实施情况。

与芬兰和瑞典北极地区有关的欧盟凝聚政策包含两部分内容：欧盟地区发展政策和欧盟劳动力市场政策。在北极地区该政策的执行模式与欧盟其他地区类似。但从一开始就要注意一点，欧盟区域政策中的扶贫工作针对相对贫困而不是绝对贫困，因此政策的目标是减小收入差距；而中国的扶贫政策针对绝对贫困和相对贫困，因此有两个相应的政策目标——消灭绝对贫困和减小收入差距。

欧盟区域政策扶贫措施通过以下步骤进行实施：首先，关于投资与培训的总体方针由欧盟的主要决策机构制定（部长理事会和欧洲议会），反映欧盟的长期政策目标，尤其在减贫和促进就业方面。然后再由欧盟的27个成员国根据总体方针制定适合各自国情的发展计划。该计划将为制定地区与城市发展规划奠定基础，并由各地区和城市分别执行。中国扶贫政策执行的步骤与欧盟相似，因为中国政策执行机构的级别与欧盟大体对应：中国国家政府对应欧盟，省对应欧盟成员国，中国的县、市对应欧盟的地区。但是中国的政策在执行方面更加深入基层，目的是促进农村发展，而欧盟的农村政策则完全不同（以下将会讨论）。

欧盟区域凝聚政策的诸多方面与中国高原地区有相关性，可为中国政策制定提供可贵的参考。本章的讨论重点不是少数民族聚居地区的社会经济问题，而是扶贫政策制定与执行的相关问题。下面几段讨论的问题有：第一，欧盟如何在中央政策框架下（与中国情况相似）制定符合各地区经济社会发展情况的区域政策。第二，欧盟如何实施农村发展计划，及保障成功实施的重要因素。

中国和欧盟都力求确保在清晰的国家政策框架内执行扶贫和增加就业政策，使扶贫措施与国家和省制定的其他政策结合起来，其优势是各项政策措施可以互相支持，更好地利用资金，保证政策的有效性。中国高原地区的扶贫政策与欧盟区域政策在环境敏感性和生态需求方面具有极大的相似性。现在碳中和计划已列入生态需求（欧盟在生态环境方面的政策将在本章第九部分中继续讨论）。中国与欧盟政策的第二个相似性在于，都强调教育和培训对于进一步减少贫困和增加就业的基础性作用。

因此总体政策方针的制定具有非常重要的意义。欧盟的政策决策者制定总体方针时充分考虑了多方面因素，着力促进以下发展：

• 建设区域基础设施包括住房、学校、职业培训学校，甚至包括改善地区面貌、吸引外资。

• 通过教育和技能培训提高所有劳动力的素质（包括妇女、老人、学校毕业生、失业者和残疾人）。经验表明，影响外来投资的因素不单单是劳动力成本，还包括劳动力的技能和素质。

• 增强现有经济领域与企业的竞争力，继续发挥他们对于可持续发展的支撑作用。这可能会涉及提供商业设施（例如商业咨询、孵化机构、资金等）。这些对于私营领域不具备吸引力的设施对于发展却至关重要。

• 发挥地区的社会经济优势。保护与发展地区的多种文化也会带来众多商机（例如农业和自然景观旅游业）。

• 推广并应用研究成果，鼓励当地企业发扬创新精神。

中国高原地区总体方针政策的内容在本章最后一部分（即结论部分）进行讨论，并将提出多种政策建议。

与中国不同的是，欧盟有关扶贫与增加就业的政策不涉及农村整体规划。但是，早在 1991 年，欧盟就已经实施了一部分欧盟农村发展政策，为推进农村的可持续扶贫工作提供资金、联合融资，促进农村社会经济发展，解决环境问题。该政策的实施为决策者提供了检验创新政策解决农村新老问题有效性的机会。虽然农村生产总值仅占欧盟生产总值的一小部分，但却是欧盟的重要组成部分，因为它是农业中心，拥有超过欧盟一半的人口数量。这部分农村发展政策不通过行政区划来界定各村庄的参与范围。相反，比较注重诸如小规模、地区的社会凝聚力，同样的传统和当地人身份等因素。这种政策指导思想来源于欧盟扶贫政策的总体方针。总体方针主要包括内在发展潜力；不完全依靠农业，发展产业多样性；根据具体情况制定激励措施，增强竞争优势。政府下拨给这部分农村发展政策的资金数额并不大（2000 年到 2006 年的七年间投资 21 亿欧元用于 863 个当地行动组的工作），但是却产生了极大效益。欧盟在这方面的经验与中国高原地区的政策演变有很大的关联性。

欧盟农村发展政策鼓励基层群众和组织参与决策过程。能力建设和提供培训是保证政策成功的关键措施。在政策实施过程中，与当地人建立伙伴关系。政策执行主体的成员必须有一半以上来自个人和私营组织，公共领域的参与人员不得超过 50%。这种具有伙伴关系的政策主体称为当地行动组，其任务包括使用 SWOT 分析模式分析当地社会经济状况，根据分析结果制定长期的社会经济发展规划及各村发展蓝图；然后为该项计划申请、分配并管理资金；鼓励当地行动组与其他地区的行动组建立伙伴关系，并分享成果与实践经验；并鼓励与本国甚至其他国家的行动小组开展合作项目。

当地行动组选定的优先计划必须符合农村发展政策的总方针。2000 年到 2006 年期间，当地行动组的工作重点是促进内在发展，其中 56% 的行动组致力于增强企业竞争力，另外，24% 的行动组以提高本地区居民生活质量为工作目标。按照以前的分类体系，行动组项目主要是开发、利用自然和文化资源（36% 的项目）或增加自有产品的产值（20% 的项目）。其他项目则以更好地利用知识和新技术为目标。

以下实例充分展示村庄多种具体措施及其在欧盟发展政策框架下的执行情况：

• 撒丁岛的三个村庄由于村民大批外迁，农业劳动力严重不足；传统文化的逐渐消失导致身份迷失。针对这些情况，当地人采取了大力开拓本土产品市场的方法（主要是乳酪，还有蜂蜜、橄榄油和酒）。

• 德国的两个村庄和澳大利亚的一个村庄为了建立公司、增加就业，合作筹集资金，大力发展旅游业。

• 靠近北极的一个芬兰村庄充分发挥教堂的声学优势，组织了一系列音乐会，最终形成了年度音乐节，吸引了大批游客。

• 瑞典的一个村庄为了克服人口数量减少带来的负面影响，大力发展本地服务业，进行基础设施建设，建立各类产业。其中包括由八个家庭经营的草莓农场，一个新的加油站，由三个家庭管理的新酒店，节电计划等。

• 加纳利群岛中的一个小岛远离西班牙和其他岛屿，大部分工作岗位由公共服务部门提供，当地人建立了一个网络门户，以促进当地旅游业发展。

经验表明，在农村和城市地区发展中，有些政策因素的确起到了决定性作用。对于政策执行主体来说，以下几个方面至关重要：具有明确、远大的目标；掌握正确的工作方法，拥有强有力的技术支持，对项目开展遇到的问题有充分的认识，能够定期检测，不断改善；与其他村庄和城镇分享经验；尽可能利用机会，组织参观，积极寻找解决问题的方法；必须认真学习各级政府的政策，充分认识这些政策的基础性作用；最后，必须认识到社会经济问题可能需要复杂的解决办法，外界的帮助和建议能起到关键作用。

第六节　对农牧民改善环境做出的牺牲提供经济补偿

经济现代化——无论在城市还是在农村——都面临一个永恒的两难问题：如何在发展经济的同时保护当地生态环境？这个问题在生态环境脆弱的中国高原地区尤为突出。本案例讨论欧盟为农民保护和改善环境做出牺牲提供经济补偿的体系。该体系可为中国高原地区带来双重优势：为农牧民提供额外收入；促进环境改善。而体系对于中国高原地区最大的价值在于：它能够调和经济发展与环保之间的冲突。决策者可以根据这个体系开展相关工作，在发展高原地区农牧业的同时，改善生态环境。

最近，自然资本（与其并列的有物质资本和社会资本）作为世界财富的重要组成部分，逐渐引起人类更多的关注。自然资源的保护和利用为新生行业——环境与生态服务业带来了更大的发展机遇。自 2003 年以来，欧盟对农业和北极地区的政策逐步进行了修改，开始为提供环境服务的农牧民提供经济补偿。该支付体系的目的是鼓励改善环境的行为：该体系会为超过最低环境标准的农牧民给予经济补助（环境标准由欧盟成员国根据科学标准和当地条件确定），但对没有达到最低环境标准的农牧民给予经济惩罚。这种支付系统鼓励农牧民放弃可能对环境产生负面影响的工作，并提供补偿。不仅增加了农牧民收入，同时为环境管理工作带来启示。这个体系的利益优势在于促进农业与环保的和谐发展。

欧盟引进这个体系以后，又根据联合国框架在环境与生态系统服务方面开展了一系列工作。联合国千年生态系统评估（MAE，2005）确立了 24 种特定的生态服务，为补偿支付政策奠定了基础。这 24 项生态服务包括：食品生产（包括野生食品）；纤维（包括木材与丝绸）；遗传资源（包括自然草药）；水资源；水净化和垃圾处理；授粉；对空气质量、气候、水资源、土地侵蚀、疾病、害虫、自然灾害的监测和治理；娱乐与生态旅游资源；文化服务（包括精神、宗教和美学价值方面）。就当前的情况来看，三项服务具有特别重大意义：缓解气候变化、流域生态服务、生物多样性的保护工作（FAQ，2007）——这三项服务在未来会有很大的发展空间。此外，上述提到的部分生态系统服务功能也与中国高原地区的生态系统服务功能类似。

根据环境与生态系统服务功能的内容，决策者可以更好地制定支付体系，即生态/环境服务支付（PES），为当地发展带来更多机会。支付体系是环保工作的财政基础，对于扶贫工作具有重大意义，并可提高人民的生活水平。某些地区（例如北极和高原地区）因为其地理条件对于缓解气候变化、流域生态服务和生物多样性的保护具有重大影响，可以采用这样的支付体系缓解财政问题。这个体系对于高原地区具有更大的价值：它能够完成双重政策目标，即促进传统农牧业发展的同时改善环境。

PES 支付系统已成为目前欧盟农业政策的重要特点，确保农业政策达到环保目标。政策重点关注领域包括：（1）保护生物多样性，保护和发展自然农业与林业系统，保持传统农业优点；（2）合理利用水资源；（3）应对气候变化。决策者要确保农业政策符合环境要求，促进农村发展。政府采取了多种措施确保环保法规的执行，例如对未达到环境要求的农民，减少农业政策给予的补贴（这项政策被称为交叉达标）。在农村地区建立环境支付体系，实现农业生产与环境的和谐。

图 13 描述了环境目标与农业政策的结合情况，体现了支付体系对于改善环境的积极作用。在没有经济补偿的前提下，农民也应该达到基本的环境要求（由成员国根据科学标准与实际情况确定的参考级别）。达到最低环境标准的成本由农民自行承担。未达到最低环境标准的农民将会受到经济惩

罚——减少欧盟农业政策对其的补助。根据交叉达标的原则，向农民支付补偿的前提是他们达到环境要求。[①] 政策进一步鼓励农民从事环境服务，以达到或超过参考级别的环境要求。保护环境的目的是维护公共利益，因此支付给农民的环境补偿是由全社会共同负担，通常出自公共基金，但由私人公司支付也具有可行性。

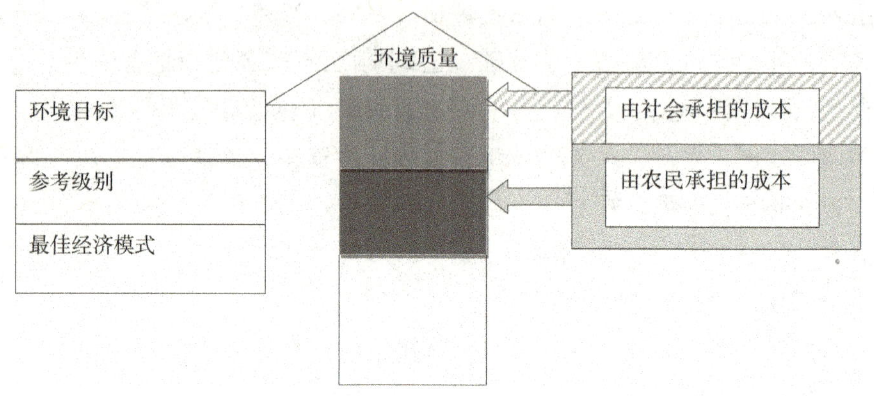

图6　为环境生态服务做出的补偿与支付

参考级别和环境目标会随着时间的变化而变化。欧盟不同国家和地区对于环保工作内容的侧重点也不同。因此环境目标也各异（处理污染的能力大小、社会目标、发展程度与人口密度不同等）。

支付体系的参考级别是根据法律和科学标准确立的。欧盟农业政策为每个成员国明确了环保领域的法律依据（SMRs）。达到良好的环境与农业条件的要求（GAEC）也得到了每个成员国的认可。SMRs 由 19 部社区法律组成，涉及公共、动物与植物健康，环境与动物福利，野生鸟类，地下水，污泥，硝酸盐，生态环境。以相同的框架为基础，各成员国确立了 GEAC 标准，其内容包括以下几个方面：治理土壤侵蚀；保护土壤的有机成分；保护土壤结构；保持土壤原生态，避免生态环境恶化，保护永久草场。交叉达标原则要求得到政策补偿的农民遵守 SMRs 和 GAEC 的规定，并要求相关国家政府部门为他们提供 SMCs 与 GAEC 的全部内容清单。

① 1981 年英国通过了野生动物和乡村法案，规定为权利受限的农民提供补偿。这一规定引发了重大的政策变化：在农民活动受到科学和环境因素限制的区域，农民拥有特别的发展权利。或者，为放弃生产活动、保障社会环境的农民提供补偿。产生的结果是：一个政府机关购买另外一个政府机关的补贴。

农业环境支付体系的政策依据是欧盟农业发展和环境政策。农村发展政策的目标是通过重组、发展和创新增强农业和林业的竞争力。通过土地管理改善生态环境，促进农村发展，提高农村生活质量，鼓励发展多种经济。为了达到上述目标，农业发展政策力求与欧盟区域政策高度一致，并具有相似的执行程序（国家策略和规划以欧盟的方针框架为基础，与第八部分讨论的方法相似）。农业环境支付体系能够确保每一项农村发展政策都达到三个既定目标。

农业环境支付体系有利于增加农牧民收入并推动收入多样化，是实施农业政策的有力保障。本章在此援引其相关定义［见理事会条例（EC）第 35 条，No 1698/2005］：

农业环境支付体系继续发挥重大作用，促进农村地区的可持续发展，满足社会对环境服务功能不断增长的需求。该体系将会继续鼓励农民和其他土地管理者为社会服务，引进或继续应用环保的农业生产方式，保护和改善环境，保持地貌特点，保护自然资源、土壤和生物的多样性。要求农业特别注意保护基因资源。根据污染者负责原则，污染方应为超过强制性标准的污染部分付款。

达到欧盟国家农村发展计划中明确提出的环保要求底线，是法律执行的保障。通过努力，农民可以在五到七年内超过这个底线，并因此获得年度补偿，补偿金额根据农民的具体贡献而定。补偿应该包含农民为环保工作做出的额外投入以及由此引发的收入减少和必要的交易成本。

农业环境支付体系的预期目标：建立有机农场；减少或更好的利用化肥；减少或更好的管理植物保护产品，包括一体化生产；建立多样化农作物轮作制度，保护预留地；保护风景地貌和生态特色；减少灌溉面积和灌溉率，减少排水限制；保护土壤；保护有利于生物多样化的农业生态环境；保持地貌特色；加强牧场管理，包括限制家畜的放牧率（采用低载畜率的放牧方式）和建设牧场（包括将耕地转换为草场）；保护当地濒危物种；总体规划环境。表格 2 列举了欧盟采取的一系列措施，其中多种措施表明这样的体系能同样适用于其他地区，例如中国的高原地区。

欧盟积极制定法规，建立保护区，保护自然、生物、文化资源。但是必须注意到，环境保护不仅仅限于这些指定区域，保护区以外的地区也会产生环境问题，而保护区本身也会受到例如气候变化、空气污染、邻近区域土地过度使用等外界因素的影响。农业环境措施成功实施的关键是相关土地规划和环保措施的有效性。

表 2　农业环境措施

农业环境措施	有利影响		
	土壤保护	水质	生物多样性与生境
草场轮换制度			I
草原地带			I
粗放饲养			I
生态基础设施（例如，栅栏）			I
合理的修剪日期与方法			I
减少耕种			I
有机农场		I	I
草场的广泛利用		I	I
休耕地		I	
冬季土壤保护层		I	
缓冲带		I	
耕地转换为草场	I	I	I
减少投入	I		
预留地（带有绿色保护层）	I		
陡坡地区的梯田	I		
关键时期的绿色保护层			

联合国环境规划署世界保护监测中心与隶属于世界自然保护联盟组织的世界保护区委员会联合建立了世界保护区数据库（WDPA）（http：//www. wdpa. org/FAQ. aspx），以下结论参考了该数据库而得出。

表 3 介绍了德国、欧洲、中国、东亚和世界保护区的类别及其相对重要性。欧洲、中国和亚洲的地表保护区少于全球平均值（10. 8%）；而德国恰恰相反，在德国的十一个保护区中，有 32% 是地表保护区。

表 3　德国、欧洲、中国、亚洲及全球保护区情况

	德国	欧洲	中国	亚洲（中东除外）	世界
总土地面积（1000 公顷）	35698	2301873	959696	2494475	13328979
保护区域					
IUCN 规定的保护区延伸面积（1000 公顷），2003					
自然保护区，野生动植物区和国家公园（一类和二类）	129	34628	44939	89140	438448

续表

	德国	欧洲	中国	亚洲（中东除外）	世界
自然纪念物，物种管理，海景风貌（三、四、五类）	10315	95234	15548	57211	326503
可持续使用地区与未分级地区的管理（六类及其他）	1216	50859	12267	57878	692723
全部保护区域（所有级别）	11661	180721	72755	204229	1457674
海洋与海滨保护区域｛a｝	1077	38563	754	21995	417970
保护区占总土地面积比例，2003	31.70%	8.40%	7.80%	8.30%	10.80%
保护区域数量，2003	7607	51690	822	5761	98400
面积大于100000公顷的区域，2003	29	316	53	295	2091
面积大于100万公顷的区域，2003	—	—			243
世界级湿地（拉姆萨尔湿地），2002					
湿地数量	31	699	21	98	1179
总面积（1000公顷）	829	19248	2548	5641	102283
生物圈保护区，2002					
生物圈保护区数量	14	150	21	55	408
总面积（1000公顷）	1559	128034	3316	—	439000

资料：来源于 http：//earthtrends. wri. org

第七节　政策建议

中国高原地区可持续扶贫方针旨在确保当地居民参与国家经济发展，制定政策行动方案时应全面考虑到此类地区的特点，确保在经济发展过程中切实考虑当地居民的不同生产和生活方式，同时保护此类地区脆弱的生态环境。要达到以上目标，通常要求在政策制定、执行和效果监测阶段有所创新，该过程较为复杂，可能需要搜集多种新数据（例如农牧业数据）。例如在欧盟，某些创新政策在实施数年之后不得不彻底改变，因为此类政策不但没有产生预期效果，反而使原本应修正的错误更加严重。

中国高原地区扶贫政策旨在促进社会经济转型，其重要意义体现在以下政策建议中。建议在地区发展和提供福利方面采取措施：例如，由于农牧业仍将是此类地区经济发展的核心支柱，因此应采取措施持续提高农牧业生产力水平；大力改善此类地区的基础设施（特别是交通运输、能源和污水处理）；增加并改善卫生和教育等公共服务；为居民向此类地区的城市或其他地区顺利迁移创造条件；开展多种经济活动（通信业、零售服务业、文化旅游业等）。

高原地区的生态环境是制定此类地区扶贫政策过程中应考虑的一个核心要素。开展环保工作是研究、采纳、公布并执行农业、牧业、采掘业和制造业以及城乡发展领域的环境准则。

应通过合理分配，实现可持续扶贫所需的公共资源从而达到最佳效果。高原地区的情况表明，若要实现理想的成本效益，需要修改正在实施的措施和方案，使其与现行政策更加融合，同时关注此类地区的特殊需求。

应根据国家规划制定高原地区扶贫措施，确保在“十二五”规划和国家十年扶贫计划期间取得切实效果。制定扶贫措施的过程中，还应考虑高原地区社会经济的长期发展潜力，特别关注此类地区的生态与地貌。应及时为决策层面提供反馈，使其定期获悉高原扶贫工作的进展以及此类地区特殊发展模式的执行情况。

政策建议如下：

- 制定清晰的政策框架，为其他相关政策提供指导，在此框架下大力开展扶贫工作。确保扶贫措施与国家和省级政府其他政策（例如卫生、教育和城市化）中的措施相互协调，增强扶贫措施的实际效果，节约预算，促进高原地区经济发展。因此，将扶贫作为明确的目标纳入其他相关政策更为可取。

- 制定和实施高原地区可持续扶贫政策的过程中应在顾及现代环境的前提下鼓励和促进当地文化发展。开展此项工作要求扶贫政策及相关机制透明且便于执行，高原地区城镇、村庄和游牧群体及其宗教机构应认可并参与实施扶贫政策。

- 制定扶贫政策实施计划时应考虑行动先后顺序。例如，在对当地人口进行培训之前就吸引对内投资会降低此类投资对改善当地人口就业前景的积极效果。

- 加拿大等国家的经验表明，在类似中国高原的地区提供公共服务可为当地居民创造大量就业机会，显著提高其收入水平。因此，改善教育和培训水平的措施更加重要。此外，改善卫生医疗设施将实现提高居民收入和健康水平的双重效果。因此，投资公共服务将带来双重收益。

- 建立由急救设施和卫生所组成的战略网络，提高高原地区的卫生保健水平，为急救设施和卫生所配备训练有素的本地员工，进一步提高高原地区医院的设施水平。

- 教育和职业培训是所有地区，特别是类似中国高原的地区，持续开展扶贫工作的基础。应着力满足高原地区下列人群的需求：成人学习者；需要职业培训和工作经验的离校生；需要适应经济发展转变，特别是参与生态移民的游牧民。设计反映高原文化的创新课程，提供创新的教育和培训设施，使学习者可在本地参加教育培训。开展使用普通话和当地语言的双语教育。高原地区扶贫工作的目标之一是使更多年轻人在完成九年义务教育后继续接受教育。

- 对扶贫工作领域的关键人群开展有关文化、性别和语言差异的专业教育和培训，其中包括政府官员、致力于促进城乡社会经济发展的工作人员以及教师和培训人员。此类教育和培训见效快，应被列为扶贫计划的重点内容。

- 大幅提高教育水平，确保高原居民抓住对内投资所创造的就业机会。目前低下的教育水平严重制约了扶贫工作的顺利开展。在新建企业中引进过多外来劳动力会对高原地区居民的就业造成影响，减少扶贫政策给当地人口带来的益处。因此，为当地人口提供更多教育和培训课程至关重要。

- 玉树地震对当地，尤其是经济发展速度和模式造成了严重影响。有鉴于此，高原地区的生态移民政策可能需要调整。事实表明，无法为选择搬迁至城镇的游牧民创造充足的就业机会，由于语言差异，这部分人群无法进入当地劳动力市场，由此产生大量长期失业群体。鉴于玉树地震的持续影响，可考虑根据为安置地区家庭创造就业机会的速度调整生态移民的步伐，加快完善基础设施。可以考虑将是否充分利用教育培训机会，例如将语言学习作为迁移的游牧民得到经济补偿的条件。此举将改善其就业前景，减少消极态度的代际传递，避免迁移到城市的游牧民产生孤独感。

- 加大对城市基础设施的投资力度，例如改善供水和供电状况、开展垃圾收集与循环利用以及改善通讯状况，将创造就业和培训机会，有助于提高生态安置方案的有效性。

- 农牧业仍将是高原地区的经济支柱，农牧业生产力水平的提高将产生长期和短期效益。鼓励高原地区农牧民根据消费需求并以保护高原地区生态的方式提高产量和生产力水平。通过实施以上措施，农牧民将为食品加工业的发展做出更大贡献。高原地区的食品加工业已具有一定规模，其销售市场已拓展至上海。食品加工业的发展将为城乡居民创造就业机会。

• 实现扶贫工作的双重目标——提高生产力和保护环境的一个关键要素是建立生态支付体系，为农牧民改善生态环境和开展生态服务工作提供补偿和报酬。建立该体系需要针对农牧民的生态贡献做研究和确定合适的参考水平（需要监管保障）。鉴于高原地区的生态环境对中国其他地区的重要性，可考虑扩大生态补偿及生态服务报酬体系的覆盖范围。

• 旨在改善农牧业状况的政策机制应尊重高原文化，确保其得到传承与发展。这方面的关键要素如下：为改进畜牧业实践方法和商业管理（包括市场营销）提供培训和咨询（需要开展土地管理等领域的研究工作）；消灭和控制害虫（尤其是老鼠和田鼠）的方案；帮助农牧民识别动物和记录农业活动的技术创新；提供有助于提高农牧民生产力水平以及完善政策评估的数据；鼓励农牧民开展多种形式的合作。

• 以民族类高校为基础开展农业推广服务，使用当地语言提供咨询服务，以此为高原地区农牧民发展畜牧业和商业提供支持。农业技术指导服务具有多种功能，有助于开展扶贫工作，例如为农牧民提供技术咨询，生态检测，控制放牧密度。

• 高原地区最常见的自然灾害是异常降雪。异常降雪可导致家畜饿死，造成农牧民返贫。可通过下列措施显著缓解此类灾害的影响：改善农牧业基础条件，建立天气预报和预警体系，改善动物饲料的市场分配状况（包括必要情况下的季节性储藏），推广微型保险。

• 应当研究让高原居民接受“外出务工”的途径。因为通过“外出务工 ”寄回的收入对扶贫有重要影响，长远来说也会为家庭在外地发展创造机会。目前鼓励居民外出务工的举措收效甚微，因为外出务工人员往往难以适应新环境，不得不在短期内返回高原地区。

• 高原地区在工业化进程中将继续满足保护当地生态环境的要求。制定合适的政策，通过为推进工业化进程创造必要前提为高原地区吸引对内投资。为此，建议通过教育和培训提高当地劳动力（包括妇女）素质，制定优先的资金提供计划，确定并初步开发合适的业务场所，建议利用对内投资加大扶贫力度。

• 高原地区本土企业（包括农业企业和非农企业）基本不会因经济状况发生变化而搬迁，此类企业对于高原地区的平衡发展和可持续扶贫意义重大。因此，在制定扶贫政策的过程中应创造条件（可与私营部门合作），通过以下优惠政策鼓励创办和发展本土企业（例如农业旅游业、手工艺品、特产食品）：优惠贷款计划，例如利率补贴体系（在适当条件下可由高原居民制定）；共同基金；企业管理培训；包括市场调研在内的企业支持服务。重点鼓励高原居民创业。

- 在高原地区积极落实以整村推进为核心的扶贫政策，为农村地区提供两年以上的咨询服务和财政援助。实施整村推进计划的村庄在基础设施方面（乡村道路、配电、水利灌溉、污水处理、沼气）需要高于平均水平的投资。

- 为确保高原扶贫政策的成功制定与实施，需要对多个领域进行研究，例如：

➢ 游牧业应制定哪些生态标准（放牧密度等）？如何确保这些标准具有约束力？

➢ 虫害控制计划可采取哪些形式？如何既节约成本又使当地社区乐于接受？

➢ 如何提高教育对少数民族人口的“亲和力”，鼓励所有群体更多参与？

➢ 如何提高高原居民对“外出务工 ”的接受程度？

图书在版编目（CIP）数据

高原地区减贫战略规划研究：青海省玉树州的灾后重建与可持续发展／黄承伟等著．－－北京：经济日报出版社，2016.1

ISBN 978－7－80257－853－1

Ⅰ．①高… Ⅱ．①黄… Ⅲ．①扶贫－经济发展战略－研究－玉树藏族自治州 Ⅳ．①F127.442

中国版本图书馆 CIP 数据核字（2015）第 179784 号

高原地区减贫战略规划研究——青海省玉树州灾后重建与可持续发展

作　　者	黄承伟　张　琦　Graham Meadows
责任编辑	徐晓燕
责任校对	薛银涛
出版发行	经济日报出版社
社　　址	北京市西城区右安门内大街 65 号
邮政编码	100054
电　　话	编辑部 63567960　发行部 63516959
网　　址	www.edpbook.com.cn
E－mail	jjrb58@sina.com
经　　销	全国新华书店
印　　刷	北京京华虎彩印刷有限公司
开　　本	710×1000 mm　16 开
印　　张	20.5
字　　数	250 千字
版　　次	2016 年 1 月第一版
印　　次	2016 年 1 月第一次印刷
书　　号	ISBN 978－7－80257－853－1
定　　价	48.00 元